Statistiques des recettes publiques 2018

1965-2017

OCDE

DES POLITIQUES MEILLEURES
POUR UNE VIE MEILLEURE

Cet ouvrage est publié sous la responsabilité du Secrétaire général de l'OCDE. Les opinions et les interprétations exprimées ne reflètent pas nécessairement les vues officielles des pays membres de l'OCDE.

Ce document, ainsi que les données et cartes qu'il peut comprendre, sont sans préjudice du statut de tout territoire, de la souveraineté s'exerçant sur ce dernier, du tracé des frontières et limites internationales, et du nom de tout territoire, ville ou région.

Merci de citer cet ouvrage comme suit :
OCDE (2018), *Statistiques des recettes publiques 2018*, Éditions OCDE, Paris.
https://doi.org/10.1787/rev_stats-2018-fr

ISBN 978-92-64-30886-2 (imprimé)
ISBN 978-92-64-30887-9 (pdf)

Annuel : Statistiques des recettes publiques
ISSN 2522-7084 (imprimé)
ISSN 2522-7092 (en ligne)

Les données statistiques concernant Israël sont fournies par et sous la responsabilité des autorités israéliennes compétentes. L'utilisation de ces données par l'OCDE est sans préjudice du statut des hauteurs du Golan, de Jérusalem-Est et des colonies de peuplement israéliennes en Cisjordanie aux termes du droit international.

Crédits photo : Couverture © certains éléments graphiques de l'illustration de la couverture ont été adaptés de Freepik.com.

Les corrigenda des publications de l'OCDE sont disponibles sur : *www.oecd.org/editions/corrigenda*.

Avant-propos

Cette publication annuelle fournit des informations sur les niveaux d'imposition et la structure de la fiscalité dans les pays de l'OCDE. Elle a été préparée sous les auspices du Groupe de travail sur l'analyse des politiques et des statistiques fiscales du Comité des affaires fiscales; elle est publiée sous la responsabilité du Secrétaire général de l'OCDE.

En mémoire

La présente édition est dédiée à la mémoire de Michel Lahittete, décédé le 11 juillet 2018.

Michel était notre ami, ainsi qu'un collègue apprécié du personnel du Centre de politique et d'administration fiscales (CTPA). La contribution que Michel apportait à la publication Statistiques des recettes publiques et aux travaux du CTPA était inestimable. Son esprit brillant, son expertise et son sens de l'humour nous manqueront beaucoup.

Nous souhaitons remercier tous ceux qui nous ont aidé à finaliser cette édition en son absence.

Remerciements

Les Statistiques des recettes publiques sont une publication annuelle du Centre de politique et d'administration fiscales (CTPA) de l'Organisation de coopération et de développement économiques (OCDE), préparée sous les auspices du Groupe de travail n° 2 sur l'analyse des politiques et les statistiques fiscales (GT2) du Comité des affaires fiscales. La présente édition a été établie par Michel Lahittete, Michelle Harding, Jose René Orozco, Bethany Millar-Powell et Michael Sharratt.

Les auteurs tiennent à remercier leurs collègues de l'OCDE pour leurs observations précieuses ainsi que leur aide lors de la finalisation de cette publication, notamment Leonie Beisemann, Bert Brys, David Bradbury, Karena Garnier, Emmanuelle Modica, Dominique Paturot, Violet Sochay, Carrie Tyler et Talita Yamashiro Fordelone, au sein du CTPA ; Nadim Ahmad, Helen Beilby-Orrin, Frederic Parrot et Peter Van de Ven, de la Direction des statistiques et des données ; ainsi que l'équipe des éditeurs de données statistiques et de gestion du contenu de la Direction des relations extérieures et de la communication. Alexandra Le Cam et Marie-Aurélie Elkurd, du CTPA, ont participé à la production et à la publication de ce rapport, et Stephanie Coic, de la Direction de la coopération pour le développement (DCD), en a réalisé la couverture. Les auteurs souhaitent également remercier les délégués du GT2 et leurs collègues travaillant dans les différentes administrations nationales pour leurs contributions et observations avisées.

Table des matières

Chapitres supplémentaires

Deux chapitres supplémentaires sont disponibles en ligne: https://doi.org/10.1787/rev_stats-2018-fr

- Chapitre 5. Tableaux détaillés par pays, 1965-2016
- Chapitre 6. Recettes fiscales par sous-secteur d'administration

Tableaux

Graphiques

Résumé

Depuis 1995, les niveaux d'imposition et la composition des recettes fiscales dans les pays de l'OCDE ont convergé vers un ratio moyen des recettes fiscales rapportées au PIB plus élevé et un rôle plus important joué par les taxes sur la valeur ajoutée, les cotisations de sécurité sociale et les impôts sur les bénéfices des sociétés, tandis que la part des impôts sur le revenu des personnes physiques et d'autres formes d'impôts sur les biens et services recule. Ces tendances se sont poursuivies en 2017, et le ratio moyen des recettes fiscales rapportées au PIB des pays de l'OCDE a continué de croître pour atteindre 34.2 %.

Les impôts désignent les versements obligatoires sans contrepartie aux administrations publiques. Les impôts sont sans contrepartie car les prestations fournies par les administrations aux contribuables ne sont pas normalement proportionnelles à leurs paiements. Les impôts sont ventilés en fonction de l'assiette : revenu, bénéfices et gains en capital ; salaires ; patrimoine ; biens et services ; et autres impôts. Les cotisations obligatoires de sécurité sociale versées aux administrations publiques sont aussi traitées comme des impôts. Les recettes sont analysées par niveau d'administration : État fédéral ou administration centrale, administration d'un État fédéré, administrations locales et caisses de sécurité sociale. Le Guide d'interprétation à l'annexe A contient des informations détaillées sur la classification des impôts.

Niveaux d'imposition en 2017

Dans les pays de l'OCDE, le ratio des recettes fiscales rapportées au PIB en 2017 s'échelonnait de 16.2 % au Mexique à 46.2 % en France, et 20 pays se situaient dans un intervalle de cinq points de pourcentage autour de la moyenne de l'OCDE de 34.2 %. Entre 2016 et 2017, le ratio moyen des recettes fiscales au PIB dans la zone OCDE a progressé de 0.2 point, passant de 34.0 % à 34.2 %, dans le prolongement de la hausse continue de ce ratio depuis la crise financière.

On constate également une augmentation du ratio des recettes fiscales au PIB entre 2016 et 2017 dans 19 des 34 pays pour lesquels des données préliminaires pour 2017 sont disponibles. Dans tous ces pays, les recettes fiscales ont augmenté plus vite que le PIB, ce qui explique cette hausse. C'est en Israël que la progression a été la plus forte, sous l'effet de l'accroissement des recettes générées par les impôts sur le revenu, ainsi qu'aux États-Unis, en raison de l'augmentation des recettes de l'impôt sur le patrimoine, tandis que les hausses ont partout été inférieures à un point de pourcentage pendant cette période.

Quinze pays ont vu leur ratio des recettes fiscales au PIB diminuer en 2016 par rapport à 2015. Ces baisses ont été généralement modestes et n'ont dépassé un point de pourcentage qu'en Islande et en Hongrie. En Islande, la diminution s'explique par l'impact des contributions exceptionnelles à la stabilité en 2016 ; en Hongrie, elle est due à la baisse des impôts sur le revenu et sur les bénéfices ainsi qu'à la diminution des impôts sur les biens et services. Des baisses se sont également produites en Autriche, au

Canada, au Chili, au Danemark, en Estonie, en Finlande, en Irlande, en Italie, au Mexique, en Norvège, en Slovénie, Suède et en Turquie ; dans tous les cas, elles s'expliquent par le fait que les recettes fiscales ont augmenté moins vite que le PIB.

En 2017, 22 pays de l'OCDE affichaient des taux d'imposition supérieurs à ceux de 2007, les progressions les plus marquées concernant la Grèce et le Mexique. Parmi les 12 pays restants, les niveaux d'imposition en 2016 restaient inférieurs de plus de trois points à leur niveau de 2007 en Irlande et en Norvège.

Composition des recettes fiscales en 2016

En 2016, les cotisations de sécurité sociale représentaient la fraction la plus élevée du total des recettes fiscales dans la zone OCDE, soit un peu plus d'un quart de ce total (26.0 %). Associées aux impôts sur le revenu des personnes physiques (23.5 %), ces deux catégories totalisaient près de la moitié des recettes fiscales dans les pays de l'OCDE en moyenne. Les taxes sur la valeur ajoutée représentaient un cinquième supplémentaire du total des recettes (20.0 %). La part des autres impôts sur la consommation et des impôts sur les bénéfices des sociétés dans le total des recettes fiscales était moindre (respectivement 12.5 % et 9 %), tandis que les impôts sur le patrimoine (6.5 %) et les autres impôts constituaient le solde.

Depuis 2015, la composition des impôts sur le revenu et les bénéfices a affiché la plus forte variation, avec une diminution de 0.3 point de la part des impôts sur le revenu des personnes physiques (passant de 24.1 % à 23.8 % du total des recettes) et une augmentation de 0.2 point de celle des impôts sur les bénéfices des sociétés (de 8.8 % à 9.0 % du total des recettes). Les variations des autres catégories étaient toutes inférieures à 0.1 point, avec pour conséquence que la structure fiscale moyenne de la zone OCDE est restée relativement stable en 2016, à l'exception du mouvement des recettes de l'impôt sur le revenu des personnes physiques vers l'impôt sur les bénéfices des sociétés.

Variations par niveau d'administration

La répartition des impôts par niveaux d'administration est restée stable en 2016 par rapport à 2015, à la fois en moyenne dans l'OCDE et dans les différents pays. En 2015, la part des recettes de l'administration fédérale représentait 53.2 % du total des recettes des administrations publiques dans les pays fédéraux, et 63.5 % dans les pays unitaires. Dans les pays fédéraux, 25.4 % des recettes étaient perçues par les administrations infranationales en moyenne (dans un intervalle compris entre 4.6 % en Autriche 50.2 % au Canada), les deux tiers des recettes en moyenne revenant aux administrations des états fédérés et un tiers aux collectivités locales. Dans les pays unitaires, la part des recettes perçues par les collectivités locales s'établissait à 11.4 % en moyenne, l'éventail allant de moins de 1.5 % en République tchèque, en Estonie et en Lituanie, à 35.4 % en Suède.

Convergence des niveaux d'imposition et des structures fiscales dans la zone OCDE

Une étude spéciale de ce rapport mesure la convergence des niveaux d'imposition et des structures fiscales dans les pays de l'OCDE, et montre que le ratio moyen des recettes fiscales rapportées au PIB de la zone OCDE en 2016 est plus représentatif qu'il n'a jamais été au cours des vingt dernières années. Depuis 1995, la période la plus longue pour laquelle on dispose de données pour tous les pays de l'OCDE, le ratio moyen des recettes fiscales rapportées au PIB de la zone OCDE a progressé de 33.0 % à 34.0 % en 2016, tandis que la dispersion des ratios nationaux autour de cette moyenne a diminué.

De la même manière, les structures fiscales dans la plupart des pays de l'OCDE se sont rapprochées de la structure moyenne de la zone OCDE, dans laquelle les taxes sur la valeur ajoutée, les cotisations de sécurité sociale et les impôts sur les bénéfices des sociétés occupent une plus large place, tandis que la part des impôts sur le revenu des personnes physiques et d'autres formes d'impôts sur les biens et services recule. En 2016, les pays dont la structure fiscale affichait le plus grand écart par rapport à la moyenne de l'OCDE étaient le Chili, la Nouvelle-Zélande, le Danemark, l'Australie et les États-Unis ; tandis que les différences les plus faibles ont été observées au Portugal, en Norvège, en Finlande, au Luxembourg et en Espagne.

Introduction

Le but de cette publication annuelle est de présenter des données permettant d'effectuer des comparaisons internationales sur les niveaux d'imposition et la structure de la fiscalité dans les différents pays membres de l'OCDE. Les impôts perçus dans chaque pays sont présentés sous une forme normalisée selon le modèle de classification des impôts de l'OCDE et son guide d'interprétation qui figure à l'Annexe A de ce rapport.

À partir de l'année 2004, les données de cette publication concernant les années récentes sont surtout enregistrées sur la base des droits constatés et non plus sur la base des décaissements qui était utilisée pour les éditions précédentes. Les motifs de ce changement ont été examinés dans l'Étude spéciale S.2 de l'édition de 2003. On trouvera des précisions sur l'application pratique de ce changement dans l'Étude spéciale S.1 de l'édition 2004.

Les données utilisées ont été fournies pour la plupart par les Délégués du Groupe de travail n°2 du Comité des affaires fiscales sur l'analyse des politiques et les statistiques fiscales. L'OCDE remercie de sa coopération le Fonds monétaire international dont la classification des recettes publiques — bien qu'elle soit, à certains égards, moins détaillée — est à bien des égards semblable à celle de l'OCDE[1]. Parmi les autres classifications actuellement utilisées, les plus importantes sont le Système de comptabilité nationale (appelé ci-après SCN) et le Système européen de comptes économiques intégrés des États membres de l'Union européenne (appelé ci-après SEC) qui constitue essentiellement un approfondissement du SCN bien qu'il en diffère à certains égards. Sous réserve de quelques exceptions mineures, les chiffres du SCN ou du SEC peuvent être rattachés directement à ceux de la présente étude car les critères et définitions du SCN ont été adoptées sauf mention contraire expresse.

Cette publication comprend six chapitres. Le chapitre 1 indique succinctement l'évolution de la fiscalité au cours des 50 dernières années en mettant l'accent successivement sur les niveaux d'imposition (section 1.1), sur les structures fiscales (section 1.2) et sur la répartition des impôts par niveau d'administration (section 1.3). La section 1.4 discute l'impact des différents traitements des crédits d'impôts récupérables. La publication de cette année comporte également dans son chapitre 2 une étude spéciale sur les «convergence des niveaux d'imposition et des structures fiscales dans les pays de l'OCDE». Le chapitre 3 contient une série de tableaux statistiques comparatifs pour les années 1965-2017. Le chapitre 4 contient des tableaux statistiques comportant pour chaque pays une ventilation des recettes fiscales et des ratios impôts/PIB pour une sélection de catégories d'impôts et par niveau d'administration pour les années comprises entre 1965 et 2016 (section 4.1)[2]. Deux tableaux pour mémoire indiquent comment les pays financent leurs régimes de prestations sociales et comment ils reportent les impôts et cotisations sociales versés par les administrations (section 4.2). Le chapitre 5, qui est disponible en ligne uniquement, contient des tableaux statistiques comportant une ventilation détaillée des recettes fiscales par pays pour les années comprises entre 1965 et 2016 (section 5.1). Deux tableaux pour mémoire indiquent comment les pays financent leurs régimes de prestations sociales et comment ils reportent les impôts et cotisations sociales versés par les administrations (section 4.2). Le chapitre 6, qui est lui aussi disponible en ligne uniquement, ventile les recettes publiques entre les sous-secteurs ci-après : administration fédérale ou centrale, administration des États, administrations locales et de sécurité sociale. Il contient une série de tableaux statistiques comparatifs pour les années 1975-2016 (section 6.1) et une deuxième série de tableaux statistiques comportant une ventilation détaillée des recettes fiscales par pays pour les années comprises entre 1975 et 2016 (section 6.2).

Notes

1. Voir, FMI, *Government Finance Statistics Manual* 2014 (Washington D.C.: Fonds Monétaire International 2014).
2. En raison du manque de place, les données indiquées concernent une sélection d'années entre 1965 et 2016. Les données portant sur les autres années sont disponibles en ligne.

Chapitre 1. Tendances des recettes fiscales, 1965–2017

Le chapitre 1 fournit un aperçu sur les tendances des recettes fiscales dans les pays membres de l'OCDE de 1965-2017, y compris les changements dans les ratios impôts/PIB, la composition des recettes fiscales, la répartition des recettes fiscales par sous-secteurs d'administration et les crédits d'impôts récupérables.

Les *Statistiques des recettes publiques 2018* présentent des données détaillées permettant de comparer, à l'échelle internationale, les recettes fiscales perçues par tous les niveaux d'administration dans les pays de l'OCDE. La dernière édition fournit des informations définitives sur les recettes fiscales au cours de la période 1965-2016. En outre, des estimations provisoires relatives aux recettes fiscales pour l'année 2017 sont indiquées pour la plupart des pays de l'OCDE[1].

Encadré 1.1. Statistiques des recettes publiques dans les pays de l'OCDE – définitions et classifications

Dans le rapport *Statistiques des recettes publiques 2018*, les impôts désignent les versements obligatoires sans contrepartie aux administrations publiques. Les impôts sont sans contrepartie en ce sens que les prestations fournies par les administrations ne sont pas normalement proportionnelles à leurs paiements.

Dans la classification de l'OCDE, les impôts sont ventilés en fonction de leur base :

- revenus et bénéfices (rubrique 1000) ;
- cotisations obligatoires de sécurité sociale versées aux administrations publiques, qui sont traitées comme des impôts (rubrique 2000) ;
- salaire et main-d'œuvre (rubrique 3000) ;
- patrimoine (rubrique 4000) ;
- biens et services (rubrique 5000) ;
- autres impôts (rubrique 6000).

On trouvera des précisions sur la notion d'impôt, la classification des impôts et l'enregistrement sur la base des droits constatés dans le Guide d'interprétation de l'OCDE qui figure à l'Annexe A du présent rapport.

Les moyennes présentées dans ce rapport ne sont pas pondérées.

1.1. Ratios impôts/PIB

1.1.1. Niveaux d'imposition pour 2017 (données provisoires)

Les nouvelles données de l'OCDE qui figurent dans la publication annuelle Statistiques des recettes publiques montrent que les recettes fiscales exprimées en pourcentage du PIB (le ratio impôts/PIB) continuent de croître depuis le point bas enregistré dans pratiquement tous les pays en 2008 et 2009 sous l'effet de la crise économique et financière. Le ratio moyen des recettes fiscales rapportées au PIB dans les pays de l'OCDE était de 34.2 %[2] en 2017, contre 34.0 % en 2016 et 33.7 % en 2015. Le chiffre de 2017 est le plus élevé obtenu depuis le début de l'enregistrement des données en 1965 (Graphique 1.1).

Graphique 1.1. Tendances des ratios impôts/PIB, 1965-2017p (en % du PIB)

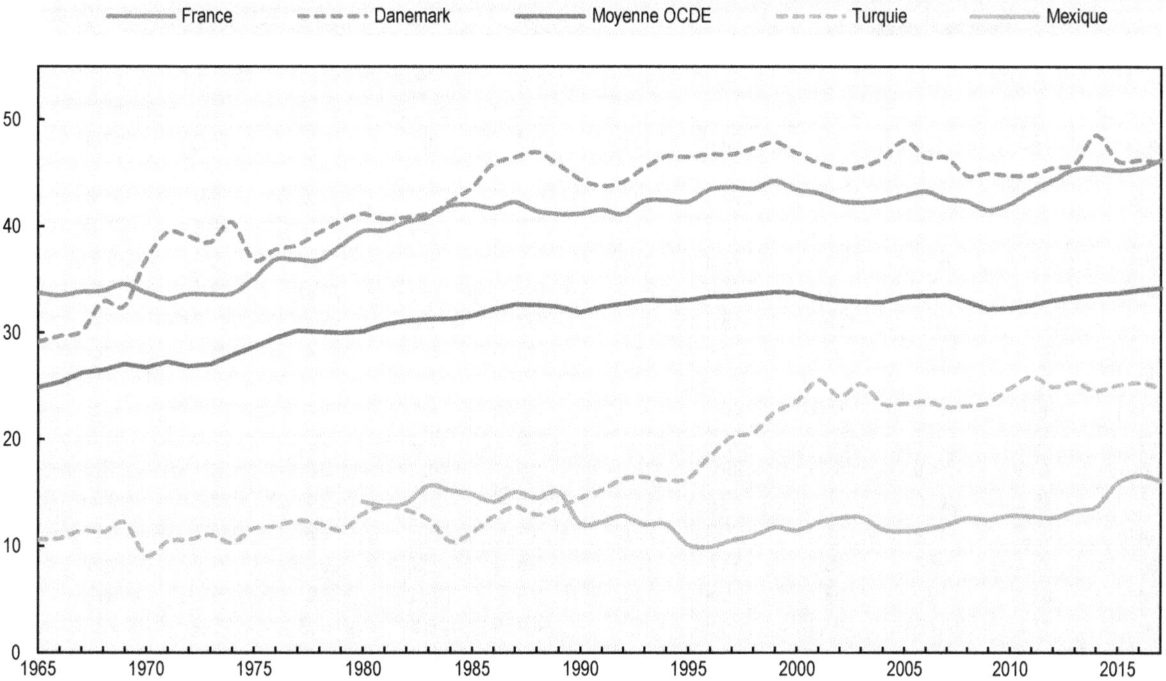

1. Les données pour 2017 sont préliminaires. La moyenne de l'OCDE en 2017 est calculée en appliquant le pourcentage moyen non pondéré de variation pour 2017 dans les 33 pays qui ont communiqué des données pour cette année au ratio moyen global impôts/PIB en 2016.
2. Le ratio impôts/PIB moyen de l'OCDE en 2016 exclut les recettes ponctuelles des contributions à la stabilité en Islande.
Source: Tableau 3.1.

StatLink http://dx.doi.org/10.1787/888933862743

Tableau 1.1. Résumé des principaux ratios relatifs aux recettes fiscales dans les pays de l'OCDE

	Recettes fiscales en % du PIB				Recettes fiscales en % du total des recettes fiscales en 2016						
	2017p	2016	2015	2000	1100 Impôts sur le revenu, personnes physiques	1200 Impôts sur le revenu, sociétés	2000 Cotisations de sécurité sociale (CSS)	4000 Impôts sur le patrimoine	5111 Taxes sur la valeur ajoutée	Autres impôts sur la consommation[6]	Ensemble des autres impôts[7]
Moyenne - OCDE[1]	**34.2**	**34.0**	**33.7**	**33.8**	**23.8**	**9.0**	**26.2**	**5.7**	**20.2**	**12.5**	**2.6**
Australie	..	27.8	27.9	30.5	40.8	16.5	0.0	10.8	12.9	14.2	4.9
Autriche	41.8	42.2	43.1	42.3	21.6	5.6	34.7	1.3	18.3	10.0	8.5
Belgique	44.6	44.1	44.8	43.5	27.7	7.8	31.1	8.0	15.4	9.1	0.9
Canada	32.2	32.7	32.7	34.8	36.3	10.5	14.9	12.0	13.5	9.7	3.2
Chili	20.2	20.2	20.4	18.8	8.8	20.9	7.2	5.1	41.2	13.4	3.5
République tchèque	34.9	34.2	33.3	32.4	11.2	11.0	42.9	1.4	21.7	11.3	0.5
Danemark[2]	46.0	46.2	46.1	46.9	53.5	5.8	0.1	4.0	20.4	11.6	4.5
Estonie	33.0	33.7	33.3	31.1	17.2	5.0	33.2	0.8	27.0	16.3	0.5
Finlande	43.3	44.0	43.9	45.8	29.6	5.0	29.1	3.2	20.7	12.1	0.3
France[2]	46.2	45.5	45.3	43.4	18.8	4.5	36.8	9.4	15.2	9.2	6.2
Allemagne[3]	37.5	37.4	37.0	36.2	26.6	5.2	37.6	2.8	18.5	8.6	0.6
Grèce[2]	39.4	38.8	36.6	33.4	15.2	6.5	28.5	8.1	21.2	18.4	2.1
Hongrie	37.7	39.2	38.7	38.5	13.3	6.0	33.2	2.8	23.7	18.6	2.3
Islande	37.7	51.6	36.3	36.3	26.7	4.9	6.7	34.2	16.2	7.1	4.1
Irlande	22.8	23.3	23.1	30.8	31.6	11.5	16.8	6.0	20.1	12.6	1.4
Israël[4]	32.7	31.3	31.3	34.9	19.8	9.9	16.6	10.3	24.1	13.7	5.6
Italie	42.4	42.6	43.1	40.6	25.8	5.0	30.1	6.6	14.4	13.8	4.4
Japon	..	30.6	30.6	25.8	18.6	12.0	40.4	8.3	13.3	7.1	0.3
Corée	26.9	26.2	25.2	21.5	17.6	13.6	26.2	11.6	15.8	12.3	2.9
Lettonie	30.4	30.4	29.2	29.1	21.0	5.6	27.3	3.5	26.8	15.1	0.7
Lituanie	29.8	29.8	28.9	30.8	13.4	5.4	40.8	1.1	26.2	12.2	0.8
Luxembourg	38.7	38.1	37.1	36.9	24.7	12.2	28.5	9.3	16.7	8.5	0.3
Mexique[5]	16.2	16.6	15.9	11.5	20.4	21.0	13.0	1.9	23.7	15.1	5.0
Pays-Bas	38.8	38.4	37.0	36.9	18.5	8.7	38.2	4.0	17.6	11.9	1.1
Nouvelle-Zélande	32.0	31.6	31.6	32.5	36.8	15.5	0.0	6.1	29.8	8.5	3.2
Norvège	38.2	38.7	38.4	41.9	27.6	10.4	27.4	3.3	22.3	9.1	0.0
Pologne	33.9	33.4	32.4	32.9	14.5	5.5	38.1	4.1	21.1	15.3	1.4
Portugal	34.7	34.3	34.4	31.1	19.8	8.9	26.6	3.7	24.8	14.8	1.4
République slovaque	32.9	32.4	32.2	33.6	10.2	10.8	43.5	1.3	20.6	12.4	1.2
Slovénie	36.0	36.5	36.4	36.6	14.4	4.4	39.7	1.7	22.5	16.8	0.5
Espagne[2]	33.7	33.2	33.6	33.2	21.4	6.8	34.2	7.7	19.1	10.3	0.5
Suède	44.0	44.0	43.1	49.0	29.8	6.2	22.6	2.4	20.9	7.2	10.9
Suisse	28.5	27.8	27.6	27.6	31.0	11.3	24.3	7.3	12.2	9.2	4.7
Turquie	24.9	25.3	25.1	23.6	14.6	6.5	28.8	4.8	19.8	23.8	1.6
Royaume-Uni	33.3	32.7	32.2	32.9	27.4	8.3	18.9	12.6	20.8	11.5	0.5
États-Unis	27.1	25.9	26.2	28.2	40.3	7.6	24.0	11.1	0.0	16.9	0.0

1. Moyenne 2017 provisoire calculée en appliquant le pourcentage moyen non pondéré de variation pour 2017 dans les 34 pays qui ont communiqué des données pour cette année au ratio moyen global impôts/PIB en 2016. Le ratio impôts/PIB moyen de l'OCDE en 2016 exclut les recettes ponctuelles des contributions à la stabilité en Islande.2. Le total des recettes fiscales a été diminué du montant de tout transfert en capital représentant les impôts non perçus.

3. Depuis 1991, les chiffres se rapportent à l'Allemagne unifiée.

4. Les données statistiques concernant Israël sont fournies par et sous la responsabilité des autorités israéliennes compétentes. L'utilisation de ces données par l'OCDE est sans préjudice du statut des hauteurs du Golan, de Jérusalem Est et des colonies de peuplement israéliennes en Cisjordanie aux termes du droit international.
5. 2017 provisoire: Estimation du Secrétariat, incluant les recettes escomptées collectées par les administrations d'État et locales.
6. Calculé comme la différence entre 5000 Impôts sur les biens et services et 5111 Taxes sur la valeur ajoutée.
7. Inclut 1300 Non-ventilables entre l'impôt sur le revenu des personnes physiques et des sociétés, 3000 Impôts sur les salaires ou main d'oeuvre et 6000 Autres impôts.

StatLink http://dx.doi.org/10.1787/888933862762

En 2017, les ratios impôts/PIB variaient beaucoup (Tableau 1.1) d'un pays à l'autre mais aussi par rapport à 2016. Les principales observations sont les suivantes :

- En 2017, la France enregistrait le ratio le plus élevé (46.2 %). Le Danemark, qui enregistrait le ratio le plus élevé des pays de l'OCDE entre 2002 et 2016, avait le ratio le deuxième plus élevé en 2017 (46.0 %). Le Mexique enregistrait le ratio impôts/PIB le plus faible (16.2 %).
- Sur les 34 pays pour lesquels on dispose de données se rapportant à 2017, le ratio des recettes fiscales au PIB a, depuis 2016, augmenté dans 19 pays et diminué dans 15.
- Entre 2016 et 2017, les hausses les plus prononcées du ratio ont été constatées en Israël et aux États-Unis. Israël a introduit de nombreux changements de politique qui ont affecté les recettes des impôts sur le revenu et les bénéfices – dont une réduction du crédit d'impôt de base des impôts sur le revenu des personnes physiques, une augmentation des CSSs des employeurs, et des ajustements aux impôts sur les bénéfices des sociétés – ce qui a contribué à augmenter le ratio impôts/PIB de 1.4 point de pourcentage. Le ratio impôts/PIB des États-Unis a augmenté de 1.3 point de pourcentage, en partie du fait de l'impôt unique sur le rapatriement présumé des revenus réalisés à l'étranger dans le cadre de la Loi sur les réductions d'impôts et les emplois (Tax Cuts and Jobs Act). Aucun autre pays n'a augmenté son ratio impôts/PIB de plus d'un point de pourcentage entre 2016 et 2017 (Graphique 1.2).
- Les diminutions les plus importantes du ratio survenues entre 2016 et 2017 concernent l'Islande (13.9 points de pourcentage en raison des contributions à la stabilité prélevées uniquement en 2016) et la Hongrie (1.5 point de pourcentage en raison d'une baisse des recettes des impôts sur le revenu et les bénéfices et des impôts sur les biens et les services, suite à un programme de réformes en 2016). Il n'y a pas eu d'autres baisses de plus d'un point de pourcentage.

En 2016, l'Islande a perçu des recettes provenant de contributions à la stabilité, de nature exceptionnelle, acquittées par des entités qui exerçaient des activités de banque commerciale ou de caisse d'épargne par le passé, et qui cessaient leurs activités. Ces contributions avaient pour but de lever les contrôles de capitaux imposés après la crise de 2007-08, tout en préservant la stabilité économique de l'Islande. Les recettes provenant des contributions à la stabilité ont entraîné une augmentation particulièrement forte des recettes fiscales en 2016.

Les contributions à la stabilité ont permis de mobiliser près de ISK 385 000 millions, soit l'équivalent de 15.7 % du PIB de l'Islande en 2016. Le ratio islandais des recettes fiscales au PIB est ainsi passé de 36.3 % en 2015 à 51.6 % en 2016, avant de perdre 13.9 points de pourcentage et de se replier à 37.7 % en 2017 (chiffre provisoire). En raison de la nature exceptionnelle des contributions à la stabilité, elles ne sont pas représentatives de l'évolution tendancielle du niveau d'imposition dans les pays de l'OCDE et ont été exclues des calculs de la moyenne de la zone OCDE pour 2016.

Graphique 1.2. Variations du niveau d'imposition, p.p., 2016-17p et 2007-17p

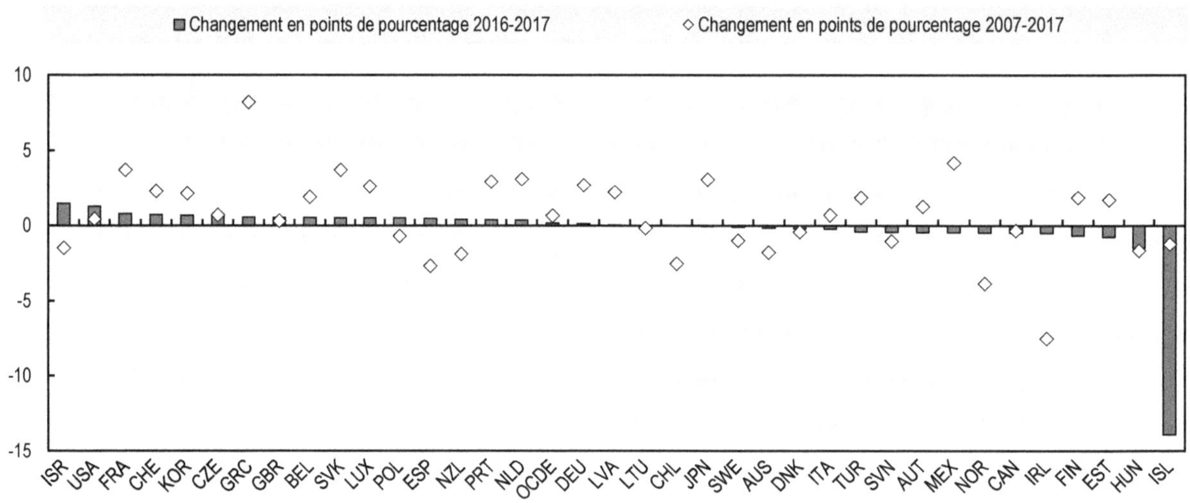

1. Les données provisoires pour 2017 n'étaient pas disponibles dans le cas de l'Australie et du Japon. Pour ces pays, la comparaison porte sur les données relatives aux années 2015-2016 et 2007-2016.
2. Le ratio impôts/PIB moyen de l'OCDE en 2016 exclut les recettes ponctuelles des cotisations de stabilité en Islande.
Source: Calculs du Secrétariat basés sur le tableau 3.1.

StatLink http://dx.doi.org/10.1787/888933862781

Bien que la moyenne du ratio impôts/PIB de la zone OCDE soit plus élevée en 2017 qu'en 2007 (avant la crise), ce n'est pas le cas dans 15 pays de l'OCDE[3] qui enregistraient en 2017 un ratio impôts/PIB inférieur à celui de 2007. En particulier, le ratio en 2017 reste inférieur d'au moins trois points dans deux pays : l'Irlande et la Norvège. La baisse la plus marquée s'est produite en Irlande, où le ratio est passé de 30.4 % du PIB en 2007 à 22.8 % du PIB en 2017, en grande partie sous l'effet de l'augmentation exceptionnelle du PIB en 2015. Si l'on exclut l'Irlande, la baisse la plus importante a été constatée en Norvège, de 42.1 % du PIB en 2007 à 38.2 % en 2017 (Graphique 1.2). À l'inverse, la hausse la plus forte au cours de cette période a été enregistrée en Grèce (8.2 points de pourcentage, de 31.2 % à 39.4 % entre 2007 et 2017). Cinq autres pays, la France, le Japon, le Mexique, les Pays Bas et la République slovaque, ont connu des hausses de 3 points de pourcentage, voire plus, au cours de la même période.

Encadré 1.2. Méthodologie : le ratio impôts/PIB

Les ratios impôts/PIB indiqués dans ce rapport expriment les recettes fiscales globales en pourcentage du PIB. La valeur de ce ratio dépend de son dénominateur (PIB) et de son numérateur (recettes fiscales), le dénominateur étant sujet à des révisions historiques.

Le numérateur (recettes fiscales)

- En ce qui concerne le numérateur, le Secrétariat de l'OCDE utilise pour ce Rapport les données relatives aux recettes fiscales qui lui sont fournies annuellement par les correspondants des ministères des Finances, des administrations fiscales nationales ou des services nationaux de statistiques. Bien que pour la plupart des pays, des chiffres provisoires soient disponibles avec un décalage d'environ six mois, les données finalisées le sont dans un délai d'environ dix-huit mois. Ainsi, les données définitives pour 2016 ont été reçues entre mai et août 2018.
- Dans trente-trois pays de l'OCDE, l'année fiscale coïncide avec l'année civile. Elle en diffère dans trois pays : Australie, Japon et Nouvelle-Zélande. Les déclarations pour l'année 2015 couvrent respectivement T2/2015-T1/2016 (Japon) et T3/2015- T2/2016 (Australie, Nouvelle-Zélande) (T = trimestre).

Le dénominateur (PIB)

- En ce qui concerne le dénominateur, ce Rapport utilise les chiffres du PIB les plus récents dont on disposait en septembre 2018. À cette date, les chiffres du PIB pour 2016 et 2017 étaient disponibles pour tous les pays de l'OCDE.
- L'utilisation de ces PIB harmonisés assure un maximum de cohérence et de comparabilité internationale aux ratios impôts/PIB.
- Les chiffres du PIB proviennent des Comptes nationaux annuels des pays membres de l'OCDE (CNA-SCN) pour les pays où l'année fiscale coïncide avec l'année civile.
- Lorsque l'année fiscale diffère de l'année civile, les estimations annuelles du PIB sont obtenues par l'agrégation des données fournies par la Direction des statistiques de l'OCDE pour les trimestres correspondants aux années fiscales de chacun des pays. Par exemple, dans le cas du Japon : T2/2016-T1/2017.

Les évolutions du ratio des recettes fiscales rapportées au PIB s'expliquent par les variations relatives des recettes fiscales nominales et du PIB nominal. Si les recettes fiscales augmentent plus (ou baissent moins) que le PIB d'une année sur l'autre, le ratio impôts/PIB augmentera. Si, à l'inverse, les recettes fiscales augmentent moins que le PIB, ou baissent plus que le PIB, le ratio diminuera. Aussi, le ratio impôts/PIB ne signifie pas forcément que le montant total des recettes fiscales a augmenté en valeur nominale, voire même en valeur réelle.

En 2017, 19 pays de l'OCDE ont vu leur ratio impôts/PIB augmenter par rapport à 2016. Dans tous ces pays, la croissance du PIB a été positive, mais moins forte que celle des recettes fiscales. Parmi les 15 pays de l'OCDE qui ont enregistré un recul de leur ratio impôts/PIB en 2017, 13 affichaient des niveaux plus élevés de recettes fiscales, mais en-deçà des niveaux de croissance du PIB nominal. Deux pays (l'Islande et le Mexique) enregistraient à la fois une croissance positive du PIB nominal et une croissance négative des recettes fiscales ; aucun pays n'associait une baisse de ses recettes fiscales nominales et de son PIB (Graphique 1.3). En outre, le Graphique 1.3 illustre les variations intervenues entre 2015 et 2016 en Australie et au Japon, où le ratio impôts/PIB n'est pas disponible en 2017. Dans ces deux pays, le PIB a progressé plus rapidement que les recettes fiscales nominales, entraînant une diminution du ratio impôts/PIB.

Graphique 1.3. Variations relatives des recettes fiscales nominales et du PIB nominal, en %, 2016-17p

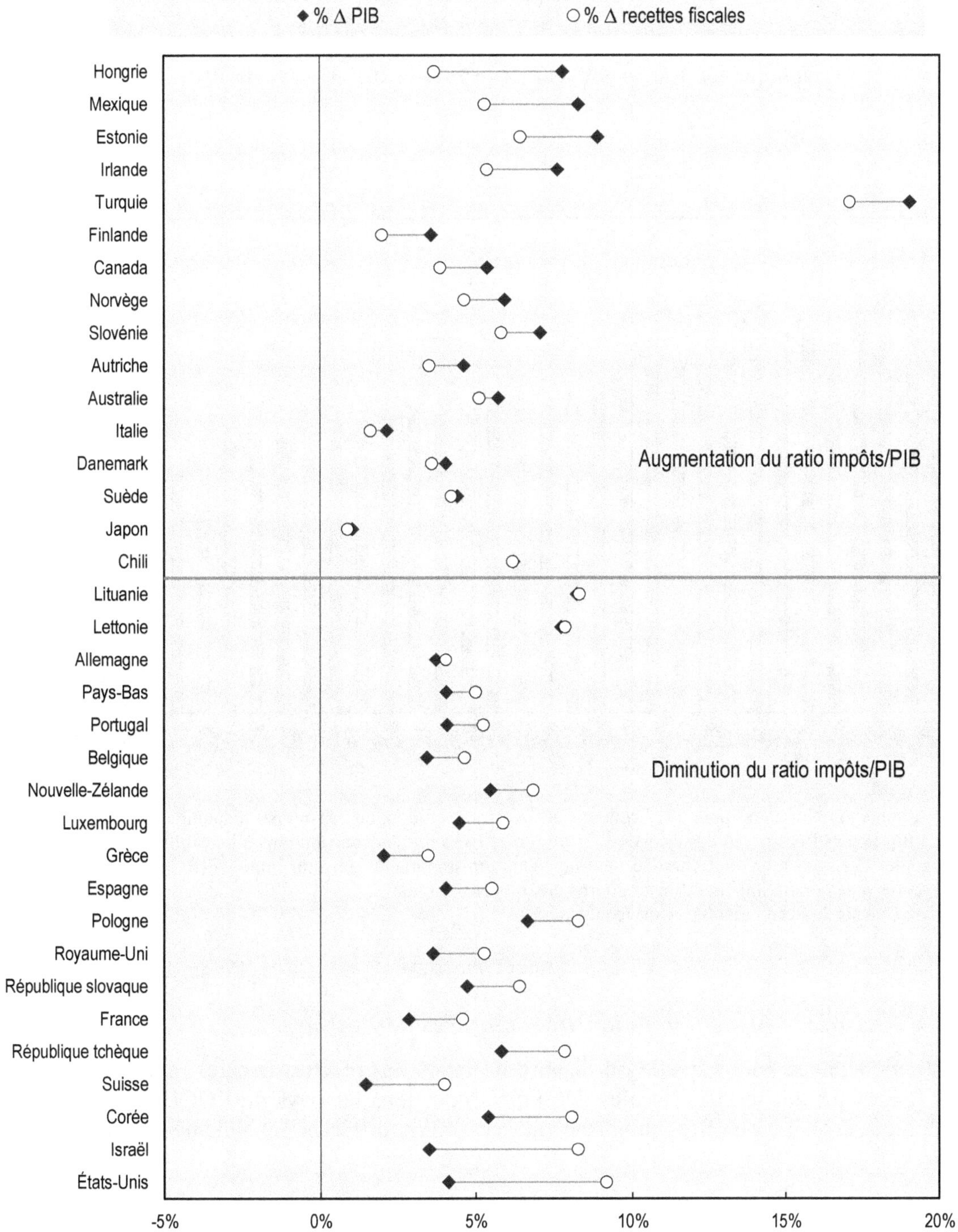

1. Les données concernant l'Australie et le Japon illustrent l'évolution intervenue entre 2015 et 2016, car les données préliminaires pour 2017 ne sont pas disponibles dans le cas de ces deux pays. Les données concernant le Mexique en 2017 incluent une estimation du Secrétariat, incluant les recettes escomptées collectées par les administrations d'État et locales.

2. Le ratio impôts/PIB de l'Islande a diminué de 24% entre 2016 et 2017, dû à des recettes ponctuelles importantes provenant des contributions à la stabilité en 2016. Afin de rendre ce graphique plus lisible, l'Islande n'a pas été inclut.
Source : Calculs du Secrétariat basés sur le chapitre 4 (recettes fiscales) et sur le tableau 3.19 (PIB)

StatLink http://dx.doi.org/10.1787/888933862800

Graphique 1.4. Ratios impôts/PIB en 2016 et 2017p (en % du PIB)

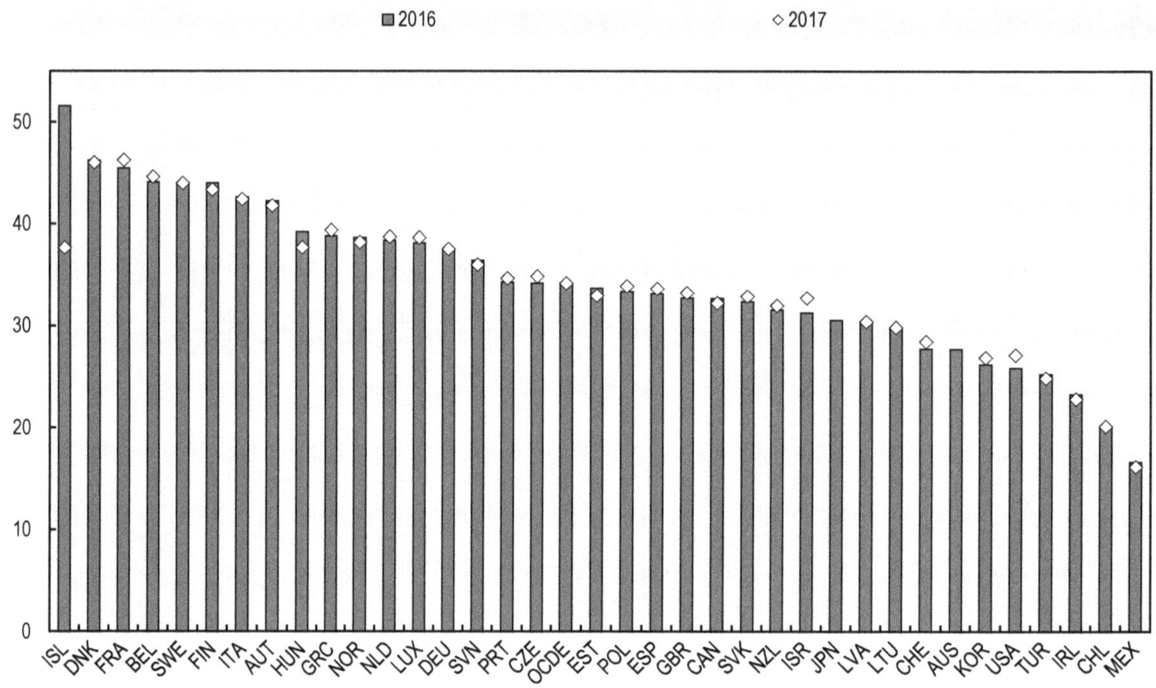

1. Les données préliminaires pour 2017 concernant l'Australie et le Japon ne sont pas disponibles.
2. Le ratio impôts/PIB moyen des pays de l'OCDE en 2016 exclut les contributions à la stabilité ponctuelles en Islande. Ces cotisations ont entraîné une augmentation importante du ratio impôts/PIB de l'Islande en 2016, après quoi le ratio impôts/PIB est retourné aux niveaux habituels.
Source : Calculs du Secrétariat basés sur le tableau 3.1.

StatLink http://dx.doi.org/10.1787/888933862819

1.1.2. Niveaux d'imposition pour 2016 (données définitives)

La dernière année pour laquelle on dispose de ratios des recettes fiscales rapportées au PIB fondés sur des recettes fiscales définitives pour tous les pays de l'OCDE est 2015 (Graphique 1.4). Les chiffres montrent que ces ratios diffèrent sensiblement selon les pays :

- En 2016, l'Islande avait le ratio des recettes fiscales rapportées au PIB le plus élevé (51.6 %), en raison des contributions à la stabilité prélevée uniquement en 2016. Si l'on exclut l'Islande, le Danemark (46.2 %), la France (45.5 %), la Belgique (44.1 %) et la Suède (44.0 %) ont connus les ratios impôts/PIB les plus élevés parmi les pays de l'OCDE en 2016.

- Le Mexique avait le ratio le plus faible à 16.6 %, suivi du Chili (20.2 %), l'Irlande (23.3 %), le Turquie (25.3 %) et les États Unis (25.9 %).
- Huit pays – l'Autriche, la Belgique, le Danemark, la Finlande, la France, l'Islande, l'Italie et la Suède – enregistraient des niveaux d'imposition supérieurs à 40 %.
- À l'inverse, neuf pays – l'Australie, le Chili, la Corée, les États-Unis, l'Irlande, la Lituanie, le Mexique, la Suisse et la Turquie – affichaient des niveaux d'imposition inférieurs à 30 %.
- Depuis 2015, le ratio des recettes fiscales rapportées au PIB dans la zone OCDE (moyenne non pondérée) a augmenté de 0.3 point pour atteindre 34.0 % en 2016.
- Par rapport à 2015, la charge fiscale globale a augmenté dans 26 pays membres de l'OCDE et a diminué dans 10.
- Les augmentations les plus importantes du ratio ont été constatées en Islande (15.3 points de pourcentage), en Grèce (2.3 points), aux Pays-Bas (1.4 point), en Lettonie (1.2) et en Corée (1.1 point).
- Les diminutions les plus marquées se sont produites en Autriche (0.9 point), en Belgique (0.7 point) et en Islande (0.5 point).

Entre 2015 et 2016, les principaux changements affectant le ratio des recettes fiscales au PIB s'expliquent en grande partie par des augmentations des recettes générées par les impôts sur les biens et services et par les cotisations sociales. Les recettes des impôts sur le revenu des personnes physiques et sur les bénéfices des sociétés exprimées en pourcentage du PIB sont restées inchangées en moyenne à 11.3 % en 2016 (Tableau 1.2). Les augmentations des recettes générées par les impôts sur le revenu et sur les bénéfices les plus importantes ont eu lieu au Grèce (0.7 point) et au Luxembourg (0.6 point). L'Autriche et le Chile ont enregistré la diminution la plus forte des impôts sur le revenu et les bénéfices rapportés au PIB, respectivement de 1.2 et 0.7 point de PIB.

Entre 2015 et 2016, les recettes moyennes provenant des impôts sur le revenu des personnes physiques ont diminué de 0.1 point de pourcentage, à 8.2 % du PIB en 2016, tandis que celles générées par l'impôt sur les bénéfices des sociétés ont augmenté de 0.1 point de pourcentage, à 2.9 % du PIB en 2016 Tableau 1.2. Les recettes tirées des taxes sur les biens et services ont augmenté de 10.8 % du PIB en 2015 à 11.0 % en 2016. Les cotisations de sécurité sociale ont augmenté de 9.0 % du PIB en 2015 à 9.2 % en 2016. Les autres ratios sont pour l'essentiel restés stables entre 2015 et 2016.

Tableau 1.2. Structure fiscale dans la zone OCDE, années sélectionnées (moyenne non-pondérée en % du PIB)

Pour cent

	1965	1990	2000	2007	2010	2012	2014	2015	2016
Recettes fiscales totales	24.9	31.9	33.8	33.6	32.3	33.1	33.6	33.7	34.0
1000 Impôts sur le revenu, les bénéfices et les gains en capital	8.7	12.2	11.9	12.1	10.6	11.0	11.2	11.3	11.3
dont :									
1100 Impôts sur le revenu, les bénéfices et les gains en capital des personnes physiques	6.8	9.7	8.7	8.2	7.6	7.9	8.2	8.3	8.2
1200 Impôts sur le revenu, les bénéfices et les gains en capital des sociétés	2.1	2.5	3.2	3.6	2.7	2.8	2.8	2.8	2.9
2000 Cotisations de sécurité sociale (CSS)	4.5	7.3	8.6	8.4	8.9	9.0	9.0	9.0	9.2
3000 Impôts sur les salaires et la main-d'oeuvre	0.3	0.3	0.4	0.3	0.3	0.4	0.4	0.4	0.4
4000 Impôts sur le patrimoine	1.9	1.8	1.8	1.8	1.7	1.8	1.9	1.9	1.9
5000 Impôts sur les biens et services	9.4	10.0	10.9	10.6	10.6	10.7	10.8	10.8	11.0
dont :									
5111 Taxes sur la valeur ajoutée	0.7	5.2	6.4	6.5	6.5	6.6	6.7	6.7	6.8
5121 Accises	3.5	2.6	2.9	2.6	2.7	2.7	2.6	2.6	2.6
6000 Autres impôts	0.1	0.3	0.2	0.2	0.2	0.2	0.2	0.2	0.2

Note : Part des principales catégories d'impôts dans le PIB (en pourcentage). Les données sont incluses depuis 1965 pour l'Australie, l'Autriche, la Belgique, le Canada, le Danemark, la Finlande, la France, l'Allemagne, la Grèce, l'Islande, l'Irlande, l'Italie, le Japon, le Luxembourg, les Pays-Bas, la Nouvelle-Zélande, la Norvège, le Portugal, l'Espagne, la Suède, la Suisse, la Turquie, le Royaume-Uni et les États-Unis. Les données sont incluses depuis 1972 pour la Corée, depuis 1980 pour le Mexique, depuis 1990 pour le Chili, depuis 1991 pour la Hongrie et la Pologne, depuis 1993 pour la République tchèque, depuis 1995 pour l'Estonie, Israël, la Lettonie, la Lituanie, la République slovaque et la Slovénie. La moyenne de l'OCDE en 2016 exclut les recettes ponctuelles des contributions à la stabilité en Islande.
Source : OECD (2018), "Recettes fiscales: Tableaux comparatifs", Statistiques fiscales de l'OCDE (base de données)

StatLink http://dx.doi.org/10.1787/888933862838

1.1.3. Variations de la charge fiscale entre 1965 et 2016

Le coefficient moyen dans la zone OCDE a augmenté de 24.9 % à 34.0 % (soit une hausse de 9.1 points) entre 1965 et 2016 (Graphique 1.1).

Avant le premier choc pétrolier (1973-74), une croissance des revenus forte et presque ininterrompue a permis aux niveaux d'imposition d'augmenter dans tous les pays de l'OCDE. Les niveaux d'imposition ont augmenté automatiquement sous l'effet de la progressivité des barèmes de l'impôt sur le revenu des personnes physiques. Entre 1975 et 1985, la charge fiscale dans la zone OCDE a augmenté de 2.9 points. Après le milieu des années 70, le ralentissement de la croissance des revenus réels, combiné à l'augmentation du chômage, ont limité la capacité des pouvoirs publics à prélever des recettes. Cependant, à partir de la profonde récession qui a suivi le second choc pétrolier (1980), les pays européens ont été amenés à augmenter leurs impôts pour financer la hausse des dépenses de sécurité sociale et s'efforcer de maîtriser les déficits budgétaires.

Après le milieu des années 80, la plupart des pays de l'OCDE ont sensiblement réduit les taux de leurs impôts sur le revenu des personnes physiques et sur les bénéfices des sociétés, mais l'incidence sur les recettes publiques des vastes réformes fiscales qui ont été engagées est restée limitée dans la mesure où, en même temps, la base de ces impôts était élargie par une réduction ou une suppression des déductions fiscales. En 1999, le taux moyen d'imposition dans la zone OCDE avait atteint 33.8 %, soit le niveau le plus élevé enregistré à cette époque. Il s'est ensuite légèrement replié entre 2001 et 2004, avant de repartir à la hausse entre 2005 et 2007, puis de retomber sous l'effet de la crise. En résumé, la charge fiscale moyenne dans la zone OCDE a augmenté de 1.0 point entre 1995 et 2016 (Graphique 1.1).

La moyenne de l'OCDE masque de grandes variations des ratios nationaux. En 1965, les ratios des pays de l'OCDE étaient compris entre 10.6 % en Turquie et 33.7 % en France. En 2016, ces niveaux oscillaient entre 16.6 % au Mexique et 51.6 % en Islande qui a eu des recettes exceptionnelles provenant des contributions à la stabilité prélevée en 2016. À défaut de cette hausse des recettes publiques en Islande, les ratios impôts/PIB dans les pays de l'OCDE en 2016 oscillaient entre 16.6 % au Mexique et 46.2 % au Danemark. La tendance continue à l'augmentation des niveaux d'imposition reflète le besoin de financer l'augmentation considérable des dépenses du secteur public dans presque tous les pays de l'OCDE.

1.2. Structures fiscales

Les structures fiscales sont mesurées par la part des principaux impôts dans les recettes fiscales totales. En 2015, les structures fiscales des pays de l'OCDE affichaient des différences. Seize pays ont tiré l'essentiel de leurs recettes des impôts sur le revenu et sur les bénéfices, onze pays des cotisations de sécurité sociale, et huit pays des impôts sur la consommation (TVA comprise). En 2015, les impôts sur le patrimoine et les impôts sur les salaires jouaient un faible rôle dans la structure des recettes des pays de l'OCDE, tant en moyenne que dans la plupart des pays (Graphique 1.5).

Graphique 1.5. Structures fiscales en 2016 (en % du total des recettes fiscales)

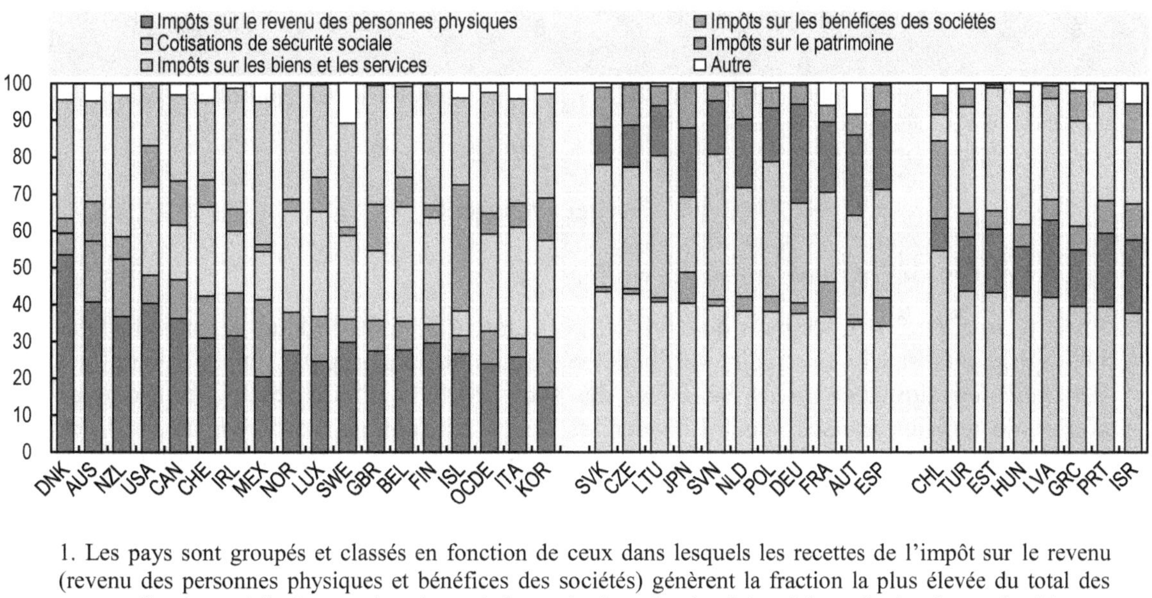

1. Les pays sont groupés et classés en fonction de ceux dans lesquels les recettes de l'impôt sur le revenu (revenu des personnes physiques et bénéfices des sociétés) génèrent la fraction la plus élevée du total des recettes fiscales, suivis de ceux dans lesquels les cotisations de sécurité sociale ou les impôts sur les biens et services représentent la part la plus élevée.
2. Le ratio impôts/PIB moyen des pays de l'OCDE exclut les contributions à la stabilité ponctuelles en Islande.

3. Les recettes ponctuelles dû aux contributions à la stabilité en Islande en 2016 sont classées comme les impôts sur le patrimoine. Si l'on exclut ces recettes exceptionnelles, la plus importante source des recettes en Islande en 2016 aurait été les impôts sur le revenu et les bénéfices.
Source : Calculs du Secrétariat basés sur les données figurant au chapitre 4.

StatLink http://dx.doi.org/10.1787/888933862857

Si, en moyenne, les niveaux d'imposition ont généralement augmenté, la structure fiscale ou le « dosage » des impôts a fait preuve d'une stabilité remarquable dans le temps. Néanmoins, plusieurs tendances se manifestent jusqu'en 2015 (dernière année pour laquelle on dispose de données concernant les 36 pays de l'OCDE).

Graphique 1.6. Tendances des structures fiscales
(1965-2016, en % du total des recettes fiscales)

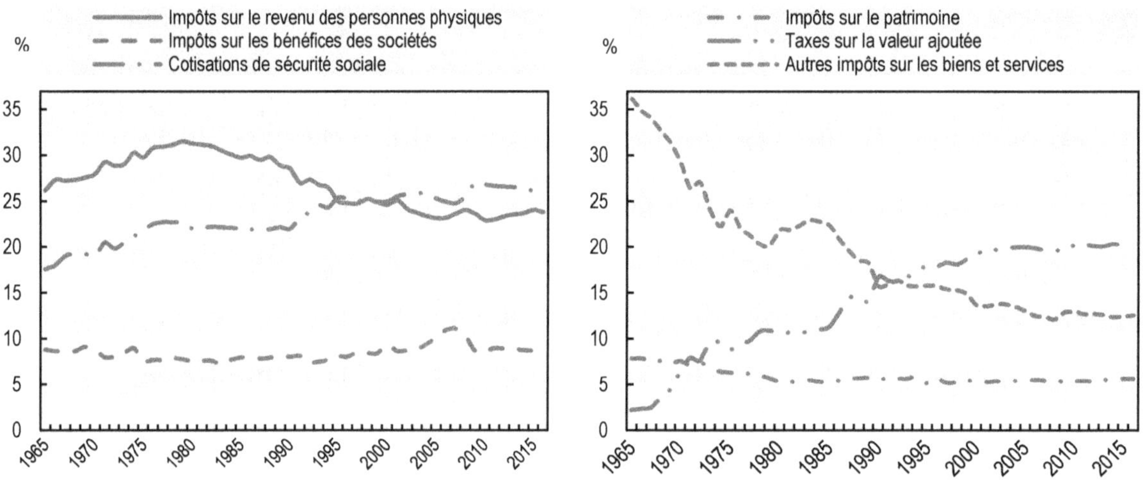

1. Les recettes publiques moyennes de l'OCDE en 2016 pour les catégories principales excluent les contributions à la stabilité ponctuelles en Islande.
Source : Calculs du Secrétariat basés sur les tableaux 3.8 à 3.14.

StatLink http://dx.doi.org/10.1787/888933862876

1.2.1. Impôts sur le revenu et les bénéfices

En moyenne, en 2015, les pays de l'OCDE collectaient 33.6 % de leurs recettes fiscales via les impôts sur le revenu et les bénéfices (somme des impôts sur le revenu des personnes physiques et sur les bénéfices des sociétés). Ces impôts restent la principale source de recettes utilisées pour financer les dépenses publiques dans 16 des pays de l'OCDE, tandis que dans 8 d'entre eux – Australie, Canada, Danemark, États-Unis, Irlande, Mexique, Nouvelle-Zélande et Suisse – leur part dans le total des impôts en 2016 excède 40 %.

Au sein de la catégorie des impôts sur le revenu et les bénéfices, la part de l'IRPP et de l'IS varie :

- En 2016, les recettes issues de l'impôt sur le revenu des personnes physiques représentent en moyenne 23.8 % du total des recettes, contre 30 % environ au cours des années 80. Dans cette baisse, deux points environ peuvent être attribués à l'inclusion dans la zone OCDE de pays d'Europe de l'Est pour lesquels les données relatives aux recettes fiscales ne sont disponibles qu'à partir des années 90. Dans ces pays, les recettes générées par l'impôt sur le revenu sont relativement faibles, alors que celles liées aux cotisations de sécurité sociale sont plus élevées, mais l'effet de l'inclusion de ces pays concerne seulement les données postérieures à l'année 1990.

- Les différences observées entre les pays sont considérables pour ce qui est de l'importance de l'impôt sur le revenu des personnes physiques. En 2016, la part de cet impôt allait d'un minimum de 8.8 % à 10.2 % respectivement au Chile et en République slovaque, à 40.8 % en Australie et 53.5 % au Danemark (Graphique 1.5).
- La forte baisse de la part des recettes tirées des impôts sur les bénéfices des sociétés dans le total des recettes fiscales constatée en 2008 et 2009 ne s'est pas poursuivie en 2011 et 2012, mais la part de ces impôts dans le total des prélèvements en 2016, à 9.0 % du total des recettes fiscales, reste inférieure à leur niveau de 2007, lorsqu'elle s'établissait à 11.1 %.
- La part des impôts sur les bénéfices des sociétés dans les recettes fiscales totales affiche une dispersion considérable, de 5 % environ (France, Islande, et Slovénie) à 21.0 % (Mexique) et 20.9 % (Chili) en 2016. Hormis la dispersion des taux légaux d'imposition des sociétés, ces différences sont au moins partiellement imputables à des facteurs institutionnels ou spécifiques aux pays, tels que :
- la proportion des entreprises constituées sous forme de sociétés,
- l'érosion de la base d'imposition des sociétés consécutive, par exemple, à des méthodes généreuses de calcul de l'amortissement et à des incitations fiscales,
- le caractère cyclique du système de l'impôt sur les sociétés, conditionné en partie par les dispositions relatives à la compensation des pertes,
- le degré de dépendance à l'égard des recettes fiscales tirées de l'exploitation de gisements pétroliers et/ou de minerais, et
- d'autres instruments permettant de différer l'imposition des bénéfices.

1.2.2. Cotisations de sécurité sociale

En 2015, les cotisations de sécurité sociale représentaient 26.2 % du total des recettes fiscales en moyenne dans la zone OCDE. Elles étaient les plus élevées en République slovaque et en République tchèque (respectivement 43.5 % et 42.9 %). En revanche, l'Australie et la Nouvelle-Zélande ne collectent pas de cotisations de sécurité sociale.

On observe par ailleurs de grandes différences entre les pays de l'OCDE pour ce qui est des parts relatives des cotisations de sécurité sociale versées par les salariés et par les employeurs (Graphique 1.7) :

- Sept pays (Chili, Grèce, Israël, Luxembourg, Pays-Bas, Pologne, et Slovénie) mobilisent davantage de recettes grâce aux cotisations salariales de sécurité sociale, tandis que les autres pays en collectent davantage grâce aux cotisations patronales.
- C'est en Slovénie que la part des recettes provenant des cotisations salariales de sécurité sociale est la plus élevée, puisqu'elle atteint 20.5 % du total des recettes.

L'Allemagne, la Grèce, le Japon, les Pays-Bas et la Slovénie enregistrent également des recettes issues des cotisations salariales supérieures à 15 % du total des recettes fiscales. C'est au Danemark que cette part est la plus faible, à 0.1 % du total des recettes. Outre le Danemark, l'Estonie est le seul autre pays où les cotisations salariales de sécurité sociale généraient moins de 5 % du total des recettes.

- L'Estonie est le pays où la part des recettes fiscales totales générée par les cotisations patronales de sécurité sociale est la plus élevée (31.5 %). Cette part dépasse également 25 % des recettes totales en Lituanie et en République tchèque, comptant 27.6 % et 27.2 % des recettes totales respectivement. Le Danemark et le Chili enregistrent les parts les plus faibles, respectivement 0.5 % et 0.2 % du total des recettes.
- C'est aux Pays-Bas et en République slovaque que la part des cotisations de sécurité sociale acquittée par les travailleurs indépendants et les chômeurs dans le total des recettes fiscales est la plus élevée, à respectivement 9.3 % et 8.8 %.

Graphique 1.7. Composition des cotisations de sécurité sociale, en pourcentage du total des cotisations de sécurité sociale, 2016

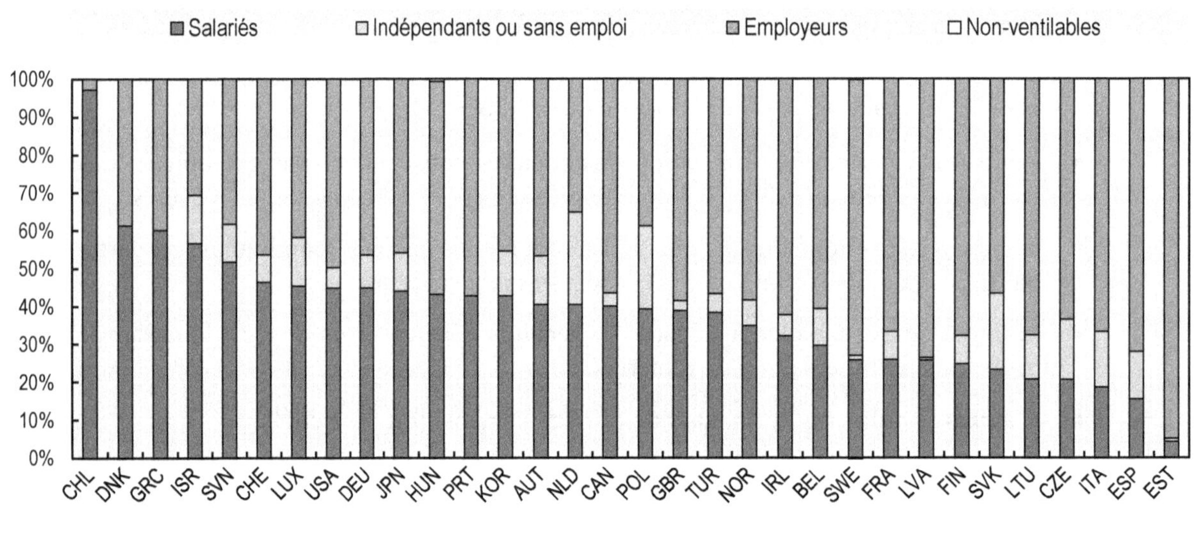

1. L'Australie, l'Islande, le Mexique et la Nouvelle-Zélande ne sont pas inclus dans le graphique 1.7. Bien que l'Islande et le Mexique collectent des cotisations de sécurité sociale, les données désagrégées ne sont pas disponibles. L'Australie et la Nouvelle-Zélande ne prélèvent pas de cotisations de sécurité sociale.
Source : Calculs du Secrétariat basés sur les données figurant au chapitre 4.

StatLink http://dx.doi.org/10.1787/888933862895

1.2.3. Impôts sur le patrimoine

Entre 1965 et 2016, la part des impôts sur le patrimoine a été ramenée de 7.9 % à 5.7 % du total des recettes fiscales en moyenne dans les pays de l'OCDE (Graphique 1.6). C'est en Islande que la part des impôts sur le patrimoine était la plus élevée en 2016 (34.2 %), bien qu'elle soit attribuable aux contributions à la stabilité qui étaient prélevées uniquement cette année, suivi du Royaume Uni (12.6 %) et du Canada (12.0 %). Cette part s'est établie à0.8 % des recettes fiscales en Estonie, le ratio le plus bas des pays de l'OCDE :

- La part des impôts sur le patrimoine est supérieure à 10 % du total des recettes fiscales dans sept pays en 2016 (Australie, Canada, Corée, États-Unis, Islande, Israël et Royaume-Uni).
- Les impôts sur le patrimoine représentent moins de 2 % du total des recettes dans sept pays (Autriche, Estonie, Lituanie, Mexique, République slovaque, République tchèque et Slovénie).

1.2.4. Impôts sur la consommation

- La part des impôts sur la consommation (impôts généraux sur la consommation plus impôts spécifiques sur la consommation) a diminué de 38.4 % à 32.7 % entre 1965 et 2016 (Graphique 1.6).
- Pendant cette période, la composition des taxes sur les biens et services s'est profondément modifiée. Les impôts généraux sur la consommation ont vu leur importance en tant que source de recettes s'affirmer rapidement, notamment pour la taxe sur la valeur ajoutée (TVA) qui est désormais prélevée dans 35 des 36 pays de l'OCDE[4].
- Les impôts généraux sur la consommation représentent 20.8 % des recettes fiscales totales, contre seulement 11.9 % au milieu des années 60. En 2016, elles provenaient principalement de la TVA (20.2 % du total des recettes fiscales) Graphique 1.6.
- La montée en puissance de la taxe sur la valeur ajoutée a contribué à compenser la diminution de la part des impôts spécifiques sur la consommation, tels que les droits d'accise et les droits de douane.
- Entre 1975 et 2016, la part des impôts spécifiques sur la consommation (surtout sur le tabac, les boissons alcoolisées et le carburant, ainsi que certaines taxes environnementales) a été réduite de près de moitié, passant de 17.7 % à 9.8 % du total des recettes. En 2016, les droits d'accise constituaient la principale catégorie et généraient 7.8 % du total des recettes (graphique 1.8).
- Les taux des impôts sur les produits importés ont fortement baissé dans tous les pays de l'OCDE, ce qui s'explique par la tendance générale à la suppression des obstacles aux échanges.
- Néanmoins, des pays tels que l'Estonie, le Mexique, la Pologne, la Slovénie (environ 14 %) et la Turquie (environ 22 %) collectent encore une fraction relativement importante de leurs recettes fiscales totales grâce aux taxes sur des biens et services spécifiques.

Graphique 1.8. Part des recettes tirées des impôts généraux sur la consommation (gauche) et impôts spécifiques sur la consommation (droite) en % du total des recettes fiscales, 1975-2016

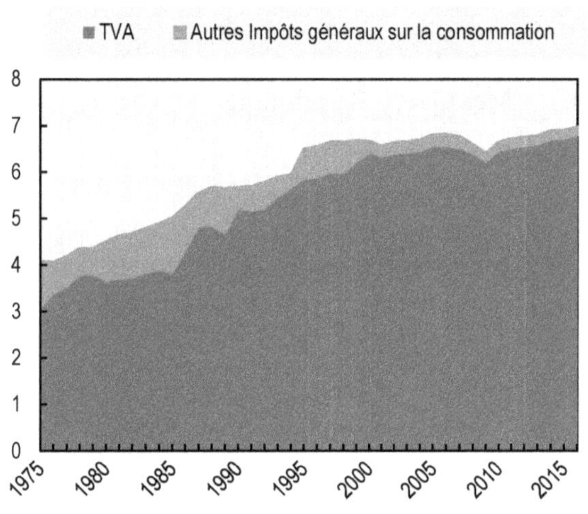

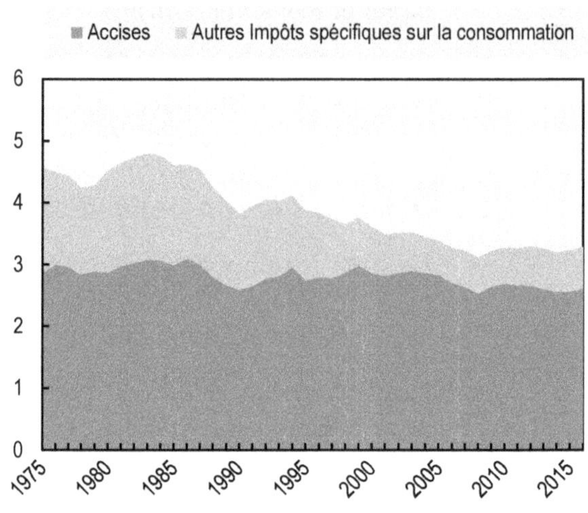

1. La moyenne non pondérée pour chaque année comprend tous les pays qui communiquent des chiffres sur les recettes dans les catégories indiquées cette même année. Les moyennes de l'OCDE en 2016 excluent les recettes ponctuelles des contributions à la stabilité en Islande.
Source : Calculs du Secrétariat basés sur le chapitre 4.

StatLink http://dx.doi.org/10.1787/888933862914

1.3. Répartition des impôts par niveaux d'administration

Cette section examine la part relative des recettes fiscales attribuées aux différents sous-secteurs des administrations publiques en 2015. Les sous-secteurs sont les suivants :

- Administration centrale
- Collectivités régionales ou provinciales (pays fédéraux ou régionaux uniquement)
- Collectivités locales
- Caisses de sécurité sociale
- Supranationale (pays de l'UE uniquement)

Les directives suivies pour attribuer ces parts des recettes aux différents niveaux d'administration s'appuient sur la version finale du Système des comptes nationaux de 2008. Ces directives sont examinées dans l'Étude spéciale S.1 de l'édition 2011 des *Statistiques des recettes publiques de l'OCDE.*

1.3.1. Recettes des administrations infranationales

Huit pays de l'OCDE ont une structure fédérale. Dans ces pays, en 2016, les administrations centrales ont perçu 53.2 % des recettes totales en moyenne. Viennent ensuite les caisses de sécurité sociale, qui constituent un sous-secteur de l'administration centrale et qui ont reçu 21.2 % des recettes totales, suivies des collectivités régionales ou provinciales (17.6 %) et des collectivités locales (7.8 %) (Tableau 1.3). Toutefois, on constate des variations considérables par rapport à ces moyennes dans les différents pays :

- En 2016, dans les huit pays fédéraux de l'OCDE, la part des recettes de l'administration centrale variait 29.7 % en Allemagne à 79.5 % en Australie.
- En 2016, la part des collectivités régionales ou provinciales s'échelonnait entre 1.6 % en Autriche, 4.0 % au Mexique, 10.7 % en Belgique et 39.9 % au Canada. La part des collectivités locales était comprise entre 1.5 % au Mexique et 15.6 % en Suisse.
- Entre 1975 et 2016, la part des recettes de l'administration fédérale a reculé d'environ quinze points de pourcentage en Belgique, tandis qu'elle a décliné moins rapidement en Allemagne, au Canada et aux États-Unis.
- La part des recettes de l'administration fédérale a augmenté en Autriche et en Suisse respectivement de 15 et 5 points environ. Il y a eu peu de changement en Australie et au Mexique.
- Sur les sept pays fédéraux dotés de caisses de sécurité sociale, leur part des recettes a augmenté dans cinq d'entre eux entre 1975 et 2016. Les exceptions sont le Canada et le Mexique, où la part des recettes des cotisations sociales a légèrement diminué entre 1975 (1980 pour le Mexique en raison de la disponibilité des données) et 2016.

Tableau 1.3. Recettes fiscales des sous-secteurs des administrations publiques en % du total des recettes fiscales, pays fédéraux

	Supranationale			Administration centrale			Administrations d'États fédérés/Régions			Administrations locales			Administrations de sécurité sociale		
	1975	1995	2016	1975	1995	2016	1975	1995	2016	1975	1995	2016	1975	1995	2016
Pays fédéraux															
Australie	..	..	..	80.1	77.5	79.5	15.7	19.0	16.9	4.2	3.4	3.6	0.0	0.0	0.0
Autriche	..	0.0	0.4	51.7	65.1	66.0	10.6	1.8	1.6	12.4	4.1	3.0	25.3	29.0	28.9
Belgique	1.4	1.0	1.0	65.3	60.1	50.7	..	1.8	10.7	4.4	4.8	5.0	28.8	32.2	32.6
Canada	..	..	..	47.6	39.1	40.7	32.5	37.1	39.9	9.9	9.8	10.3	10.0	14.0	9.1
Allemagne	1.2	0.6	0.6	33.5	31.4	29.7	22.3	21.6	23.6	9.0	7.4	8.5	34.0	39.0	37.6
Mexique	..	..	..	..	73.9	81.5	..	2.8	4.0	..	1.5	1.5	..	21.8	13.0
Suisse	..	..	..	30.7	31.4	35.2	27.0	24.2	25.0	20.3	17.6	15.6	22.0	26.8	24.3
États-Unis	..	..	..	45.4	41.4	42.1	19.5	20.0	19.4	14.7	13.3	14.5	20.5	25.2	24.0
Moyenne non pondérée	1.3	0.6	0.7	50.6	52.5	53.2	21.3	16.0	17.6	10.7	7.7	7.8	20.1	23.5	21.2
Pays régional															
Espagne[1,2]	..	0.5	0.5	48.2	51.3	41.6	..	4.8	14.7	4.3	8.8	9.9	47.5	34.6	33.2

1. L'Espagne est constitutionnellement un pays non fédéral mais avec une structure politique très décentralisée.
2. Le total des recettes fiscales a été diminué du montant de tout transfert en capital représentant les impôts non perçus.

StatLink http://dx.doi.org/10.1787/888933862933

L'Espagne est maintenant classée dans la catégorie « pays régional » plutôt que dans celle des « pays unitaires » à cause de sa structure politique fortement décentralisée. En 2016, la part des recettes de l'administration centrale était de 41.6 %, contre 14.7 % pour les collectivités régionales. Entre 1975 et 2016, la part des recettes des collectivités locales a augmenté de 4 % à 10 % environ et la part des caisses de sécurité sociale a baissé de 47.5 % à 33.2 %.

Les vingt-sept autres pays de l'OCDE ont une structure unitaire. Dans ces pays, 63.5 % des recettes en moyenne provenaient de l'administration centrale, tandis que les caisses de sécurité sociale généraient 24.8 % des recettes. 11.4 % étaient recouvrées par les collectivités locales. Dans les pays unitaires de l'OCDE :

- La part des recettes de l'administration centrale en 2015 se situait entre 33.4 % en France et 35.2 % en Suisse et 93.2 % en Nouvelle-Zélande.
- La part des collectivités locales variait de 1.0 % en Estonie à 35.4 % en Suède.
- Entre 1975 et 2016, les transferts aux collectivités locales ont augmenté de 5 points ou plus dans cinq pays – Corée, France, Italie, Portugal et Suède – mais ont moins progressé aux Pays-Bas. Une diminution des transferts de 5 points ou plus s'est produite dans trois pays – Irlande, Norvège et Royaume-Uni.[5]
- Entre 1975 et 2015, la part des caisses de sécurité sociale a progressé de 7 points ou plus dans quatre pays – Corée, Finlande, France et Japon – tandis qu'elle enregistrait des baisses du même ordre de grandeur dans quatre autres pays – Italie, Norvège, Portugal et Suède.

Tableau 1.4. Recettes fiscales des sous-secteurs des administrations publiques en % du total des recettes fiscales, pays unitaires

	Supranationale			Administration centrale			Administrations d'États fédérés/Régions			Administrations locales			Administrations de sécurité sociale		
	1975	1995	2016	1975	1995	2016	1975	1995	2016	1975	1995	2016	1975	1995	2016
Pays unitaires															
Chili	..	..	..	..	89.9	86.4	..	..	..	..	6.5	7.8	..	3.6	5.7
République tchèque	..	..	0.5	..	57.7	55.5	..	..	..	..	0.9	1.1	..	41.4	42.9
Danemark[1]	1.1	0.5	0.3	68.9	68.2	72.6	..	..	..	30.0	31.3	27.0	0.1	0.0	0.0
Estonie	..	..	0.5	..	84.3	82.4	..	..	..	..	0.8	1.0	..	14.9	16.1
Finlande	..	0.4	0.3	56.0	46.6	47.6	..	..	..	23.5	22.3	23.1	20.4	30.8	29.0
France[1]	0.7	0.4	0.4	51.2	42.6	33.4	..	..	..	7.6	11.0	13.5	40.6	46.0	52.8
Grèce[1]	..	0.6	0.3	67.1	66.9	69.6	..	..	..	3.4	0.9	2.4	29.5	31.6	27.7
Hongrie	..	..	0.3	..	63.8	60.6	..	..	..	..	2.5	5.8	..	33.6	33.3
Islande	..	..	..	81.3	79.2	81.4	..	..	..	18.7	20.8	18.6	0.0	0.0	0.0
Irlande	2.3	1.5	1.0	77.4	83.1	82.2	..	..	..	7.3	2.7	2.3	13.1	12.7	14.5
Israël	..	..	..	..	79.6	75.5	..	..	..	..	6.4	7.9	..	14.0	16.6
Italie	..	0.4	0.4	53.2	62.7	54.4	..	..	..	0.9	5.4	15.0	45.9	31.5	30.1
Japon	..	..	..	45.5	41.2	35.7	..	..	..	25.6	25.2	23.9	29.0	33.6	40.4
Corée	..	..	..	89.0	69.2	56.3	..	..	..	10.1	18.7	17.5	0.9	12.1	26.2
Lettonie	..	..	0.7	..	43.5	52.5	..	..	..	..	19.5	19.5	..	36.9	27.3
Lituanie	..	..	0.9	..	71.7	57.1	..	..	..	..	2.3	1.3	..	26.1	40.8
Luxembourg	0.8	0.4	0.5	63.6	66.5	68.0	..	..	..	6.7	6.5	3.9	29.0	26.6	27.6
Pays-Bas	1.5	1.3	1.1	58.9	56.0	57.6	..	..	..	1.2	3.1	3.1	38.4	39.5	38.2
Nouvelle-Zélande	..	..	..	92.3	94.7	93.3	..	..	..	7.7	5.3	6.7	0.0	0.0	0.0
Norvège	..	..	..	50.6	58.4	83.8	..	..	..	22.4	19.6	16.2	27.0	22.0	0.0
Pologne	..	..	0.5	..	61.2	48.5	..	..	..	..	8.5	12.9	..	30.3	38.1
Portugal	..	0.8	0.5	65.4	72.3	72.8	..	..	..	0.0	5.4	7.3	34.6	21.5	19.4
République slovaque	..	..	0.6	..	62.5	55.0	..	..	..	..	1.3	2.0	..	36.2	42.5
Slovénie	..	..	0.4	..	51.8	50.8	..	..	..	..	6.3	9.5	..	41.9	39.2
Suède	..	0.4	0.3	51.3	46.9	52.3	..	..	..	29.2	30.9	35.4	19.5	21.8	12.1
Turquie	..	..	..	..	75.1	61.5	..	..	..	..	12.8	9.7	..	12.1	28.8
Royaume-Uni	1.0	1.0	0.5	70.5	77.5	75.7	..	..	..	11.1	3.7	4.9	17.5	17.8	18.9
Moyenne non pondérée	1.2	0.7	0.5	65.1	65.7	63.5	..	..	..	12.8	10.4	11.4	21.6	23.6	24.8

1. Le total des recettes fiscales a été diminué du montant de tout transfert en capital représentant les impôts non perçus.

StatLink http://dx.doi.org/10.1787/888933862952

Dans les tableaux 1.3 et 1.4, la colonne « supranationale » donne le montant des impôts collectés pour le compte de l'Union européenne par les 23 États membres de l'UE qui sont membres de l'OCDE. Pour les années antérieures à 1998, les droits de douane collectés pour le compte de l'Union européenne par les administrations fiscales des États membres de l'UE figurent dans la rubrique 5123[6]. À partir de 1998, ces droits de douane sont indiqués en tant que poste « pour mémoire », car ils sont en fait imposés par l'Union européenne et collectés pour son compte par les administrations fiscales nationales.

Tableau 1.5. Droits de douane collectés pour le compte de l'Union européenne

Millions de monnaie nationale

	2000	2005	2007	2009	2011	2013	2014	2015	2016	2017p
Autriche[1]	356	325	397	320	378	328	369	415	449	464
Belgique[1]	960	1 208	1 388	1 147	1 285	1 185	1 250	1 367	1 575	1 622
République tchèque	..	5 586	6 443	5 548	6 961	5 556	6 970	7 912	8 033	8 271
Danemark	2 325	2 833	3 282	2 647	3 177	2 824	3 001	3 285	3 069	3 136
Estonie[1]	..	22	35	20	29	29	30	34	34	38
Finlande[1]	129	148	199	152	189	166	170	165	163	174
France[1]	1 513	1 583	1 657	1 461	1 866	1 842	1 827	1 932	1 819	1 908
Allemagne[1]	3 394	3 433	3 972	3 778	4 556	4 251	4 608	5 195	5 089	5 043
Grèce[1]	210	262	307	252	186	148	163	181	197	268
Hongrie	..	26 572	27 981	25 657	27 462	26 337	31 947	38 960	41 620	45 403
Irlande[1]	208	226	273	208	240	247	275	327	311	334
Italie[1]	1 536	1 785	2 261	2 008	2 319	1 890	2 022	2 246	2 270	2 293
Lettonie[1]	..	26	37	21	31	28	36	40	47	46
Lituanie	..	44	61	51	59	68	86	99	96	101
Luxembourg[1]	27	21	23	13	17	15	19	23	25	27
Pays-Bas[1]	1 310	1 265	1 679	1 518	1 889	1 756	2 046	2 266	2 353	2 436
Pologne	..	1 098	1 760	1 589	1 859	1 977	2 316	2 823	3 292	..
Portugal[1]	204	145	185	154	168	144	149	158	174	187
République slovaque[1]	..	75	136	111	157	115	127	119	126	134
Slovénie[1]	..	34	85	57	62	52	52	52	53	54
Espagne[1]	971	1 436	1 722	1 328	1 553	1 315	1 512	1 754	1 879	1 917
Suède	3 450	4 327	5 099	4 764	5 399	4 976	5 737	6 243	6 044	6 225
Royaume-Uni	1 800	1 908	2 074	2 435	2 925	2 914	2 949	3 077	3 318	3 419

Note : p : provisoire

1. Pour les pays de la zone euro, les montants sont exprimés en euros pour toutes les années.

StatLink http://dx.doi.org/10.1787/888933862971

1.3.2. Composition des recettes de l'administration centrale et des administrations infranationales

Le Graphique 1.9 montre la répartition des recettes de l'administration centrale et des administrations infranationales pour chacune des principales catégories de recettes fiscales. Pour les pays à structure fédérale et régionale, le niveau infranational englobe les recettes perçues à la fois par les collectivités régionales et locales. Le Graphique 1.9 montre que :

- Dans pratiquement tous les pays de l'OCDE, les recettes de l'administration centrale proviennent essentiellement des impôts sur le revenu et des impôts sur les biens et services, tandis que les impôts sur le patrimoine ne représentent qu'une part négligeable.
- Au niveau infranational, les recettes issues des impôts sur le patrimoine procurent une part des recettes totales beaucoup plus élevée qu'au niveau central, et représentent plus de 90 % du total dans quatre pays (Irlande, Israël, Grèce et Royaume-Uni).
- À l'inverse, la part des impôts sur le revenu et des impôts sur les biens et services est plus faible au niveau infranational, à l'exception de la Finlande, du

Luxembourg et de la Suède, où plus de 90 % des recettes perçues par les administrations infranationales proviennent des impôts sur le revenu.

Graphique 1.9. Composition des recettes de l'administration fédérale ou centrale (gauche) et des administrations infranationales (droite), 2016

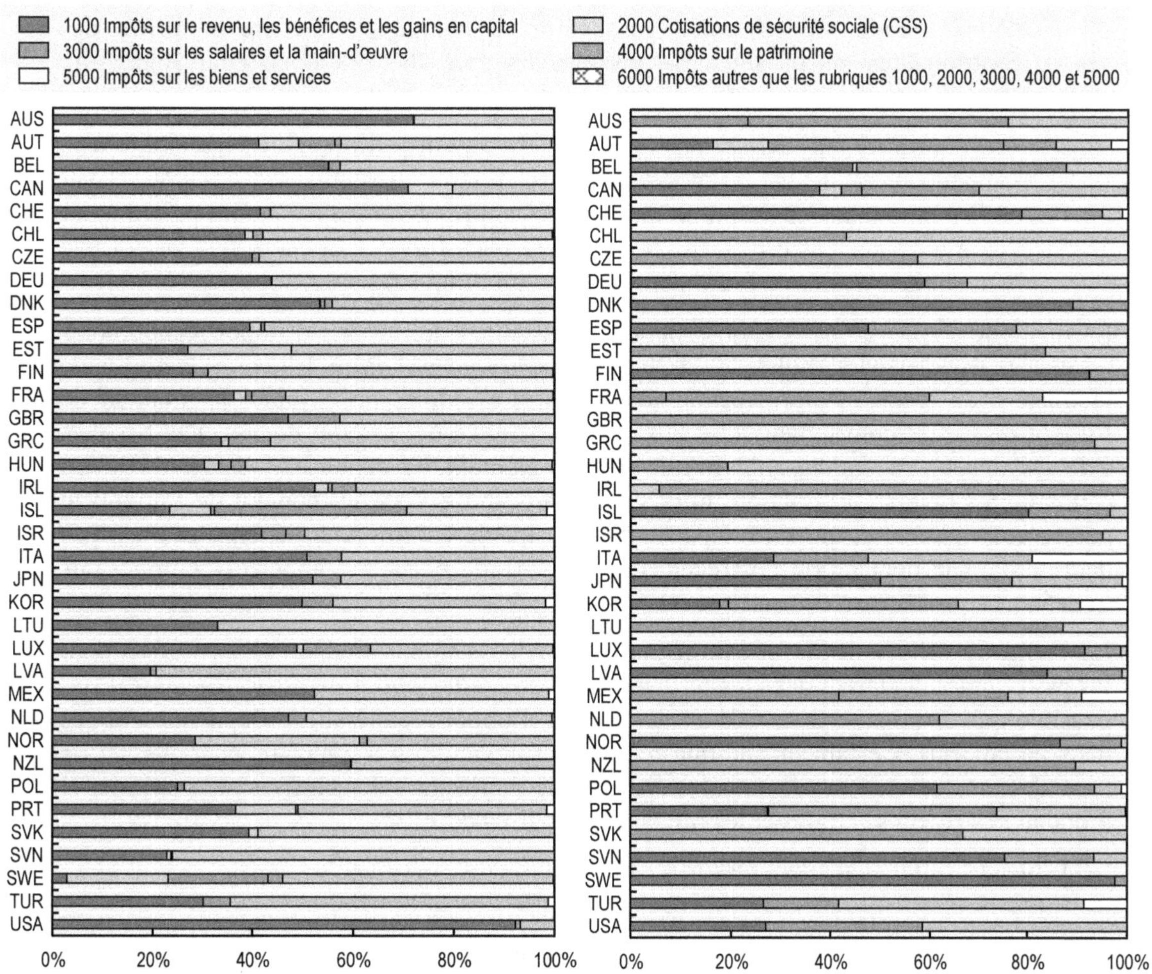

1. Le diagramme de gauche (a) ne tient compte que des impôts des administrations centrales. Les cotisations de sécurité sociale versées au profit des caisses de sécurité sociale sont exclues. Le diagramme de droite (b) ne tient compte que des impôts des administrations infranationales (impôts des collectivités locales et, le cas échéant, régionales ou provinciales). Les cotisations de sécurité sociale versées au profit des caisses de sécurité sociale sont exclues.

2. Les recettes ponctuelles dû aux contributions à la stabilité en Islande en 2016 sont classées comme les impôts sur le patrimoine collecté par le gouvernement central. Si l'on exclut ces recettes exceptionnelles, la plus importante source des recettes pour le gouvernement central de l'Islande en 2016 aurait été les impôts sur le revenu des personnes physiques.

Source : Calculs du Secrétariat basés sur les tableaux 3.16 à 3.18.

StatLink http://dx.doi.org/10.1787/888933862990

1.4. Crédits d'impôt récupérables

Il existe deux types de crédits d'impôt qui s'appliquent aux impôts sur le revenu (revenu des personnes physiques et bénéfices des sociétés) :

- Les crédits d'impôt non récupérables (ou non remboursables) ne peuvent être utilisés que pour réduire ou éliminer le montant de l'impôt à payer. Ils ne peuvent donner lieu à un versement sous forme d'avantage monétaire au profit des contribuables, qu'ils soient imposables ou non. Ils sont donc équivalents aux abattements ou déductions fiscales.
- Au contraire, il existe deux sortes de crédits d'impôt récupérables (ou remboursables). L'une sert à réduire, voire éliminer, le montant de l'impôt à payer de la même manière qu'un crédit d'impôt non remboursable. L'autre peut donner lieu à un paiement direct au récipiendaire sous forme monétaire dès lors que le montant de l'avantage fiscal dépasse celui de l'impôt à payer.

La méthode employée par l'OCDE pour le classement des crédits d'impôt récupérables est décrite dans les paragraphes 19 et 20 du *Guide d'interprétation*. Elle prévoit que seule la fraction du crédit d'impôt récupérable qui sert à réduire ou éliminer le montant de l'impôt dû par un contribuable doit être déduite dans la déclaration des recettes fiscales. Elle est appelée « composante fiscale » ou « élément de dépense fiscale » du crédit d'impôt. À l'inverse, la fraction du crédit d'impôt qui excède le montant de l'impôt dû par ce contribuable et qui lui est payée est considérée comme une dépense et n'est pas déduite dans la déclaration des recettes fiscales. Cette partie est appelée « composante transfert » ou « élément de transfert ».

Le Tableau 1.6 livre des informations sur les crédits d'impôt récupérables en 2016 pour les pays qui les déclarent dans les *Statistiques des recettes publiques 2018* (bien qu'il soit possible que certains pays accordant des crédits d'impôt récupérables n'apparaissent pas dans ce tableau). Ce tableau indique le montant des crédits d'impôt récupérables et de leurs deux composantes, ainsi que les résultats de l'utilisation des chiffres pour calculer le montant des recettes fiscales et les ratios recettes fiscales-PIB.

Le Tableau 1.6 fait également ressortir deux traitements possibles :

- La « comptabilisation en chiffres nets », qui assimile les crédits d'impôt récupérables à des dispositions fiscales, de telle sorte que la totalité du crédit d'impôt réduit le montant des recettes fiscales déclarées, comme le montrent les colonnes 4 et 7.
- La « comptabilisation en chiffres bruts » en est l'exact opposé ; elle considère la totalité des crédits d'impôts récupérables comme des dépenses directes, de sorte que, comme le montrent les colonnes 6 et 9, ni l'élément de transfert, ni l'élément de dépense fiscale ne sont déduits des recettes fiscales. C'est l'approche suivie par le Manuel de statistiques des finances publiques (MSFP) du FMI et par le système des comptes nationaux (SCN).

Tableau 1.6. Effets des différents traitements possibles des crédits d'impôts récupérables, 2016

	Crédits d'impôts récupérables en milliards de monnaie nationale			Recettes fiscales totales en millions de monnaie nationale			Recettes fiscale totales en pourcentage du PIB		
	Valeur totale	Élément de transfert	Élément de dépense fiscale	Base nette	Base décomposée	Base brute	Base nette	Base décomposée	Base brute
Australie	9.1	6.7	2.4	480.4	487.1	489.5	27.4	27.8	27.9
Autriche[1]	0.5	0.3	0.2	148.9	149.2	149.4	42.1	42.2	42.3
Belgique	0.8	0.3	0.5	186.0	186.3	186.8	44.0	44.1	44.2
Canada[2]	10.9	10.0	1.0	655.9	665.9	666.8	32.2	32.7	32.8
Chili[3]	179.6	129.6	50.1	34 129.3	34 258.9	34 308.9	20.2	20.2	20.3
République tchèque	32.8	8.6	24.3	1 623.9	1 632.4	1 656.7	34.1	34.2	34.7
Danemark[4]	4.2	0.2	4.0	954.0	954.2	958.2	46.2	46.2	46.4
France[4]	25.9	11.6	14.3	1 001.5	1 013.1	1 027.4	44.9	45.5	46.1
Allemagne	42.9	15.7	27.3	1 167.1	1 182.7	1 210.0	36.9	37.4	38.3
Islande	1.4	1.2	0.2	1 264.4	1 265.6	1 265.8	51.5	51.6	51.6
Irlande	0.5	..	0.5	..	63.7	64.3	..	23.3	23.5
Israël[5]	1.3	1.2	0.1	380.6	381.8	381.9	31.2	31.3	31.3
Italie	12.6	3.7	8.9	712.6	716.2	725.2	42.4	42.6	43.1
Luxembourg[6]	0.2	..	..	..	..	20.2	..	..	38.1
Mexique	44.9	1.1	43.7	3 342.2	3 343.3	3 387.0	16.6	16.6	16.9
Nouvelle-Zélande	2.3	1.1	1.2	85.5	86.6	87.8	31.2	31.6	32.0
Norvège	3.6	3.0	0.6	1 204.1	1 207.1	1 207.8	38.6	38.7	38.7
République slovaque[6]	0.3	..	..	..	..	26.3	..	..	32.4
Espagne[4]	1.8	0.9	0.9	370.3	371.2	372.1	33.1	33.2	33.3
Royaume-Uni	30.1	26.7	3.4	618.0	644.7	648.1	31.4	32.7	32.9
États-Unis	165.6	121.1	44.6	4 700.5	4 821.5	4 866.1	25.2	25.9	26.1

Note : Dans les *Statistiques des recettes publiques 2018*, sauf indication contraire, les recettes fiscales sont comptabilisées avec la méthode de la base décomposée.

1. Le crédit d'impôt pour enfant à charge n'est pas considéré comme un crédit d'impôt dans les *Statistiques des recettes publiques 2018* et est traité entièrement comme une provision de dépense.
2. Certains crédits d'impôts récupérables au Canada ne peuvent pas être ventilés entre l'élément de transfert et l'élément de dépense fiscale. Leur valeur totale a été ajoutée à l'élément de transfert.
3. Dans les Statistiques des recettes publiques, les recettes fiscales concernant le Chili sont comptabilisées avec la méthode de la base nette
4. Le total des recettes fiscales a été diminué du montant de tout transfert en capital représentant les impôts non perçus.
5. Les données statistiques concernant Israël sont fournies par et sous la responsabilité des autorités israéliennes compétentes. L'utilisation de ces données par l'OCDE est sans préjudice du statut des hauteurs du Golan, de Jérusalem Est et des colonies de peuplement israéliennes en Cisjordanie aux termes du droit international.
6. Dans les *Statistiques des recettes publiques*, les recettes fiscales concernant le Luxembourg et le République slovaque sont comptabilisées avec la méthode de la base brute.

StatLink http://dx.doi.org/10.1787/888933863009

Le Tableau 1.1 montre cependant que, à quelques exceptions près, le choix de la méthode de comptabilisation des crédits d'impôt récupérables n'a qu'une faible incidence sur le ratio recettes fiscales-PIB. Dans les pays pour lesquels des données sont disponibles, l'écart entre les ratios calculés sur la base du solde net et du montant brut n'est supérieur ou égal à un point qu'en Allemagne, en France et au Royaume-Uni et il est compris entre un demi-point et un point en Australie, au Canada, aux États-Unis, en Italie, en Nouvelle Zélande et en République tchèque.

Notes

1 Lors de la publication de *Statistiques des recettes publiques 2018*, les données provisoires pour l'Australie en 2017, et les cotisations de sécurité sociale au Japon ne sont pas disponibles.

2 Calculé en appliquant le pourcentage moyen non pondéré de variation pour 2017 dans les 34 pays qui ont communiqué des données pour cette année au ratio moyen global impôts/PIB en 2016.

3 Comme les données provisoires pour l'Australie et le Japon en 2017 ne sont pas disponibles, l'évolution du ratio impôts/PIB est calculée entre 2007 et 2016.

4 Les expressions « taxe sur la valeur ajoutée » et « TVA » désignent toute taxe nationale qui présente les caractéristiques fondamentales d'une taxe sur la valeur ajoutée, quel que soit son nom ou son acronyme, par exemple « taxe sur les produits et services » (TPS).

5 Pour 1975, consultez tableau 1.4 des *Statistiques des recettes publiques 2018*

6 À partir de 1998, ces droits de douane sont indiqués en tant que poste « pour mémoire », car ils sont en fait imposés par l'Union européenne et collectés pour son compte par les administrations fiscales nationales. Toutefois, ils continuent de faire partie du total des recettes fiscales collectées dans les États membres de l'UE. Cette approche permet d'assurer la cohérence des séries chronologiques et évite que les ratios des recettes fiscales aux PIB subissent les effets des changements de la part relative des droits de douane dans : 1) la composition des ressources de financement de l'UE ; et 2) la composition des différents impôts des États membres de l'UE.

Chapitre 2. Convergence des niveaux d'imposition et des structures fiscales dans les pays de l'OCDE

Le chapitre 2 fournit une étude spéciale sur la convergence des niveaux d'imposition et des structures fiscales dans les pays de l'OCDE de 1995-2016.

2.1. Introduction

Dans les pays de l'OCDE, les niveaux d'imposition, mesurés par le ratio impôts/PIB, et les structures fiscales, représentées par les parts relatives des diverses catégories d'impôts dans les recettes fiscales totales, diffèrent en raison d'un ensemble de facteurs historiques, économiques et politiques, notamment les décisions prises concernant la mise en place et le financement de l'État providence. Néanmoins, depuis 1995, l'évolution du ratio moyen impôts/PIB de l'OCDE[1] présente des similitudes avec celle de nombreux pays, à savoir un recul au lendemain de la crise financière, suivi par une progression lente mais durable. De même, au cours de cette période, un certain nombre de modifications apportées aux politiques fiscales ont eu des incidences sur les structures fiscales des pays de l'OCDE, notamment l'introduction de taxes sur la valeur ajoutée dans tous les pays de l'OCDE sauf un, l'apparition d'un consensus concernant les effets de la fiscalité sur la croissance, et les efforts mis en œuvre par de nombreux pays pour adopter les recommandations correspondantes (OCDE, 2010$_{[1]}$).

Ce chapitre analyse les conséquences de ces évolutions, et d'autres changements, sur la répartition des niveaux d'imposition et des structures fiscales des pays de l'OCDE, en examinant plus particulièrement si la moyenne calculée pour la zone OCDE tend à être, au fil du temps, plus ou moins représentative de la distribution des valeurs sous-jacentes. Dans un premier temps, ce chapitre analyse l'évolution, entre 1995 et 2016, d'indicateurs de convergence sigma pour décrire la dispersion du ratio impôts/PIB à l'échelle de l'OCDE, puis à l'échelle de sous-groupes de pays membres constitués en fonction des niveaux de recettes fiscales. Dans un second temps, les auteurs construisent un indicateur de similarité pour tous les pays au regard de la structure fiscale moyenne de l'OCDE, en évaluant les changements intervenus dans les structures fiscales durant la période de référence. L'analyse se conclut par l'examen des évolutions combinées de la dispersion des niveaux d'imposition et des structures fiscales autour de la moyenne de la zone OCDE.

2.2. Les niveaux d'imposition des pays de l'OCDE étaient plus élevés et plus semblables entre eux en 2016 qu'en 1995

Entre 1995 et 2016, le ratio moyen impôts-PIB de l'OCDE a progressé, passant de 33.0 % à 34.0 %, le niveau minimum de la période (32.2 %) ayant été atteint en 2009, peu après la crise financière. Durant la période étudiée, le ratio impôts/PIB le plus élevé a été observé en Suède, avec 49.0 % en 2000[2], même si, pendant la majeure partie de la période, le plus fort taux d'imposition a été relevé au Danemark (entre 44.8 % et 48.6 %). Tout au long de cette période, le ratio impôts/PIB le plus faible a été observé, sans exception, au Mexique (entre 9.9 % et 16.6 %).

Dans l'ensemble de l'OCDE, la dispersion des ratios impôts/PIB a diminué entre 1995 et 2016, si l'on excepte la brève interruption survenue en 2009, durant laquelle on a relevé le plus faible ratio moyen impôts/PIB de l'OCDE de la période examinée. Le Graphique 2.1 montre une variation à la baisse de la dispersion des ratios impôts/PIB autour du ratio moyen impôts/PIB de l'OCDE (écart-type et coefficient de variation) et autour de la médiane (écart absolu), et l'analyse des indicateurs de dispersion pour des couples d'observations (coefficient de Gini) fait apparaître une évolution similaire sur la période étudiée. L'analyse des taux de croissance en glissement annuel de ces indicateurs confirme cette observation.

Graphique 2.1. Dispersion of tax-to-GDP ratios in OECD countries, 1995-2016

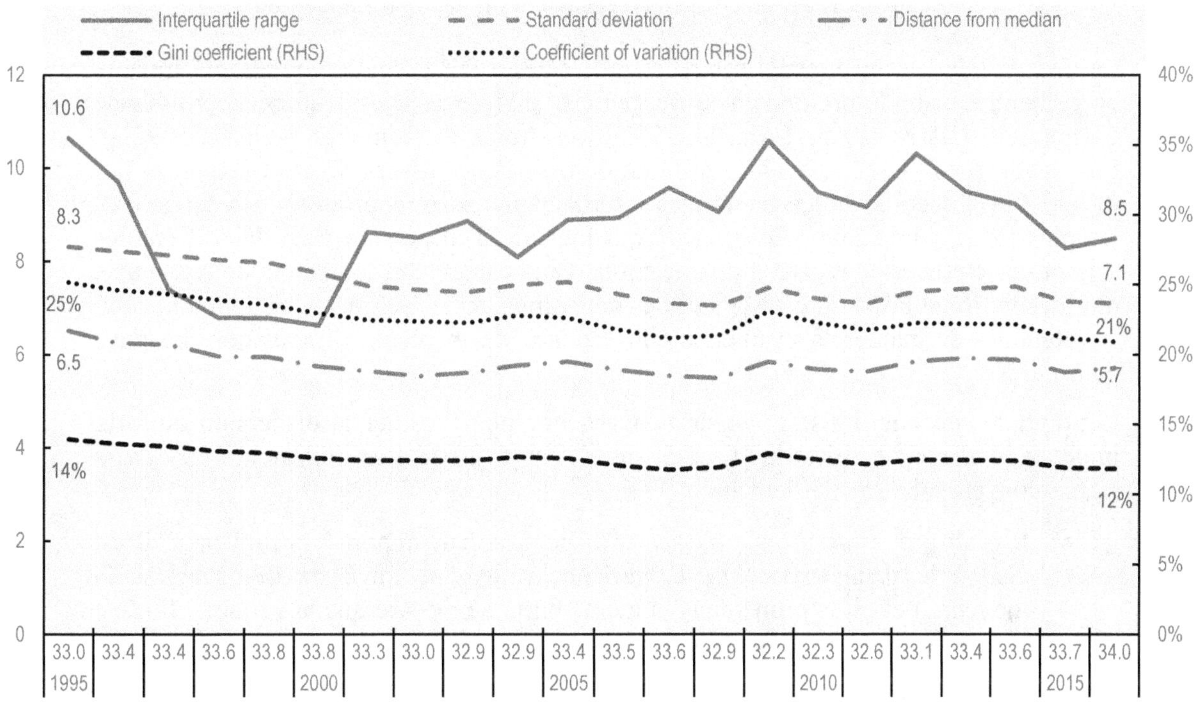

Note : Sous l'axe horizontal (au-dessus des années) est indiqué le ratio moyen impôts/PIB de l'OCDE de chaque année considérée.

Source : Calculs des auteurs fondés sur les *Statistiques des recettes publiques* de l'OCDE (2017) (OCDE, 2017[2]).

StatLink http://dx.doi.org/10.1787/888933863028

Encadré 2.1. Mesurer la convergence des niveaux d'imposition

La question de la convergence des recettes fiscales a fait l'objet de nombreux travaux de recherche, dans le prolongement du cadre d'analyse néoclassique de la croissance économique (Barro et Sala-I-Martin, 1992[3]) et (Mankiw, Romer et Weil D., 1992[4]). La convergence peut être évaluée à l'aide de trois concepts : la bêta-convergence, qui mesure le rythme auquel les économies les plus pauvres se rapprochent des économies les plus riches ; la sigma-convergence, qui mesure la dispersion entre les différentes économies étudiées au regard d'un ensemble d'indicateurs ; et la gamma-convergence, qui mesure l'évolution du classement des économies au fil des ans. Ces approches ont été étendues de manière à évaluer la convergence des niveaux d'imposition des pays considérés[5].

Cette étude spéciale utilise la sigma-convergence pour estimer la dispersion du ratio impôts/PIB des économies de l'OCDE entre 1995 et 2016. Les indicateurs clés de la sigma-convergence sont les suivants :

- L'écart-type : mesure simple de la dispersion par rapport à la moyenne, il est égal à la racine carrée de la variance (moyenne du carré des écarts à la moyenne) et est exprimé dans la même unité de mesure que la variable. Il n'est pas très robuste en présence de valeurs aberrantes.
- Le coefficient de variation : il s'agit du ratio entre l'écart-type et la moyenne. Il présente l'avantage de permettre une standardisation aux fins de comparaisons entre des données présentant des moyennes différentes, sans être cependant robuste face aux valeurs aberrantes, qui affectent aussi bien l'écart-type que la moyenne. Il est également sensible à la valeur de la moyenne figurant au dénominateur ; par exemple, toute valeur très élevée d'une moyenne peut abaisser le coefficient de variation alors même que l'écart-type est constant.
- L'écart absolu moyen par rapport à la valeur centrale : il s'agit de la somme des valeurs absolues des écarts de chaque pays par rapport à la valeur centrale (moyenne ou médiane), divisée par le nombre total de pays. Cet indicateur est exprimé dans la même unité de mesure que les données statistiques. Si la médiane est utilisée comme valeur centrale, l'indicateur est robuste en présence de valeurs aberrantes.

Encadré 2.1. Mesurer la convergence des niveaux d'imposition (*suite*)

- Le coefficient de Gini : il mesure l'écart entre toutes les paires de pays et fournit donc une meilleure évaluation de la dispersion. Il est standardisé en le divisant par deux fois le nombre de points de données et la moyenne, et sa valeur est comprise dans l'intervalle [0,1], un coefficient de Gini nul dénotant l'absence de dispersion. Il peut également être représenté sur une courbe de Lorenz. Du fait de l'utilisation de paires de pays, le coefficient de Gini est plus robuste face aux valeurs aberrantes.

Les mesures d'intervalle : elles correspondent à l'écart séparant deux points de la distribution. L'intervalle interquartile, fréquemment utilisé, mesure la différence entre les quartiles supérieur (Q3) et inférieur (Q1). La moitié des observations est située dans cet intervalle. Cet indicateur, lui aussi robuste en présence de valeurs aberrantes, échappe en outre aux biais induits par l'utilisation de la moyenne.

Graphique 2.2. Distribution des ratios impôts/PIB dans les pays de l'OCDE, 2016

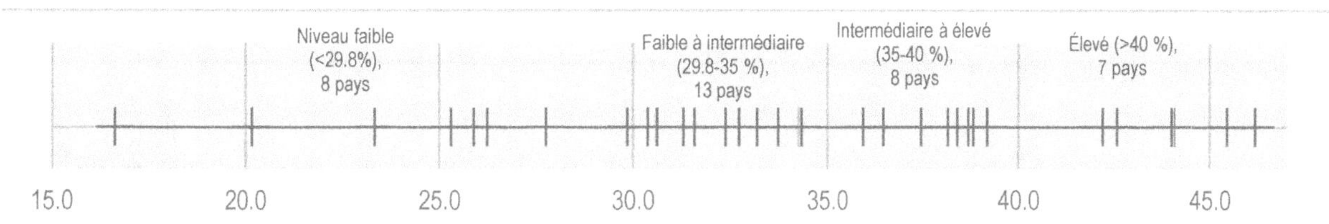

Note : Chaque repère vertical bleu sur l'axe correspond au ratio impôts/PIB d'un pays de l'OCDE en 2016.
Source : Calculs des auteurs fondés sur les *Statistiques des recettes publiques* de l'OCDE (2017).

StatLink http://dx.doi.org/10.1787/888933863047

Si l'on examine l'évolution de ces quatre groupes sur toute la période 1995-2016, on observe que la composition des groupes correspondant aux niveaux supérieur et inférieur est relativement stable. Parmi les pays qui présentaient un ratio impôts/PIB faible en 2016, seule l'Irlande apparaît comme une nouvelle venue, puisqu'elle avait un ratio supérieur à 30 % en 1995, avant de passer sous ce seuil à partir de 2001, et d'y rester, hormis une brève exception en 2006 et 2007. Quant au groupe dont les ratios étaient supérieurs à 40 % en 2016, tous les pays qui le composent en faisaient déjà partie en 1995, un seul d'entre eux étant passé ponctuellement sous ce seuil pendant la période étudiée (l'Italie, en 2002, puis en 2004-05).

Les changements ont été plus nombreux sur la même période pour ce qui concerne les deux groupes intermédiaires, dont la composition est cependant devenue plus stable après 2000 environ. Tous les pays du groupe de niveau faible à intermédiaire (ratios impôts/PIB compris entre 30 et 35 %) y figuraient déjà en 2000, à trois exceptions près : il s'agit de trois pays dont le ratio impôts/PIB a augmenté tout au long de la période, jusqu'à dépasser le seuil des 30 % pour le Japon (en 2014) et la Lettonie (en 2016), tandis que le ratio impôts/PIB de la Lituanie s'établissait à 29.9 % en 2016. Depuis 2000, seul un petit nombre des autres pays de ce groupe a réalisé de brèves excursions hors de la plage des 30-35 % : l'Espagne, l'Estonie, Israël et le Portugal ont affiché des ratios impôts/PIB inférieurs à 30 % pendant une année, et la République slovaque à sept reprises ; l'Estonie et la Nouvelle-Zélande ont brièvement franchi le seuil supérieur (respectivement en 2005-07 et en 2005-06).

De même, tous les pays du groupe de niveau intermédiaire à élevé, dont le ratio impôts/PIB était compris entre 35 et 40 % en 2016, y figuraient déjà en 1999, à deux exceptions près[6] : la Grèce, dont le ratio était inférieur à 35 % jusqu'en 2012, et même inférieur à 30 % avant 1998 ; et la Norvège, dont le ratio, initialement supérieur à 40 %, a diminué, si bien que le pays a rejoint en 2013 le groupe de niveau intermédiaire à élevé. Après 1999, quelques autres pays de ce groupe ont brièvement affiché des ratios hors de la fourchette des 35-40 %, notamment les Pays-Bas, l'Allemagne et l'Islande – dans les trois cas, avant 2012.

Le Graphique 2.3 montre l'évolution des ratios impôts/PIB des pays entre 1995 et 2006 : il présente le ratio impôts/PIB de chaque pays en début et fin de période, ainsi que l'écart entre le ratio minimum et maximum observé pour chaque pays durant toute cette période (aire grisée).

Graphique 2.3. Ratios impôts/PIB des pays de l'OCDE : 1995, 2016 ; et niveaux minimum et maximum enregistrés au cours de cette période

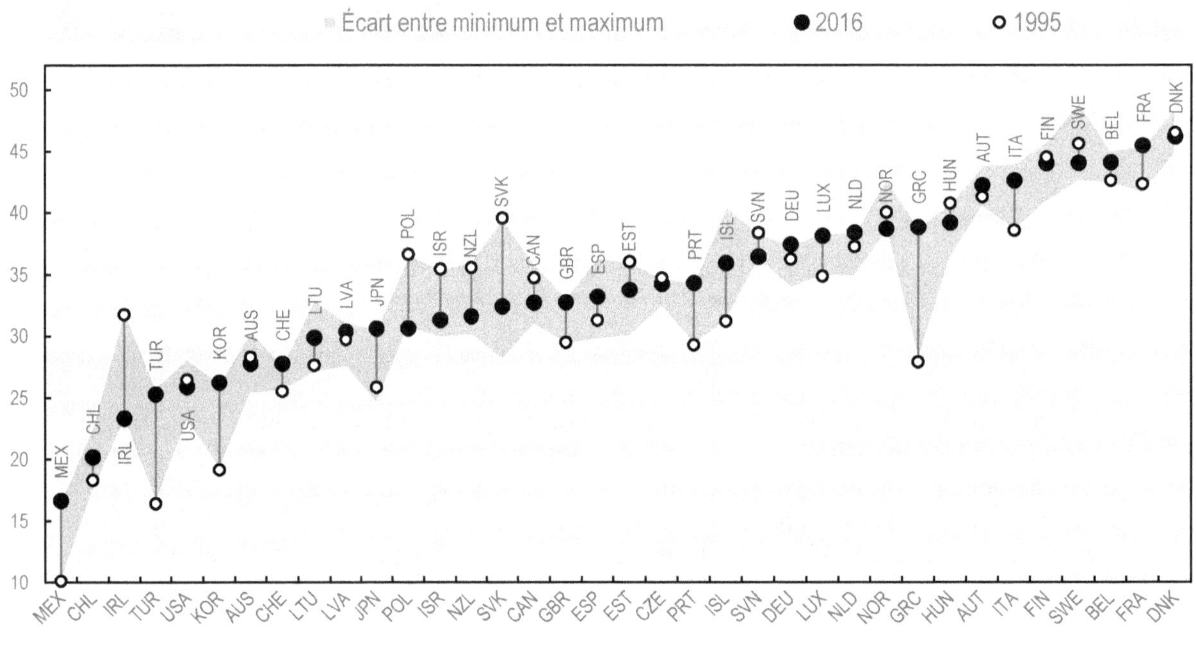

Note : Les données indiquées pour l'Islande en 2016 excluent les recettes exceptionnelles perçues au titre de « contribution à la stabilité ». Si ces recettes étaient prises en compte, le ratio impôts/PIB de l'Islande serait de 51,6 % en 2016, comme indiqué au chapitre 1.
Source : Calculs des auteurs fondés sur les *Statistiques des recettes publiques* de l'OCDE (2017).

StatLink http://dx.doi.org/10.1787/888933863066

Sur l'ensemble de la période, le sous-groupe qui a présenté la plus forte dispersion interne groupes a été celui correspondant aux ratios de niveau faible, même si cette dispersion interne a diminué considérablement entre 1995 et 2016. Un autre recul marqué de la dispersion interne a été observé dans le groupe de niveau intermédiaire à élevé, entre 2010 et 2015, parallèlement à une hausse du ratio moyen impôts/PIB de ce groupe (Graphique 2.4). Cette hausse découle pour partie de l'augmentation des ratios impôts/PIB en Grèce et en Islande, deux pays qui présentaient initialement des ratios plus faibles, tandis que dans la plupart des autres pays du groupe, à l'exception de la Norvège, les ratios progressaient plus modestement.

À une exception près, les ratios impôts/PIB des pays composant chacun des quatre groupes sont moins dispersés en 2016 qu'ils ne l'étaient 1995, et le ratio moyen impôts/PIB dont ils se sont rapprochés a lui-même évolué à la hausse. L'unique exception correspond au sous-groupe des ratios niveau faible à intermédiaire, dans lequel, si la dispersion a diminué, le ratio moyen impôts/PIB n'a pas encore compensé la baisse enregistrée sous l'effet de la crise financière, et reste inférieur à son niveau de 1995 (Graphique 2.4), malgré le fait que les ratios des deux pays qui étaient initialement inférieurs à 30 % se trouvaient, en 2016, au-dessus de ce seuil. Dans ce groupe composé de treize pays, sept présentaient en 2016 des ratios impôts/PIB plus faibles qu'en 1995 ; quand, dans le reste de l'OCDE, neuf pays seulement ont connu des baisses durant la même période.

Graphique 2.4. Dispersion des ratios impôts/PIB et ratios moyens des quatre sous-groupes de pays de l'OCDE, 1995-2016

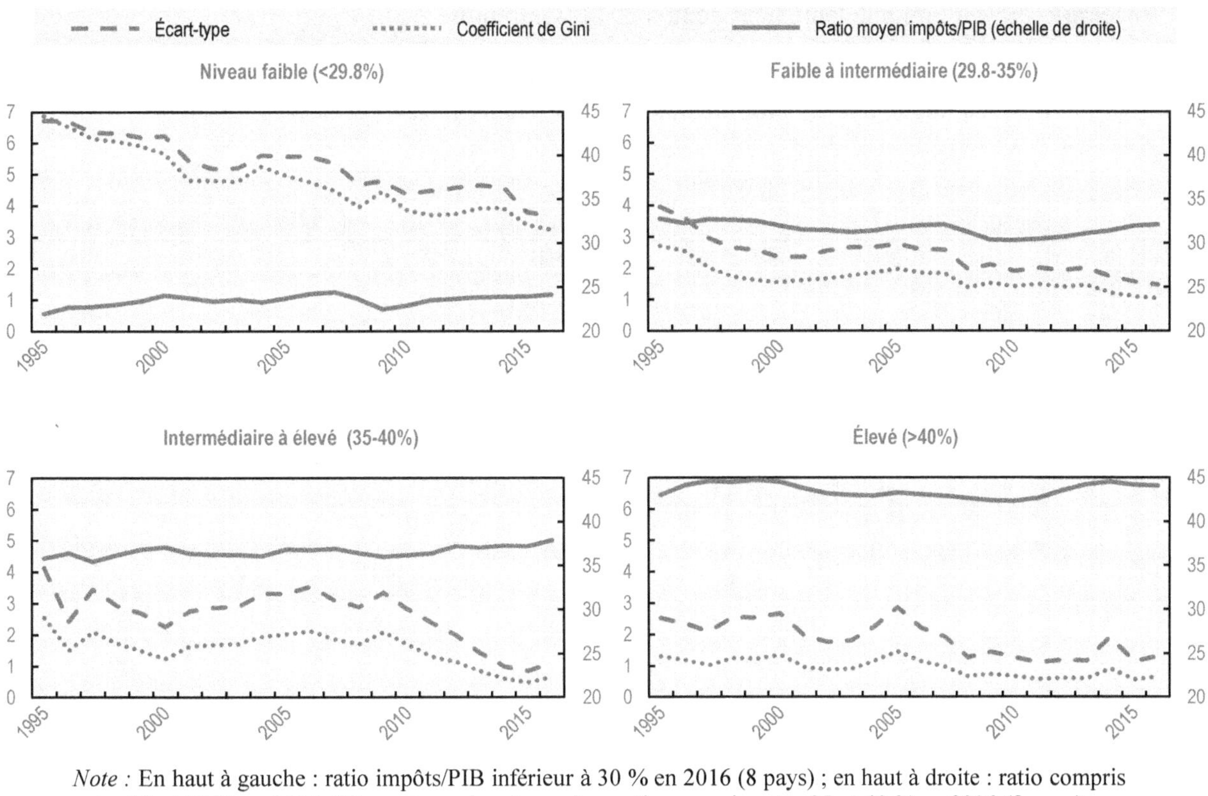

Note : En haut à gauche : ratio impôts/PIB inférieur à 30 % en 2016 (8 pays) ; en haut à droite : ratio compris entre 30 et 35 % en 2016 (12 pays) ; en bas à gauche : ratio compris entre 35 et 40 % en 2016 (8 pays) ; en bas à droite : ratio supérieur à 40 % en 2016 (7 pays). L'axe de gauche mesure l'écart-type et le coefficient de Gini (pour ce dernier, l'échelle est multipliée par 40 aux fins de lisibilité) ; l'axe de droite mesure le ratio moyen impôts/PIB.

Source : Calculs des auteurs fondés sur les *Statistiques des recettes publiques* de l'OCDE (2017).

StatLink http://dx.doi.org/10.1787/888933863085

La répartition des pays en sous-groupes met en lumière l'origine de la plus forte dispersion relevée à l'échelle de l'OCDE pour l'année 2005 : celle-ci découle d'une dispersion plus marquée parmi les pays dont les ratios impôts/PIB étaient élevés. En effet, en 2005, dans les deux pays présentant les ratios les plus élevés (la Suède et le Danemark), les ratios ont enregistré une forte hausse par rapport à 2004, avant de diminuer en 2006. En parallèle, le ratio impôts/PIB de l'Autriche, l'un des quatre ratios qui figurait en milieu de classement dans ce groupe, a baissé en 2005, avant de rejoindre, en 2006, le niveau de l'Italie, dont le ratio était le moins élevé du groupe.

Sous l'effet de ces deux évolutions conjointes, on observe qu'en 2016 les pays présentant un ratio élevé et ceux qui affichent un ratio de niveau intermédiaire à élevé se sont rapprochés les uns des autres, tandis qu'ils s'éloignaient des deux autres sous-groupes rassemblant les pays dont les ratios sont de niveau faible ou faible à intermédiaire, sachant qu'entre ces deux derniers, la dispersion a également diminué. L'évolution des niveaux d'imposition est intervenue pour l'essentiel entre 1995 et 2009, avec un creusement de l'écart entre, d'une part, les pays ayant un ratio élevé ou intermédiaire à élevé et, d'autre part, les pays ayant un ratio faible ou faible à intermédiaire. C'est également dans les deux groupes de pays présentant les ratios les plus faibles que la baisse des ratios impôts/PIB a été la plus marquée lors de la crise financière. Depuis 2009, l'écart entre les moyennes calculées pour ces sous-groupes est demeuré relativement stable, dans chaque groupe, le ratio moyen impôts/PIB a progressé suivant des rythmes comparables, si l'on excepte le groupe de pays ayant des ratios élevés, dont le ratio moyen diminue lentement depuis 2014 (Graphique 2.5).

Graphique 2.5. Ratios moyens impôts/PIB des sous-groupes de pays présentant des ratios de niveau faible, faible à intermédiaire, intermédiaire à élevé, et élevé, 1995-2016

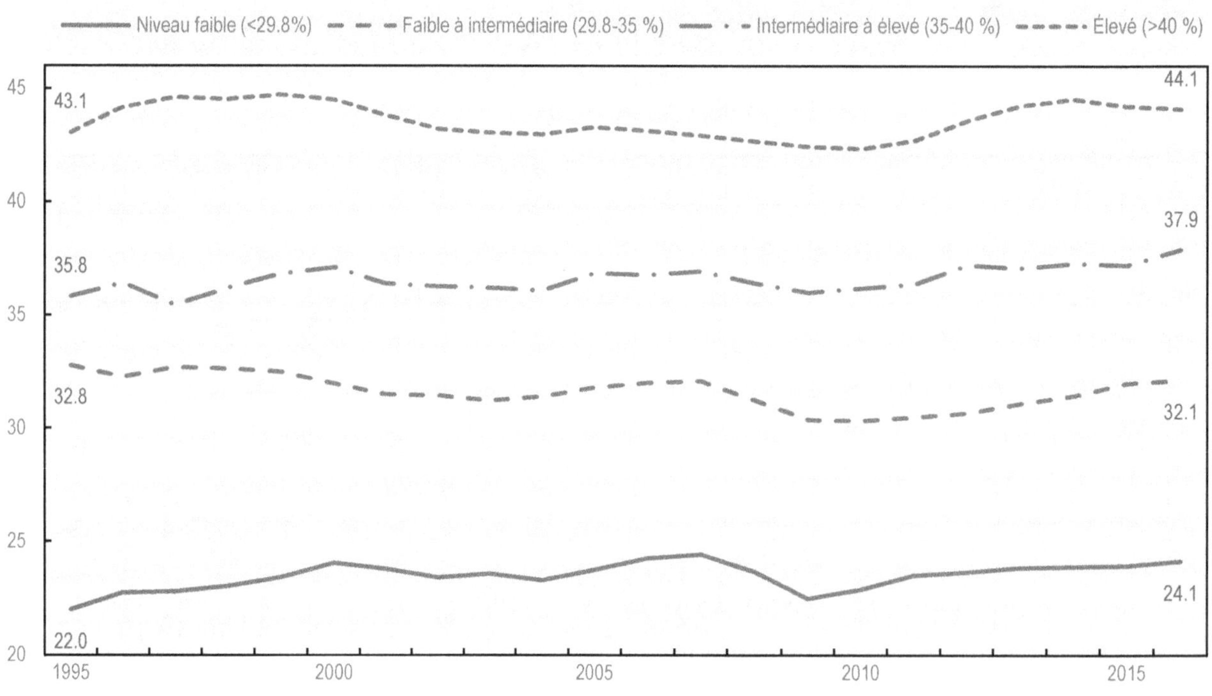

Source : Calculs des auteurs fondés sur les *Statistiques des recettes publiques* de l'OCDE (2017).

StatLink http://dx.doi.org/10.1787/888933863104

2.4. Les structures fiscales convergent autour d'une part croissante de la TVA, des cotisations de sécurité sociale et de l'impôt sur les bénéfices des sociétés dans les recettes fiscales totales

Durant la période examinée, les structures fiscales des pays de l'OCDE et la moyenne de l'OCDE ont connu des évolutions importantes, comme en témoigne la décomposition des recettes fiscales totales en huit grandes catégories de recettes (Encadré 2.2). Au cours de cette période, en termes relatifs, les recettes issues de l'impôt sur le revenu des personnes physiques et des impôts sur les biens et services autres que la TVA ont perdu de leur importance, tandis que les parts générées respectivement par les cotisations de sécurité sociale et par la TVA ont augmenté.

En 1995, les parts prépondérantes dans la structure fiscale moyenne de l'OCDE étaient celles des cotisations de sécurité sociale et l'impôt sur le revenu des personnes physiques (avec respectivement 26.2 % et 25.0 % des recettes fiscales totales), tandis que l'impôt sur les bénéfices des sociétés représentait 8.1 % des recettes fiscales totales. Les taxes sur la valeur ajoutée représentaient déjà la fraction principale des recettes liées aux impôts sur les biens et services (18.1 % des recettes fiscales totales), cependant, les droits et taxes sur les importations et exportations ainsi que les autres impôts sur les biens et services continuaient à jouer un rôle non négligeable (conjointement : 15.8 % des recettes fiscales totales).

Encadré 2.2. Mesurer la convergence des structures fiscales

Les structures fiscales sont examinées au moyen d'un deuxième indicateur clé des *Statistiques des recettes publiques* : le poids relatif des différentes catégories d'impôts et taxes, exprimé en pourcentage des recettes totales. Le Guide d'interprétation de l'OCDE contient une classification très détaillée des recettes fiscales regroupées par catégories. Aux fins de la présente étude spéciale, les recettes fiscales sont regroupées selon les huit grandes catégories décrites ci-dessous dans le Tableau 2.1.

Tableau 2.1. Décomposition des structures fiscales utilisée pour calculer l'indice D

Catégorie	Abrév.	Codes utilisés dans les *Statistiques des recettes publiques*	Part en 1995	Part en 2016
1. Impôt sur le revenu des personnes physiques	IRPP	1100 Impôt sur le revenu des personnes physiques	25.0	23.8
2. Impôt sur les bénéfices des sociétés	IS	1200 Impôt sur les bénéfices des sociétés	8.1	9.0
3. Cotisations de sécurité sociale et impôts sur les salaires	CSS	2000 Cotisations de sécurité sociale, 3000 Sur salaires ou main d'œuvre	26.2	27.2
4. Impôts sur le patrimoine	IP	4000 Impôts sur le patrimoine	5.2	5.7
5. TVA	TVA	5111 Taxes sur la valeur ajoutée	18.1	20.2
6. Droits et taxes sur les importations et exportations	DTIE	5123 Droits de douane et autres droits à l'importation ; 5124 Taxes à l'exportation ; 5127 Autres impôts sur commerce et transact. internat., Droits de douane collectés pour le compte de l'UE	2.3	0.7
7. Autres impôts sur les biens et services	AIBS	Tous les autres impôts de la catégorie 5000 (biens et services) 5112, 5113, 5121, 5122, 5125, 5126, 5128, 5130, 5200, 5300	13.5	11.8
8. Autres impôts	DIV	1300 Non ventilables.entre 1100 et 1200 ; Cotisations sur salaires ou main d'œuvre ; 6000 Autres impôts	1.6	1.5

Source : Calculs des auteurs fondés sur les *Statistiques des recettes publiques* de l'OCDE (2018).

Encadré 1.2. Mesurer la convergence des structures fiscales (*suite*)

Un indicateur unique peut difficilement rendre compte du degré de similarité des structures fiscales des pays, dans la mesure où chacune d'elle reflète l'évolution relative de diverses composantes. Il est cependant possible de recourir à des indices composites, qui, en agrégeant les différentes composantes des recettes fiscales totales, représentent un indicateur global de la similarité entre les structures fiscales étudiées. Il est notamment possible d'utiliser :

- l'indice D (Delgado, 2013[5]) : il calcule l'écart absolu entre la part de chaque catégorie de recettes dans un pays et la part correspondante dans la structure moyenne de l'OCDE, additionne ces écarts, et mesure ainsi l'ampleur de la différence entre la structure fiscale du pays étudié et celle de l'OCDE. Par conséquent, une valeur égale à 0 signifie que la structure fiscale du pays considérée est identique à la structure fiscale moyenne de l'OCDE.
- l'indice de similarité structurelle (Becker et Elsayyad, 2009[6]) : il calcule la part minimale des différentes catégories de recettes pour chaque paire de pays de l'OCDE et en établit la moyenne au regard du nombre total de paires, de manière à obtenir l'indicateur d'un pays particulier. En conséquence, une valeur égale à 0 signifie qu'il n'existe aucune similitude entre ce pays et un quelconque autre pays étudié.

Cette étude spéciale utilise essentiellement l'indice D, qui mesure la différence qui existe entre la structure fiscale d'un pays et la structure fiscale moyenne de l'OCDE.

En 2016, l'impôt sur le revenu des personnes physiques et les cotisations de sécurité sociale représentaient toujours les deux principales sources de recettes, en moyenne. Toutefois, on observait une hausse de la part relative des cotisations de sécurité sociale et un recul de celle de l'impôt sur le revenu des personnes physiques (avec respectivement 27.2 % et 23.8 % du total) par rapport aux niveaux de 1995. La part des taxes sur la valeur ajoutée avait par ailleurs augmenté (atteignant 20.2 %), tandis que la part des autres impôts sur les biens et services, et en particulier celle des droits et taxes sur les importations et exportations, avait diminué. Cette baisse des impôts sur les biens et services autres que la TVA n'avait pas été entièrement compensée par la progression des recettes de TVA.

L'orientation de ces évolutions n'est pas sensible à l'année retenue en début ou fin de période pour un intervalle de cinq années dans l'une ou l'autre direction, même si l'ampleur des variations diffère naturellement suivant les dates de début et de fin considérées. Néanmoins, si la part correspondant à l'impôt sur les bénéfices des sociétés était plus élevée en 2016 qu'en 1995, son évolution durant la période étudiée est difficile à dégager, l'impôt sur les bénéfices des sociétés ayant été plus volatil que les autres catégories de recettes : en 1995, il représentait 8.1 % des recettes totales, il a ensuite progressé pour s'établir entre 8.5 et 8.7 % de 1997 à 2003, avant d'afficher en 2007 le niveau maximum de 11.1 %, puis de refluer vers une fourchette allant de 8.6 à 9 % entre 2009 et 2016.

Entre 1995 et 2016, les structures fiscales des pays de l'OCDE ont convergé progressivement vers la structure moyenne de l'OCDE, comme le montre le calcul de l'indice D (Encadré 2.2). L'écart moyen entre la structure fiscale des pays et la structure fiscale moyenne de l'OCDE n'a cessé de diminuer entre 1995 et 2004, avec une baisse particulièrement marquée en début de période, en partie sous l'effet de l'introduction de la TVA en Slovénie (1999) et en Australie (2000). Les structures fiscales des pays se sont ensuite éloignées à nouveau de la moyenne de l'OCDE avant la crise financière et immédiatement après celle-ci (Graphique 2.6), avant de reprendre (en 2011) une évolution de convergence, les écarts mesurés en 2016 étant ainsi les plus faibles de toute la période examinée.

Graphique 2.6. Écart moyen entre les structures fiscales des pays et la structure fiscale moyenne de l'OCDE (indice D), 1995-2016

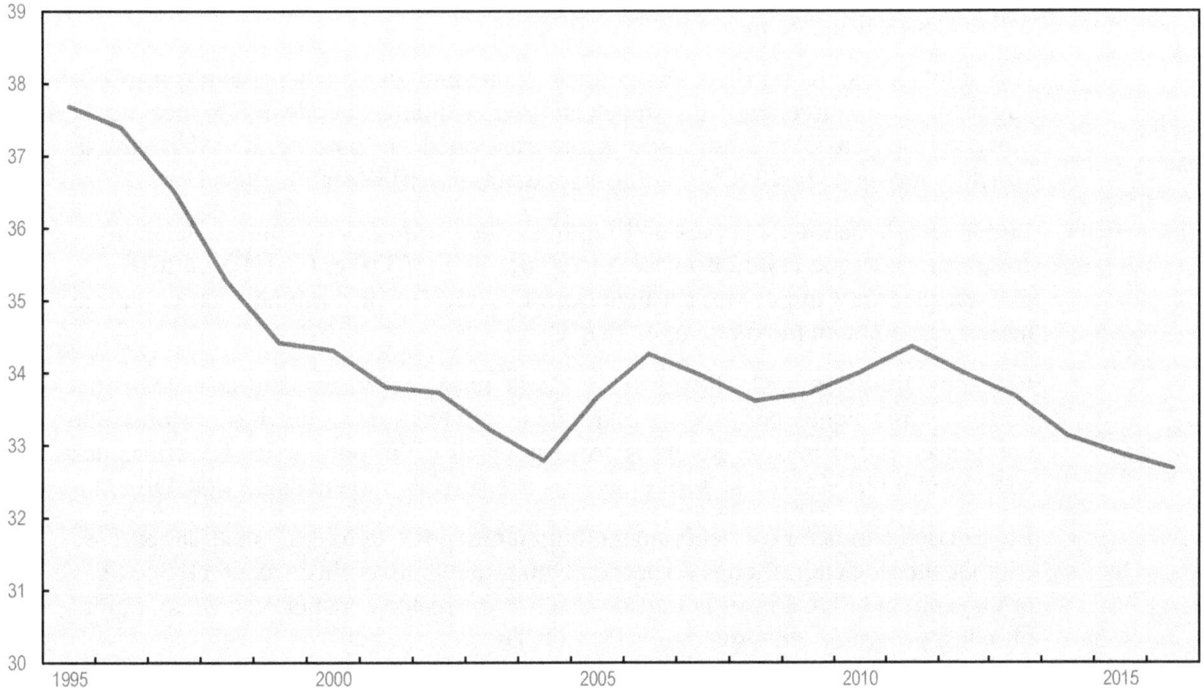

Source : Calculs des auteurs fondés sur les *Statistiques des recettes publiques* de l'OCDE (2017).

StatLink http://dx.doi.org/10.1787/888933863123

Tous les pays de l'OCDE sauf huit se sont rapprochés de la structure fiscale moyenne de l'OCDE entre 1995 et 2016 (Graphique 2.7). Ces huit pays étaient la Lituanie, la Pologne, les États-Unis, l'Italie, le Mexique, la Nouvelle-Zélande, la Hongrie et l'Estonie :

- En Lituanie, on observait la plus importante variation de l'indice D, due à la forte augmentation de la part des cotisations de sécurité sociale sur la période étudiée, et à la baisse de celle de l'impôt sur le revenu des personnes physiques, sachant que, dans les deux cas, ces variations ont nettement dépassé les variations correspondantes dans la structure fiscale moyenne de l'OCDE ;
- En Pologne, la part des recettes de TVA (qu'elles soient exprimées en pourcentage des recettes fiscales ou du PIB) a connu une hausse supérieure à la variation constatée en moyenne dans l'OCDE. Cette augmentation a de plus entraîné une baisse mécanique de la part relative de l'impôt sur le revenu des

personnes physiques par comparaison avec la structure fiscale moyenne de l'OCDE ;

- En Italie, la part de l'impôt sur les bénéfices des sociétés a reculé, tant en pourcentage des recettes fiscales totales que du PIB, allant donc à l'inverse de l'évolution à la hausse enregistrée en moyenne dans l'OCDE ;
- Au Mexique, l'impôt sur le revenu des personnes physiques comme l'impôt sur les bénéfices des sociétés ont augmenté en pourcentage du PIB entraînant une divergence de la part des cotisations de sécurité sociale au regard de la structure fiscale moyenne de l'OCDE ; par ailleurs, la hausse de l'impôt sur les bénéfices des sociétés s'est éloignée de la variation moyenne de l'OCDE, tandis que l'augmentation de l'impôt sur le revenu des personnes physiques s'est rapprochée de la valeur calcule en moyenne dans l'OCDE ;
- Aux États-Unis, la part de l'impôt sur le revenu des personnes physiques a augmenté en pourcentage des recettes fiscales totales et s'est éloignée de la moyenne de l'OCDE ; tandis que la progression de la part de la TVA dans la structure moyenne de l'OCDE contribuait à accentuer l'écart ;
- En Estonie, la baisse de la part de l'impôt sur le revenu des personnes physiques a été plus rapide que celle observée à l'échelle de l'OCDE entre 1995 et 2016 ; de plus, la part de l'impôt sur les bénéfices des sociétés a diminué (tandis qu'une hausse ressortait en moyenne dans l'OCDE) ;
- En Nouvelle-Zélande, la forte baisse de la part de l'impôt sur le revenu des personnes physiques par rapport à la valeur moyenne de l'OCDE a été plus que compensée par la hausse des parts correspondant à l'impôt sur les bénéfices des sociétés et à la TVA, qui se sont éloignées des valeurs moyennes de l'OCDE ; et
- En Suisse, l'indice D a légèrement augmenté pour deux raisons : la part de l'impôt sur les bénéfices des sociétés a connu une hausse plus accentuée que dans la moyenne de l'OCDE, et la part de la TVA est restée constante en Suisse, alors qu'elle a progressé, en moyenne, dans l'OCDE.

Graphique 2.7. Écart entre la structure fiscale des pays et la structure fiscale moyenne de l'OCDE (indice D), 1995 et 2006

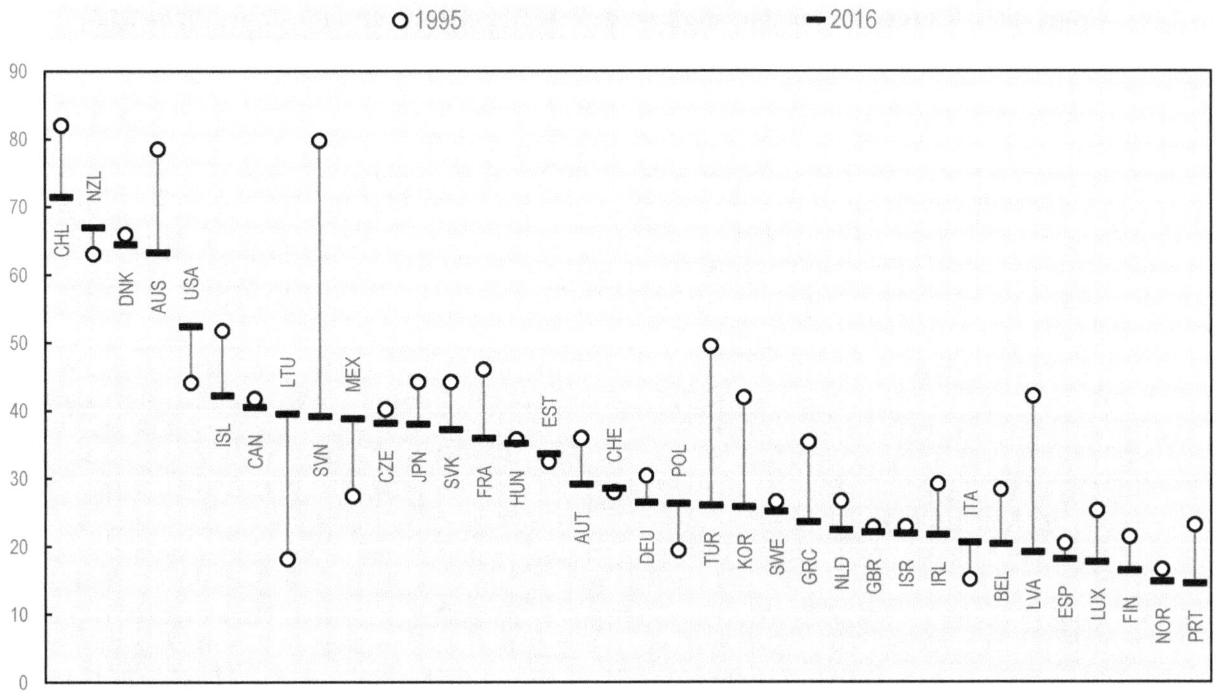

Source : Calculs des auteurs fondés sur les *Statistiques des recettes publiques* de l'OCDE (2017).

StatLink http://dx.doi.org/10.1787/888933863142

Les pays qui affichent la plus forte convergence vers la structure fiscale moyenne de l'OCDE sont ceux qui ont introduit la TVA (Slovénie et Australie), ou qui ont fortement réformé les cotisations de sécurité sociale (comme la Lettonie, où ces cotisations ont diminué en pourcentage du PIB et des recettes fiscales totales, ou la Corée, où elles ont fortement augmenté, tant par rapport au PIB qu'aux recettes fiscales totales) de telle sorte que la part relative de ces recettes s'est rapprochée des valeurs moyennes calculées pour l'OCDE.

De même, parmi les cinq pays qui apparaissaient en 2016 comme les plus éloignés de la structure fiscale moyenne de l'OCDE (graphique 8), quatre ne prélèvent pas d'impôts ou taxes dans l'une des principales catégories de recettes : ainsi l'Australie et la Nouvelle-Zélande ne prélèvent pas de cotisations de sécurité sociale ; au Danemark, la part des cotisations de sécurité sociale est inférieure à 1 % des recettes fiscales totales ; tandis que les États-Unis n'appliquent pas de TVA. Toutefois, en 2016, le pays dont la structure fiscale était la plus éloignée des valeurs moyennes de l'OCDE était le Chili.[7] Les différences sont dues aux parts plus élevées de l'impôt sur les bénéfices des sociétés et de la TVA (respectivement 20.9 % et 41.2 % des recettes totales, même si les écarts exprimés en pourcentage du PIB sont moins marqués), ainsi qu'aux parts moindres de l'impôt sur le revenu des personnes physiques et des cotisations de sécurité sociale (respectivement 8.8 % et 7.2 %, en précisant que ces deux parts exprimées en pourcentage du PIB restent inférieures aux moyennes de l'OCDE).

Dans l'ensemble de l'OCDE, on dénombrait en 2016 six pays dont les structures fiscales différaient de moins de 20 % de la structure fiscale moyenne de l'OCDE (Graphique 2.7

et Graphique 2.8). Ce groupe était constitué par cinq pays de l'Union européenne et la Norvège.

Graphique 2.8. Structures fiscales des pays de l'OCDE, classés suivant leur proximité à la structure fiscale moyenne de l'OCDE, 2016

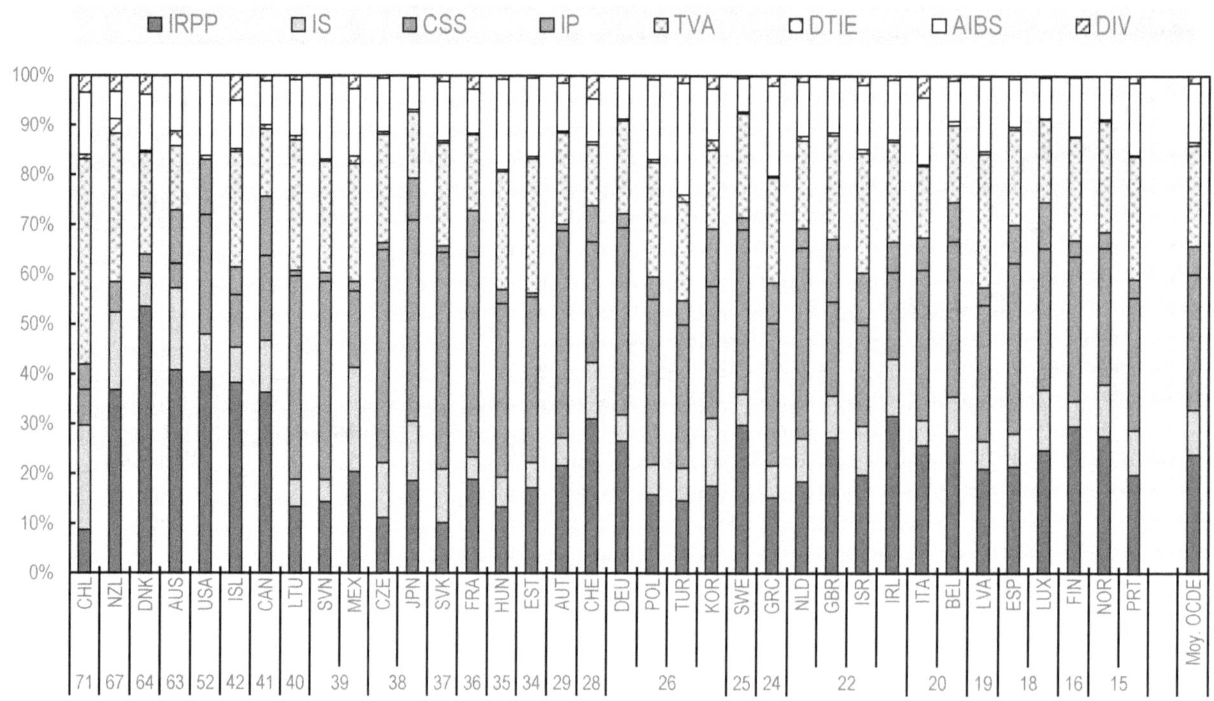

Note : Les pays sont classés par ordre croissant de proximité avec la structure fiscale moyenne de l'OCDE (représentée à droite). Les valeurs indiquées sous le code pays sont celles de l'indice D calculé pour chaque pays en 2016.

Source : Calculs des auteurs fondés sur les *Statistiques des recettes publiques* de l'OCDE (2017).

StatLink http://dx.doi.org/10.1787/888933863161

2.5. Le niveau d'imposition et la structure fiscale calculés en moyenne à l'échelle de l'OCDE sont plus représentatifs

Dans leur ensemble, les différentes évolutions décrites ont eu pour effet que le ratio moyen impôts/PIB de l'OCDE et la structure fiscale moyenne de l'OCDE étaient plus représentatifs en 2016 qu'en 1995. La dispersion des ratios impôts/PIB par rapport à la moyenne de l'OCDE (qu'ils soient mesurés au moyen d'écarts-types, de coefficients de variation ou d'écarts absolus moyens par rapport à la valeur centrale) présentait ainsi, en 2016, un niveau relativement faible, proche du plus bas niveau calculé durant la période examinée. De même, l'écart moyen entre la structure fiscale des pays de l'OCDE et la structure fiscale moyenne calculée pour l'OCDE n'a jamais été aussi faible depuis 1995 (Graphique 2.6).

Le Graphique 2.9, qui représente la répartition de tous les pays de l'OCDE par rapport à la moyenne de l'OCDE, illustre plus en détail cette convergence. Chaque pays est placé le long de l'axe horizontal en fonction de son ratio impôts/PIB en 1995 (partie gauche) et en 2016 (partie droite). Sur l'axe vertical, la position de chaque pays correspond à la valeur de l'indice D calculée pour l'année considérée, sachant qu'une valeur faible dénote une grande proximité avec les données moyennes de l'OCDE. Le ratio moyen impôts/PIB de l'OCDE figure sur l'axe horizontal, l'indice D étant dans ce cas, par définition, égal à zéro. Le plus petit rectangle tracé sur chaque graphique correspond aux critères de proximité suivants : sur l'axe horizontal, plus ou moins cinq points de pourcentage de part et d'autre du ratio moyen impôts/PIB de l'OCDE ; sur l'axe vertical, un indice D inférieur à 20. Le plus grand rectangle correspond aux critères suivants : sur l'axe horizontal, plus ou moins dix points de pourcentage de part et d'autre du ratio moyen impôts/PIB de l'OCDE ; sur l'axe vertical, un indice D inférieur à 40.

Si ces limites ont été choisies de manière arbitraire, elles permettent d'illustrer clairement la convergence croissante des pays de l'OCDE vers le niveau d'imposition moyen et la structure fiscale moyenne de l'OCDE. En 1995, un seul pays se situait à l'intérieur du plus petit rectangle, et dix-sept apparaissaient en dehors des deux. En 2016, cinq pays se situaient dans le plus petit rectangle, et seulement dix pays figuraient à l'extérieur des deux.

Graphique 2.9. Distance séparant les pays du niveau d'imposition moyen et de la structure fiscale moyenne de l'OCDE, 1995 et 2016

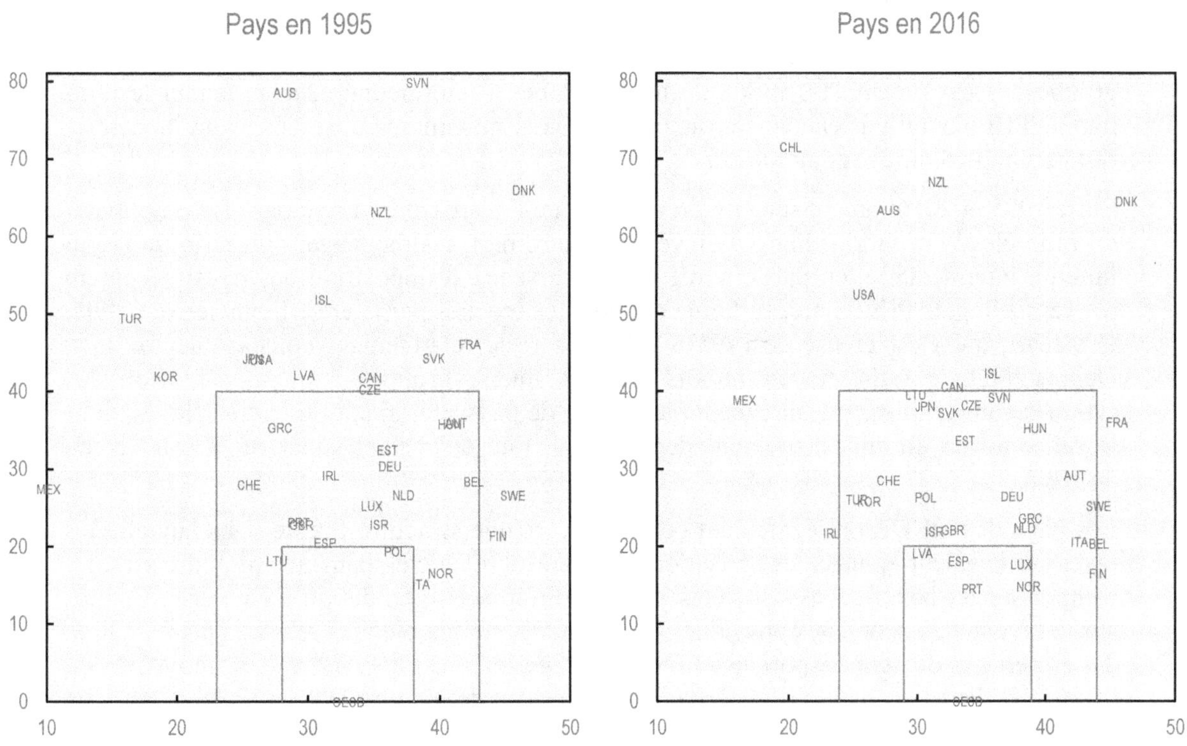

Note : Pour chaque année étudiée, les deux rectangles représentent des aires de proximité (définies arbitrairement) au regard des valeurs moyennes pour l'OCDE : +/- 5 points de pourcentage par rapport au ratio moyen impôts/PIB de l'OCDE, et un indice D inférieur à 20 ; et +/- 10 points de pourcentage par rapport à ce ratio, et un indice D inférieur à 40.
Source : Calculs des auteurs fondés sur les *Statistiques des recettes publiques* de l'OCDE (2017).

StatLink http://dx.doi.org/10.1787/888933863180

2.6. Conclusions

Entre 1995 et 2016, la dispersion des pays autour du ratio moyen impôts/PIB et de la structure fiscale moyenne de l'OCDE a reculé et les valeurs moyennes calculées pour l'OCDE en 2016 étaient plus représentatives de la distribution sous-jacente qu'elles ne l'avaient été au cours des 20 années précédentes. La convergence entre les pays de l'OCDE s'est faite autour d'un niveau d'imposition plus élevé : tandis que la dispersion des niveaux d'imposition diminuait parmi les pays de l'OCDE, les ratios impôts/PIB augmentaient, si bien qu'ils étaient en 2016 supérieurs d'un point de pourcentage à ceux de 1995.

Les niveaux d'imposition des différents pays de l'OCDE demeurent néanmoins très hétérogènes et, en 2016, quatre grands groupes de pays se distinguaient clairement, selon que le niveau de leur ratio impôts/PIB était faible ; faible à intermédiaire ; intermédiaire à élevé ; ou élevé. C'est dans le groupe des pays dont les ratios impôts/PIB sont de niveau faible que les écarts entre les ratios sont les plus accusés, toutefois ces écarts internes ont considérablement diminué au cours de la période étudiée, cependant que les ratios affichaient une hausse rapide. À l'inverse, au sein du groupe constitué autour des ratios de niveau intermédiaire à élevé, le ratio moyen impôts/PIB a progressé lentement, mais on a observé une dynamique de convergence rapide depuis 2010. Au cours de la période examinée, le degré de similarité s'est renforcé dans les quatre sous-groupes, qui présentaient en 2016 des ratios impôts/PIB plus élevés qu'en 1995, à l'exception du groupe des pays ayant des ratios de niveau faible à intermédiaire, dans lequel le ratio impôts/PIB n'avait pas encore retrouvé les niveaux maximums observés avant la crise et restait, en 2016, inférieur au niveau de 1995.

Entre 1995 et 2016, on constate un creusement de l'écart entre, d'une part, les pays ayant un ratio élevé ou intermédiaire à élevé et, d'autre part, les pays ayant un ratio faible ou faible à intermédiaire, en partie parce que les niveaux d'imposition des pays présentant des ratios impôts/PIB de niveau faible ont été plus touchés par la crise financière de 2008. Cet écart, qui s'est creusé de 1995 à 2007, est resté relativement constant depuis lors. Depuis 2009, le ratio moyen impôts/PIB des quatre groupes a augmenté selon des rythmes comparables, si l'on excepte le groupe de pays présentant des ratios élevés, dont le ratio moyen diminue lentement depuis 2014, tout en restant supérieur à son niveau de 1995.

Les pays de l'OCDE ont également convergé vers une structure fiscale dans laquelle les taxes sur la valeur ajoutée, les cotisations de sécurité sociale et, dans une moindre mesure, l'impôt sur les bénéfices des sociétés jouent un rôle accru, tandis qu'à l'inverse, l'impôt sur le revenu des personnes physiques et les impôts sur les biens et services autres que la TVA perdent de leur importance. Durant la période étudiée, la valeur moyenne de l'indice D dans l'ensemble l'OCDE a baissé, passant de 37.7 en 1995 à 32.8 en 2016, ce qui traduit une plus forte convergence des différents pays autour des valeurs moyennes de l'OCDE. Seuls huit pays se sont éloignés de la structure fiscale moyenne de l'OCDE au cours de cette période (Lituanie, Pologne, États-Unis, Italie, Mexique, Nouvelle-Zélande, Hongrie et Estonie). Pour quasiment tous les pays, ainsi qu'en valeurs moyennes, le niveau d'imposition moyen et la structure fiscale moyenne de l'OCDE sont donc désormais plus représentatifs qu'à tout autre moment au cours des 21 dernières années.

L'indice D mesure la distance entre les valeurs de chaque pays et les valeurs moyennes de l'OCDE, or, six pays présentaient en 2016 un indice D inférieur à 20, ce qui dénote leur proximité de la structure fiscale moyenne de l'OCDE : le Portugal, la Norvège, la Finlande, le Luxembourg, l'Espagne et la Lettonie. À l'opposé, les pays dont les structures fiscales étaient les plus éloignées de la moyenne de l'OCDE étaient le Chili, la Nouvelle-Zélande, le Danemark, l'Australie et les États-Unis, qui présentaient tous un indice D supérieur à 50.

De futurs travaux d'analyse pourraient être consacrés à l'étude des liens possibles entre structures fiscales et niveaux d'imposition, ou à établir s'il existe, au sein des sous-groupes constitués par niveaux d'imposition, des traits communs entre les structures fiscales des pays ou une dynamique de convergence interne conduisant à un rapprochement de ces structures fiscales. Ces travaux pourraient également chercher à préciser les facteurs explicatifs des différents niveaux d'imposition et structures fiscales des pays de l'OCDE, notamment, le lien unissant les caractéristiques des systèmes de prestations sociales et le niveau de cotisations de sécurité sociale, ou les effets de la privatisation des investissements d'infrastructures sur les besoins en recettes publiques et la structure de celles-ci. Dans le même esprit, une analyse reposant sur l'indice de similarité structurelle pourrait permettre de discerner des liens entre les structures fiscales de paires de pays, de manière à construire des groupes de pays suivant la composition de leurs recettes fiscales.

Notes

1 Dans cette étude spéciale, comme dans les autres chapitres de cette publication, la notion de « moyenne de l'OCDE » désigne exclusivement la moyenne non pondérée des pays membres de l'OCDE, et plus particulièrement pour les deux indicateurs clés, utilisés dans l'ensemble du texte, que sont le ratio moyen impôts/PIB et la structure fiscale moyenne calculés pour l'OCDE. Dans les autres cas, aux fins de clarté, l'emploi du terme « moyenne » a été évité, au profit des termes « valeur centrale » ou médiane, suivant les cas.

2 En 2016, l'Islande a perçu ponctuellement, au titre de la « contribution à la stabilité », des recettes qui ont augmenté de 15.7 points de pourcentage le ratio impôts/PIB, lequel a alors atteint 51.6 %. Dans la mesure où la présente analyse porte sur les évolutions de plus long terme, les recettes non récurrentes n'y ont pas été prises en compte. En conséquence, aux fins de cette étude spéciale, les niveaux d'imposition et la structure fiscale de l'Islande ont été calculés en excluant les recettes liées à des contributions exceptionnelles.

3 La Lituanie, qui présentait en 2016 un ratio impôts/PIB égal à 29.9 %, a été rattachée au groupe de niveau faible à intermédiaire. Le pays qui lui succède immédiatement par ordre de ratios décroissants est la Suisse, dont le ratio s'établissait à 27.8 % en 2016, et qui a été incluse dans le groupe de niveau faible. À l'avenir, aux fins d'analyses similaires, on pourra s'interroger sur l'intérêt de subdiviser plus finement le groupe de pays présentant les ratios les plus faibles, en particulier si de nouveaux pays sont inclus.

4 S'ils avaient été constitués à partir des données relatives à 2015, ces groupes de niveaux aurait été identiques, à deux exceptions près : la Lettonie et la Lituanie auraient figuré dans le groupe de niveau faible et non dans celui de niveau faible à intermédiaire, puisque leurs ratios impôts/PIB étaient respectivement de 28.9 % et 29.2 % en 2015.

5 Voir par exemple (Delgado et Presno, 2011[11]) ; (Dvorokova, 2014[10]) ; (Young, Higgins et Levy, 2008[7]) ; (Gemmell et Kneller, 2003[9]) ; (Tibulca, 2015[8]).

6 Le ratio de l'Islande a figuré sous le seuil de 35 % en 2001-02 et 2009-11, et au-dessus de 40 % en 2006 ; celui de l'Allemagne est resté inférieur à 35% entre 2002 et 2007.

7 Les valeurs calculées pour le Chili et, dans une moindre mesure, pour la Nouvelle-Zélande, le Danemark et l'Australie sont des valeurs aberrantes, mais elles n'affectent pas la tendance générale de l'indicateur, bien qu'elles augmentent l'écart moyen. Si le Chili est exclu des calculs, l'indice D moyen pour 35 pays de l'OCDE est égal à 36.4 pour 1995 et à 31.6 pour 2016 (par comparaison avec 37.7 et 32.7 lorsque le Chili est inclus). La tendance sur la période examinée est, là encore, similaire.

Références

Barro, R. et X. Sala-I-Martin (1992), « Convergence », *Journal of Political Economy*, vol. 100, pp. 223-251, http://dx.doi.org/10.1086/261816. [3]

Becker, J. et M. Elsayyad (2009), « The evolution and convergence of OECD tax systems », *Intereconomics*, vol. 44, pp. 105-113, http://dx.doi.org/10.1007/s10272-009-0284-0. [6]

Delgado, F. (2013), « Are Taxes Converging in Europe? Trends and Some Insights into the Effect of Economic Crisis », *Journal of Global Economics*, vol. 1, pp. 1-3, http://dx.doi.org/10.4172/2375-4389.1000102. [5]

Delgado, F. et M. Presno (2011), « Convergence of fiscal pressure in the EU: a time series approach », *Applied Economics*, vol. 43, pp. 4257-4267, http://dx.doi.org/10.1080/00036846.2010.491449. [11]

Dvorokova, K. (2014), « Sigma Versus Beta-convergence in EU28: do they lead to different results? », *Mathematical Methods in Finance and Business Administration*, pp. 88-94, http://www.wseas.us/e-library/conferences/2014/Tenerife/ECONMATH/ECONMATH-13.pdf. [10]

Gemmell, N. et R. Kneller (2003), « Fiscal Policy, Growth and Convergence in Europe », *New Zealand Treasury Working Paper*, vol. 14, pp. 1-28, https://treasury.govt.nz/sites/default/files/2007-09/twp03-14.pdf. [9]

Mankiw, G., D. Romer et Weil D. (1992), « A contribution to the empirics of economic growth », *The Quarterly Journal of Economics*, vol. 107, pp. 407-37, https://eml.berkeley.edu/~dromer/papers/MRW_QJE1992.pdf. [4]

OCDE (2017), *Statistiques des recettes publiques : 1965-2016*, Éditions OCDE, Paris, https://doi.org/10.1787/9789264283206-fr. [2]

OCDE (2010), *Tax Policy Reform and Economic Growth*, Études de politique fiscale de l'OCDE, no. 20, Éditions OCDE, Paris, http://dx.doi.org/10.1787/9789264091085-en. [1]

Tibulca, I. (2015), « Is there Evidence of Tax Convergence in the European Union? », *Procedia Economics and Finance*, vol. 32, pp. 194-199, https://doi.org/10.1016/S2212-5671(15)01382-9. [8]

Young, A., M. Higgins et D. Levy (2008), « Sigma Convergence versus Beta Convergence: Evidence from U.S. County-Level Data », *Journal of Money, Credit and Banking*, vol. 40, pp. 1083-1093, https://www.biu.ac.il/soc/ec/d_levy/wp/jmcb5.pdf. [7]

Chapitre 3. Niveaux et structures des impôts, 1965-2017

Le chapitre 3 fournit un aperçu des niveaux et structures des impôts dans les pays membres de l'OCDE de 1965-2017.

Dans tous les tableaux suivants, le symbole (…) signifie que l'information n'est pas disponible ou qu'elle n'est pas applicable. La principale série chronologique dans ce chapitre couvre les années 1965 à 2016. Pour des raisons d'espace, une sélection d'années est reportée dans ce chapitre. Une série complète est, cependant, disponible en ligne. Des séries complètes sont, cependant, disponible en ligne. La partie V dans l'édition 1998 de ce Rapport fournit des données pour les années 1955 et 1960 (pour dix-neuf pays de l'OCDE).

Les chiffres du Produit Intérieur Brut (PIB) se fondent sur le Système de comptabilité nationale de 2008 (SCN 2008) pour tous les pays membres de l'OCDE.

Dans ce chapitre, les moyens de l'OCDE en 2016 excluent les recettes ponctuelles des contributions à la stabilité en Islande.

Encadré 3.1. Traitements des transferts en capital

Les notes de bas de page des tableaux 3.1 à 3.18 se réfèrent au traitement des transferts en capital que certains pays effectuent pour tenir compte des impôts qui ont été évalués mais non recouvrés. Le transfert en capital a été soustrait des recettes fiscales totales et cette réduction a été répartie entre les différentes rubriques en pourcentage de leurs recettes.

C'est le cas pour les pays suivants :

- Danemark à partir de 1971.
- France à partir de 1992.
- Grèce pour 1999 et 2000.
- Lituanie à partir de 1999.
- Espagne à partir de 1995.

Tableau 3.1. Total des recettes fiscales en % du PIB

	1965	1990	2000	2007	2010	2012	2014	2015	2016	2017p
Allemagne[1]	31.6	34.8	36.2	34.9	35.0	36.4	36.7	37.0	37.4	37.5
Australie	20.6	28.1	30.5	29.6	25.3	27.0	27.3	27.9	27.8	..
Autriche	33.5	39.3	42.3	40.5	41.0	41.8	42.7	43.1	42.2	41.8
Belgique	30.6	41.2	43.5	42.7	42.6	44.2	45.1	44.8	44.1	44.6
Canada	25.1	35.2	34.8	32.6	31.1	31.3	31.3	32.7	32.7	32.2
Chili	..	16.9	18.8	22.7	19.6	21.3	19.6	20.4	20.2	20.2
Corée	..	18.8	21.5	24.8	23.4	24.8	24.6	25.2	26.2	26.9
Danemark[2]	29.1	44.4	46.9	46.4	44.8	45.5	48.5	46.1	46.2	46.0
Espagne[2]	14.3	31.6	33.2	36.4	31.2	32.1	33.6	33.6	33.2	33.7
Estonie	..	..	31.1	31.3	33.3	31.7	32.3	33.3	33.7	33.0
États-Unis	23.5	26.0	28.2	26.7	23.5	24.1	26.0	26.2	25.9	27.1
Finlande	30.0	42.9	45.8	41.5	40.8	42.7	43.8	43.9	44.0	43.3
France[2]	33.7	41.2	43.4	42.5	42.1	44.4	45.4	45.3	45.5	46.2
Grèce[2]	17.1	25.2	33.4	31.2	32.0	35.5	35.7	36.6	38.8	39.4
Hongrie	..	..	38.5	39.4	37.3	38.4	38.0	38.7	39.2	37.7
Irlande	24.5	32.4	30.8	30.4	27.0	27.6	28.4	23.1	23.3	22.8
Islande	26.1	30.9	36.3	38.9	33.2	35.0	38.3	36.3	51.6	37.7
Israël	..	..	34.9	34.2	30.7	30.0	31.2	31.3	31.3	32.7
Italie	24.7	36.4	40.6	41.7	41.9	43.9	43.5	43.1	42.6	42.4
Japon	17.6	28.2	25.8	27.5	26.5	28.2	30.3	30.6	30.6	..
Lettonie	..	..	29.1	28.2	28.2	28.6	29.0	29.2	30.4	30.4
Lituanie	..	..	30.8	30.0	28.3	27.0	27.5	28.9	29.8	29.8
Luxembourg	26.4	33.5	36.9	36.1	37.4	38.4	37.4	37.1	38.1	38.7
Mexique	..	12.1	11.5	12.0	12.8	12.6	13.7	15.9	16.6	16.2
Norvège	29.4	40.2	41.9	42.1	41.9	41.5	38.8	38.4	38.7	38.2
Nouvelle-Zélande	24.5	36.2	32.5	33.9	30.3	31.6	31.2	31.6	31.6	32.0
Pays-Bas	30.5	39.7	36.9	35.7	35.7	35.6	37.0	37.0	38.4	38.8
Pologne	..	..	32.9	34.6	31.4	32.1	31.9	32.4	33.4	33.9
Portugal	15.7	26.5	31.1	31.8	30.4	31.8	34.3	34.4	34.3	34.7
République slovaque	..	..	33.6	29.2	28.1	28.3	31.1	32.2	32.4	32.9
République tchèque	..	..	32.4	34.2	32.5	33.7	33.1	33.3	34.2	34.9
Royaume-Uni	30.1	32.9	32.9	33.0	32.3	32.4	31.8	32.2	32.7	33.3
Slovénie	..	..	36.6	37.1	36.9	36.8	36.2	36.4	36.5	36.0
Suède	31.4	49.5	49.0	45.0	43.2	42.6	42.6	43.1	44.0	44.0
Suisse	16.5	23.7	27.6	26.2	26.6	26.9	26.9	27.6	27.8	28.5
Turquie	10.6	14.5	23.6	23.1	24.8	24.9	24.6	25.1	25.3	24.9
Moyenne non pondérée										
Moyenne OCDE[3]	**24.9**	**31.9**	**33.8**	**33.6**	**32.3**	**33.1**	**33.6**	**33.7**	**34.0**	**34.2**

.. Non disponible

Note : Les séries temporelles complètes sont accessibles sur le site web http://oe.cd/series-temporelles-completes.

1. Depuis 1991, les chiffres se rapportent à l'Allemagne unifiée.
2. Le total des recettes fiscales a été diminué du montant de tout transfert en capital représentant les impôts non perçus. Le transfert en capital a été réparti entre les différentes rubriques en proportion des recettes fiscales.
3. 2017 : calculé en appliquant le pourcentage moyen non pondéré de variation pour 2017 dans les 34 pays qui ont communiqué des données pour cette année au ratio moyen global impôts/PIB en 2016. Le ratio impôts/PIB moyen de l'OCDE en 2016 exclut les recettes ponctuelles des cotisations de stabilité en Islande.

StatLink http://dx.doi.org/10.1787/888933863199

Tableau 3.2. Total des recettes fiscales en milliards de dollars des É-U au taux de change du marché

	1965	1990	2000	2007	2010	2012	2014	2015	2016	2017p
Allemagne[1]	..	577.4	706.9	1 200.4	1 196.2	1 290.1	1 431.0	1 251.1	1 307.9	1 387.0
Australie	5.6	90.9	124.4	290.8	328.3	428.0	399.3	348.2	362.0	..
Autriche	..	68.6	83.2	157.6	160.5	171.1	188.7	164.7	165.0	174.1
Belgique	..	89.4	103.6	201.6	206.1	220.0	239.2	204.0	206.0	219.8
Canada	14.2	209.2	262.8	477.2	501.4	570.1	564.6	510.0	502.4	532.8
Chili	..	5.8	14.7	39.4	42.8	57.0	51.1	49.7	50.4	55.9
Corée	..	52.6	120.5	278.2	256.2	303.2	347.0	347.9	371.1	411.7
Danemark[2]	3.0	61.4	76.9	148.3	144.2	149.0	171.1	139.0	141.8	149.7
Espagne[2]	..	131.6	197.9	538.0	446.8	429.4	462.6	402.5	410.5	441.5
Estonie	..	..	1.8	7.0	6.5	7.3	8.6	7.6	8.1	8.8
États-Unis	167.0	1 552.4	2 900.5	3 867.4	3 515.8	3 888.5	4 526.9	4 754.0	4 821.5	5 263.3
Finlande	..	49.6	57.5	106.0	101.1	109.6	119.4	102.1	105.2	109.4
France[2]	..	550.7	591.8	1 130.7	1 113.7	1 191.0	1 296.4	1 104.3	1 120.4	1 194.3
Grèce[2]	..	14.6	43.4	99.3	95.9	87.2	84.7	71.6	74.8	78.9
Hongrie	..	..	18.2	55.1	48.8	49.1	53.2	47.6	49.3	52.5
Irlande	0.7	15.6	30.7	82.0	60.0	62.0	73.6	67.3	70.5	75.7
Islande	0.1	2.0	3.2	8.3	4.4	5.0	6.6	6.2	10.5	9.0
Israël	..	..	46.2	61.2	72.0	77.4	96.1	93.6	99.4	114.8
Italie	..	336.6	463.6	918.8	889.5	910.2	935.5	790.4	792.1	820.3
Japon	17.1	903.6	1 263.4	1 242.0	1 509.6	1 749.1	1 482.2	1 351.5	1 516.2	..
Lettonie	..	..	1.8	8.7	6.7	8.0	9.1	7.9	8.4	9.2
Lituanie	..	..	3.8	11.9	10.5	11.6	13.3	12.0	12.8	14.1
Luxembourg	..	4.7	7.9	18.4	19.9	21.8	24.8	21.4	22.4	24.1
Mexique	..	35.9	81.2	126.5	135.9	152.2	179.9	186.1	179.5	..
Norvège	2.4	48.2	71.8	168.9	179.9	211.7	193.7	148.6	143.7	152.7
Nouvelle-Zélande	1.4	16.4	18.0	47.1	44.9	56.1	63.5	56.8	60.3	65.7
Pays-Bas	..	132.6	153.7	302.5	301.9	298.7	330.1	283.3	300.8	322.0
Pologne	..	..	56.6	148.7	150.6	160.7	173.8	154.5	157.4	177.8
Portugal	..	18.8	36.8	76.4	72.5	68.8	78.7	68.7	70.4	75.5
République slovaque	..	..	9.8	25.2	25.1	26.5	31.4	28.2	29.1	31.5
République tchèque	..	..	20.0	64.8	67.4	70.0	68.8	62.3	66.8	75.3
Royaume-Uni	30.6	359.5	542.9	1 016.8	792.2	870.1	966.4	931.4	870.1	874.0
Slovénie	..	..	6.4	17.8	17.7	17.1	18.1	15.7	16.3	17.6
Suède	7.8	127.7	127.3	219.4	211.2	231.7	244.4	214.7	226.7	236.6
Suisse	2.6	61.3	75.1	125.8	155.3	179.8	190.9	187.5	185.7	193.2
Turquie	1.3	30.2	64.5	156.2	192.0	218.6	229.6	215.5	218.4	211.8
Moyenne non pondérée										
Moyenne OCDE	..	**205.5**	**233.0**	**373.5**	**363.4**	**398.8**	**426.5**	**400.2**	**409.7**	..

.. Non disponible

Note : Les séries temporelles complètes sont accessibles sur le site web http://oe.cd/series-temporelles-completes.

1. Depuis 1991, les chiffres se rapportent à l'Allemagne unifiée.
2. Le total des recettes fiscales a été diminué du montant de tout transfert en capital représentant les impôts non perçus. Le transfert en capital a été réparti entre les différentes rubriques en proportion des recettes fiscales.

StatLink http://dx.doi.org/10.1787/888933863218

Tableau 3.3. Recettes fiscales sous les principales rubriques en % du PIB, 2016

	1000 Revenu & bénéfices	2000 Sécurité sociale	3000 Salaires	4000 Patrimoine	5000 Biens & services	6000 Autres	UE droits de douane
Allemagne[1]	11.9	14.1	0.0	1.1	10.1	0.1	0.2
Australie	15.9	0.0	1.4	3.0	7.5	0.0	..
Autriche	11.8	14.6	2.9	0.6	11.9	0.2	0.1
Belgique	15.7	13.7	0.0	3.5	10.8	0.0	0.4
Canada	15.6	4.9	0.7	3.9	7.6	0.0	..
Chili	6.8	1.4	0.0	1.0	11.0	-0.1	..
Corée	8.2	6.9	0.1	3.0	7.4	0.7	..
Danemark[2]	29.0	0.1	0.3	1.9	14.8	0.0	0.1
Espagne[2]	9.3	11.3	0.0	2.6	9.8	0.0	0.2
Estonie	7.5	11.2	0.0	0.3	14.6	0.0	0.2
États-Unis	12.4	6.2	0.0	2.9	4.4	0.0	..
Finlande	15.2	12.8	0.0	1.4	14.4	0.0	0.1
France[2]	10.6	16.7	1.6	4.3	11.1	1.2	0.1
Grèce	9.1	11.1	0.0	3.2	15.4	0.0	0.1
Hongrie	7.6	13.0	0.6	1.1	16.6	0.1	0.1
Irlande	10.1	3.9	0.1	1.4	7.6	0.0	0.1
Islande	17.5	3.5	0.3	17.6	12.1	0.6	..
Israël	9.9	5.2	1.2	3.2	11.8	0.0	..
Italie	13.6	12.8	0.0	2.8	12.0	1.2	0.1
Japon	9.4	12.4	0.0	2.6	6.3	0.1	..
Lettonie	8.1	8.3	0.0	1.1	12.8	0.0	0.2
Lituanie	5.6	12.2	0.0	0.3	11.5	0.0	0.2
Luxembourg	14.0	10.9	0.0	3.5	9.6	0.1	0.0
Mexique	7.1	2.2	0.4	0.3	6.4	0.2	..
Norvège	14.7	10.6	0.0	1.3	12.1	0.0	..
Nouvelle-Zélande	17.6	0.0	0.0	1.9	12.1	0.0	..
Pays-Bas	10.4	14.7	0.0	1.5	11.3	0.1	0.3
Pologne	6.7	12.7	0.2	1.4	12.2	0.1	0.2
Portugal	9.9	9.1	0.0	1.3	13.6	0.4	0.1
République slovaque	7.0	14.1	0.0	0.4	10.7	0.0	0.2
République tchèque	7.6	14.7	0.0	0.5	11.3	0.0	0.2
Royaume-Uni	11.7	6.2	0.0	4.1	10.6	0.0	0.2
Slovénie	6.8	14.5	0.0	0.6	14.3	0.0	0.1
Suède	15.9	10.0	4.6	1.1	12.4	0.0	0.1
Suisse	12.9	6.7	0.0	2.0	5.9	0.1	..
Turquie	5.4	7.3	0.0	1.2	11.0	0.4	..
Moyenne non pondérée							
Moyenne OCDE	**11.3**	**9.2**	**0.4**	**1.9**	**11.0**	**0.2**	**0.2**

.. Non disponible

1. Depuis 1991, les chiffres se rapportent à l'Allemagne unifiée.
2. Le total des recettes fiscales a été diminué du montant de tout transfert en capital représentant les impôts non perçus. Le transfert en capital a été réparti entre les différentes rubriques en proportion des recettes fiscales.

StatLink http://dx.doi.org/10.1787/888933863237

Tableau 3.4. Recettes fiscales sous les principales rubriques en % du total des recettes fiscales, 2016

	1000 Revenu & bénéfices	2000 Sécurité sociale	3000 Salaires	4000 Patrimoine	5000 Biens & services	6000 Autres	UE droits de douane
Allemagne[1]	31.9	37.6	0.0	2.8	27.1	0.2	0.4
Australie	57.2	0.0	4.9	10.8	27.1	0.0	..
Autriche	28.0	34.7	7.0	1.3	28.3	0.5	0.3
Belgique	35.6	31.1	0.0	8.0	24.5	0.0	0.8
Canada	47.8	14.9	2.1	12.0	23.2	0.1	..
Chili	33.5	7.2	0.0	5.1	54.6	-0.3	..
Corée	31.2	26.2	0.3	11.6	28.1	2.6	..
Danemark[2]	62.8	0.1	0.6	4.0	32.1	0.0	0.3
Espagne[2]	28.2	34.2	0.0	7.7	29.4	0.0	0.5
Estonie	22.3	33.2	0.0	0.8	43.3	0.0	0.5
États-Unis	48.0	24.0	0.0	11.1	16.9	0.0	..
Finlande	34.6	29.1	0.0	3.2	32.8	0.1	0.2
France[2]	23.3	36.8	3.4	9.4	24.4	2.6	0.2
Grèce	23.5	28.5	0.0	8.1	39.6	0.0	0.3
Hongrie	19.3	33.2	1.6	2.8	42.4	0.4	0.3
Irlande	43.1	16.8	0.6	6.0	32.7	0.0	0.5
Islande	33.9	6.7	0.6	34.2	23.4	1.2	..
Israël	31.6	16.6	3.7	10.3	37.8	0.0	..
Italie	32.0	30.1	0.0	6.6	28.1	2.9	0.3
Japon	30.6	40.4	0.0	8.3	20.4	0.3	..
Lettonie	26.6	27.3	0.0	3.5	42.0	0.0	0.6
Lituanie	18.9	40.8	0.0	1.1	38.5	0.0	0.8
Luxembourg	36.8	28.5	0.0	9.3	25.2	0.2	0.1
Mexique	42.7	13.0	2.3	1.9	38.8	1.4	..
Norvège	38.0	27.4	0.0	3.3	31.4	0.0	..
Nouvelle-Zélande	55.6	0.0	0.0	6.1	38.3	0.0	..
Pays-Bas	27.2	38.2	0.0	4.0	29.5	0.3	0.9
Pologne	20.0	38.1	0.7	4.1	36.4	0.1	0.5
Portugal	28.7	26.6	0.0	3.7	39.6	1.1	0.3
République slovaque	21.7	43.5	0.0	1.3	33.1	0.0	0.5
République tchèque	22.2	42.9	0.0	1.4	33.0	0.0	0.5
Royaume-Uni	35.7	18.9	0.0	12.6	32.3	0.0	0.5
Slovénie	18.8	39.7	0.1	1.7	39.3	0.0	0.4
Suède	36.0	22.6	10.5	2.4	28.1	0.1	0.3
Suisse	46.5	24.3	0.0	7.3	21.4	0.5	..
Turquie	21.1	28.8	0.0	4.8	43.6	1.6	..
Moyenne non pondérée							
Moyenne OCDE	**33.6**	**26.2**	**1.1**	**5.7**	**32.7**	**0.5**	**0.4**

.. Non disponible

1. Depuis 1991, les chiffres se rapportent à l'Allemagne unifiée.
2. Le total des recettes fiscales a été diminué du montant de tout transfert en capital représentant les impôts non perçus. Le transfert en capital a été réparti entre les différentes rubriques en proportion des recettes fiscales.

StatLink http://dx.doi.org/10.1787/888933863256

Tableau 3.5. Recettes fiscales sous les principales rubriques en % du PIB, 2017p

	1000 Revenu & bénéfices	2000 Sécurité sociale	3000 Salaires	4000 Patrimoine	5000 Biens & services	6000 Autres	UE droits de douane
Allemagne[1]	12.2	14.2	0.0	1.0	9.9	0.1	0.2
Australie	..	..	..	..	..	..	..
Autriche	11.8	14.5	2.8	0.5	11.8	0.2	0.1
Belgique	16.3	13.6	0.0	3.5	10.8	0.0	0.4
Canada	15.4	4.6	0.7	3.8	7.7	0.0	..
Chili	7.0	1.5	0.0	1.1	11.0	-0.4	..
Corée	8.6	6.9	0.1	3.1	7.5	0.7	..
Danemark[2]	29.1	0.0	0.3	1.8	14.6	0.0	0.1
Espagne[2]	9.7	11.5	0.0	2.5	9.8	0.0	0.2
Estonie	7.2	11.2	0.0	0.2	14.2	0.0	0.2
États-Unis	12.4	6.3	0.0	4.2	4.3	0.0	..
Finlande	15.4	12.1	0.0	1.5	14.2	0.0	0.1
France[2]	10.9	16.8	1.6	4.4	11.3	1.2	0.1
Grèce	9.0	11.7	0.0	3.2	15.4	0.0	0.2
Hongrie	6.9	12.8	0.7	1.1	16.0	0.1	0.1
Irlande	9.9	3.9	0.1	1.3	7.4	0.0	0.1
Islande	18.6	3.5	0.3	2.0	12.6	0.7	..
Israël	11.6	5.3	1.2	3.3	11.3	0.0	..
Italie	13.4	12.9	0.0	2.6	12.0	1.3	0.1
Japon	9.7	..	0.0	2.5	6.1	0.1	..
Lettonie	8.2	8.4	0.0	1.0	12.6	0.0	0.2
Lituanie	5.4	12.3	0.0	0.4	11.5	0.0	0.2
Luxembourg	14.4	11.1	0.0	3.7	9.4	0.1	0.0
Mexique	7.2	2.1	..	..	..	..	..
Norvège	14.6	10.4	0.1	1.3	11.9	0.0	..
Nouvelle-Zélande	17.8	0.0	0.0	1.9	12.3	0.0	..
Pays-Bas	11.6	13.8	0.0	1.6	11.3	0.1	0.3
Pologne	6.9	12.9	0.0	1.2	11.7	1.2	..
Portugal	9.8	9.3	0.0	1.4	13.8	0.3	0.1
République slovaque	6.8	14.5	0.0	0.4	11.0	0.0	0.2
République tchèque	7.7	15.0	0.0	0.5	11.5	0.0	0.2
Royaume-Uni	11.9	6.4	0.1	4.2	10.5	0.0	0.2
Slovénie	6.9	14.4	0.0	0.6	13.9	0.0	0.1
Suède	15.8	9.7	5.1	1.0	12.3	0.0	0.1
Suisse	13.2	6.7	0.0	2.0	6.4	0.1	..
Turquie	5.3	7.3	0.0	1.1	10.8	0.3	..

.. Non disponible

1. Depuis 1991, les chiffres se rapportent à l'Allemagne unifiée.
2. Le total des recettes fiscales a été diminué du montant de tout transfert en capital représentant les impôts non perçus. Le transfert en capital a été réparti entre les différentes rubriques en proportion des recettes fiscales.

StatLink http://dx.doi.org/10.1787/888933863275

Tableau 3.6. Recettes fiscales sous les principales rubriques en % du total des recettes fiscales, 2017p

	1000 Revenu & bénéfices	2000 Sécurité sociale	3000 Salaires	4000 Patrimoine	5000 Biens & services	6000 Autres	UE droits de douane
Allemagne[1]	32.6	37.9	0.0	2.7	26.2	0.2	0.4
Australie	..	..	..	..	..	..	..
Autriche	28.3	34.8	6.6	1.3	28.2	0.5	0.3
Belgique	36.5	30.5	0.0	7.9	24.3	0.0	0.8
Canada	47.6	14.3	2.1	11.9	24.0	0.1	..
Chili	34.5	7.3	0.0	5.4	54.8	-2.0	..
Corée	32.1	25.7	0.3	11.7	27.7	2.5	..
Danemark[2]	63.2	0.1	0.6	4.0	31.9	0.0	0.3
Espagne[2]	28.7	34.2	0.0	7.5	29.1	0.0	0.5
Estonie	22.0	33.9	0.0	0.7	42.9	0.0	0.5
États-Unis	45.7	23.1	0.0	15.4	15.9	0.0	..
Finlande	35.5	27.9	0.0	3.6	32.8	0.1	0.2
France[2]	23.6	36.4	3.4	9.5	24.4	2.5	0.2
Grèce	22.8	29.6	0.0	8.1	39.1	0.0	0.4
Hongrie	18.3	33.9	1.9	2.8	42.5	0.3	0.3
Irlande	43.6	17.0	0.6	5.6	32.5	0.0	0.5
Islande	49.5	9.3	0.8	5.4	33.3	1.7	..
Israël	35.6	16.2	3.7	10.0	34.7	0.0	..
Italie	31.7	30.4	0.0	6.0	28.4	3.1	0.3
Japon	..	..	..	..	..	..	..
Lettonie	27.0	27.7	0.0	3.3	41.4	0.0	0.6
Lituanie	18.1	41.4	0.0	1.3	38.5	0.0	0.8
Luxembourg	37.2	28.6	0.0	9.6	24.3	0.1	0.1
Mexique	..	..	..	..	..	..	..
Norvège	38.3	27.1	0.2	3.3	31.1	0.0	..
Nouvelle-Zélande	55.6	0.0	0.0	6.0	38.4	0.0	..
Pays-Bas	30.1	35.7	0.0	4.0	29.1	0.3	0.9
Pologne	20.5	37.9	0.0	3.6	34.4	3.7	..
Portugal	28.2	26.8	0.0	4.0	39.8	0.9	0.3
République slovaque	20.7	44.1	0.0	1.3	33.4	0.0	0.5
République tchèque	22.2	43.0	0.0	1.4	32.9	0.1	0.5
Royaume-Uni	35.9	19.2	0.3	12.6	31.5	0.0	0.5
Slovénie	19.1	40.0	0.1	1.8	38.6	0.0	0.3
Suède	35.9	22.0	11.5	2.2	28.0	0.1	0.3
Suisse	46.5	23.6	0.0	7.1	22.3	0.5	..
Turquie	21.4	29.3	0.0	4.5	43.4	1.3	..

.. Non disponible

1. Depuis 1991, les chiffres se rapportent à l'Allemagne unifiée.
2. Le total des recettes fiscales a été diminué du montant de tout transfert en capital représentant les impôts non perçus. Le transfert en capital a été réparti entre les différentes rubriques en proportion des recettes fiscales.

StatLink http://dx.doi.org/10.1787/888933863294

Tableau 3.7. Impôts sur le revenu et les bénéfices (1 000) en % du PIB et en % du total des recettes fiscales

	% du PIB					% du total des recettes fiscales				
	1990	2000	2010	2015	2016	1990	2000	2010	2015	2016
Allemagne[1]	11.3	10.9	10.0	11.5	11.9	32.4	30.1	28.5	31.2	31.9
Australie	16.1	17.7	14.3	15.8	15.9	57.1	57.9	56.5	56.6	57.2
Autriche	10.0	12.0	11.5	13.0	11.8	25.5	28.3	28.1	30.2	28.0
Belgique	15.2	16.8	14.6	16.0	15.7	36.9	38.6	34.2	35.7	35.6
Canada	17.1	17.4	14.5	15.8	15.6	48.6	50.1	46.6	48.3	47.8
Chili	3.9	4.4	7.5	7.4	6.8	23.2	23.3	38.1	36.4	33.5
Corée	6.2	6.2	6.6	7.6	8.2	32.8	28.8	28.0	30.3	31.2
Danemark[2]	27.2	28.8	27.5	29.3	29.0	61.2	61.5	61.5	63.5	62.8
Espagne[2]	9.7	9.4	8.7	9.5	9.3	30.6	28.3	27.8	28.4	28.2
Estonie	..	7.7	6.6	7.8	7.5	..	24.8	19.8	23.4	22.3
États-Unis	11.7	14.1	10.0	12.7	12.4	45.2	50.1	42.4	48.6	48.0
Finlande	16.8	19.7	14.5	15.4	15.2	39.2	43.1	35.5	35.2	34.6
France[2]	6.6	10.8	9.5	10.6	10.6	16.1	24.8	22.6	23.4	23.3
Grèce[2]	5.0	9.0	7.0	8.5	9.1	19.9	26.9	22.0	23.1	23.5
Hongrie	..	9.3	7.7	7.1	7.6	..	24.3	20.7	18.3	19.3
Irlande	12.3	13.4	10.5	9.9	10.1	38.0	43.6	38.7	42.9	43.1
Islande	9.2	14.5	14.7	17.0	17.5	29.7	39.9	44.4	46.9	33.9
Israël	..	13.8	9.0	9.8	9.9	..	39.6	29.1	31.2	31.6
Italie	13.3	13.5	13.7	13.7	13.6	36.5	33.2	32.6	31.8	32.0
Japon	14.2	9.0	8.0	9.5	9.4	50.2	34.8	30.2	31.2	30.6
Lettonie	..	7.0	7.2	7.5	8.1	..	24.1	25.5	25.8	26.6
Lituanie	..	8.3	4.6	5.4	5.6	..	27.0	16.2	18.6	18.9
Luxembourg	13.5	13.5	13.6	13.5	14.0	40.2	36.5	36.4	36.3	36.8
Mexique	4.1	4.1	5.1	6.6	7.1	34.0	36.0	39.8	41.7	42.7
Norvège	14.2	18.8	19.7	15.2	14.7	35.2	45.0	47.1	39.7	38.0
Nouvelle-Zélande	21.6	19.5	16.3	17.3	17.6	59.6	60.0	53.8	54.9	55.6
Pays-Bas	12.8	9.6	9.9	10.3	10.4	32.3	25.9	27.9	27.7	27.2
Pologne	..	6.7	6.3	6.5	6.7	..	20.4	20.0	20.1	20.0
Portugal	6.8	9.1	8.1	10.4	9.9	25.7	29.3	26.8	30.3	28.7
République slovaque	..	6.9	5.3	7.0	7.0	..	20.5	19.0	21.8	21.7
République tchèque	..	7.4	6.6	7.2	7.6	..	22.8	20.2	21.5	22.2
Royaume-Uni	12.9	13.1	12.1	11.3	11.7	39.3	39.6	37.6	35.2	35.7
Slovénie	..	6.8	7.4	6.6	6.8	..	18.5	20.1	18.0	18.8
Suède	20.6	20.0	15.3	15.5	15.9	41.6	40.8	35.5	35.9	36.0
Suisse	11.2	12.2	12.1	12.8	12.9	47.0	44.1	45.5	46.4	46.5
Turquie	4.9	7.0	5.3	5.1	5.4	33.5	29.5	21.3	20.3	21.1
Moyenne non pondérée										
Moyenne OCDE	**12.2**	**11.9**	**10.6**	**11.3**	**11.3**	**37.5**	**34.8**	**32.8**	**33.6**	**33.6**

.. Non disponible

Note : Les séries temporelles complètes sont accessibles sur le site web http://oe.cd/series-temporelles-completes.

1. Depuis 1991, les chiffres se rapportent à l'Allemagne unifiée.
2. Le total des recettes fiscales a été diminué du montant de tout transfert en capital représentant les impôts non perçus. Le transfert en capital a été réparti entre les différentes rubriques en proportion des recettes fiscales.

StatLink http://dx.doi.org/10.1787/888933863313

Tableau 3.8. Impôts sur le revenu des personnes physiques (1 100) en % du PIB et en % du total des recettes fiscales

	% du PIB					% du total des recettes fiscales				
	1990	2000	2010	2015	2016	1990	2000	2010	2015	2016
Allemagne[1]	9.6	9.2	8.5	9.8	10.0	27.6	25.3	24.3	26.6	26.6
Australie	12.1	11.5	9.8	11.6	11.3	43.0	37.7	38.6	41.4	40.8
Autriche	8.2	9.3	9.2	10.4	9.1	21.0	22.0	22.4	24.1	21.6
Belgique	13.2	13.7	12.0	12.6	12.2	32.0	31.4	28.2	28.2	27.7
Canada	14.4	12.8	10.9	12.0	11.9	40.8	36.8	35.0	36.9	36.3
Chili	0.9	1.4	1.3	2.0	1.8	5.6	7.6	6.8	9.8	8.8
Corée	3.8	3.1	3.3	4.3	4.6	20.0	14.6	14.2	17.2	17.6
Danemark[2]	24.0	24.7	23.3	25.5	24.7	54.1	52.7	52.0	55.2	53.5
Espagne[2]	6.9	6.4	6.8	7.2	7.1	21.7	19.1	21.7	21.4	21.4
Estonie	..	6.8	5.3	5.7	5.8	..	22.0	15.9	17.2	17.2
États-Unis	9.8	11.9	8.2	10.6	10.4	37.7	42.2	34.8	40.5	40.3
Finlande	14.9	14.0	12.1	13.3	13.0	34.7	30.6	29.5	30.2	29.6
France[2]	4.4	7.8	7.2	8.5	8.6	10.7	17.9	17.0	18.8	18.8
Grèce[2]	3.6	4.8	4.0	5.8	5.9	14.1	14.5	12.4	15.7	15.2
Hongrie	..	7.2	6.5	5.3	5.2	..	18.6	17.4	13.7	13.3
Irlande	10.7	9.8	8.1	7.3	7.4	33.1	31.9	30.0	31.6	31.6
Islande	8.3	12.6	12.1	13.3	13.8	26.9	34.8	36.5	36.7	26.7
Israël	..	10.1	5.5	6.1	6.2	..	29.1	18.0	19.4	19.8
Italie	9.6	10.1	11.2	11.2	11.0	26.3	24.8	26.8	26.0	25.8
Japon	7.8	5.4	4.9	5.8	5.7	27.8	21.1	18.6	18.9	18.6
Lettonie	..	5.5	6.2	5.9	6.4	..	18.8	22.1	20.3	21.0
Lituanie	..	7.6	3.6	3.8	4.0	..	24.8	12.7	13.3	13.4
Luxembourg	8.1	6.8	7.9	9.1	9.4	24.1	18.5	21.0	24.4	24.7
Mexique	..	..	2.3	3.3	3.4	..	..	18.3	20.6	20.4
Norvège	10.5	10.1	9.9	10.8	10.7	26.2	24.1	23.6	28.0	27.6
Nouvelle-Zélande	17.4	14.0	11.4	11.7	11.6	48.0	43.1	37.7	37.2	36.8
Pays-Bas	9.8	5.6	7.7	7.6	7.1	24.7	15.1	21.5	20.5	18.5
Pologne	..	4.3	4.4	4.7	4.8	..	13.2	13.9	14.4	14.5
Portugal	4.2	5.4	5.4	7.3	6.8	15.9	17.4	17.6	21.2	19.8
République slovaque	..	3.3	2.6	3.1	3.3	..	9.9	9.4	9.7	10.2
République tchèque	..	4.2	3.3	3.6	3.8	..	12.9	10.2	10.7	11.2
Royaume-Uni	9.7	9.6	9.3	8.9	9.0	29.4	29.0	28.7	27.7	27.4
Slovénie	..	5.5	5.6	5.1	5.2	..	15.0	15.1	14.0	14.4
Suède	19.1	16.3	12.0	12.5	13.1	38.5	33.2	27.9	29.1	29.8
Suisse	7.7	8.2	8.4	8.5	8.6	32.5	29.6	31.7	31.0	31.0
Turquie	3.9	5.2	3.5	3.7	3.7	26.8	22.2	14.0	14.6	14.6
Moyenne non pondérée										
Moyenne OCDE	**9.7**	**8.7**	**7.6**	**8.3**	**8.2**	**28.6**	**24.6**	**22.9**	**24.1**	**23.8**

.. Non disponible

Note : Les séries temporelles complètes sont accessibles sur le site web http://oe.cd/series-temporelles-completes.

1. Depuis 1991, les chiffres se rapportent à l'Allemagne unifiée.
2. Le total des recettes fiscales a été diminué du montant de tout transfert en capital représentant les impôts non perçus. Le transfert en capital a été réparti entre les différentes rubriques en proportion des recettes fiscales.

StatLink http://dx.doi.org/10.1787/888933863332

Tableau 3.9. Impôts sur les bénéfices des sociétés (1 200) en % du PIB et en % du total des recettes fiscales

	% du PIB					% du total des recettes fiscales				
	1990	2000	2010	2015	2016	1990	2000	2010	2015	2016
Allemagne[1]	1.7	1.8	1.5	1.7	2.0	4.8	4.8	4.3	4.6	5.2
Australie	4.0	6.2	4.5	4.3	4.6	14.1	20.2	17.9	15.2	16.5
Autriche	1.4	1.9	1.9	2.2	2.4	3.6	4.6	4.6	5.2	5.6
Belgique	2.0	3.1	2.5	3.3	3.5	4.8	7.2	5.9	7.4	7.8
Canada	2.5	4.2	3.3	3.4	3.4	7.0	12.2	10.5	10.4	10.5
Chili	2.1	2.1	4.0	4.3	4.2	12.4	11.2	20.4	21.0	20.9
Corée	2.4	3.0	3.2	3.3	3.6	12.8	14.1	13.8	13.1	13.6
Danemark[2]	1.7	3.2	2.3	2.7	2.7	3.8	6.8	5.0	5.9	5.8
Espagne[2]	2.8	3.0	1.9	2.4	2.2	8.8	9.1	6.1	7.0	6.8
Estonie	..	0.9	1.3	2.1	1.7	..	2.8	4.0	6.2	5.0
États-Unis	2.0	2.2	1.8	2.1	2.0	7.5	7.9	7.6	8.1	7.6
Finlande	1.9	5.7	2.4	2.2	2.2	4.5	12.5	6.0	4.9	5.0
France[2]	2.2	3.0	2.3	2.1	2.0	5.3	6.9	5.5	4.6	4.5
Grèce[2]	1.4	4.0	2.5	2.2	2.5	5.5	12.0	7.9	5.9	6.5
Hongrie	..	2.2	1.2	1.8	2.3	..	5.7	3.3	4.6	6.0
Irlande	1.6	3.6	2.4	2.6	2.7	4.9	11.7	8.7	11.3	11.5
Islande	0.9	1.2	0.9	2.4	2.5	2.8	3.3	2.7	6.5	4.9
Israël	..	3.3	2.6	3.0	3.1	..	9.6	8.6	9.5	9.9
Italie	3.7	2.8	2.3	2.0	2.1	10.0	6.9	5.5	4.7	5.0
Japon	6.3	3.5	3.1	3.8	3.7	22.4	13.7	11.6	12.3	12.0
Lettonie	..	1.5	1.0	1.6	1.7	..	5.3	3.5	5.5	5.6
Lituanie	..	0.7	1.0	1.5	1.6	..	2.2	3.5	5.3	5.4
Luxembourg	5.4	6.6	5.8	4.4	4.6	16.1	18.0	15.4	11.9	12.2
Mexique	..	..	1.8	3.2	3.5	..	..	14.4	20.1	21.0
Norvège	3.6	8.8	9.9	4.5	4.0	9.0	20.9	23.5	11.7	10.4
Nouvelle-Zélande	2.3	4.0	3.7	4.4	4.9	6.5	12.4	12.2	14.0	15.5
Pays-Bas	3.0	4.0	2.3	2.7	3.3	7.5	10.9	6.4	7.2	8.7
Pologne	..	2.4	1.9	1.8	1.8	..	7.3	6.2	5.7	5.5
Portugal	2.1	3.7	2.7	3.1	3.1	8.0	11.9	9.0	9.1	8.9
République slovaque	..	2.6	2.5	3.7	3.5	..	7.7	8.7	11.5	10.8
République tchèque	..	3.2	3.2	3.6	3.7	..	9.9	10.0	10.8	11.0
Royaume-Uni	3.3	3.5	2.9	2.4	2.7	9.9	10.6	8.9	7.5	8.3
Slovénie	..	1.1	1.8	1.5	1.6	..	3.1	5.0	4.0	4.4
Suède	1.5	3.7	3.3	3.0	2.7	3.1	7.5	7.6	6.8	6.2
Suisse	1.8	2.4	2.7	3.0	3.1	7.4	8.9	10.0	10.7	11.3
Turquie	1.0	1.7	1.8	1.4	1.6	6.7	7.3	7.3	5.7	6.5
Moyenne non pondérée										
Moyenne OCDE	**2.5**	**3.2**	**2.7**	**2.8**	**2.9**	**8.1**	**9.3**	**8.6**	**8.8**	**9.0**

.. Non disponible

Note : Les séries temporelles complètes sont accessibles sur le site web http://oe.cd/series-temporelles-completes.

1. Depuis 1991, les chiffres se rapportent à l'Allemagne unifiée.
2. Le total des recettes fiscales a été diminué du montant de tout transfert en capital représentant les impôts non perçus. Le transfert en capital a été réparti entre les différentes rubriques en proportion des recettes fiscales.

StatLink http://dx.doi.org/10.1787/888933863351

Tableau 3.10. Cotisations de sécurité sociale (2 000) en % du PIB et en % du total des recettes fiscales

	% du PIB					% du total des recettes fiscales				
	1990	2000	2010	2015	2016	1990	2000	2010	2015	2016
Allemagne[1]	13.0	14.1	13.7	13.9	14.1	37.5	39.0	39.2	37.7	37.6
Australie	0.0	0.0	0.0	0.0	0.0	0.0	0.0	0.0	0.0	0.0
Autriche	12.9	14.3	14.0	14.5	14.6	32.9	33.8	34.2	33.6	34.7
Belgique	13.7	13.4	13.8	14.3	13.7	33.2	30.8	32.4	31.9	31.1
Canada	4.3	4.7	4.6	4.8	4.9	12.1	13.6	14.9	14.8	14.9
Chili	1.5	1.4	1.3	1.4	1.4	9.0	7.3	6.8	6.9	7.2
Corée	1.9	3.6	5.5	6.7	6.9	10.1	16.7	23.3	26.6	26.2
Danemark[2]	0.0	0.6	0.1	0.1	0.1	0.0	1.4	0.2	0.1	0.1
Espagne[2]	11.2	11.6	11.9	11.4	11.3	35.4	34.9	38.1	33.8	34.2
Estonie	..	10.9	12.8	11.1	11.2	..	35.1	38.4	33.3	33.2
États-Unis	6.6	6.6	6.1	6.2	6.2	25.6	23.6	26.1	23.7	24.0
Finlande	11.0	11.6	12.1	12.7	12.8	25.6	25.2	29.7	28.9	29.1
France[2]	18.1	15.6	16.1	16.7	16.7	44.1	35.8	38.2	36.9	36.8
Grèce[2]	7.6	10.1	10.9	10.7	11.1	30.2	30.2	34.2	29.2	28.5
Hongrie	..	11.3	11.7	12.5	13.0	..	29.3	31.4	32.3	33.2
Irlande	4.6	3.6	5.0	3.9	3.9	14.1	11.8	18.6	16.8	16.8
Islande	1.0	2.8	3.9	3.6	3.5	3.1	7.7	11.8	9.8	6.7
Israël	..	5.1	5.2	5.1	5.2	..	14.6	16.9	16.4	16.6
Italie	12.0	11.6	13.0	13.0	12.8	32.9	28.5	31.1	30.1	30.1
Japon	7.5	9.1	10.9	12.1	12.4	26.5	35.2	41.1	39.4	40.4
Lettonie	..	9.8	8.7	8.3	8.3	..	33.5	30.7	28.6	27.3
Lituanie	..	9.9	11.6	11.5	12.2	..	32.2	41.1	40.0	40.8
Luxembourg	9.2	9.6	10.8	10.7	10.9	27.5	26.1	29.0	29.0	28.5
Mexique	2.0	2.1	2.1	2.2	2.2	16.8	18.0	16.2	13.9	13.0
Norvège	10.6	8.8	9.4	10.4	10.6	26.3	20.9	22.4	27.2	27.4
Nouvelle-Zélande	0.0	0.0	0.0	0.0	0.0	0.0	0.0	0.0	0.0	0.0
Pays-Bas	14.9	14.3	12.9	14.0	14.7	37.4	38.7	36.3	37.8	38.2
Pologne	..	12.9	10.8	12.4	12.7	..	39.2	34.4	38.4	38.1
Portugal	7.2	7.9	8.6	9.0	9.1	27.2	25.5	28.3	26.1	26.6
République slovaque	..	14.0	12.1	13.8	14.1	..	41.5	43.0	42.8	43.5
République tchèque	..	14.4	14.5	14.4	14.7	..	44.3	44.8	43.0	42.9
Royaume-Uni	5.6	5.5	6.1	6.0	6.2	17.0	16.8	19.0	18.7	18.9
Slovénie	..	13.9	14.8	14.4	14.5	..	38.0	40.2	39.7	39.7
Suède	13.5	12.9	10.9	9.6	10.0	27.2	26.3	25.3	22.4	22.6
Suisse	5.5	6.7	6.3	6.7	6.7	23.3	24.1	23.6	24.4	24.3
Turquie	2.9	4.4	6.2	7.3	7.3	19.7	18.7	24.9	29.0	28.8
Moyenne non pondérée										
Moyenne OCDE	**7.3**	**8.6**	**8.9**	**9.0**	**9.2**	**22.0**	**25.0**	**26.8**	**26.2**	**26.2**

.. Non disponible

Note : Les séries temporelles complètes sont accessibles sur le site web http://oe.cd/series-temporelles-completes.

1. Depuis 1991, les chiffres se rapportent à l'Allemagne unifiée.
2. Le total des recettes fiscales a été diminué du montant de tout transfert en capital représentant les impôts non perçus. Le transfert en capital a été réparti entre les différentes rubriques en proportion des recettes fiscales.

StatLink http://dx.doi.org/10.1787/888933863370

Tableau 3.11. Impôts sur les salaires ou la main-d'œuvre (3 000) en % du PIB et en % du total des recettes fiscales

	% du PIB					% du total des recettes fiscales				
	1990	2000	2010	2015	2016	1990	2000	2010	2015	2016
Allemagne[1]	0.0	0.0	0.0	0.0	0.0	0.0	0.0	0.0	0.0	0.0
Australie	1.7	1.4	1.3	1.4	1.4	6.1	4.5	5.2	5.0	4.9
Autriche	2.4	2.7	2.8	2.9	2.9	6.0	6.4	6.9	6.8	7.0
Belgique	0.0	0.0	0.0	0.0	0.0	0.0	0.0	0.0	0.0	0.0
Canada	0.8	0.7	0.6	0.7	0.7	2.3	2.1	2.1	2.0	2.1
Chili	0.0	0.0	0.0	0.0	0.0	0.0	0.0	0.0	0.0	0.0
Corée	0.1	0.0	0.1	0.1	0.1	0.4	0.2	0.2	0.3	0.3
Danemark[2]	0.3	0.2	0.2	0.3	0.3	0.7	0.4	0.5	0.6	0.6
Espagne[2]	0.0	0.0	0.0	0.0	0.0	0.0	0.0	0.0	0.0	0.0
Estonie	..	0.0	0.0	0.0	0.0	..	0.0	0.0	0.0	0.0
États-Unis	0.0	0.0	0.0	0.0	0.0	0.0	0.0	0.0	0.0	0.0
Finlande	0.0	0.0	0.0	0.0	0.0	0.0	0.0	0.0	0.0	0.0
France[2]	0.8	1.0	1.3	1.6	1.6	1.9	2.3	3.2	3.5	3.4
Grèce[2]	0.2	0.0	0.0	0.0	0.0	0.7	0.0	0.0	0.0	0.0
Hongrie	..	1.4	0.4	0.6	0.6	..	3.6	1.1	1.5	1.6
Irlande	0.4	0.0	0.2	0.1	0.1	1.3	0.0	0.7	0.6	0.6
Islande	1.1	0.0	0.2	0.3	0.3	3.5	0.1	0.5	0.8	0.6
Israël	..	1.3	1.2	1.2	1.2	..	3.6	3.8	3.8	3.7
Italie	0.1	0.0	0.0	0.0	0.0	0.3	0.0	0.0	0.0	0.0
Japon	0.0	0.0	0.0	0.0	0.0	0.0	0.0	0.0	0.0	0.0
Lettonie	..	0.0	0.0	0.0	0.0	..	0.0	0.1	0.0	0.0
Lituanie	..	0.0	0.0	0.0	0.0	..	0.0	0.0	0.0	0.0
Luxembourg	0.0	0.0	0.0	0.0	0.0	0.0	0.0	0.0	0.0	0.0
Mexique	0.2	0.2	0.3	0.4	0.4	1.8	1.5	2.2	2.4	2.3
Norvège	0.0	0.0	0.0	0.0	0.0	0.0	0.0	0.0	0.0	0.0
Nouvelle-Zélande	0.0	0.0	0.0	0.0	0.0	0.0	0.0	0.0	0.0	0.0
Pays-Bas	0.0	0.0	0.0	0.0	0.0	0.0	0.0	0.0	0.0	0.0
Pologne	..	0.2	0.3	0.2	0.2	..	0.7	0.8	0.7	0.7
Portugal	0.0	0.0	0.0	0.0	0.0	0.0	0.0	0.0	0.0	0.0
République slovaque	..	0.0	0.0	0.0	0.0	..	0.0	0.0	0.0	0.0
République tchèque	..	0.0	0.0	0.0	0.0	..	0.0	0.0	0.0	0.0
Royaume-Uni	0.0	0.0	0.0	0.0	0.0	0.0	0.0	0.0	0.0	0.0
Slovénie	..	1.5	0.1	0.1	0.0	..	4.2	0.2	0.1	0.1
Suède	1.2	2.1	3.1	4.6	4.6	2.5	4.3	7.1	10.7	10.5
Suisse	0.0	0.0	0.0	0.0	0.0	0.0	0.0	0.0	0.0	0.0
Turquie	0.0	0.0	0.0	0.0	0.0	0.0	0.0	0.0	0.0	0.0
Moyenne non pondérée										
Moyenne OCDE	**0.3**	**0.4**	**0.3**	**0.4**	**0.4**	**1.0**	**0.9**	**1.0**	**1.1**	**1.1**

.. Non disponible

Note : Les séries temporelles complètes sont accessibles sur le site web http://oe.cd/series-temporelles-completes.

1. Depuis 1991, les chiffres se rapportent à l'Allemagne unifiée.
2. Le total des recettes fiscales a été diminué du montant de tout transfert en capital représentant les impôts non perçus. Le transfert en capital a été réparti entre les différentes rubriques en proportion des recettes fiscales.

StatLink http://dx.doi.org/10.1787/888933863389

Tableau 3.12. Impôts sur le patrimoine (4 000) en % du PIB et en % du total des recettes fiscales

	% du PIB					% du total des recettes fiscales				
	1990	2000	2010	2015	2016	1990	2000	2010	2015	2016
Allemagne[1]	1.2	0.8	0.8	1.0	1.1	3.4	2.3	2.3	2.8	2.8
Australie	2.5	2.7	2.4	3.0	3.0	9.0	8.8	9.4	10.7	10.8
Autriche	1.1	0.6	0.5	0.6	0.6	2.7	1.3	1.3	1.3	1.3
Belgique	1.6	2.0	3.1	3.5	3.5	3.8	4.7	7.2	7.8	8.0
Canada	3.5	3.3	3.8	3.9	3.9	10.0	9.5	12.3	11.8	12.0
Chili	1.0	1.3	0.8	0.9	1.0	6.2	7.0	4.1	4.4	5.1
Corée	2.2	2.7	2.6	3.1	3.0	11.8	12.4	11.3	12.4	11.6
Danemark[2]	1.9	1.6	1.8	1.9	1.9	4.3	3.3	4.1	4.2	4.0
Espagne[2]	1.7	2.2	2.1	2.6	2.6	5.5	6.5	6.7	7.7	7.7
Estonie	..	0.4	0.3	0.3	0.3	..	1.2	1.0	0.8	0.8
États-Unis	3.0	2.9	3.1	2.8	2.9	11.6	10.2	13.1	10.8	11.1
Finlande	1.1	1.1	1.1	1.4	1.4	2.4	2.4	2.7	3.3	3.2
France[2]	2.6	3.1	3.7	4.2	4.3	6.3	7.2	8.7	9.3	9.4
Grèce[2]	1.2	2.0	1.7	3.1	3.2	4.6	6.1	5.2	8.4	8.1
Hongrie	..	0.7	1.1	1.3	1.1	..	1.7	3.1	3.3	2.8
Irlande	1.5	1.8	1.4	1.5	1.4	4.6	5.7	5.3	6.5	6.0
Islande	2.6	2.8	2.3	1.9	17.6	8.4	7.9	7.0	5.4	34.2
Israël	..	3.1	3.3	3.3	3.2	..	9.0	10.7	10.6	10.3
Italie	0.8	1.9	2.0	2.8	2.8	2.3	4.6	4.8	6.5	6.6
Japon	2.7	2.7	2.6	2.5	2.6	9.4	10.5	9.7	8.2	8.3
Lettonie	..	1.1	0.9	1.0	1.1	..	3.8	3.1	3.4	3.5
Lituanie	..	0.5	0.4	0.3	0.3	..	1.5	1.3	1.2	1.1
Luxembourg	2.8	3.9	2.6	3.3	3.5	8.4	10.7	7.1	8.9	9.3
Mexique	0.2	0.2	0.3	0.3	0.3	1.9	1.8	2.3	2.0	1.9
Norvège	1.2	1.0	1.2	1.1	1.3	2.9	2.3	2.8	3.0	3.3
Nouvelle-Zélande	2.5	1.7	2.0	2.0	1.9	6.8	5.3	6.6	6.2	6.1
Pays-Bas	1.5	1.9	1.4	1.4	1.5	3.7	5.3	3.8	3.8	4.0
Pologne	..	1.4	1.3	1.4	1.4	..	4.3	4.2	4.2	4.1
Portugal	0.7	1.1	1.1	1.3	1.3	2.7	3.7	3.5	3.7	3.7
République slovaque	..	0.6	0.4	0.4	0.4	..	1.8	1.5	1.3	1.3
République tchèque	..	0.5	0.4	0.5	0.5	..	1.4	1.3	1.4	1.4
Royaume-Uni	2.7	3.8	3.9	4.0	4.1	8.2	11.5	12.0	12.6	12.6
Slovénie	..	0.6	0.6	0.6	0.6	..	1.7	1.7	1.7	1.7
Suède	1.7	1.7	1.0	1.0	1.1	3.5	3.4	2.4	2.4	2.4
Suisse	2.1	2.7	2.0	2.0	2.0	8.9	9.6	7.6	7.2	7.3
Turquie	0.3	0.7	1.0	1.2	1.2	2.3	3.2	4.1	4.9	4.8
Moyenne non pondérée										
Moyenne OCDE	**1.8**	**1.8**	**1.7**	**1.9**	**1.9**	**5.8**	**5.4**	**5.4**	**5.7**	**5.7**

.. Non disponible

Note : Les séries temporelles complètes sont accessibles sur le site web http://oe.cd/series-temporelles-completes.

1. Depuis 1991, les chiffres se rapportent à l'Allemagne unifiée.
2. Le total des recettes fiscales a été diminué du montant de tout transfert en capital représentant les impôts non perçus. Le transfert en capital a été réparti entre les différentes rubriques en proportion des recettes fiscales.

StatLink http://dx.doi.org/10.1787/888933863408

Tableau 3.13. Impôts sur les biens et services (5 000) en % du PIB en % du total des recettes fiscales

	% du PIB					% du total des recettes fiscales				
	1990	2000	2010	2015	2016	1990	2000	2010	2015	2016
Allemagne[1]	9.3	10.2	10.3	10.3	10.1	26.7	28.1	29.5	27.8	27.1
Australie	7.8	8.8	7.3	7.7	7.5	27.8	28.8	29.0	27.6	27.1
Autriche	12.4	12.2	11.6	11.8	11.9	31.5	28.9	28.4	27.4	28.3
Belgique	10.7	10.9	10.8	10.7	10.8	26.1	25.0	25.3	23.8	24.5
Canada	9.1	8.4	7.4	7.5	7.6	25.8	24.2	24.0	23.0	23.2
Chili	10.6	12.0	10.0	11.0	11.0	62.9	63.8	51.2	54.1	54.6
Corée	8.3	8.2	7.9	7.1	7.4	44.3	38.4	33.7	28.0	28.1
Danemark[2]	15.0	15.5	14.9	14.4	14.8	33.8	33.1	33.2	31.2	32.1
Espagne[2]	9.0	10.0	8.4	9.9	9.8	28.4	30.0	26.8	29.6	29.4
Estonie	..	12.1	13.4	14.0	14.6	..	38.8	40.2	42.0	43.3
États-Unis	4.6	4.6	4.3	4.4	4.4	17.6	16.1	18.3	16.9	16.9
Finlande	14.0	13.3	13.0	14.2	14.4	32.5	29.0	31.8	32.4	32.8
France[2]	11.7	11.2	10.5	11.0	11.1	28.4	25.8	24.8	24.2	24.4
Grèce[2]	11.2	12.1	12.3	14.3	15.4	44.5	36.4	38.3	39.1	39.6
Hongrie	..	15.6	16.0	17.0	16.6	..	40.5	42.9	43.9	42.4
Irlande	13.6	11.7	9.8	7.5	7.6	41.9	38.2	36.2	32.6	32.7
Islande	15.9	16.0	11.7	11.8	12.1	51.3	44.1	35.2	32.4	23.4
Israël	..	11.6	12.1	11.9	11.8	..	33.1	39.4	38.0	37.8
Italie	10.2	11.3	11.0	11.8	12.0	28.0	27.9	26.3	27.3	28.1
Japon	3.9	5.0	5.0	6.4	6.3	13.7	19.3	18.7	21.0	20.4
Lettonie	..	11.2	11.3	12.2	12.8	..	38.6	40.2	41.6	42.0
Lituanie	..	12.1	11.5	11.4	11.5	..	39.4	40.8	39.3	38.5
Luxembourg	7.9	9.7	10.2	9.5	9.6	23.6	26.3	27.3	25.6	25.2
Mexique	5.3	4.8	4.9	6.2	6.4	44.0	41.7	38.0	38.6	38.8
Norvège	14.3	13.3	11.6	11.6	12.1	35.5	31.8	27.7	30.2	31.4
Nouvelle-Zélande	12.1	11.3	12.0	12.3	12.1	33.6	34.7	39.6	38.9	38.3
Pays-Bas	10.5	10.7	11.0	11.0	11.3	26.4	28.9	30.8	29.6	29.5
Pologne	..	11.6	12.6	11.7	12.2	..	35.3	40.1	36.0	36.4
Portugal	11.7	12.5	12.2	13.3	13.6	44.2	40.3	40.2	38.5	39.6
République slovaque	..	12.2	10.1	10.8	10.7	..	36.2	35.8	33.6	33.1
République tchèque	..	10.2	10.8	11.2	11.3	..	31.5	33.2	33.5	33.0
Royaume-Uni	10.2	10.4	10.0	10.6	10.6	31.0	31.6	30.9	33.0	32.3
Slovénie	..	13.8	13.8	14.6	14.3	..	37.6	37.3	40.0	39.3
Suède	12.4	12.1	12.7	12.1	12.4	25.0	24.8	29.3	28.1	28.1
Suisse	4.9	6.1	6.1	6.0	5.9	20.6	21.9	22.9	21.6	21.4
Turquie	4.1	9.9	11.8	11.1	11.0	27.9	42.0	47.7	44.3	43.6
Moyenne non pondérée										
Moyenne OCDE	**10.0**	**10.9**	**10.6**	**10.8**	**11.0**	**32.5**	**33.1**	**33.2**	**32.6**	**32.7**

.. Non disponible

Note : Les séries temporelles complètes sont accessibles sur le site web http://oe.cd/series-temporelles-completes.

1. Depuis 1991, les chiffres se rapportent à l'Allemagne unifiée.
2. Le total des recettes fiscales a été diminué du montant de tout transfert en capital représentant les impôts non perçus. Le transfert en capital a été réparti entre les différentes rubriques en proportion des recettes fiscales.

StatLink http://dx.doi.org/10.1787/888933863427

Tableau 3.14. Taxes sur la valeur ajoutée (5 111) en % du PIB en % du total des recettes fiscales

	% du PIB					% du total des recettes fiscales				
	1990	2000	2010	2015	2016	1990	2000	2010	2015	2016
Allemagne[1]	5.8	6.7	7.0	7.0	6.9	16.6	18.4	20.0	18.8	18.5
Australie	0.0	3.4	3.4	3.6	3.6	0.0	11.1	13.4	13.0	12.9
Autriche	8.2	7.9	7.7	7.6	7.7	20.8	18.7	18.7	17.7	18.3
Belgique	6.8	7.0	6.9	6.7	6.8	16.4	16.1	16.2	15.0	15.4
Canada	0.0	3.2	4.3	4.3	4.4	0.0	9.2	13.7	13.2	13.5
Chili	6.3	7.9	7.5	8.3	8.3	37.4	41.8	38.5	40.8	41.2
Corée	3.5	3.7	4.1	3.8	4.2	18.7	17.0	17.5	15.3	15.8
Danemark[2]	8.4	9.1	9.4	9.1	9.4	18.8	19.5	21.0	19.8	20.4
Espagne[2]	5.0	5.9	5.2	6.3	6.3	15.7	17.6	16.6	18.9	19.1
Estonie	..	8.4	8.5	9.1	9.1	..	27.1	25.7	27.2	27.0
États-Unis	0.0	0.0	0.0	0.0	0.0	0.0	0.0	0.0	0.0	0.0
Finlande	8.3	8.0	8.3	9.1	9.1	19.3	17.4	20.4	20.6	20.7
France[2]	7.6	7.2	6.8	6.9	6.9	18.4	16.7	16.1	15.2	15.2
Grèce[2]	6.2	7.0	7.1	7.3	8.2	24.6	20.9	22.0	20.0	21.2
Hongrie	..	8.6	8.5	9.6	9.3	..	22.4	22.9	24.9	23.7
Irlande	6.6	7.1	6.0	4.6	4.7	20.4	22.9	22.2	19.7	20.1
Islande	8.8	10.4	7.5	8.2	8.4	28.5	28.5	22.7	22.6	16.2
Israël	..	7.4	7.5	7.8	7.5	..	21.1	24.4	25.0	24.1
Italie	5.3	6.3	6.1	6.1	6.1	14.7	15.4	14.5	14.2	14.4
Japon	1.2	2.3	2.5	4.2	4.1	4.4	9.1	9.6	13.7	13.3
Lettonie	..	7.0	6.7	7.7	8.2	..	23.9	23.7	26.4	26.8
Lituanie	..	7.5	7.8	7.7	7.8	..	24.4	27.5	26.7	26.2
Luxembourg	4.0	4.9	6.4	6.5	6.4	12.1	13.4	17.0	17.6	16.7
Mexique	3.2	2.8	3.8	3.8	3.9	26.1	24.7	29.4	23.9	23.7
Norvège	7.6	8.2	7.8	8.2	8.6	18.8	19.7	18.5	21.3	22.3
Nouvelle-Zélande	8.1	8.1	9.3	9.5	9.4	22.4	24.9	30.7	30.2	29.8
Pays-Bas	6.5	6.4	6.7	6.5	6.8	16.5	17.3	18.7	17.6	17.6
Pologne	..	6.9	7.6	7.0	7.0	..	21.0	24.2	21.6	21.1
Portugal	5.2	7.6	7.5	8.5	8.5	19.6	24.4	24.7	24.8	24.8
République slovaque	..	6.9	6.2	6.9	6.7	..	20.4	22.0	21.3	20.6
République tchèque	..	5.9	6.6	7.3	7.4	..	18.3	20.5	21.7	21.7
Royaume-Uni	5.5	5.9	6.0	6.8	6.8	16.9	17.9	18.7	21.2	20.8
Slovénie	..	8.5	8.1	8.3	8.2	..	23.3	21.9	22.8	22.5
Suède	7.4	8.3	9.2	9.0	9.2	14.9	16.9	21.2	20.9	20.9
Suisse	2.8	3.6	3.4	3.4	3.4	11.6	13.1	12.7	12.4	12.2
Turquie	2.7	5.7	5.4	5.2	5.0	18.3	24.2	21.7	20.6	19.8
Moyenne non pondérée										
Moyenne OCDE	**5.2**	**6.4**	**6.5**	**6.7**	**6.8**	**16.7**	**19.4**	**20.3**	**20.2**	**20.2**

.. Non disponible

Note : Les séries temporelles complètes sont accessibles sur le site web http://oe.cd/series-temporelles-completes.

1. Depuis 1991, les chiffres se rapportent à l'Allemagne unifiée.
2. Le total des recettes fiscales a été diminué du montant de tout transfert en capital représentant les impôts non perçus. Le transfert en capital a été réparti entre les différentes rubriques en proportion des recettes fiscales.

StatLink http://dx.doi.org/10.1787/888933863446

Tableau 3.15. Recettes fiscales des sous-secteurs de l'administration en % du total des recettes fiscales

	Supranationale			Administration centrale			Administrations d'États fédérés/Régions			Administrations locales			Administrations de sécurité sociale		
	1975	1995	2016	1975	1995	2016	1975	1995	2016	1975	1995	2016	1975	1995	2016
Pays fédéraux															
Allemagne	1.2	0.6	0.6	33.5	31.4	29.7	22.3	21.6	23.6	9.0	7.4	8.5	34.0	39.0	37.6
Australie	..	..	..	80.1	77.5	79.5	15.7	19.0	16.9	4.2	3.4	3.6	0.0	0.0	0.0
Autriche	..	0.0	0.4	51.7	65.1	66.0	10.6	1.8	1.6	12.4	4.1	3.0	25.3	29.0	28.9
Belgique	1.4	1.0	1.0	65.3	60.1	50.7	..	1.8	10.7	4.4	4.8	5.0	28.8	32.2	32.6
Canada	..	..	..	47.6	39.1	40.7	32.5	37.1	39.9	9.9	9.8	10.3	10.0	14.0	9.1
États-Unis	..	..	..	45.4	41.4	42.1	19.5	20.0	19.4	14.7	13.3	14.5	20.5	25.2	24.0
Mexique	..	..	..	..	73.9	81.5	..	2.8	4.0	..	1.5	1.5	..	21.8	13.0
Suisse	..	..	..	30.7	31.4	35.2	27.0	24.2	25.0	20.3	17.6	15.6	22.0	26.8	24.3
Moyenne non pondérée	1.3	0.6	0.7	50.6	52.5	53.2	21.3	16.0	17.6	10.7	7.7	7.8	20.1	23.5	21.2
Pays régional															
Espagne[1,2]	..	0.5	0.5	48.2	51.3	41.6	..	4.8	14.7	4.3	8.8	9.9	47.5	34.6	33.2
Pays unitaires															
Chili	..	..	..	..	89.9	86.4	..	..	..	..	6.5	7.8	..	3.6	5.7
Corée	..	..	..	89.0	69.2	56.3	..	..	..	10.1	18.7	17.5	0.9	12.1	26.2
Danemark[2]	1.1	0.5	0.3	68.9	68.2	72.6	..	..	..	30.0	31.3	27.0	0.1	0.0	0.0
Estonie	..	..	0.5	..	84.3	82.4	..	..	..	..	0.8	1.0	..	14.9	16.1
Finlande	..	0.4	0.3	56.0	46.6	47.6	..	..	..	23.5	22.3	23.1	20.4	30.8	29.0
France[2]	0.7	0.4	0.4	51.2	42.6	33.4	..	..	..	7.6	11.0	13.5	40.6	46.0	52.8
Grèce[2]	..	0.6	0.3	67.1	66.9	69.6	..	..	..	3.4	0.9	2.4	29.5	31.6	27.7
Hongrie	..	..	0.3	..	63.8	60.6	..	..	..	..	2.5	5.8	..	33.6	33.3
Irlande	2.3	1.5	1.0	77.4	83.1	82.2	..	..	..	7.3	2.7	2.3	13.1	12.7	14.5
Islande	..	..	..	81.3	79.2	81.4	..	..	..	18.7	20.8	18.6	0.0	0.0	0.0
Israël	..	..	..	..	79.6	75.5	..	..	..	..	6.4	7.9	..	14.0	16.6
Italie	..	0.4	0.4	53.2	62.7	54.4	..	..	..	0.9	5.4	15.0	45.9	31.5	30.1
Japon	..	..	..	45.5	41.2	35.7	..	..	..	25.6	25.2	23.9	29.0	33.6	40.4
Lettonie	..	..	0.7	..	43.5	52.5	..	..	..	..	19.5	19.5	..	36.9	27.3
Lituanie	..	..	0.9	..	71.7	57.1	..	..	..	..	2.3	1.3	..	26.1	40.8
Luxembourg	0.8	0.4	0.5	63.6	66.5	68.0	..	..	..	6.7	6.5	3.9	29.0	26.6	27.6
Norvège	..	..	..	50.6	58.4	83.8	..	..	..	22.4	19.6	16.2	27.0	22.0	0.0
Nouvelle-Zélande	..	..	..	92.3	94.7	93.3	..	..	..	7.7	5.3	6.7	0.0	0.0	0.0
Pays-Bas	1.5	1.3	1.1	58.9	56.0	57.6	..	..	..	1.2	3.1	3.1	38.4	39.5	38.2
Pologne	..	..	0.5	..	61.2	48.5	..	..	..	..	8.5	12.9	..	30.3	38.1
Portugal	..	0.8	0.5	65.4	72.3	72.8	..	..	..	0.0	5.4	7.3	34.6	21.5	19.4
République slovaque	..	..	0.6	..	62.5	55.0	..	..	..	..	1.3	2.0	..	36.2	42.5
République tchèque	..	..	0.5	..	57.7	55.5	..	..	..	..	0.9	1.1	..	41.4	42.9
Royaume-Uni	1.0	1.0	0.5	70.5	77.5	75.7	..	..	..	11.1	3.7	4.9	17.5	17.8	18.9
Slovénie	..	..	0.4	..	51.8	50.8	..	..	..	..	6.3	9.5	..	41.9	39.2
Suède	..	0.4	0.3	51.3	46.9	52.3	..	..	..	29.2	30.9	35.4	19.5	21.8	12.1
Turquie	..	..	..	..	75.1	61.5	..	..	..	..	12.8	9.7	..	12.1	28.8
Moyenne non pondérée	1.2	0.7	0.5	65.1	65.7	63.5	..	..	..	12.8	10.4	11.4	21.6	23.6	24.8

.. Non disponible

1. L'Espagne est constitutionnellement un pays non fédéral mais avec une structure politique très décentralisée.
2. Le total des recettes fiscales a été diminué du montant de tout transfert en capital représentant les impôts non perçus.

StatLink http://dx.doi.org/10.1787/888933863465

Tableau 3.16. Principales recettes de l'administration centrale en % du total des recettes fiscales de l'administration centrale, 2016

	1000 Revenu & bénéfices	2000 Sécurité sociale[2]	3000 Salaires	4000 Patrimoine	5000 Biens & services	6000 Autres
Pays fédéraux						
Allemagne	43.7	0.0	0.0	0.1	56.2	0.0
Australie	72.0	0.0	0.2	0.0	27.9	0.0
Autriche	41.3	7.9	7.2	1.2	41.8	0.5
Belgique	55.1	0.1	0.0	2.2	42.6	0.0
Canada	70.9	8.9	0.0	0.0	20.3	0.0
États-Unis	92.3	0.0	0.0	1.0	6.8	0.0
Mexique	52.4	0.0	0.0	0.0	46.6	1.1
Suisse	41.6	0.0	0.0	2.0	56.3	0.1
Moyenne non pondérée	58.7	2.1	0.9	0.8	37.3	0.2
Pays régional						
Espagne[1]	39.5	2.2	0.0	0.7	57.5	0.1
Pays unitaires						
Chili	38.8	1.6	0.0	2.0	58.0	-0.4
Corée	49.9	0.0	0.0	6.1	42.2	1.7
Danemark[1]	53.4	0.1	0.8	1.5	44.1	0.0
Estonie	27.0	20.8	0.0	0.0	52.2	0.0
Finlande	28.0	0.0	0.0	3.1	68.7	0.2
France[1]	36.3	2.4	1.2	6.8	53.1	0.2
Grèce	33.7	1.6	0.0	8.4	56.4	0.0
Hongrie	30.3	2.9	2.5	2.8	61.0	0.5
Irlande	52.5	2.6	0.7	4.7	39.4	0.0
Islande	23.4	8.3	0.7	38.3	27.9	1.4
Israël	41.8	0.0	4.9	3.7	49.6	0.0
Italie	50.9	0.0	0.0	6.8	42.3	0.0
Japon	52.1	0.0	0.0	5.4	42.4	0.0
Lettonie	19.5	0.0	0.1	1.1	79.4	0.0
Lituanie	33.0	0.0	0.0	0.0	66.9	0.0
Luxembourg	48.9	1.2	0.0	13.2	36.4	0.2
Norvège	28.6	32.7	0.0	1.5	37.2	0.0
Nouvelle-Zélande	59.6	0.0	0.0	0.1	40.3	0.0
Pays-Bas	47.2	0.0	0.0	3.6	48.7	0.5
Pologne	25.0	0.0	1.4	0.0	73.6	0.0
Portugal	36.8	12.0	0.0	0.4	49.3	1.5
République slovaque	39.4	1.8	0.0	0.0	58.8	0.0
République tchèque	39.9	0.0	0.0	1.4	58.6	0.1
Royaume-Uni	47.1	0.0	0.0	10.2	42.6	0.0
Slovénie	22.8	0.8	0.3	0.1	76.0	0.0
Suède	2.9	20.2	20.1	3.0	53.7	0.2
Turquie	30.2	0.0	0.0	5.5	63.1	1.2
Moyenne non pondérée	37.5	4.2	1.2	3.4	53.3	0.3

Note : Sont exclues les cotisations de sécurité sociale versées aux administrations de sécurité sociale.

1. Le total des recettes fiscales a été diminué du montant de tout transfert en capital représentant les impôts non perçus. Le transfert en capital a été réparti entre les différentes rubriques en proportion des recettes fiscales.
2. Ne sont incluses que les cotisations de sécurité sociale versées à l'administration centrale.

StatLink http://dx.doi.org/10.1787/888933863484

Tableau 3.17. Principaux impôts des administrations d'États fédérés en % du total des recettes fiscales des administrations d'États fédérés, 2016

	1000 Revenu & bénéfices	2000 Sécurité sociale	3000 Salaires	4000 Patrimoine	5000 Biens & services	6000 Autres
Pays fédéraux						
Allemagne[1]	51.2	0.0	0.0	6.9	41.9	0.0
Australie	0.0	0.0	28.2	42.7	29.1	0.0
Autriche[1]	47.4	20.8	8.8	1.8	17.0	4.1
Belgique[1]	48.4	1.1	0.0	35.5	14.9	0.0
Canada	47.5	5.5	5.2	4.8	37.0	0.0
États-Unis	42.7	0.0	0.0	2.2	55.1	0.0
Mexique	0.0	0.0	57.7	17.8	19.5	5.1
Suisse	76.7	0.0	0.0	16.6	6.2	0.5
Moyenne non pondérée	39.2	3.4	12.5	16.0	27.6	1.2
Pays régional						
Espagne[1,2,3]	69.0	0.0	0.0	19.8	11.2	0.0
Pays unitaires						
Chili	..	..	..	..	..	..
Corée	..	..	..	..	..	..
Danemark	..	..	..	..	..	..
Estonie	..	..	..	..	..	..
Finlande	..	..	..	..	..	..
France	..	..	..	..	..	..
Grèce	..	..	..	..	..	..
Hongrie	..	..	..	..	..	..
Irlande	..	..	..	..	..	..
Islande	..	..	..	..	..	..
Israël	..	..	..	..	..	..
Italie	..	..	..	..	..	..
Japon	..	..	..	..	..	..
Lettonie	..	..	..	..	..	..
Lituanie	..	..	..	..	..	..
Luxembourg	..	..	..	..	..	..
Norvège	..	..	..	..	..	..
Nouvelle-Zélande	..	..	..	..	..	..
Pays-Bas	..	..	..	..	..	..
Pologne	..	..	..	..	..	..
Portugal	..	..	..	..	..	..
République slovaque	..	..	..	..	..	..
République tchèque	..	..	..	..	..	..
Royaume-Uni	..	..	..	..	..	..
Slovénie	..	..	..	..	..	..
Suède	..	..	..	..	..	..
Turquie	..	..	..	..	..	..
Moyenne non pondérée	..	..	..	..	..	..

.. Non disponible

1. Les versements à L'Union européenne ne sont pas retenus dans ces comparaisons.
2. Le total des recettes fiscales a été diminué du montant de tout transfert en capital représentant les impôts non perçus. Le transfert en capital a été réparti entre les différentes rubriques en proportion des recettes fiscales.
3. L'Espagne est constitutionnellement un pays non fédéral mais avec une structure politique très décentralisée.

StatLink http://dx.doi.org/10.1787/888933863503

Tableau 3.18. Principaux impôts locaux en % du total des recettes fiscales des administrations locales, 2016

	1000 Revenu & bénéfices	2000 Sécurité sociale	3000 Salaires	4000 Patrimoine	5000 Biens & services	6000 Autres
Pays fédéraux						
Allemagne[1]	79.9	0.0	0.0	13.6	6.3	0.2
Australie	0.0	0.0	0.0	100.0	0.0	0.0
Autriche[1]	0.0	5.8	68.2	15.1	7.8	3.0
Belgique[1]	35.8	0.2	0.0	57.1	6.9	0.0
Canada	0.0	0.0	0.0	97.3	1.7	1.0
États-Unis	6.1	0.0	0.0	70.6	23.3	0.0
Mexique	0.0	0.0	0.0	77.8	2.6	19.6
Suisse	81.9	0.0	0.0	15.5	0.5	2.1
Moyenne non pondérée	25.5	0.8	8.5	55.9	6.1	3.2
Pays régional						
Espagne[1,2]	15.9	0.0	0.0	45.3	38.7	0.1
Pays unitaires						
Chili	0.0	0.0	0.0	43.1	56.9	0.0
Corée	17.7	0.0	1.7	46.3	24.8	9.4
Danemark[1,3]	89.0	0.0	0.0	11.0	0.0	0.0
Estonie[1]	0.0	0.0	0.0	83.5	16.5	0.0
Finlande[1]	92.3	0.1	0.0	7.6	0.0	0.0
France[1,3]	0.0	0.0	7.1	52.6	23.2	17.1
Grèce[1]	0.0	0.0	0.0	93.4	6.6	0.0
Hongrie[1]	0.0	0.0	0.0	19.3	80.7	0.0
Irlande[1]	0.0	5.7	0.0	94.3	0.0	0.0
Islande	80.2	0.0	0.0	16.3	3.5	0.0
Israël	0.0	0.0	0.0	95.0	5.0	0.0
Italie[1]	28.6	0.0	0.0	19.0	33.3	19.1
Japon	50.1	0.0	0.0	26.8	22.1	1.1
Lettonie[1]	84.0	0.0	0.0	14.9	1.1	0.0
Lituanie	0.0	0.0	0.0	87.2	12.8	0.0
Luxembourg[1]	91.5	0.0	0.0	7.1	1.2	0.1
Norvège	86.6	0.0	0.0	12.2	1.2	0.0
Nouvelle-Zélande	0.0	0.0	0.0	89.8	10.2	0.0
Pays-Bas[1]	0.0	0.0	0.0	61.8	38.2	0.0
Pologne[1]	61.4	0.0	0.0	32.1	5.3	1.2
Portugal[1]	27.4	0.2	0.0	46.3	25.8	0.3
République slovaque[1]	0.0	0.0	0.0	66.9	33.1	0.0
République tchèque[1]	0.0	0.0	0.0	57.3	42.7	0.0
Royaume-Uni[1]	0.0	0.0	0.0	100.0	0.0	0.0
Slovénie[1]	75.5	0.0	0.0	17.9	6.6	0.0
Suède[1]	97.6	0.0	0.0	2.4	0.0	0.0
Turquie	26.6	0.0	0.0	15.1	49.7	8.6
Moyenne non pondérée	33.6	0.2	0.3	45.2	18.5	2.1

1. Les versements à L'Union européenne ne sont pas retenus dans ces comparaisons.
2. L'Espagne est constitutionnellement un pays non fédéral mais avec une structure politique très décentralisée.
3. Le total des recettes fiscales a été diminué du montant de tout transfert en capital représentant les impôts non perçus. Le transfert en capital a été réparti entre les différentes rubriques en proportion des recettes fiscales.

StatLink http://dx.doi.org/10.1787/888933863522

Tableau 3.19. Produit intérieur brut pour les années de déclaration fiscale au prix du marché, en milliards de monnaie nationale

		1965	1990	2000	2007	2010	2012	2014	2015	2016	2017p
Allemagne	EUR	234.8	1 306.7	2 116.5	2 513.2	2 580.1	2 758.3	2 938.6	3 048.9	3 159.8	3 277.3
Australie[1]	AUD	24.3	414.5	704.8	1 175.7	1 414.2	1 533.9	1 621.4	1 659.6	1 754.7	1 855.3
Autriche	EUR	18.5	137.5	213.6	284.0	295.9	318.7	333.1	344.5	353.3	369.7
Belgique	EUR	21.0	171.0	258.2	344.7	365.1	387.5	400.1	410.3	422.7	437.2
Canada	CAD	61.1	693.6	1 121.7	1 573.5	1 662.1	1 822.8	1 990.2	1 994.9	2 035.5	2 145.2
Chili	CLP	..	10 522.7	42 005.2	90 702.9	111 508.6	129 947.3	148 623.7	159 605.9	169 263.9	179 776.2
Corée	KRW	831.3	197 712.3	635 184.6	1 043 257.8	1 265 308.0	1 377 456.7	1 486 079.3	1 564 123.9	1 641 786.0	1 730 398.5
Danemark	DKK	71.5	855.6	1 326.9	1 738.8	1 810.9	1 895.0	1 981.2	2 027.1	2 066.0	2 149.6
Espagne	EUR	8.7	327.8	646.3	1 080.8	1 080.9	1 039.8	1 037.8	1 080.0	1 118.5	1 163.7
Estonie	EUR	..	..	6.2	16.2	14.7	17.9	20.1	20.7	21.7	23.6
États-Unis	USD	710.7	5 979.6	10 284.8	14 477.6	14 964.4	16 155.3	17 427.6	18 120.7	18 624.5	19 390.6
Finlande	EUR	4.5	91.0	136.3	186.6	187.1	199.8	205.5	209.6	216.1	223.8
France	EUR	76.4	1 053.5	1 478.6	1 941.4	1 995.3	2 088.8	2 149.8	2 198.4	2 228.6	2 291.7
Grèce	EUR	0.7	45.5	141.2	232.7	226.0	191.2	178.7	176.3	174.2	177.7
Hongrie	HUF	..	..	13 350.1	25 680.2	27 224.6	28 781.1	32 591.7	34 324.1	35 420.3	38 183.3
Irlande	EUR	1.3	37.9	108.4	197.2	167.7	175.2	195.3	262.5	273.2	294.1
Islande	ISK	0.2	371.4	701.8	1 365.6	1 627.1	1 787.7	2 020.5	2 235.0	2 453.0	2 554.6
Israël	ILS	..	118.9	539.6	734.1	873.5	992.1	1 103.5	1 162.5	1 220.3	1 262.9
Italie	EUR	22.3	728.5	1 239.3	1 609.6	1 604.5	1 613.3	1 621.8	1 652.6	1 680.9	1 716.9
Japon[1]	JPY	35 100.0	463 919.2	528 512.7	530 997.3	499 281.0	494 478.1	518 468.6	533 894.9	539 373.2	548 664.8
Lettonie	EUR	..	..	6.9	22.6	17.9	21.9	23.6	24.3	24.9	26.9
Lituanie	EUR	..	..	13.4	29.0	28.0	33.3	36.6	37.4	38.7	41.9
Luxembourg	EUR	1.0	11.0	23.1	37.2	40.2	44.1	50.0	52.1	53.0	55.4
Mexique	MXN	..	843.6	6 693.7	11 504.1	13 366.4	15 817.8	17 471.5	18 536.5	20 099.6	21 766.9
Norvège	NOK	57.2	749.9	1 507.9	2 351.0	2 593.7	2 968.3	3 146.7	3 118.1	3 119.3	3 304.4
Nouvelle-Zélande[1]	NZD	4.1	75.9	122.2	189.1	205.8	218.8	245.4	258.2	274.3	289.3
Pays-Bas	EUR	35.6	263.0	452.0	619.2	639.2	653.0	671.6	690.0	708.3	737.0
Pologne	PLN	..	62.7	747.0	1 187.6	1 445.3	1 629.4	1 719.8	1 799.4	1 858.5	1 982.1
Portugal	EUR	0.6	56.0	128.5	175.5	179.9	168.4	173.1	179.8	185.5	193.1
République slovaque	EUR	..	10.0	31.6	63.1	67.6	72.7	76.1	78.9	81.2	85.0
République tchèque	CZK	..	726.7	2 379.4	3 840.1	3 962.5	4 059.9	4 313.8	4 595.8	4 768.0	5 045.2
Royaume-Uni	GBP	36.4	615.7	1 089.3	1 541.4	1 587.5	1 694.4	1 844.3	1 895.8	1 969.5	2 040.7
Slovénie	EUR	..	0.9	18.9	35.2	36.3	36.1	37.6	38.8	40.4	43.3
Suède	SEK	127.5	1 528.0	2 380.4	3 297.1	3 520.0	3 684.8	3 936.8	4 199.9	4 404.8	4 599.6
Suisse	CHF	68.1	358.5	459.4	576.1	608.8	626.4	649.7	653.7	659.0	668.5
Turquie	TRY	0.0	0.5	170.7	880.5	1 160.0	1 569.7	2 044.5	2 338.6	2 608.5	3 104.9

.. Non disponible

1. PIB se référant à l'année fiscale.L'année A est calculée (taux annuel) comme la moyenne de: T2(A) à T1(A+1) pour le Japon; et T3(A) à T2(A+1) pour l'Australie et la Nouvelle-Zélande.

Source : Comptes nationaux de l'OCDE.

StatLink http://dx.doi.org/10.1787/888933863541

Tableau 3.20. Taux de change utilisés, unités de monnaie nationale par dollar des É-U au taux de change du marché

		1965	1990	2000	2007	2010	2012	2014	2015	2016	2017p
Allemagne	EUR	..	0.788	1.085	0.730	0.755	0.778	0.754	0.901	0.904	0.887
Australie	AUD	0.893	1.282	1.727	1.195	1.090	0.966	1.109	1.331	1.345	1.305
Autriche	EUR	..	0.788	1.085	0.730	0.755	0.778	0.754	0.901	0.904	0.887
Belgique	EUR	..	0.788	1.085	0.730	0.755	0.778	0.754	0.901	0.904	0.887
Canada	CAD	1.078	1.167	1.485	1.074	1.030	0.999	1.105	1.278	1.325	1.298
Chili	CLP	0.003	304.903	539.388	522.228	509.982	485.984	570.636	654.322	676.541	648.677
Corée	KRW	266.250	707.995	1 130.640	929.450	1 155.431	1 125.935	1 053.064	1 131.309	1 160.589	1 130.635
Danemark	DKK	6.915	6.186	8.088	5.443	5.622	5.790	5.619	6.725	6.731	6.602
Espagne	EUR	..	0.788	1.085	0.730	0.755	0.778	0.754	0.901	0.904	0.887
Estonie	EUR	..	..	1.085	0.730	0.755	0.778	0.754	0.901	0.904	0.887
États-Unis	USD	1.000	1.000	1.000	1.000	1.000	1.000	1.000	1.000	1.000	1.000
Finlande	EUR	..	0.788	1.085	0.730	0.755	0.778	0.754	0.901	0.904	0.887
France	EUR	..	0.788	1.085	0.730	0.755	0.778	0.754	0.901	0.904	0.887
Grèce	EUR	..	0.788	1.085	0.730	0.755	0.778	0.754	0.901	0.904	0.887
Hongrie	HUF	..	..	282.286	183.595	207.764	224.823	232.619	279.194	281.521	274.476
Irlande	EUR	0.454	0.788	1.085	0.730	0.755	0.778	0.754	0.901	0.904	0.887
Islande	ISK	0.431	58.378	78.845	64.075	122.242	125.118	116.688	131.896	120.835	106.823
Israël	ILS	0.000	2.016	4.077	4.109	3.731	3.850	3.577	3.887	3.839	3.599
Italie	EUR	..	0.788	1.085	0.730	0.755	0.778	0.754	0.901	0.904	0.887
Japon	JPY	361.491	144.796	107.835	117.755	87.761	79.814	105.848	121.002	108.803	112.183
Lettonie	EUR	..	..	1.085	0.730	0.755	0.778	0.754	0.901	0.904	0.887
Lituanie	EUR	..	..	1.085	0.730	0.755	0.778	0.754	0.901	0.904	0.887
Luxembourg	EUR	..	0.788	1.085	0.730	0.755	0.778	0.754	0.901	0.904	0.887
Mexique	MXN	0.013	2.841	9.453	10.929	12.632	13.150	13.305	15.874	18.627	18.871
Norvège	NOK	7.151	6.258	8.797	5.858	6.042	5.815	6.302	8.064	8.400	8.271
Nouvelle-Zélande	NZD	0.722	1.678	2.205	1.361	1.388	1.235	1.206	1.434	1.437	1.407
Pays-Bas	EUR	..	0.788	1.085	0.730	0.755	0.778	0.754	0.901	0.904	0.887
Pologne	PLN	..	..	4.346	2.765	3.015	3.252	3.154	3.770	3.944	3.779
Portugal	EUR	..	0.788	1.085	0.730	0.755	0.778	0.754	0.901	0.904	0.887
République slovaque	EUR	..	..	1.085	0.730	0.755	0.778	0.754	0.901	0.904	0.887
République tchèque	CZK	..	..	38.637	20.289	19.080	19.538	20.758	24.593	24.441	23.385
Royaume-Uni	GBP	0.358	0.563	0.661	0.500	0.647	0.631	0.607	0.654	0.741	0.777
Slovénie	EUR	..	..	1.085	0.730	0.755	0.778	0.754	0.901	0.904	0.887
Suède	SEK	5.158	5.918	9.161	6.758	7.202	6.769	6.860	8.429	8.556	8.547
Suisse	CHF	4.328	1.389	1.688	1.200	1.043	0.937	0.915	0.962	0.985	0.985
Turquie	TRY	0.000	0.003	0.624	1.300	1.499	1.792	2.189	2.723	3.022	3.649

.. Non disponible

Source : Indicateurs financiers de l'OCDE.

StatLink http://dx.doi.org/10.1787/888933863560

Chapitre 4. Tableaux par pays, 1990-2016

Le Chapitre 4 fournit un aperçu des recettes fiscales par catégorie et par sous-secteur d'administration pour chaque pays membre de l'OCDE de 1990-2016.

4.1. Recettes fiscales et % du PIB pour une sélection de catégories d'impôts et par niveau d'administration

Dans tous les tableaux suivants, le symbole (...) signifie que l'information n'est pas disponible ou qu'elle n'est pas applicable. La principale série chronologique dans ce chapitre couvre les années 1990 à 2015. Pour des raisons d'espace, les chiffres de 1966-1989, 1991-1999, 2001-2009, 2011-2014 ont été omis. Des séries complètes sont, cependant, disponible en ligne. La partie V dans l'édition 1998 de ce Rapport fournit des données pour les années 1955 et 1960 (pour dix-neuf pays de l'OCDE).

Les chiffres du Produit Intérieur Brut (PIB) se fondent sur le Système de comptabilité nationale de 2008 (SCN 2008) pour tous les pays membres de l'OCDE.

Encadré 4.1. Traitements des transferts en capital.

Les notes de bas de page de certains tableaux se réfèrent au traitement des transferts en capital que certains pays effectuent pour tenir compte des impôts qui ont été évalués mais non recouvrés. Le transfert en capital a été soustrait des recettes fiscales totales et cette réduction a été répartie entre les différentes rubriques en pourcentage de leurs recettes.

C'est le cas pour les pays suivants :

- Danemark à partir de 1971.
- France à partir de 1992.
- Grèce pour 1999 et 2000.
- Lituanie à partir de 1999.
- Espagne à partir de 1995.

Tableau 4.1. Australie, recettes fiscales et % du PIB (sélection de catégories d'impôts)

	Milliard AUD					% du PIB				
	1990	2000	2010	2015	2016	1990	2000	2010	2015	2016
Recettes fiscales totales	**116.5**	**214.8**	**358.0**	**463.4**	**487.1**	**28.1**	**30.5**	**25.3**	**27.9**	**27.8**
1000 Impôts sur le revenu, les bénéfices et les gains en capital	**66.5**	**124.4**	**202.2**	**262.4**	**278.8**	**16.1**	**17.7**	**14.3**	**15.8**	**15.9**
1100 Des personnes physiques	50.1	81.0	138.2	191.7	198.5	12.1	11.5	9.8	11.6	11.3
1200 Des sociétés	16.5	43.4	64.0	70.6	80.2	4.0	6.2	4.5	4.3	4.6
1300 Non-ventilables entre 1100 et 1200	0.0	0.0	0.0	0.0	0.0	0.0	0.0	0.0	0.0	0.0
2000 Cotisations de sécurité sociale	**0.0**	**0.0**	**0.0**	**0.0**	**0.0**	**0.0**	**0.0**	**0.0**	**0.0**	**0.0**
2100 À la charge des salariés	0.0	0.0	0.0	0.0	0.0	0.0	0.0	0.0	0.0	0.0
2200 À la charge des employeurs	0.0	0.0	0.0	0.0	0.0	0.0	0.0	0.0	0.0	0.0
2300 À la charge des indép. ou sans emploi	0.0	0.0	0.0	0.0	0.0	0.0	0.0	0.0	0.0	0.0
2400 Non-ventilables entre 2100, 2200 et 2300	0.0	0.0	0.0	0.0	0.0	0.0	0.0	0.0	0.0	0.0
3000 Sur les salaires ou main d'oeuvre	**7.1**	**9.6**	**18.5**	**23.4**	**23.8**	**1.7**	**1.4**	**1.3**	**1.4**	**1.4**
4000 Impôts sur le patrimoine	**10.4**	**18.8**	**33.5**	**49.6**	**52.6**	**2.5**	**2.7**	**2.4**	**3.0**	**3.0**
4100 Impôts périodiques sur la propriété immobilière	6.1	9.1	19.9	27.1	29.2	1.5	1.3	1.4	1.6	1.7
4200 Impôts périodiques sur l'actif net	0.0	0.0	0.0	0.0	0.0	0.0	0.0	0.0	0.0	0.0
4300 Impôts sur mut. par décès, succ. et donations	0.0	0.0	0.0	0.0	0.0	0.0	0.0	0.0	0.0	0.0
4400 Impôts sur transact. mobilières et immob.	4.3	9.8	13.6	22.5	23.4	1.0	1.4	1.0	1.4	1.3
4500 Impôts non périodiques sur	0.0	0.0	0.0	0.0	0.0	0.0	0.0	0.0	0.0	0.0
4600 Autres impôts périodiques sur patrimoine	0.0	0.0	0.0	0.0	0.0	0.0	0.0	0.0	0.0	0.0
5000 Impôts sur les biens et services	**32.4**	**61.9**	**103.8**	**128.0**	**131.9**	**7.8**	**8.8**	**7.3**	**7.7**	**7.5**
5100 Impôts sur production, vente, transfert, etc.	27.2	56.2	92.0	110.2	113.2	6.6	8.0	6.5	6.6	6.4
5110 Impôts généraux	9.4	25.8	49.3	61.8	64.3	2.3	3.7	3.5	3.7	3.7
5111 Taxes sur la valeur ajoutée	0.0	23.9	48.1	60.3	62.7	0.0	3.4	3.4	3.6	3.6
5120 Impôts sur biens et services déterminés	17.8	30.3	42.7	48.4	48.9	4.3	4.3	3.0	2.9	2.8
5121 Accises	12.0	19.8	26.7	22.5	22.8	2.9	2.8	1.9	1.4	1.3
5200 Impôts sur utilisation des biens et exerc. activités	5.2	5.7	11.7	17.8	18.8	1.3	0.8	0.8	1.1	1.1
5300 Non-ventilables entre 5100 et 5200	0.0	0.0	0.0	0.0	0.0	0.0	0.0	0.0	0.0	0.0
6000 Autres impôts	**0.0**	**0.0**	**0.0**	**0.0**	**0.0**	**0.0**	**0.0**	**0.0**	**0.0**	**0.0**
Crédits d'impôts récupérables										
Crédits d'impôts récupérables contre 1000	..	0.2	6.7	9.4	9.1	..	0.0	0.5	0.6	0.5
Composante transfert	..	0.0	4.4	6.7	6.7	..	0.0	0.3	0.4	0.4
Composante fiscale	..	0.2	2.4	2.8	2.4	..	0.0	0.2	0.2	0.1

.. Non disponible

Note : Des données et des notes plus détaillées par pays sont disponibles dans le chapitre 5 "Tableaux par pays, 1965-2016" accessible en ligne : http://dx.doi.org/10.1787/rev_stats-2018-fr. Les séries temporelles complètes sont accessibles sur le site web http://oe.cd/series-temporelles-completes.

Source : Australian Bureau of Statistics.

StatLink http://dx.doi.org/10.1787/888933863579

Tableau 4.2. Australie, recettes fiscales et % du PIB par niveaux d'administration (principaux impôts)

	Milliard AUD					% du PIB				
	1990	2000	2010	2015	2016	1990	2000	2010	2015	2016
Administrations fédérale ou centrale										
Recettes fiscales totales	**92.6**	**175.7**	**287.1**	**367.6**	**387.4**	**22.3**	**24.9**	**20.3**	**22.2**	**22.1**
1000 Impôts sur revenu, bénéfices et gains en capital	66.5	124.4	202.2	262.4	278.8	16.1	17.7	14.3	15.8	15.9
2000 Cotisations de sécurité sociale	0.0	0.0	0.0	0.0	0.0	0.0	0.0	0.0	0.0	0.0
3000 Sur salaires ou main d'oeuvre	1.3	0.1	0.5	0.7	0.6	0.3	0.0	0.0	0.0	0.0
4000 Impôts sur le patrimoine	0.2	0.0	0.0	0.0	0.0	0.1	0.0	0.0	0.0	0.0
5000 Impôts sur les biens et services	24.5	51.1	84.4	104.6	108.0	5.9	7.3	6.0	6.3	6.2
6000 Autres impôts	0.0	0.0	0.0	0.0	0.0	0.0	0.0	0.0	0.0	0.0
Administrations d'un État/Régions										
Recettes fiscales totales	**19.7**	**32.7**	**58.4**	**79.1**	**82.3**	**4.7**	**4.6**	**4.1**	**4.8**	**4.7**
1000 Impôts sur revenu, bénéfices et gains en capital	0.0	0.0	0.0	0.0	0.0	0.0	0.0	0.0	0.0	0.0
2000 Cotisations de sécurité sociale	0.0	0.0	0.0	0.0	0.0	0.0	0.0	0.0	0.0	0.0
3000 Sur salaires ou main d'oeuvre	5.8	9.5	18.0	22.7	23.2	1.4	1.3	1.3	1.4	1.3
4000 Impôts sur le patrimoine	6.0	12.4	21.1	33.0	35.2	1.4	1.8	1.5	2.0	2.0
5000 Impôts sur les biens et services	7.9	10.8	19.3	23.4	23.9	1.9	1.5	1.4	1.4	1.4
6000 Autres impôts	0.0	0.0	0.0	0.0	0.0	0.0	0.0	0.0	0.0	0.0
Administrations locales										
Recettes fiscales totales	**4.2**	**6.4**	**12.4**	**16.6**	**17.4**	**1.0**	**0.9**	**0.9**	**1.0**	**1.0**
1000 Impôts sur revenu, bénéfices et gains en capital	0.0	0.0	0.0	0.0	0.0	0.0	0.0	0.0	0.0	0.0
2000 Cotisations de sécurité sociale	0.0	0.0	0.0	0.0	0.0	0.0	0.0	0.0	0.0	0.0
3000 Sur salaires ou main d'oeuvre	0.0	0.0	0.0	0.0	0.0	0.0	0.0	0.0	0.0	0.0
4000 Impôts sur le patrimoine	4.2	6.4	12.4	16.6	17.4	1.0	0.9	0.9	1.0	1.0
5000 Impôts sur les biens et services	0.0	0.0	0.0	0.0	0.0	0.0	0.0	0.0	0.0	0.0
6000 Autres impôts	0.0	0.0	0.0	0.0	0.0	0.0	0.0	0.0	0.0	0.0
Administrations de sécurité sociale										
Recettes fiscales totales	**0.0**	**0.0**	**0.0**	**0.0**	**0.0**	**0.0**	**0.0**	**0.0**	**0.0**	**0.0**
1000 Impôts sur revenu, bénéfices et gains en capital	0.0	0.0	0.0	0.0	0.0	0.0	0.0	0.0	0.0	0.0
2000 Cotisations de sécurité sociale	0.0	0.0	0.0	0.0	0.0	0.0	0.0	0.0	0.0	0.0
3000 Sur salaires ou main d'oeuvre	0.0	0.0	0.0	0.0	0.0	0.0	0.0	0.0	0.0	0.0
4000 Impôts sur le patrimoine	0.0	0.0	0.0	0.0	0.0	0.0	0.0	0.0	0.0	0.0
5000 Impôts sur les biens et services	0.0	0.0	0.0	0.0	0.0	0.0	0.0	0.0	0.0	0.0
6000 Autres impôts	0.0	0.0	0.0	0.0	0.0	0.0	0.0	0.0	0.0	0.0

Note : Des données et des notes plus détaillées par pays sont disponibles dans le chapitre 6 "Recettes fiscales des sous-secteurs de l'administration" accessible en ligne : http://dx.doi.org/10.1787/rev_stats-2018-fr. Les séries temporelles complètes sont accessibles sur le site web http://oe.cd/series-temporelles-completes.

Source : Australian Bureau of Statistics.

StatLink http://dx.doi.org/10.1787/888933863598

Tableau 4.3. Autriche, recettes fiscales et % du PIB (sélection de catégories d'impôts)

	Milliard EUR					% du PIB				
	1990	2000	2010	2015	2016	1990	2000	2010	2015	2016
Recettes fiscales totales	**54.0**	**90.3**	**121.2**	**148.5**	**149.2**	**39.3**	**42.3**	**41.0**	**43.1**	**42.2**
1000 Impôts sur le revenu, les bénéfices et les gains en capital	**13.8**	**25.6**	**34.0**	**44.8**	**41.8**	**10.0**	**12.0**	**11.5**	**13.0**	**11.8**
1100 Des personnes physiques	11.3	19.9	27.1	35.8	32.3	8.2	9.3	9.2	10.4	9.1
1200 Des sociétés	1.9	4.2	5.5	7.7	8.4	1.4	1.9	1.9	2.2	2.4
1300 Non-ventilables entre 1100 et 1200	0.5	1.5	1.4	1.3	1.1	0.4	0.7	0.5	0.4	0.3
2000 Cotisations de sécurité sociale	**17.8**	**30.5**	**41.4**	**49.9**	**51.7**	**12.9**	**14.3**	**14.0**	**14.5**	**14.6**
2100 À la charge des salariés	7.5	12.5	16.8	20.1	20.9	5.5	5.8	5.7	5.8	5.9
2200 À la charge des employeurs	8.8	14.7	19.4	23.3	24.2	6.4	6.9	6.6	6.8	6.8
2300 À la charge des indép. ou sans emploi	1.5	3.4	5.2	6.5	6.6	1.1	1.6	1.7	1.9	1.9
2400 Non-ventilables entre 2100, 2200 et 2300	0.0	0.0	0.0	0.0	0.0	0.0	0.0	0.0	0.0	0.0
3000 Sur les salaires ou main d'oeuvre	**3.3**	**5.8**	**8.4**	**10.0**	**10.4**	**2.4**	**2.7**	**2.8**	**2.9**	**2.9**
4000 Impôts sur le patrimoine	**1.5**	**1.2**	**1.6**	**2.0**	**2.0**	**1.1**	**0.6**	**0.5**	**0.6**	**0.6**
4100 Impôts périodiques sur la propriété immobilière	0.4	0.5	0.7	0.8	0.8	0.3	0.2	0.2	0.2	0.2
4200 Impôts périodiques sur l'actif net	0.6	0.0	0.0	0.0	0.0	0.5	0.0	0.0	0.0	0.0
4300 Impôts sur mut. par décès, succ. et donations	0.1	0.1	0.0	0.0	0.0	0.1	0.1	0.0	0.0	0.0
4400 Impôts sur transact. mobilières et immob.	0.4	0.6	0.8	1.1	1.1	0.3	0.3	0.3	0.3	0.3
4500 Impôts non périodiques sur	0.0	0.0	0.0	0.1	0.1	0.0	0.0	0.0	0.0	0.0
4600 Autres impôts périodiques sur patrimoine	0.0	0.0	0.0	0.0	0.0	0.0	0.0	0.0	0.0	0.0
5000 Impôts sur les biens et services	**17.0**	**26.1**	**34.4**	**40.6**	**42.2**	**12.4**	**12.2**	**11.6**	**11.8**	**11.9**
5100 Impôts sur production, vente, transfert, etc.	16.2	24.3	31.8	37.2	38.7	11.8	11.4	10.7	10.8	10.9
5110 Impôts généraux	11.2	16.9	22.7	26.3	27.3	8.2	7.9	7.7	7.6	7.7
5111 Taxes sur la valeur ajoutée	11.2	16.9	22.7	26.3	27.3	8.2	7.9	7.7	7.6	7.7
5120 Impôts sur biens et services déterminés	4.9	7.4	9.1	10.9	11.3	3.5	3.4	3.1	3.2	3.2
5121 Accises	3.3	5.5	6.9	7.7	7.9	2.4	2.6	2.3	2.2	2.2
5200 Impôts sur utilisation des biens et exerc. activités	0.9	1.9	2.6	3.4	3.5	0.6	0.9	0.9	1.0	1.0
5300 Non-ventilables entre 5100 et 5200	0.0	0.0	0.0	0.0	0.0	0.0	0.0	0.0	0.0	0.0
6000 Autres impôts	**0.7**	**0.8**	**1.1**	**0.7**	**0.8**	**0.5**	**0.4**	**0.4**	**0.2**	**0.2**
Crédits d'impôts récupérables										
Crédits d'impôts récupérables contre 1000	..	0.7	0.7	0.5	0.5	..	0.3	0.2	0.2	0.2
Composante transfert	..	0.1	0.2	0.2	0.3	..	0.0	0.1	0.1	0.1
Composante fiscale	..	0.6	0.4	0.3	0.2	..	0.3	0.1	0.1	0.1

.. Non disponible

Note : Des données et des notes plus détaillées par pays sont disponibles dans le chapitre 5 "Tableaux par pays, 1965-2016" accessible en ligne : http://dx.doi.org/10.1787/rev_stats-2018-fr. Les séries temporelles complètes sont accessibles sur le site web http://oe.cd/series-temporelles-completes.

Source : Statistics Austria.

StatLink http://dx.doi.org/10.1787/888933863617

Tableau 4.4. Autriche, recettes fiscales et % du PIB par niveaux d'administration (principaux impôts)

	Milliard EUR					% du PIB				
	1990	2000	2010	2015	2016	1990	2000	2010	2015	2016
Administrations fédérale ou centrale										
Recettes fiscales totales	**27.2**	**60.5**	**80.7**	**99.6**	**98.5**	**19.8**	**28.3**	**27.3**	**28.9**	**27.9**
1000 Impôts sur revenu, bénéfices et gains en capital	8.6	24.9	33.1	43.7	40.6	6.3	11.7	11.2	12.7	11.5
2000 Cotisations de sécurité sociale	2.4	5.1	6.3	7.5	7.8	1.7	2.4	2.1	2.2	2.2
3000 Sur salaires ou main d'oeuvre	2.6	3.9	5.8	6.9	7.1	1.9	1.8	1.9	2.0	2.0
4000 Impôts sur le patrimoine	0.9	0.7	0.9	1.2	1.2	0.6	0.3	0.3	0.4	0.3
5000 Impôts sur les biens et services	12.3	25.3	33.7	39.7	41.2	8.9	11.8	11.4	11.5	11.7
6000 Autres impôts	0.5	0.6	0.9	0.5	0.5	0.4	0.3	0.3	0.2	0.1
Administrations d'un État/Régions										
Recettes fiscales totales	**5.8**	**1.4**	**2.0**	**2.3**	**2.4**	**4.2**	**0.7**	**0.7**	**0.7**	**0.7**
1000 Impôts sur revenu, bénéfices et gains en capital	2.8	0.6	0.9	1.1	1.1	2.0	0.3	0.3	0.3	0.3
2000 Cotisations de sécurité sociale	0.2	0.4	0.5	0.5	0.5	0.2	0.2	0.2	0.1	0.1
3000 Sur salaires ou main d'oeuvre	0.0	0.1	0.2	0.2	0.2	0.0	0.1	0.1	0.1	0.1
4000 Impôts sur le patrimoine	0.1	0.0	0.0	0.0	0.0	0.0	0.0	0.0	0.0	0.0
5000 Impôts sur les biens et services	2.7	0.2	0.3	0.4	0.4	2.0	0.1	0.1	0.1	0.1
6000 Autres impôts	0.0	0.1	0.1	0.1	0.1	0.0	0.0	0.0	0.0	0.0
Administrations locales										
Recettes fiscales totales	**6.1**	**3.2**	**3.8**	**4.4**	**4.5**	**4.4**	**1.5**	**1.3**	**1.3**	**1.3**
1000 Impôts sur revenu, bénéfices et gains en capital	2.4	0.0	0.0	0.0	0.0	1.8	0.0	0.0	0.0	0.0
2000 Cotisations de sécurité sociale	0.2	0.3	0.3	0.3	0.3	0.1	0.1	0.1	0.1	0.1
3000 Sur salaires ou main d'oeuvre	0.7	1.8	2.4	3.0	3.1	0.5	0.8	0.8	0.9	0.9
4000 Impôts sur le patrimoine	0.5	0.5	0.6	0.7	0.7	0.4	0.2	0.2	0.2	0.2
5000 Impôts sur les biens et services	2.1	0.6	0.4	0.4	0.4	1.5	0.3	0.1	0.1	0.1
6000 Autres impôts	0.2	0.1	0.1	0.1	0.1	0.1	0.0	0.0	0.0	0.0
Administrations de sécurité sociale										
Recettes fiscales totales	**15.0**	**24.8**	**34.4**	**41.6**	**43.2**	**10.9**	**11.6**	**11.6**	**12.1**	**12.2**
1000 Impôts sur revenu, bénéfices et gains en capital	0.0	0.0	0.0	0.0	0.0	0.0	0.0	0.0	0.0	0.0
2000 Cotisations de sécurité sociale	15.0	24.8	34.4	41.6	43.2	10.9	11.6	11.6	12.1	12.2
3000 Sur salaires ou main d'oeuvre	0.0	0.0	0.0	0.0	0.0	0.0	0.0	0.0	0.0	0.0
4000 Impôts sur le patrimoine	0.0	0.0	0.0	0.0	0.0	0.0	0.0	0.0	0.0	0.0
5000 Impôts sur les biens et services	0.0	0.0	0.0	0.0	0.0	0.0	0.0	0.0	0.0	0.0
6000 Autres impôts	0.0	0.0	0.0	0.0	0.0	0.0	0.0	0.0	0.0	0.0

Note : Des données et des notes plus détaillées par pays sont disponibles dans le chapitre 6 "Recettes fiscales des sous-secteurs de l'administration" accessible en ligne : http://dx.doi.org/10.1787/rev_stats-2018-fr. Les séries temporelles complètes sont accessibles sur le site web http://oe.cd/series-temporelles-completes.

Source : Statistics Austria.

StatLink http://dx.doi.org/10.1787/888933863636

Tableau 4.5. Belgique, recettes fiscales et % du PIB (sélection de catégories d'impôts)

	Milliard EUR					% du PIB				
	1990	2000	2010	2015	2016	1990	2000	2010	2015	2016
Recettes fiscales totales	**70.4**	**112.4**	**155.6**	**183.9**	**186.3**	**41.2**	**43.5**	**42.6**	**44.8**	**44.1**
1000 Impôts sur le revenu, les bénéfices et les gains en capital	**26.0**	**43.4**	**53.2**	**65.6**	**66.2**	**15.2**	**16.8**	**14.6**	**16.0**	**15.7**
1100 Des personnes physiques	22.5	35.3	44.0	51.9	51.6	13.2	13.7	12.0	12.6	12.2
1200 Des sociétés	3.4	8.1	9.2	13.6	14.6	2.0	3.1	2.5	3.3	3.5
1300 Non-ventilables entre 1100 et 1200	0.0	0.1	0.0	0.1	0.1	0.0	0.0	0.0	0.0	0.0
2000 Cotisations de sécurité sociale	**23.4**	**34.6**	**50.4**	**58.6**	**57.9**	**13.7**	**13.4**	**13.8**	**14.3**	**13.7**
2100 À la charge des salariés	7.2	10.9	15.0	17.0	17.1	4.2	4.2	4.1	4.1	4.0
2200 À la charge des employeurs	14.7	20.8	30.8	36.2	35.2	8.6	8.1	8.4	8.8	8.3
2300 À la charge des indép. ou sans emploi	1.5	2.9	4.6	5.5	5.7	0.9	1.1	1.3	1.3	1.3
2400 Non-ventilables entre 2100, 2200 et 2300	0.0	0.0	0.0	0.0	0.0	0.0	0.0	0.0	0.0	0.0
3000 Sur les salaires ou main d'oeuvre	**0.0**	**0.0**	**0.0**	**0.0**	**0.0**	**0.0**	**0.0**	**0.0**	**0.0**	**0.0**
4000 Impôts sur le patrimoine	**2.7**	**5.3**	**11.3**	**14.4**	**14.9**	**1.6**	**2.0**	**3.1**	**3.5**	**3.5**
4100 Impôts périodiques sur la propriété immobilière	0.6	1.2	4.6	5.4	5.6	0.4	0.5	1.3	1.3	1.3
4200 Impôts périodiques sur l'actif net	0.0	0.1	0.2	0.7	1.0	0.0	0.0	0.1	0.2	0.2
4300 Impôts sur mut. par décès, succ. et donations	0.5	1.1	2.3	3.0	2.9	0.3	0.4	0.6	0.7	0.7
4400 Impôts sur transact. mobilières et immob.	1.5	2.7	3.5	4.4	4.5	0.9	1.0	1.0	1.1	1.1
4500 Impôts non périodiques sur	0.0	0.1	0.3	0.6	0.4	0.0	0.0	0.1	0.2	0.1
4600 Autres impôts périodiques sur patrimoine	0.1	0.2	0.3	0.3	0.4	0.1	0.1	0.1	0.1	0.1
5000 Impôts sur les biens et services	**18.4**	**28.1**	**39.4**	**43.8**	**45.7**	**10.7**	**10.9**	**10.8**	**10.7**	**10.8**
5100 Impôts sur production, vente, transfert, etc.	17.4	26.0	37.0	41.4	43.2	10.2	10.1	10.1	10.1	10.2
5110 Impôts généraux	11.6	18.2	25.5	27.8	29.0	6.8	7.1	7.0	6.8	6.9
5111 Taxes sur la valeur ajoutée	11.5	18.1	25.3	27.6	28.7	6.8	7.0	6.9	6.7	6.8
5120 Impôts sur biens et services déterminés	5.8	7.8	11.5	13.6	14.3	3.4	3.0	3.1	3.3	3.4
5121 Accises	3.5	5.7	7.8	8.6	9.4	2.0	2.2	2.1	2.1	2.2
5200 Impôts sur utilisation des biens et exerc. activités	1.0	2.1	2.4	2.5	2.5	0.6	0.8	0.7	0.6	0.6
5300 Non-ventilables entre 5100 et 5200	0.0	0.0	0.0	0.0	0.0	0.0	0.0	0.0	0.0	0.0
6000 Autres impôts	**0.0**	**0.0**	**0.0**	**0.0**	**0.0**	**0.0**	**0.0**	**0.0**	**0.0**	**0.0**
Crédits d'impôts récupérables										
Crédits d'impôts récupérables contre 1000	..	..	1.0	0.8	0.8	..	..	0.3	0.2	0.2
Composante transfert	..	..	0.4	0.3	0.3	..	..	0.1	0.1	0.1
Composante fiscale	..	..	0.6	0.5	0.5	..	..	0.2	0.1	0.1

.. Non disponible

Note : Des données et des notes plus détaillées par pays sont disponibles dans le chapitre 5 "Tableaux par pays, 1965-2016" accessible en ligne : http://dx.doi.org/10.1787/rev_stats-2018-fr. Les séries temporelles complètes sont accessibles sur le site web http://oe.cd/series-temporelles-completes.

Source : Service Public Fédéral Finances.

StatLink http://dx.doi.org/10.1787/888933863655

Tableau 4.6. Belgique, recettes fiscales et % du PIB par niveaux d'administration (principaux impôts)

	Milliard EUR					% du PIB				
	1990	2000	2010	2015	2016	1990	2000	2010	2015	2016
Administrations fédérale ou centrale										
Recettes fiscales totales	**42.5**	**69.4**	**87.8**	**100.0**	**94.4**	**24.9**	**26.9**	**24.0**	**24.4**	**22.3**
1000 Impôts sur revenu, bénéfices et gains en capital	23.9	39.6	49.3	57.1	52.0	13.9	15.3	13.5	13.9	12.3
2000 Cotisations de sécurité sociale	0.9	1.3	2.5	2.3	0.1	0.5	0.5	0.7	0.6	0.0
3000 Sur salaires ou main d'oeuvre	0.0	0.0	0.0	0.0	0.0	0.0	0.0	0.0	0.0	0.0
4000 Impôts sur le patrimoine	1.1	2.3	0.9	1.9	2.1	0.6	0.9	0.3	0.5	0.5
5000 Impôts sur les biens et services	16.7	26.3	35.0	38.6	40.2	9.8	10.2	9.6	9.4	9.5
6000 Autres impôts	0.0	0.0	0.0	0.0	0.0	0.0	0.0	0.0	0.0	0.0
Administrations d'un État/Régions										
Recettes fiscales totales	**1.2**	**2.4**	**8.1**	**14.1**	**19.9**	**0.7**	**0.9**	**2.2**	**3.4**	**4.7**
1000 Impôts sur revenu, bénéfices et gains en capital	0.0	0.1	0.0	4.3	9.7	0.0	0.0	0.0	1.0	2.3
2000 Cotisations de sécurité sociale	0.0	0.0	0.0	0.0	0.2	0.0	0.0	0.0	0.0	0.1
3000 Sur salaires ou main d'oeuvre	0.0	0.0	0.0	0.0	0.0	0.0	0.0	0.0	0.0	0.0
4000 Impôts sur le patrimoine	0.9	1.9	5.6	7.1	7.1	0.5	0.7	1.5	1.7	1.7
5000 Impôts sur les biens et services	0.2	0.5	2.4	2.7	3.0	0.1	0.2	0.7	0.7	0.7
6000 Autres impôts	0.0	0.0	0.0	0.0	0.0	0.0	0.0	0.0	0.0	0.0
Administrations locales										
Recettes fiscales totales	**3.1**	**4.6**	**7.9**	**8.9**	**9.4**	**1.8**	**1.8**	**2.2**	**2.2**	**2.2**
1000 Impôts sur revenu, bénéfices et gains en capital	2.1	3.1	2.9	3.1	3.3	1.2	1.2	0.8	0.7	0.8
2000 Cotisations de sécurité sociale	0.1	0.0	0.0	0.0	0.0	0.1	0.0	0.0	0.0	0.0
3000 Sur salaires ou main d'oeuvre	0.0	0.0	0.0	0.0	0.0	0.0	0.0	0.0	0.0	0.0
4000 Impôts sur le patrimoine	0.6	1.0	4.4	5.1	5.3	0.3	0.4	1.2	1.3	1.3
5000 Impôts sur les biens et services	0.3	0.4	0.6	0.7	0.6	0.2	0.2	0.2	0.2	0.2
6000 Autres impôts	0.0	0.0	0.0	0.0	0.0	0.0	0.0	0.0	0.0	0.0
Administrations de sécurité sociale										
Recettes fiscales totales	**22.7**	**34.9**	**50.6**	**59.3**	**60.8**	**13.3**	**13.5**	**13.9**	**14.4**	**14.4**
1000 Impôts sur revenu, bénéfices et gains en capital	0.0	0.6	1.0	1.1	1.2	0.0	0.2	0.3	0.3	0.3
2000 Cotisations de sécurité sociale	22.4	33.3	47.9	56.3	57.6	13.1	12.9	13.1	13.7	13.6
3000 Sur salaires ou main d'oeuvre	0.0	0.0	0.0	0.0	0.0	0.0	0.0	0.0	0.0	0.0
4000 Impôts sur le patrimoine	0.1	0.2	0.3	0.3	0.3	0.1	0.1	0.1	0.1	0.1
5000 Impôts sur les biens et services	0.2	0.8	1.3	1.6	1.6	0.1	0.3	0.4	0.4	0.4
6000 Autres impôts	0.0	0.0	0.0	0.0	0.0	0.0	0.0	0.0	0.0	0.0

Note : Des données et des notes plus détaillées par pays sont disponibles dans le chapitre 6 "Recettes fiscales des sous-secteurs de l'administration" accessible en ligne : http://dx.doi.org/10.1787/rev_stats-2018-fr. Les séries temporelles complètes sont accessibles sur le site web http://oe.cd/series-temporelles-completes.

Source : Service Public Fédéral Finances.

StatLink http://dx.doi.org/10.1787/888933863674

Tableau 4.7. Canada, recettes fiscales et % du PIB (sélection de catégories d'impôts)

	Milliard CAD					% du PIB				
	1990	2000	2010	2015	2016	1990	2000	2010	2015	2016
Recettes fiscales totales	**244.2**	**390.2**	**516.6**	**651.9**	**665.9**	**35.2**	**34.8**	**31.1**	**32.7**	**32.7**
1000 Impôts sur le revenu, les bénéfices et les gains en capital	**118.6**	**195.3**	**241.0**	**314.9**	**318.1**	**17.1**	**17.4**	**14.5**	**15.8**	**15.6**
1100 Des personnes physiques	99.7	143.7	180.9	240.3	241.5	14.4	12.8	10.9	12.0	11.9
1200 Des sociétés	17.2	47.6	54.1	68.0	70.0	2.5	4.2	3.3	3.4	3.4
1300 Non-ventilables entre 1100 et 1200	1.7	4.0	6.0	6.6	6.7	0.2	0.4	0.4	0.3	0.3
2000 Cotisations de sécurité sociale	**29.7**	**53.1**	**76.8**	**96.4**	**98.9**	**4.3**	**4.7**	**4.6**	**4.8**	**4.9**
2100 À la charge des salariés	10.6	21.4	30.6	38.7	39.6	1.5	1.9	1.8	1.9	1.9
2200 À la charge des employeurs	18.4	30.3	43.5	54.4	55.9	2.7	2.7	2.6	2.7	2.7
2300 À la charge des indép. ou sans emploi	0.6	1.4	2.6	3.3	3.4	0.1	0.1	0.2	0.2	0.2
2400 Non-ventilables entre 2100, 2200 et 2300	0.0	0.0	0.0	0.0	0.0	0.0	0.0	0.0	0.0	0.0
3000 Sur les salaires ou main d'oeuvre	**5.5**	**8.0**	**10.8**	**13.3**	**13.9**	**0.8**	**0.7**	**0.6**	**0.7**	**0.7**
4000 Impôts sur le patrimoine	**24.5**	**37.2**	**63.7**	**76.9**	**79.7**	**3.5**	**3.3**	**3.8**	**3.9**	**3.9**
4100 Impôts périodiques sur la propriété immobilière	20.2	30.2	51.7	62.3	64.2	2.9	2.7	3.1	3.1	3.2
4200 Impôts périodiques sur l'actif net	1.9	4.2	1.5	0.4	0.4	0.3	0.4	0.1	0.0	0.0
4300 Impôts sur mut. par décès, succ. et donations	0.0	0.0	0.2	0.3	0.3	0.0	0.0	0.0	0.0	0.0
4400 Impôts sur transact. mobilières et immob.	0.0	0.0	3.1	4.9	6.1	0.0	0.0	0.2	0.2	0.3
4500 Impôts non périodiques sur	2.4	2.7	7.3	9.1	8.7	0.3	0.2	0.4	0.5	0.4
4600 Autres impôts périodiques sur patrimoine	0.0	0.0	0.0	0.0	0.0	0.0	0.0	0.0	0.0	0.0
5000 Impôts sur les biens et services	**63.1**	**94.5**	**123.8**	**149.7**	**154.6**	**9.1**	**8.4**	**7.4**	**7.5**	**7.6**
5100 Impôts sur production, vente, transfert, etc.	59.6	88.9	116.2	140.2	145.1	8.6	7.9	7.0	7.0	7.1
5110 Impôts généraux	34.5	55.3	72.1	90.1	93.0	5.0	4.9	4.3	4.5	4.6
5111 Taxes sur la valeur ajoutée	0.0	35.9	70.7	86.0	89.9	0.0	3.2	4.3	4.3	4.4
5120 Impôts sur biens et services déterminés	25.2	33.6	44.0	50.1	52.1	3.6	3.0	2.6	2.5	2.6
5121 Accises	14.5	18.4	23.3	25.2	26.0	2.1	1.6	1.4	1.3	1.3
5200 Impôts sur utilisation des biens et exerc. activités	3.5	5.6	7.6	9.5	9.4	0.5	0.5	0.5	0.5	0.5
5300 Non-ventilables entre 5100 et 5200	0.0	0.0	0.0	0.0	0.0	0.0	0.0	0.0	0.0	0.0
6000 Autres impôts	**2.9**	**2.2**	**0.6**	**0.7**	**0.7**	**0.4**	**0.2**	**0.0**	**0.0**	**0.0**
Crédits d'impôts récupérables										
Crédits d'impôts récupérables contre 1000	..	3.4	11.1	11.2	10.9	..	0.3	0.7	0.6	0.5
Composante transfert	..	3.1	10.2	10.3	10.0	..	0.3	0.6	0.5	0.5
Composante fiscale	..	0.3	0.9	1.0	1.0	..	0.0	0.1	0.0	0.0

.. Non disponible

Note : Des données et des notes plus détaillées par pays sont disponibles dans le chapitre 5 "Tableaux par pays, 1965-2016" accessible en ligne : http://dx.doi.org/10.1787/rev_stats-2018-fr. Les séries temporelles complètes sont accessibles sur le site web http://oe.cd/series-temporelles-completes.

Source : Statistics Canada.

StatLink http://dx.doi.org/10.1787/888933863693

Tableau 4.8. Canada, recettes fiscales et % du PIB par niveaux d'administration (principaux impôts)

	Milliard CAD					% du PIB				
	1990	2000	2010	2015	2016	1990	2000	2010	2015	2016
Administrations fédérale ou centrale										
Recettes fiscales totales	**101.7**	**184.4**	**212.8**	**268.3**	**270.8**	**14.7**	**16.4**	**12.8**	**13.4**	**13.3**
1000 Impôts sur revenu, bénéfices et gains en capital	73.6	126.3	148.7	191.5	191.9	10.6	11.3	8.9	9.6	9.4
2000 Cotisations de sécurité sociale	0.0	18.8	17.9	23.7	24.0	0.0	1.7	1.1	1.2	1.2
3000 Sur salaires ou main d'oeuvre	0.0	0.0	0.0	0.0	0.0	0.0	0.0	0.0	0.0	0.0
4000 Impôts sur le patrimoine	0.0	0.0	0.0	0.0	0.0	0.0	0.0	0.0	0.0	0.0
5000 Impôts sur les biens et services	28.1	39.4	46.2	53.1	54.8	4.0	3.5	2.8	2.7	2.7
6000 Autres impôts	0.0	0.0	0.0	0.0	0.0	0.0	0.0	0.0	0.0	0.0
Administrations d'un État/Régions										
Recettes fiscales totales	**89.3**	**148.2**	**201.1**	**257.8**	**265.9**	**12.9**	**13.2**	**12.1**	**12.9**	**13.1**
1000 Impôts sur revenu, bénéfices et gains en capital	44.9	69.0	92.2	123.4	126.2	6.5	6.2	5.5	6.2	6.2
2000 Cotisations de sécurité sociale	0.0	8.3	11.7	13.9	14.6	0.0	0.7	0.7	0.7	0.7
3000 Sur salaires ou main d'oeuvre	5.5	8.0	10.8	13.3	13.9	0.8	0.7	0.6	0.7	0.7
4000 Impôts sur le patrimoine	4.2	8.4	9.8	11.8	12.7	0.6	0.7	0.6	0.6	0.6
5000 Impôts sur les biens et services	34.6	54.5	76.7	95.5	98.5	5.0	4.9	4.6	4.8	4.8
6000 Autres impôts	0.0	0.0	0.0	0.0	0.0	0.0	0.0	0.0	0.0	0.0
Administrations locales										
Recettes fiscales totales	**23.5**	**31.5**	**55.4**	**67.0**	**68.9**	**3.4**	**2.8**	**3.3**	**3.4**	**3.4**
1000 Impôts sur revenu, bénéfices et gains en capital	0.0	0.0	0.0	0.0	0.0	0.0	0.0	0.0	0.0	0.0
2000 Cotisations de sécurité sociale	0.0	0.0	0.0	0.0	0.0	0.0	0.0	0.0	0.0	0.0
3000 Sur salaires ou main d'oeuvre	0.0	0.0	0.0	0.0	0.0	0.0	0.0	0.0	0.0	0.0
4000 Impôts sur le patrimoine	20.3	28.8	53.9	65.1	67.0	2.9	2.6	3.2	3.3	3.3
5000 Impôts sur les biens et services	0.4	0.6	0.9	1.2	1.2	0.1	0.1	0.1	0.1	0.1
6000 Autres impôts	2.9	2.2	0.6	0.7	0.7	0.4	0.2	0.0	0.0	0.0
Administrations de sécurité sociale										
Recettes fiscales totales	**29.7**	**26.0**	**47.2**	**58.9**	**60.3**	**4.3**	**2.3**	**2.8**	**3.0**	**3.0**
1000 Impôts sur revenu, bénéfices et gains en capital	0.0	0.0	0.0	0.0	0.0	0.0	0.0	0.0	0.0	0.0
2000 Cotisations de sécurité sociale	29.7	26.0	47.2	58.9	60.3	4.3	2.3	2.8	3.0	3.0
3000 Sur salaires ou main d'oeuvre	0.0	0.0	0.0	0.0	0.0	0.0	0.0	0.0	0.0	0.0
4000 Impôts sur le patrimoine	0.0	0.0	0.0	0.0	0.0	0.0	0.0	0.0	0.0	0.0
5000 Impôts sur les biens et services	0.0	0.0	0.0	0.0	0.0	0.0	0.0	0.0	0.0	0.0
6000 Autres impôts	0.0	0.0	0.0	0.0	0.0	0.0	0.0	0.0	0.0	0.0

Note : Des données et des notes plus détaillées par pays sont disponibles dans le chapitre 6 "Recettes fiscales des sous-secteurs de l'administration" accessible en ligne : http://dx.doi.org/10.1787/rev_stats-2018-fr. Les séries temporelles complètes sont accessibles sur le site web http://oe.cd/series-temporelles-completes.

Source : Statistics Canada.

StatLink http://dx.doi.org/10.1787/888933863712

Tableau 4.9. Chili, recettes fiscales et % du PIB (sélection de catégories d'impôts)

	Milliard CLP					% du PIB				
	1990	2000	2010	2015	2016	1990	2000	2010	2015	2016
Recettes fiscales totales	**1 777.2**	**7 902.0**	**21 845.7**	**32 532.4**	**34 129.3**	**16.9**	**18.8**	**19.6**	**20.4**	**20.2**
1000 Impôts sur le revenu, les bénéfices et les gains en capital	**413.0**	**1 841.6**	**8 329.1**	**11 840.5**	**11 444.6**	**3.9**	**4.4**	**7.5**	**7.4**	**6.8**
1100 Des personnes physiques	99.2	604.1	1 492.8	3 199.9	2 990.7	0.9	1.4	1.3	2.0	1.8
1200 Des sociétés	219.6	882.9	4 448.7	6 839.1	7 146.7	2.1	2.1	4.0	4.3	4.2
1300 Non-ventilables entre 1100 et 1200	94.2	354.6	2 387.5	1 801.5	1 307.3	0.9	0.8	2.1	1.1	0.8
2000 Cotisations de sécurité sociale	**159.6**	**576.8**	**1 494.0**	**2 252.5**	**2 441.4**	**1.5**	**1.4**	**1.3**	**1.4**	**1.4**
2100 À la charge des salariés	154.0	553.9	1 433.2	2 188.6	2 373.8	1.5	1.3	1.3	1.4	1.4
2200 À la charge des employeurs	5.5	22.8	60.8	63.9	67.6	0.1	0.1	0.1	0.0	0.0
2300 À la charge des indép. ou sans emploi	0.0	0.0	0.0	0.0	0.0	0.0	0.0	0.0	0.0	0.0
2400 Non-ventilables entre 2100, 2200 et 2300	0.0	0.0	0.0	0.0	0.0	0.0	0.0	0.0	0.0	0.0
3000 Sur les salaires ou main d'oeuvre	**0.0**	**0.0**	**0.0**	**0.0**	**0.0**	**0.0**	**0.0**	**0.0**	**0.0**	**0.0**
4000 Impôts sur le patrimoine	**109.3**	**554.0**	**898.6**	**1 421.3**	**1 731.7**	**1.0**	**1.3**	**0.8**	**0.9**	**1.0**
4100 Impôts périodiques sur la propriété immobilière	60.0	302.2	662.4	1 056.9	1 171.4	0.6	0.7	0.6	0.7	0.7
4200 Impôts périodiques sur l'actif net	0.0	0.0	0.0	0.0	0.0	0.0	0.0	0.0	0.0	0.0
4300 Impôts sur mut. par décès, succ. et donations	3.4	10.9	39.3	92.2	100.5	0.0	0.0	0.0	0.1	0.1
4400 Impôts sur transact. mobilières et immob.	45.9	240.9	196.9	272.1	459.8	0.4	0.6	0.2	0.2	0.3
4500 Impôts non périodiques sur	0.0	0.0	0.0	0.0	0.0	0.0	0.0	0.0	0.0	0.0
4600 Autres impôts périodiques sur patrimoine	0.0	0.0	0.0	0.0	0.0	0.0	0.0	0.0	0.0	0.0
5000 Impôts sur les biens et services	**1 118.7**	**5 041.8**	**11 185.2**	**17 597.4**	**18 629.6**	**10.6**	**12.0**	**10.0**	**11.0**	**11.0**
5100 Impôts sur production, vente, transfert, etc.	1 074.0	4 789.8	10 532.9	16 515.5	17 449.2	10.2	11.4	9.4	10.3	10.3
5110 Impôts généraux	664.4	3 306.4	8 399.9	13 274.0	14 073.1	6.3	7.9	7.5	8.3	8.3
5111 Taxes sur la valeur ajoutée	664.4	3 306.4	8 399.9	13 274.0	14 073.1	6.3	7.9	7.5	8.3	8.3
5120 Impôts sur biens et services déterminés	409.6	1 483.5	2 133.0	3 241.5	3 376.2	3.9	3.5	1.9	2.0	2.0
5121 Accises	166.0	816.2	1 561.2	2 412.8	2 568.9	1.6	1.9	1.4	1.5	1.5
5200 Impôts sur utilisation des biens et exerc. activités	44.7	251.9	652.3	1 081.9	1 180.4	0.4	0.6	0.6	0.7	0.7
5300 Non-ventilables entre 5100 et 5200	0.0	0.0	0.0	0.0	0.0	0.0	0.0	0.0	0.0	0.0
6000 Autres impôts	**-23.4**	**-112.2**	**-61.1**	**-579.3**	**-118.0**	**-0.2**	**-0.3**	**-0.1**	**-0.4**	**-0.1**
Crédits d'impôts récupérables										
Crédits d'impôts récupérables contre 1000	0.0	0.0	0.0	175.5	179.6	0.0	0.0	0.0	0.1	0.1
Composante transfert	..	..	..	129.7	129.6	..	..	..	0.1	0.1
Composante fiscale	..	..	..	45.8	50.1	..	..	..	0.0	0.0

.. Non disponible

Note : Des données et des notes plus détaillées par pays sont disponibles dans le chapitre 5 "Tableaux par pays, 1965-2016" accessible en ligne : http://dx.doi.org/10.1787/rev_stats-2018-fr. Les séries temporelles complètes sont accessibles sur le site web http://oe.cd/series-temporelles-completes.

Source : Servicio de Impuestos internos (Chile's Tax Service).

StatLink http://dx.doi.org/10.1787/888933863731

Tableau 4.10. Chili, recettes fiscales et % du PIB par niveaux d'administration (principaux impôts)

	Milliard CLP					% du PIB				
	1990	2000	2010	2015	2016	1990	2000	2010	2015	2016
Administrations fédérale ou centrale										
Recettes fiscales totales	**1 579.7**	**6 936.8**	**19 214.8**	**28 257.2**	**29 493.6**	**15.0**	**16.5**	**17.2**	**17.7**	**17.4**
1000 Impôts sur revenu, bénéfices et gains en capital	413.0	1 841.6	8 329.1	11 840.5	11 444.6	3.9	4.4	7.5	7.4	6.8
2000 Cotisations de sécurité sociale	66.7	232.7	371.4	434.7	483.1	0.6	0.6	0.3	0.3	0.3
3000 Sur salaires ou main d'oeuvre	0.0	0.0	0.0	0.0	0.0	0.0	0.0	0.0	0.0	0.0
4000 Impôts sur le patrimoine	59.7	255.4	245.0	379.6	576.8	0.6	0.6	0.2	0.2	0.3
5000 Impôts sur les biens et services	1 063.7	4 719.3	10 330.4	16 181.7	17 107.1	10.1	11.2	9.3	10.1	10.1
6000 Autres impôts	-23.4	-112.2	-61.1	-579.3	-118.0	-0.2	-0.3	-0.1	-0.4	-0.1
Administrations d'un État/Régions										
Recettes fiscales totales	..	..	..	..	..	..	..	..	..	..
1000 Impôts sur revenu, bénéfices et gains en capital	..	..	..	..	..	..	..	..	..	..
2000 Cotisations de sécurité sociale	..	..	..	..	..	..	..	..	..	..
3000 Sur salaires ou main d'oeuvre	..	..	..	..	..	..	..	..	..	..
4000 Impôts sur le patrimoine	..	..	..	..	..	..	..	..	..	..
5000 Impôts sur les biens et services	..	..	..	..	..	..	..	..	..	..
6000 Autres impôts	..	..	..	..	..	..	..	..	..	..
Administrations locales										
Recettes fiscales totales	**104.7**	**621.2**	**1 508.3**	**2 457.3**	**2 677.4**	**1.0**	**1.5**	**1.4**	**1.5**	**1.6**
1000 Impôts sur revenu, bénéfices et gains en capital	0.0	0.0	0.0	0.0	0.0	0.0	0.0	0.0	0.0	0.0
2000 Cotisations de sécurité sociale	0.0	0.0	0.0	0.0	0.0	0.0	0.0	0.0	0.0	0.0
3000 Sur salaires ou main d'oeuvre	0.0	0.0	0.0	0.0	0.0	0.0	0.0	0.0	0.0	0.0
4000 Impôts sur le patrimoine	49.6	298.7	653.6	1 041.7	1 154.9	0.5	0.7	0.6	0.7	0.7
5000 Impôts sur les biens et services	55.0	322.5	854.8	1 415.7	1 522.5	0.5	0.8	0.8	0.9	0.9
6000 Autres impôts	0.0	0.0	0.0	0.0	0.0	0.0	0.0	0.0	0.0	0.0
Administrations de sécurité sociale										
Recettes fiscales totales	**92.8**	**344.0**	**1 122.6**	**1 817.8**	**1 958.4**	**0.9**	**0.8**	**1.0**	**1.1**	**1.2**
1000 Impôts sur revenu, bénéfices et gains en capital	0.0	0.0	0.0	0.0	0.0	0.0	0.0	0.0	0.0	0.0
2000 Cotisations de sécurité sociale	92.8	344.0	1 122.6	1 817.8	1 958.4	0.9	0.8	1.0	1.1	1.2
3000 Sur salaires ou main d'oeuvre	0.0	0.0	0.0	0.0	0.0	0.0	0.0	0.0	0.0	0.0
4000 Impôts sur le patrimoine	0.0	0.0	0.0	0.0	0.0	0.0	0.0	0.0	0.0	0.0
5000 Impôts sur les biens et services	0.0	0.0	0.0	0.0	0.0	0.0	0.0	0.0	0.0	0.0
6000 Autres impôts	0.0	0.0	0.0	0.0	0.0	0.0	0.0	0.0	0.0	0.0

.. Non disponible

Note : Des données et des notes plus détaillées par pays sont disponibles dans le chapitre 6 "Recettes fiscales des sous-secteurs de l'administration" accessible en ligne : http://dx.doi.org/10.1787/rev_stats-2018-fr. Les séries temporelles complètes sont accessibles sur le site web http://oe.cd/series-temporelles-completes.

Source : Servicio de Impuestos internos (Chile's Tax Service).

StatLink http://dx.doi.org/10.1787/888933863750

Tableau 4.11. République tchèque, recettes fiscales et % du PIB (sélection de catégories d'impôts)

	Milliard CZK					% du PIB				
	1990	2000	2010	2015	2016	1990	2000	2010	2015	2016
Recettes fiscales totales	..	**771.6**	**1 286.9**	**1 532.6**	**1 632.4**	..	**32.4**	**32.5**	**33.3**	**34.2**
1000 Impôts sur le revenu, les bénéfices et les gains en capital	..	**175.8**	**259.9**	**329.8**	**361.9**	..	**7.4**	**6.6**	**7.2**	**7.6**
1100 Des personnes physiques	..	99.7	131.7	164.7	183.1	..	4.2	3.3	3.6	3.8
1200 Des sociétés	..	76.2	128.2	165.1	178.8	..	3.2	3.2	3.6	3.7
1300 Non-ventilables entre 1100 et 1200	..	0.0	0.0	0.0	0.0	..	0.0	0.0	0.0	0.0
2000 Cotisations de sécurité sociale	..	**341.5**	**576.0**	**659.7**	**699.6**	..	**14.4**	**14.5**	**14.4**	**14.7**
2100 À la charge des salariés	..	77.3	116.8	133.9	143.7	..	3.2	2.9	2.9	3.0
2200 À la charge des employeurs	..	220.2	363.1	417.8	444.2	..	9.3	9.2	9.1	9.3
2300 À la charge des indép. ou sans emploi	..	44.1	96.1	108.1	111.7	..	1.9	2.4	2.4	2.3
2400 Non-ventilables entre 2100, 2200 et 2300	..	0.0	0.0	0.0	0.0	..	0.0	0.0	0.0	0.0
3000 Sur les salaires ou main d'oeuvre	..	**0.0**	**0.0**	**0.0**	**0.0**	..	**0.0**	**0.0**	**0.0**	**0.0**
4000 Impôts sur le patrimoine	..	**10.9**	**16.4**	**21.9**	**23.4**	..	**0.5**	**0.4**	**0.5**	**0.5**
4100 Impôts périodiques sur la propriété immobilière	..	4.5	8.8	10.3	10.6	..	0.2	0.2	0.2	0.2
4200 Impôts périodiques sur l'actif net	..	0.0	0.0	0.0	0.0	..	0.0	0.0	0.0	0.0
4300 Impôts sur mut. par décès, succ. et donations	..	0.6	0.2	0.0	0.0	..	0.0	0.0	0.0	0.0
4400 Impôts sur transact. mobilières et immob.	..	5.8	7.4	11.6	12.8	..	0.2	0.2	0.3	0.3
4500 Impôts non périodiques sur	..	0.0	0.0	0.0	0.0	..	0.0	0.0	0.0	0.0
4600 Autres impôts périodiques sur patrimoine	..	0.0	0.0	0.0	0.0	..	0.0	0.0	0.0	0.0
5000 Impôts sur les biens et services	..	**243.0**	**427.8**	**512.8**	**539.0**	..	**10.2**	**10.8**	**11.2**	**11.3**
5100 Impôts sur production, vente, transfert, etc.	..	226.4	402.1	487.4	512.7	..	9.5	10.1	10.6	10.8
5110 Impôts généraux	..	141.2	263.5	333.3	353.9	..	5.9	6.6	7.3	7.4
5111 Taxes sur la valeur ajoutée	..	141.2	263.5	333.3	353.9	..	5.9	6.6	7.3	7.4
5120 Impôts sur biens et services déterminés	..	85.1	138.6	154.1	158.7	..	3.6	3.5	3.4	3.3
5121 Accises	..	71.4	138.4	153.8	158.4	..	3.0	3.5	3.3	3.3
5200 Impôts sur utilisation des biens et exerc. activités	..	16.6	25.7	25.5	26.3	..	0.7	0.7	0.6	0.6
5300 Non-ventilables entre 5100 et 5200	..	0.0	0.0	0.0	0.0	..	0.0	0.0	0.0	0.0
6000 Autres impôts	..	**0.4**	**0.1**	**0.4**	**0.6**	..	**0.0**	**0.0**	**0.0**	**0.0**
Crédits d'impôts récupérables										
Crédits d'impôts récupérables contre 1000	..	0.0	25.7	31.4	32.8	..	0.0	0.6	0.7	0.7
Composante transfert	..	..	7.8	8.9	8.6	..	..	0.2	0.2	0.2
Composante fiscale	..	..	17.9	22.5	24.3	..	..	0.5	0.5	0.5

.. Non disponible

Note : Des données et des notes plus détaillées par pays sont disponibles dans le chapitre 5 "Tableaux par pays, 1965-2016" accessible en ligne : http://dx.doi.org/10.1787/rev_stats-2018-fr. Les séries temporelles complètes sont accessibles sur le site web http://oe.cd/series-temporelles-completes.

Source : Ministry of Finance, Economic Department.

StatLink http://dx.doi.org/10.1787/888933863769

Tableau 4.12. République tchèque, recettes fiscales et % du PIB par niveaux d'administration (principaux impôts)

	Milliard CZK					% du PIB				
	1990	2000	2010	2015	2016	1990	2000	2010	2015	2016
Administrations fédérale ou centrale										
Recettes fiscales totales	..	**423.4**	**687.3**	**846.8**	**906.4**	..	**17.8**	**17.3**	**18.4**	**19.0**
1000 Impôts sur revenu, bénéfices et gains en capital	..	175.8	259.9	329.8	361.9	..	7.4	6.6	7.2	7.6
2000 Cotisations de sécurité sociale	..	0.0	0.0	0.0	0.0	..	0.0	0.0	0.0	0.0
3000 Sur salaires ou main d'oeuvre	..	0.0	0.0	0.0	0.0	..	0.0	0.0	0.0	0.0
4000 Impôts sur le patrimoine	..	6.4	7.6	11.6	12.9	..	0.3	0.2	0.3	0.3
5000 Impôts sur les biens et services	..	241.0	419.6	505.1	531.1	..	10.1	10.6	11.0	11.1
6000 Autres impôts	..	0.1	0.1	0.4	0.6	..	0.0	0.0	0.0	0.0
Administrations d'un État/Régions										
Recettes fiscales totales	..	..	..	..	..	..	..	..	..	..
1000 Impôts sur revenu, bénéfices et gains en capital	..	..	..	..	..	..	..	..	..	..
2000 Cotisations de sécurité sociale	..	..	..	..	..	..	..	..	..	..
3000 Sur salaires ou main d'oeuvre	..	..	..	..	..	..	..	..	..	..
4000 Impôts sur le patrimoine	..	..	..	..	..	..	..	..	..	..
5000 Impôts sur les biens et services	..	..	..	..	..	..	..	..	..	..
6000 Autres impôts	..	..	..	..	..	..	..	..	..	..
Administrations locales										
Recettes fiscales totales	..	**6.7**	**17.0**	**18.1**	**18.5**	..	**0.3**	**0.4**	**0.4**	**0.4**
1000 Impôts sur revenu, bénéfices et gains en capital	..	0.0	0.0	0.0	0.0	..	0.0	0.0	0.0	0.0
2000 Cotisations de sécurité sociale	..	0.0	0.0	0.0	0.0	..	0.0	0.0	0.0	0.0
3000 Sur salaires ou main d'oeuvre	..	0.0	0.0	0.0	0.0	..	0.0	0.0	0.0	0.0
4000 Impôts sur le patrimoine	..	4.5	8.7	10.3	10.6	..	0.2	0.2	0.2	0.2
5000 Impôts sur les biens et services	..	2.0	8.2	7.7	7.9	..	0.1	0.2	0.2	0.2
6000 Autres impôts	..	0.3	0.0	0.0	0.0	..	0.0	0.0	0.0	0.0
Administrations de sécurité sociale										
Recettes fiscales totales	..	**341.5**	**576.0**	**659.7**	**699.6**	..	**14.4**	**14.5**	**14.4**	**14.7**
1000 Impôts sur revenu, bénéfices et gains en capital	..	0.0	0.0	0.0	0.0	..	0.0	0.0	0.0	0.0
2000 Cotisations de sécurité sociale	..	341.5	576.0	659.7	699.6	..	14.4	14.5	14.4	14.7
3000 Sur salaires ou main d'oeuvre	..	0.0	0.0	0.0	0.0	..	0.0	0.0	0.0	0.0
4000 Impôts sur le patrimoine	..	0.0	0.0	0.0	0.0	..	0.0	0.0	0.0	0.0
5000 Impôts sur les biens et services	..	0.0	0.0	0.0	0.0	..	0.0	0.0	0.0	0.0
6000 Autres impôts	..	0.0	0.0	0.0	0.0	..	0.0	0.0	0.0	0.0

.. Non disponible

Note : Des données et des notes plus détaillées par pays sont disponibles dans le chapitre 6 "Recettes fiscales des sous-secteurs de l'administration" accessible en ligne : http://dx.doi.org/10.1787/rev_stats-2018-fr. Les séries temporelles complètes sont accessibles sur le site web http://oe.cd/series-temporelles-completes.

Source : Ministry of Finance, Economic Department.

StatLink http://dx.doi.org/10.1787/888933863788

Tableau 4.13. Danemark, recettes fiscales et % du PIB (sélection de catégories d'impôts)

	Milliard DKK					% du PIB				
	1990	2000	2010	2015	2016	1990	2000	2010	2015	2016
Recettes fiscales totales	**379.8**	**622.0**	**810.5**	**935.1**	**954.2**	**44.4**	**46.9**	**44.8**	**46.1**	**46.2**
1000 Impôts sur le revenu, les bénéfices et les gains en capital	**232.6**	**382.3**	**498.5**	**593.7**	**599.4**	**27.2**	**28.8**	**27.5**	**29.3**	**29.0**
1100 Des personnes physiques	205.6	327.8	421.3	516.4	510.2	24.0	24.7	23.3	25.5	24.7
1200 Des sociétés	14.5	42.1	40.8	55.0	55.6	1.7	3.2	2.3	2.7	2.7
1300 Non-ventilables entre 1100 et 1200	12.5	12.4	36.3	22.2	33.6	1.5	0.9	2.0	1.1	1.6
2000 Cotisations de sécurité sociale	**0.1**	**8.4**	**1.8**	**1.4**	**1.2**	**0.0**	**0.6**	**0.1**	**0.1**	**0.1**
2100 À la charge des salariés	0.1	8.2	0.9	0.8	0.7	0.0	0.6	0.0	0.0	0.0
2200 À la charge des employeurs	0.0	0.2	0.9	0.6	0.5	0.0	0.0	0.1	0.0	0.0
2300 À la charge des indép. ou sans emploi	0.0	0.0	0.0	0.0	0.0	0.0	0.0	0.0	0.0	0.0
2400 Non-ventilables entre 2100, 2200 et 2300	0.0	0.0	0.0	0.0	0.0	0.0	0.0	0.0	0.0	0.0
3000 Sur les salaires ou main d'oeuvre	**2.5**	**2.2**	**4.1**	**5.7**	**5.8**	**0.3**	**0.2**	**0.2**	**0.3**	**0.3**
4000 Impôts sur le patrimoine	**16.2**	**20.7**	**33.5**	**38.9**	**38.6**	**1.9**	**1.6**	**1.8**	**1.9**	**1.9**
4100 Impôts périodiques sur la propriété immobilière	8.9	13.6	24.2	28.1	28.4	1.0	1.0	1.3	1.4	1.4
4200 Impôts périodiques sur l'actif net	0.9	0.0	0.0	0.0	0.0	0.1	0.0	0.0	0.0	0.0
4300 Impôts sur mut. par décès, succ. et donations	2.2	2.8	3.6	5.0	4.2	0.3	0.2	0.2	0.2	0.2
4400 Impôts sur transact. mobilières et immob.	4.1	4.2	5.7	5.7	5.9	0.5	0.3	0.3	0.3	0.3
4500 Impôts non périodiques sur	0.1	0.1	0.0	0.0	0.0	0.0	0.0	0.0	0.0	0.0
4600 Autres impôts périodiques sur patrimoine	0.0	0.0	0.0	0.0	0.0	0.0	0.0	0.0	0.0	0.0
5000 Impôts sur les biens et services	**128.5**	**205.6**	**269.2**	**291.9**	**305.9**	**15.0**	**15.5**	**14.9**	**14.4**	**14.8**
5100 Impôts sur production, vente, transfert, etc.	122.5	194.8	249.6	268.9	281.7	14.3	14.7	13.8	13.3	13.6
5110 Impôts généraux	79.9	121.4	170.6	184.9	195.1	9.3	9.1	9.4	9.1	9.4
5111 Taxes sur la valeur ajoutée	71.5	121.4	170.6	184.9	195.1	8.4	9.1	9.4	9.1	9.4
5120 Impôts sur biens et services déterminés	42.6	73.4	79.0	84.0	86.6	5.0	5.5	4.4	4.1	4.2
5121 Accises	38.0	68.7	73.6	79.6	82.0	4.4	5.2	4.1	3.9	4.0
5200 Impôts sur utilisation des biens et exerc. activités	4.4	7.4	14.6	16.1	16.1	0.5	0.6	0.8	0.8	0.8
5300 Non-ventilables entre 5100 et 5200	1.6	3.4	4.9	7.0	8.0	0.2	0.3	0.3	0.3	0.4
6000 Autres impôts	**0.0**	**0.4**	**0.2**	**0.3**	**0.3**	**0.0**	**0.0**	**0.0**	**0.0**	**0.0**
Crédits d'impôts récupérables										
Crédits d'impôts récupérables contre 1000	..	..	5.0	4.2	4.2	..	..	0.3	0.2	0.2
Composante transfert	..	..	0.2	0.2	0.2	..	..	0.0	0.0	0.0
Composante fiscale	..	..	4.7	4.0	4.0	..	..	0.3	0.2	0.2

.. Non disponible

Note : Des données et des notes plus détaillées par pays sont disponibles dans le chapitre 5 "Tableaux par pays, 1965-2016" accessible en ligne : http://dx.doi.org/10.1787/rev_stats-2018-fr. Les séries temporelles complètes sont accessibles sur le site web http://oe.cd/series-temporelles-completes.

Le total des recettes fiscales a été diminué du montant de tout transfert en capital représentant les impôts non perçus. Le transfert en capital a été réparti entre les différentes rubriques en proportion des recettes fiscales. Par conséquent, les montants des recettes fiscales sont différents de ceux présentés dans le chapitre 5 "Tableaux par pays, 1965-2016" accessible en ligne.

Source : Danmarks Statistik.

StatLink http://dx.doi.org/10.1787/888933863807

Tableau 4.14. Danemark, recettes fiscales et % du PIB par niveaux d'administration (principaux impôts)

	Milliard DKK					% du PIB				
	1990	2000	2010	2015	2016	1990	2000	2010	2015	2016
Administrations fédérale ou centrale										
Recettes fiscales totales	**259.5**	**420.6**	**589.0**	**682.5**	**693.1**	**30.3**	**31.7**	**32.5**	**33.7**	**33.5**
1000 Impôts sur revenu, bénéfices et gains en capital	123.7	204.2	305.4	372.9	370.2	14.5	15.4	16.9	18.4	17.9
2000 Cotisations de sécurité sociale	0.1	1.4	0.9	0.8	0.7	0.0	0.1	0.1	0.0	0.0
3000 Sur salaires ou main d'oeuvre	2.5	2.2	4.1	5.7	5.8	0.3	0.2	0.2	0.3	0.3
4000 Impôts sur le patrimoine	7.5	7.1	9.3	10.8	10.1	0.9	0.5	0.5	0.5	0.5
5000 Impôts sur les biens et services	125.8	205.3	269.1	291.9	305.8	14.7	15.5	14.9	14.4	14.8
6000 Autres impôts	0.0	0.4	0.2	0.3	0.3	0.0	0.0	0.0	0.0	0.0
Administrations d'un État/Régions										
Recettes fiscales totales	..	..	..	..	..	..	..	..	..	..
1000 Impôts sur revenu, bénéfices et gains en capital	..	..	..	..	..	..	..	..	..	..
2000 Cotisations de sécurité sociale	..	..	..	..	..	..	..	..	..	..
3000 Sur salaires ou main d'oeuvre	..	..	..	..	..	..	..	..	..	..
4000 Impôts sur le patrimoine	..	..	..	..	..	..	..	..	..	..
5000 Impôts sur les biens et services	..	..	..	..	..	..	..	..	..	..
6000 Autres impôts	..	..	..	..	..	..	..	..	..	..
Administrations locales										
Recettes fiscales totales	**117.6**	**191.7**	**217.3**	**248.8**	**257.6**	**13.8**	**14.4**	**12.0**	**12.3**	**12.5**
1000 Impôts sur revenu, bénéfices et gains en capital	108.9	178.1	193.1	220.7	229.2	12.7	13.4	10.7	10.9	11.1
2000 Cotisations de sécurité sociale	0.0	0.0	0.0	0.0	0.0	0.0	0.0	0.0	0.0	0.0
3000 Sur salaires ou main d'oeuvre	0.0	0.0	0.0	0.0	0.0	0.0	0.0	0.0	0.0	0.0
4000 Impôts sur le patrimoine	8.7	13.6	24.2	28.1	28.4	1.0	1.0	1.3	1.4	1.4
5000 Impôts sur les biens et services	0.0	0.0	0.0	0.0	0.0	0.0	0.0	0.0	0.0	0.0
6000 Autres impôts	0.0	0.0	0.0	0.0	0.0	0.0	0.0	0.0	0.0	0.0
Administrations de sécurité sociale										
Recettes fiscales totales	**0.0**	**7.1**	**0.9**	**0.5**	**0.5**	**0.0**	**0.5**	**0.1**	**0.0**	**0.0**
1000 Impôts sur revenu, bénéfices et gains en capital	0.0	0.0	0.0	0.0	0.0	0.0	0.0	0.0	0.0	0.0
2000 Cotisations de sécurité sociale	0.0	7.1	0.9	0.5	0.5	0.0	0.5	0.1	0.0	0.0
3000 Sur salaires ou main d'oeuvre	0.0	0.0	0.0	0.0	0.0	0.0	0.0	0.0	0.0	0.0
4000 Impôts sur le patrimoine	0.0	0.0	0.0	0.0	0.0	0.0	0.0	0.0	0.0	0.0
5000 Impôts sur les biens et services	0.0	0.0	0.0	0.0	0.0	0.0	0.0	0.0	0.0	0.0
6000 Autres impôts	0.0	0.0	0.0	0.0	0.0	0.0	0.0	0.0	0.0	0.0

.. Non disponible

Note : Des données et des notes plus détaillées par pays sont disponibles dans le chapitre 6 "Recettes fiscales des sous-secteurs de l'administration" accessible en ligne : http://dx.doi.org/10.1787/rev_stats-2018-fr. Les séries temporelles complètes sont accessibles sur le site web http://oe.cd/series-temporelles-completes.

Le total des recettes fiscales a été diminué du montant de tout transfert en capital représentant les impôts non perçus. Le transfert en capital a été réparti entre les différentes rubriques en proportion des recettes fiscales. Par conséquent, les montants des recettes fiscales sont différents de ceux présentés dans le chapitre 6 "Recettes fiscales des sous-secteurs de l'administration" accessible en ligne.

Source : Danmarks Statistik.

StatLink http://dx.doi.org/10.1787/888933863826

Tableau 4.15. Estonie, recettes fiscales et % du PIB (sélection de catégories d'impôts)

	Milliard EUR					% du PIB				
	1990	2000	2010	2015	2016	1990	2000	2010	2015	2016
Recettes fiscales totales	..	**1.9**	**4.9**	**6.9**	**7.3**	..	**31.1**	**33.3**	**33.3**	**33.7**
1000 Impôts sur le revenu, les bénéfices et les gains en capital	..	**0.5**	**1.0**	**1.6**	**1.6**	..	**7.7**	**6.6**	**7.8**	**7.5**
1100 Des personnes physiques	..	0.4	0.8	1.2	1.3	..	6.8	5.3	5.7	5.8
1200 Des sociétés	..	0.1	0.2	0.4	0.4	..	0.9	1.3	2.1	1.7
1300 Non-ventilables entre 1100 et 1200	..	0.0	0.0	0.0	0.0	..	0.0	0.0	0.0	0.0
2000 Cotisations de sécurité sociale	..	**0.7**	**1.9**	**2.3**	**2.4**	..	**10.9**	**12.8**	**11.1**	**11.2**
2100 À la charge des salariés	..	0.0	0.1	0.1	0.1	..	0.0	0.8	0.5	0.5
2200 À la charge des employeurs	..	0.7	1.7	2.2	2.3	..	10.7	11.8	10.5	10.6
2300 À la charge des indép. ou sans emploi	..	0.0	0.0	0.0	0.0	..	0.2	0.1	0.1	0.1
2400 Non-ventilables entre 2100, 2200 et 2300	..	0.0	0.0	0.0	0.0	..	0.0	0.0	0.0	0.0
3000 Sur les salaires ou main d'oeuvre	..	**0.0**	**0.0**	**0.0**	**0.0**	..	**0.0**	**0.0**	**0.0**	**0.0**
4000 Impôts sur le patrimoine	..	**0.0**	**0.1**	**0.1**	**0.1**	..	**0.4**	**0.3**	**0.3**	**0.3**
4100 Impôts périodiques sur la propriété immobilière	..	0.0	0.1	0.1	0.1	..	0.4	0.3	0.3	0.3
4200 Impôts périodiques sur l'actif net	..	0.0	0.0	0.0	0.0	..	0.0	0.0	0.0	0.0
4300 Impôts sur mut. par décès, succ. et donations	..	0.0	0.0	0.0	0.0	..	0.0	0.0	0.0	0.0
4400 Impôts sur transact. mobilières et immob.	..	0.0	0.0	0.0	0.0	..	0.0	0.0	0.0	0.0
4500 Impôts non périodiques sur	..	0.0	0.0	0.0	0.0	..	0.0	0.0	0.0	0.0
4600 Autres impôts périodiques sur patrimoine	..	0.0	0.0	0.0	0.0	..	0.0	0.0	0.0	0.0
5000 Impôts sur les biens et services	..	**0.7**	**2.0**	**2.9**	**3.2**	..	**12.1**	**13.4**	**14.0**	**14.6**
5100 Impôts sur production, vente, transfert, etc.	..	0.7	1.9	2.8	3.0	..	11.7	13.0	13.5	13.9
5110 Impôts généraux	..	0.5	1.3	1.9	2.0	..	8.4	8.6	9.1	9.1
5111 Taxes sur la valeur ajoutée	..	0.5	1.3	1.9	2.0	..	8.4	8.5	9.1	9.1
5120 Impôts sur biens et services déterminés	..	0.2	0.7	0.9	1.0	..	3.3	4.4	4.5	4.8
5121 Accises	..	0.2	0.6	0.9	1.0	..	3.0	4.2	4.2	4.6
5200 Impôts sur utilisation des biens et exerc. activités	..	0.0	0.1	0.1	0.1	..	0.4	0.4	0.5	0.7
5300 Non-ventilables entre 5100 et 5200	..	0.0	0.0	0.0	0.0	..	0.0	0.0	0.0	0.0
6000 Autres impôts	..	**0.0**	**0.0**	**0.0**	**0.0**	..	**0.0**	**0.0**	**0.0**	**0.0**
Crédits d'impôts récupérables										
Crédits d'impôts récupérables contre 1000	..	..	..	..	..	..	..	..	..	..
Composante transfert	..	..	..	..	..	..	..	..	..	..
Composante fiscale	..	..	..	..	..	..	..	..	..	..

.. Non disponible

Note : Des données et des notes plus détaillées par pays sont disponibles dans le chapitre 5 "Tableaux par pays, 1965-2016" accessible en ligne : http://dx.doi.org/10.1787/rev_stats-2018-fr. Les séries temporelles complètes sont accessibles sur le site web http://oe.cd/series-temporelles-completes.

Source : Statistics Estonia.

StatLink http://dx.doi.org/10.1787/888933863845

Tableau 4.16. Estonie, recettes fiscales et % du PIB par niveaux d'administration (principaux impôts)

	Milliard EUR					% du PIB				
	1990	2000	2010	2015	2016	1990	2000	2010	2015	2016
Administrations fédérale ou centrale										
Recettes fiscales totales	..	**1.6**	**3.9**	**5.7**	**6.0**	..	**26.3**	**26.7**	**27.4**	**27.8**
1000 Impôts sur revenu, bénéfices et gains en capital	..	0.5	1.0	1.6	1.6	..	7.7	6.6	7.8	7.5
2000 Cotisations de sécurité sociale	..	0.4	1.0	1.2	1.3	..	6.6	6.8	5.7	5.8
3000 Sur salaires ou main d'oeuvre	..	0.0	0.0	0.0	0.0	..	0.0	0.0	0.0	0.0
4000 Impôts sur le patrimoine	..	0.0	0.0	0.0	0.0	..	0.0	0.0	0.0	0.0
5000 Impôts sur les biens et services	..	0.7	2.0	2.9	3.1	..	12.0	13.3	13.9	14.5
6000 Autres impôts	..	0.0	0.0	0.0	0.0	..	0.0	0.0	0.0	0.0
Administrations d'un État/Régions										
Recettes fiscales totales	..	..	..	..	..	..	..	..	..	..
1000 Impôts sur revenu, bénéfices et gains en capital	..	..	..	..	..	..	..	..	..	..
2000 Cotisations de sécurité sociale	..	..	..	..	..	..	..	..	..	..
3000 Sur salaires ou main d'oeuvre	..	..	..	..	..	..	..	..	..	..
4000 Impôts sur le patrimoine	..	..	..	..	..	..	..	..	..	..
5000 Impôts sur les biens et services	..	..	..	..	..	..	..	..	..	..
6000 Autres impôts	..	..	..	..	..	..	..	..	..	..
Administrations locales										
Recettes fiscales totales	..	**0.0**	**0.1**	**0.1**	**0.1**	..	**0.5**	**0.5**	**0.3**	**0.3**
1000 Impôts sur revenu, bénéfices et gains en capital	..	0.0	0.0	0.0	0.0	..	0.0	0.0	0.0	0.0
2000 Cotisations de sécurité sociale	..	0.0	0.0	0.0	0.0	..	0.0	0.0	0.0	0.0
3000 Sur salaires ou main d'oeuvre	..	0.0	0.0	0.0	0.0	..	0.0	0.0	0.0	0.0
4000 Impôts sur le patrimoine	..	0.0	0.1	0.1	0.1	..	0.4	0.3	0.3	0.3
5000 Impôts sur les biens et services	..	0.0	0.0	0.0	0.0	..	0.1	0.1	0.1	0.1
6000 Autres impôts	..	0.0	0.0	0.0	0.0	..	0.0	0.0	0.0	0.0
Administrations de sécurité sociale										
Recettes fiscales totales	..	**0.3**	**0.9**	**1.1**	**1.2**	..	**4.3**	**5.9**	**5.4**	**5.4**
1000 Impôts sur revenu, bénéfices et gains en capital	..	0.0	0.0	0.0	0.0	..	0.0	0.0	0.0	0.0
2000 Cotisations de sécurité sociale	..	0.3	0.9	1.1	1.2	..	4.3	5.9	5.4	5.4
3000 Sur salaires ou main d'oeuvre	..	0.0	0.0	0.0	0.0	..	0.0	0.0	0.0	0.0
4000 Impôts sur le patrimoine	..	0.0	0.0	0.0	0.0	..	0.0	0.0	0.0	0.0
5000 Impôts sur les biens et services	..	0.0	0.0	0.0	0.0	..	0.0	0.0	0.0	0.0
6000 Autres impôts	..	0.0	0.0	0.0	0.0	..	0.0	0.0	0.0	0.0

.. Non disponible

Note : Des données et des notes plus détaillées par pays sont disponibles dans le chapitre 6 "Recettes fiscales des sous-secteurs de l'administration" accessible en ligne : http://dx.doi.org/10.1787/rev_stats-2018-fr. Les séries temporelles complètes sont accessibles sur le site web http://oe.cd/series-temporelles-completes.

Source : Statistics Estonia.

StatLink http://dx.doi.org/10.1787/888933863864

Tableau 4.17. Finlande, recettes fiscales et % du PIB (sélection de catégories d'impôts)

	Milliard EUR					% du PIB				
	1990	2000	2010	2015	2016	1990	2000	2010	2015	2016
Recettes fiscales totales	**39.1**	**62.4**	**76.3**	**92.1**	**95.1**	**42.9**	**45.8**	**40.8**	**43.9**	**44.0**
1000 Impôts sur le revenu, les bénéfices et les gains en capital	**15.3**	**26.9**	**27.1**	**32.4**	**32.9**	**16.8**	**19.7**	**14.5**	**15.4**	**15.2**
1100 Des personnes physiques	13.6	19.1	22.5	27.8	28.1	14.9	14.0	12.1	13.3	13.0
1200 Des sociétés	1.8	7.8	4.6	4.5	4.8	1.9	5.7	2.4	2.2	2.2
1300 Non-ventilables entre 1100 et 1200	0.0	0.0	0.0	0.0	0.0	0.0	0.0	0.0	0.0	0.0
2000 Cotisations de sécurité sociale	**10.0**	**15.8**	**22.6**	**26.6**	**27.6**	**11.0**	**11.6**	**12.1**	**12.7**	**12.8**
2100 À la charge des salariés	1.2	2.9	4.7	6.4	6.8	1.3	2.1	2.5	3.0	3.2
2200 À la charge des employeurs	8.1	11.6	16.0	18.2	18.8	8.9	8.5	8.6	8.7	8.7
2300 À la charge des indép. ou sans emploi	0.7	1.3	1.9	2.0	2.0	0.8	0.9	1.0	1.0	0.9
2400 Non-ventilables entre 2100, 2200 et 2300	0.0	0.0	0.0	0.0	0.0	0.0	0.0	0.0	0.0	0.0
3000 Sur les salaires ou main d'oeuvre	**0.0**	**0.0**	**0.0**	**0.0**	**0.0**	**0.0**	**0.0**	**0.0**	**0.0**	**0.0**
4000 Impôts sur le patrimoine	**1.0**	**1.5**	**2.1**	**3.0**	**3.1**	**1.1**	**1.1**	**1.1**	**1.4**	**1.4**
4100 Impôts périodiques sur la propriété immobilière	0.1	0.6	1.2	1.6	1.7	0.1	0.4	0.6	0.8	0.8
4200 Impôts périodiques sur l'actif net	0.0	0.2	0.0	0.0	0.0	0.0	0.1	0.0	0.0	0.0
4300 Impôts sur mut. par décès, succ. et donations	0.1	0.4	0.4	0.6	0.5	0.2	0.3	0.2	0.3	0.2
4400 Impôts sur transact. mobilières et immob.	0.7	0.4	0.5	0.8	0.9	0.8	0.3	0.3	0.4	0.4
4500 Impôts non périodiques sur	0.0	0.0	0.0	0.0	0.0	0.0	0.0	0.0	0.0	0.0
4600 Autres impôts périodiques sur patrimoine	0.0	0.0	0.0	0.0	0.0	0.0	0.0	0.0	0.0	0.0
5000 Impôts sur les biens et services	**12.7**	**18.1**	**24.3**	**29.8**	**31.2**	**14.0**	**13.3**	**13.0**	**14.2**	**14.4**
5100 Impôts sur production, vente, transfert, etc.	12.6	17.7	23.5	28.7	30.0	13.8	13.0	12.6	13.7	13.9
5110 Impôts généraux	7.5	10.9	15.5	19.0	19.7	8.3	8.0	8.3	9.1	9.1
5111 Taxes sur la valeur ajoutée	7.5	10.9	15.5	19.0	19.7	8.3	8.0	8.3	9.1	9.1
5120 Impôts sur biens et services déterminés	5.0	6.8	8.0	9.8	10.3	5.5	5.0	4.3	4.7	4.8
5121 Accises	3.8	5.6	6.3	7.7	8.2	4.2	4.1	3.4	3.7	3.8
5200 Impôts sur utilisation des biens et exerc. activités	0.2	0.4	0.8	1.1	1.2	0.2	0.3	0.4	0.5	0.6
5300 Non-ventilables entre 5100 et 5200	0.0	0.0	0.0	0.0	0.0	0.0	0.0	0.0	0.0	0.0
6000 Autres impôts	**0.0**	**0.0**	**0.1**	**0.1**	**0.1**	**0.1**	**0.0**	**0.0**	**0.0**	**0.0**
Crédits d'impôts récupérables										
Crédits d'impôts récupérables contre 1000	..	..	..	..	..	..	..	..	..	..
Composante transfert	..	..	..	..	..	..	..	..	..	..
Composante fiscale	..	..	..	..	..	..	..	..	..	..

.. Non disponible

Note : Des données et des notes plus détaillées par pays sont disponibles dans le chapitre 5 "Tableaux par pays, 1965-2016" accessible en ligne : http://dx.doi.org/10.1787/rev_stats-2018-fr. Les séries temporelles complètes sont accessibles sur le site web http://oe.cd/series-temporelles-completes.

Source : Bulletin of Statistics; Central Statistical Office (for Central Government revenues); the Annual report of the National Pension Institute and Official Statistics of Finland Series XXIIA published by the Ministry and Social Affairs (for the Social Security and private pension respectively); supplementary information from unpublished sources.

StatLink http://dx.doi.org/10.1787/888933863883

Tableau 4.18. Finlande, recettes fiscales et % du PIB par niveaux d'administration (principaux impôts)

	Milliard EUR					% du PIB				
	1990	2000	2010	2015	2016	1990	2000	2010	2015	2016
Administrations fédérale ou centrale										
Recettes fiscales totales	**20.7**	**33.1**	**35.0**	**43.3**	**45.3**	**22.7**	**24.3**	**18.7**	**20.7**	**20.9**
1000 Impôts sur revenu, bénéfices et gains en capital	7.0	14.0	9.8	12.1	12.7	7.7	10.3	5.2	5.8	5.9
2000 Cotisations de sécurité sociale	0.0	0.0	0.0	0.0	0.0	0.0	0.0	0.0	0.0	0.0
3000 Sur salaires ou main d'oeuvre	0.0	0.0	0.0	0.0	0.0	0.0	0.0	0.0	0.0	0.0
4000 Impôts sur le patrimoine	0.9	0.9	0.9	1.4	1.4	1.0	0.7	0.5	0.7	0.6
5000 Impôts sur les biens et services	12.7	18.1	24.3	29.7	31.1	14.0	13.3	13.0	14.2	14.4
6000 Autres impôts	0.0	0.0	0.1	0.1	0.1	0.1	0.0	0.0	0.0	0.0
Administrations d'un État/Régions										
Recettes fiscales totales	..	..	..	..	..	..	..	..	..	..
1000 Impôts sur revenu, bénéfices et gains en capital	..	..	..	..	..	..	..	..	..	..
2000 Cotisations de sécurité sociale	..	..	..	..	..	..	..	..	..	..
3000 Sur salaires ou main d'oeuvre	..	..	..	..	..	..	..	..	..	..
4000 Impôts sur le patrimoine	..	..	..	..	..	..	..	..	..	..
5000 Impôts sur les biens et services	..	..	..	..	..	..	..	..	..	..
6000 Autres impôts	..	..	..	..	..	..	..	..	..	..
Administrations locales										
Recettes fiscales totales	**8.4**	**13.5**	**18.5**	**21.9**	**22.0**	**9.2**	**9.9**	**9.9**	**10.4**	**10.2**
1000 Impôts sur revenu, bénéfices et gains en capital	8.3	12.9	17.3	20.2	20.3	9.1	9.5	9.3	9.7	9.4
2000 Cotisations de sécurité sociale	0.0	0.0	0.0	0.0	0.0	0.0	0.0	0.0	0.0	0.0
3000 Sur salaires ou main d'oeuvre	0.0	0.0	0.0	0.0	0.0	0.0	0.0	0.0	0.0	0.0
4000 Impôts sur le patrimoine	0.1	0.6	1.2	1.6	1.7	0.1	0.4	0.6	0.8	0.8
5000 Impôts sur les biens et services	0.0	0.0	0.0	0.0	0.0	0.0	0.0	0.0	0.0	0.0
6000 Autres impôts	0.0	0.0	0.0	0.0	0.0	0.0	0.0	0.0	0.0	0.0
Administrations de sécurité sociale										
Recettes fiscales totales	**10.0**	**15.7**	**22.6**	**26.6**	**27.6**	**11.0**	**11.6**	**12.1**	**12.7**	**12.8**
1000 Impôts sur revenu, bénéfices et gains en capital	0.0	0.0	0.0	0.0	0.0	0.0	0.0	0.0	0.0	0.0
2000 Cotisations de sécurité sociale	10.0	15.7	22.6	26.6	27.6	11.0	11.6	12.1	12.7	12.8
3000 Sur salaires ou main d'oeuvre	0.0	0.0	0.0	0.0	0.0	0.0	0.0	0.0	0.0	0.0
4000 Impôts sur le patrimoine	0.0	0.0	0.0	0.0	0.0	0.0	0.0	0.0	0.0	0.0
5000 Impôts sur les biens et services	0.0	0.0	0.0	0.0	0.0	0.0	0.0	0.0	0.0	0.0
6000 Autres impôts	0.0	0.0	0.0	0.0	0.0	0.0	0.0	0.0	0.0	0.0

.. Non disponible

Note : Des données et des notes plus détaillées par pays sont disponibles dans le chapitre 6 "Recettes fiscales des sous-secteurs de l'administration" accessible en ligne : http://dx.doi.org/10.1787/rev_stats-2018-fr. Les séries temporelles complètes sont accessibles sur le site web http://oe.cd/series-temporelles-completes.

Source : Bulletin of Statistics; Central Statistical Office (for Central Government revenues); the Annual report of the National Pension Institute and Official Statistics of Finland Series XXIIA published by the Ministry and Social Affairs (for the Social Security and private pension respectively); supplementary information from unpublished sources.

StatLink http://dx.doi.org/10.1787/888933863902

Tableau 4.19. France, recettes fiscales et % du PIB (sélection de catégories d'impôts)

	Milliard EUR					% du PIB				
	1990	2000	2010	2015	2016	1990	2000	2010	2015	2016
Recettes fiscales totales	**433.8**	**642.2**	**840.9**	**995.5**	**1 013.1**	**41.2**	**43.4**	**42.1**	**45.3**	**45.5**
1000 Impôts sur le revenu, les bénéfices et les gains en capital	**69.6**	**159.5**	**189.7**	**232.7**	**236.3**	**6.6**	**10.8**	**9.5**	**10.6**	**10.6**
1100 Des personnes physiques	46.3	115.2	143.1	186.9	191.0	4.4	7.8	7.2	8.5	8.6
1200 Des sociétés	23.1	44.3	46.6	45.8	45.4	2.2	3.0	2.3	2.1	2.0
1300 Non-ventilables entre 1100 et 1200	0.3	0.0	0.0	0.0	0.0	0.0	0.0	0.0	0.0	0.0
2000 Cotisations de sécurité sociale	**191.1**	**230.2**	**321.3**	**367.6**	**372.4**	**18.1**	**15.6**	**16.1**	**16.7**	**16.7**
2100 À la charge des salariés	57.3	57.3	77.7	93.1	95.9	5.4	3.9	3.9	4.2	4.3
2200 À la charge des employeurs	118.1	158.3	218.0	246.3	248.7	11.2	10.7	10.9	11.2	11.2
2300 À la charge des indép. ou sans emploi	15.7	14.6	25.7	28.2	27.7	1.5	1.0	1.3	1.3	1.2
2400 Non-ventilables entre 2100, 2200 et 2300	0.0	0.0	0.0	0.0	0.0	0.0	0.0	0.0	0.0	0.0
3000 Sur les salaires ou main d'oeuvre	**8.3**	**14.9**	**26.8**	**34.4**	**34.6**	**0.8**	**1.0**	**1.3**	**1.6**	**1.6**
4000 Impôts sur le patrimoine	**27.4**	**46.1**	**73.0**	**92.1**	**94.9**	**2.6**	**3.1**	**3.7**	**4.2**	**4.3**
4100 Impôts périodiques sur la propriété immobilière	14.8	29.4	50.0	60.4	62.6	1.4	2.0	2.5	2.7	2.8
4200 Impôts périodiques sur l'actif net	2.6	2.4	4.4	5.2	4.8	0.2	0.2	0.2	0.2	0.2
4300 Impôts sur mut. par décès, succ. et donations	4.1	6.9	7.7	12.2	12.3	0.4	0.5	0.4	0.6	0.6
4400 Impôts sur transact. mobilières et immob.	5.9	7.4	10.8	14.3	15.2	0.6	0.5	0.5	0.7	0.7
4500 Impôts non périodiques sur	0.0	0.0	0.0	0.0	0.0	0.0	0.0	0.0	0.0	0.0
4600 Autres impôts périodiques sur patrimoine	0.0	0.0	0.0	0.0	0.0	0.0	0.0	0.0	0.0	0.0
5000 Impôts sur les biens et services	**123.2**	**165.9**	**208.8**	**241.3**	**247.2**	**11.7**	**11.2**	**10.5**	**11.0**	**11.1**
5100 Impôts sur production, vente, transfert, etc.	119.2	161.3	202.5	234.3	239.9	11.3	10.9	10.2	10.7	10.8
5110 Impôts généraux	81.3	109.8	140.3	155.7	157.7	7.7	7.4	7.0	7.1	7.1
5111 Taxes sur la valeur ajoutée	80.0	107.1	135.2	151.4	154.2	7.6	7.2	6.8	6.9	6.9
5120 Impôts sur biens et services déterminés	37.9	51.5	62.2	78.6	82.3	3.6	3.5	3.1	3.6	3.7
5121 Accises	26.8	39.7	45.6	56.4	58.6	2.5	2.7	2.3	2.6	2.6
5200 Impôts sur utilisation des biens et exerc. activités	4.0	4.6	6.3	6.9	7.2	0.4	0.3	0.3	0.3	0.3
5300 Non-ventilables entre 5100 et 5200	0.0	0.0	0.0	0.0	0.0	0.0	0.0	0.0	0.0	0.0
6000 Autres impôts	**14.1**	**24.1**	**19.5**	**25.5**	**26.0**	**1.3**	**1.6**	**1.0**	**1.2**	**1.2**
Crédits d'impôts récupérables										
Crédits d'impôts récupérables contre 1000	..	0.5	17.4	26.7	25.9	..	0.0	0.9	1.2	1.2
Composante transfert	..	..	7.9	10.4	11.6	..	..	0.4	0.5	0.5
Composante fiscale	..	..	9.5	16.2	14.3	..	..	0.5	0.7	0.6

.. Non disponible

Note : Des données et des notes plus détaillées par pays sont disponibles dans le chapitre 5 "Tableaux par pays, 1965-2016" accessible en ligne : http://dx.doi.org/10.1787/rev_stats-2018-fr. Les séries temporelles complètes sont accessibles sur le site web http://oe.cd/series-temporelles-completes.

Le total des recettes fiscales a été diminué du montant de tout transfert en capital représentant les impôts non perçus. Le transfert en capital a été réparti entre les différentes rubriques en proportion des recettes fiscales. Par conséquent, les montants des recettes fiscales sont différents de ceux présentés dans le chapitre 5 "Tableaux par pays, 1965-2016" accessible en ligne.

Source : Compte général de l'Administration des finances pour les chiffres de recettes fiscales. OSCE pour les chiffres de sécurité sociale de 1965 à 1969 et SEC pour les années suivantes.

StatLink http://dx.doi.org/10.1787/888933863921

Tableau 4.20. France, recettes fiscales et % du PIB par niveaux d'administration (principaux impôts)

	Milliard EUR					% du PIB				
	1990	2000	2010	2015	2016	1990	2000	2010	2015	2016
Administrations fédérale ou centrale										
Recettes fiscales totales	**200.1**	**270.3**	**299.6**	**332.5**	**338.1**	**19.0**	**18.3**	**15.0**	**15.1**	**15.2**
1000 Impôts sur revenu, bénéfices et gains en capital	69.6	94.4	97.0	120.6	122.7	6.6	6.4	4.9	5.5	5.5
2000 Cotisations de sécurité sociale	3.2	5.4	7.6	7.9	8.0	0.3	0.4	0.4	0.4	0.4
3000 Sur salaires ou main d'oeuvre	6.2	10.6	4.2	4.8	3.9	0.6	0.7	0.2	0.2	0.2
4000 Impôts sur le patrimoine	8.6	13.4	15.9	23.2	23.0	0.8	0.9	0.8	1.1	1.0
5000 Impôts sur les biens et services	112.1	143.4	157.2	174.2	179.6	10.6	9.7	7.9	7.9	8.1
6000 Autres impôts	0.4	3.1	17.6	1.9	0.8	0.0	0.2	0.9	0.1	0.0
Administrations d'un État/Régions										
Recettes fiscales totales	..	..	..	..	..	..	..	..	..	..
1000 Impôts sur revenu, bénéfices et gains en capital	..	..	..	..	..	..	..	..	..	..
2000 Cotisations de sécurité sociale	..	..	..	..	..	..	..	..	..	..
3000 Sur salaires ou main d'oeuvre	..	..	..	..	..	..	..	..	..	..
4000 Impôts sur le patrimoine	..	..	..	..	..	..	..	..	..	..
5000 Impôts sur les biens et services	..	..	..	..	..	..	..	..	..	..
6000 Autres impôts	..	..	..	..	..	..	..	..	..	..
Administrations locales										
Recettes fiscales totales	**40.2**	**64.7**	**89.3**	**131.4**	**136.7**	**3.8**	**4.4**	**4.5**	**6.0**	**6.1**
1000 Impôts sur revenu, bénéfices et gains en capital	0.0	0.0	0.1	0.0	0.0	0.0	0.0	0.0	0.0	0.0
2000 Cotisations de sécurité sociale	0.0	0.0	0.0	0.0	0.0	0.0	0.0	0.0	0.0	0.0
3000 Sur salaires ou main d'oeuvre	1.7	3.9	7.5	9.3	9.7	0.2	0.3	0.4	0.4	0.4
4000 Impôts sur le patrimoine	18.8	32.7	57.1	68.9	71.9	1.8	2.2	2.9	3.1	3.2
5000 Impôts sur les biens et services	6.0	7.3	23.0	31.0	31.8	0.6	0.5	1.2	1.4	1.4
6000 Autres impôts	13.7	20.9	1.6	22.1	23.4	1.3	1.4	0.1	1.0	1.0
Administrations de sécurité sociale										
Recettes fiscales totales	**190.9**	**305.3**	**450.1**	**528.6**	**534.7**	**18.1**	**20.6**	**22.6**	**24.0**	**24.0**
1000 Impôts sur revenu, bénéfices et gains en capital	0.0	65.0	92.7	112.1	113.6	0.0	4.4	4.6	5.1	5.1
2000 Cotisations de sécurité sociale	187.9	224.8	313.7	359.7	364.4	17.8	15.2	15.7	16.4	16.4
3000 Sur salaires ou main d'oeuvre	0.4	0.4	15.1	20.3	21.0	0.0	0.0	0.8	0.9	0.9
4000 Impôts sur le patrimoine	0.0	0.0	0.0	0.0	0.0	0.0	0.0	0.0	0.0	0.0
5000 Impôts sur les biens et services	2.5	14.9	28.4	35.9	35.5	0.2	1.0	1.4	1.6	1.6
6000 Autres impôts	0.0	0.1	0.2	0.6	0.3	0.0	0.0	0.0	0.0	0.0

.. Non disponible

Note : Des données et des notes plus détaillées par pays sont disponibles dans le chapitre 6 "Recettes fiscales des sous-secteurs de l'administration" accessible en ligne : http://dx.doi.org/10.1787/rev_stats-2018-fr. Les séries temporelles complètes sont accessibles sur le site web http://oe.cd/series-temporelles-completes.

Le total des recettes fiscales a été diminué du montant de tout transfert en capital représentant les impôts non perçus. Le transfert en capital a été réparti entre les différentes rubriques en proportion des recettes fiscales. Par conséquent, les montants des recettes fiscales sont différents de ceux présentés dans le chapitre 6 "Recettes fiscales des sous-secteurs de l'administration" accessible en ligne.

Source : Compte général de l'Administration des finances pour les chiffres de recettes fiscales. OSCE pour les chiffres de sécurité sociale de 1965 à 1969 et SEC pour les années suivantes.

StatLink http://dx.doi.org/10.1787/888933863940

Tableau 4.21. Allemagne, recettes fiscales et % du PIB (sélection de catégories d'impôts)

	Milliard EUR					% du PIB				
	1990	2000	2010	2015	2016	1990	2000	2010	2015	2016
Recettes fiscales totales	**454.8**	**767.0**	**903.2**	**1 127.8**	**1 182.7**	**34.8**	**36.2**	**35.0**	**37.0**	**37.4**
1000 Impôts sur le revenu, les bénéfices et les gains en capital	**147.3**	**231.2**	**257.8**	**351.9**	**376.8**	**11.3**	**10.9**	**10.0**	**11.5**	**11.9**
1100 Des personnes physiques	125.3	194.2	219.4	299.8	314.8	9.6	9.2	8.5	9.8	10.0
1200 Des sociétés	22.0	37.1	38.4	52.1	62.0	1.7	1.8	1.5	1.7	2.0
1300 Non-ventilables entre 1100 et 1200	0.0	0.0	0.0	0.0	0.0	0.0	0.0	0.0	0.0	0.0
2000 Cotisations de sécurité sociale	**170.4**	**299.4**	**354.0**	**424.6**	**444.9**	**13.0**	**14.1**	**13.7**	**13.9**	**14.1**
2100 À la charge des salariés	73.6	131.6	155.3	189.0	199.4	5.6	6.2	6.0	6.2	6.3
2200 À la charge des employeurs	86.7	147.4	167.2	199.2	206.8	6.6	7.0	6.5	6.5	6.5
2300 À la charge des indép. ou sans emploi	10.2	20.4	31.5	36.5	38.7	0.8	1.0	1.2	1.2	1.2
2400 Non-ventilables entre 2100, 2200 et 2300	0.0	0.0	0.0	0.0	0.0	0.0	0.0	0.0	0.0	0.0
3000 Sur les salaires ou main d'oeuvre	**0.0**	**0.0**	**0.0**	**0.0**	**0.0**	**0.0**	**0.0**	**0.0**	**0.0**	**0.0**
4000 Impôts sur le patrimoine	**15.3**	**17.5**	**21.0**	**31.1**	**33.4**	**1.2**	**0.8**	**0.8**	**1.0**	**1.1**
4100 Impôts périodiques sur la propriété immobilière	4.5	8.8	11.3	13.2	13.7	0.3	0.4	0.4	0.4	0.4
4200 Impôts périodiques sur l'actif net	6.2	0.4	0.0	0.3	0.4	0.5	0.0	0.0	0.0	0.0
4300 Impôts sur mut. par décès, succ. et donations	1.5	3.0	4.4	6.3	7.0	0.1	0.1	0.2	0.2	0.2
4400 Impôts sur transact. mobilières et immob.	3.1	5.2	5.3	11.2	12.4	0.2	0.2	0.2	0.4	0.4
4500 Impôts non périodiques sur	0.0	0.0	0.0	0.0	0.0	0.0	0.0	0.0	0.0	0.0
4600 Autres impôts périodiques sur patrimoine	0.0	0.0	0.0	0.0	0.0	0.0	0.0	0.0	0.0	0.0
5000 Impôts sur les biens et services	**121.6**	**215.3**	**266.1**	**313.3**	**320.6**	**9.3**	**10.2**	**10.3**	**10.3**	**10.1**
5100 Impôts sur production, vente, transfert, etc.	117.2	208.1	256.9	294.3	301.7	9.0	9.8	10.0	9.7	9.5
5110 Impôts généraux	75.5	140.9	180.5	211.9	219.1	5.8	6.7	7.0	7.0	6.9
5111 Taxes sur la valeur ajoutée	75.5	140.9	180.5	211.9	219.1	5.8	6.7	7.0	7.0	6.9
5120 Impôts sur biens et services déterminés	41.7	67.2	76.1	82.0	82.3	3.2	3.2	2.9	2.7	2.6
5121 Accises	31.2	57.2	63.5	65.3	64.9	2.4	2.7	2.5	2.1	2.1
5200 Impôts sur utilisation des biens et exerc. activités	4.4	7.2	9.2	19.0	18.8	0.3	0.3	0.4	0.6	0.6
5300 Non-ventilables entre 5100 et 5200	0.0	0.0	0.0	0.0	0.0	0.0	0.0	0.0	0.0	0.0
6000 Autres impôts	**0.2**	**0.2**	**0.1**	**1.8**	**2.0**	**0.0**	**0.0**	**0.0**	**0.1**	**0.1**
Crédits d'impôts récupérables										
Crédits d'impôts récupérables contre 1000	..	39.3	46.3	42.2	42.9	..	1.9	1.8	1.4	1.4
Composante transfert	..	..	17.7	15.6	15.7	..	..	0.7	0.5	0.5
Composante fiscale	..	..	28.6	26.6	27.3	..	..	1.1	0.9	0.9

.. Non disponible

Note : Des données et des notes plus détaillées par pays sont disponibles dans le chapitre 5 "Tableaux par pays, 1965-2016" accessible en ligne : http://dx.doi.org/10.1787/rev_stats-2018-fr. Les séries temporelles complètes sont accessibles sur le site web http://oe.cd/series-temporelles-completes.

Source : Finanzbericht, Bonn; Tax Statistics. Unpublished estimates by the Ministry of Finance.

StatLink http://dx.doi.org/10.1787/888933863959

Tableau 4.22. Allemagne, recettes fiscales et % du PIB par niveaux d'administration (principaux impôts)

	Milliard EUR					% du PIB				
	1990	2000	2010	2015	2016	1990	2000	2010	2015	2016
Administrations fédérale ou centrale										
Recettes fiscales totales	**143.9**	**234.8**	**283.0**	**343.6**	**351.1**	**11.0**	**11.1**	**11.0**	**11.3**	**11.1**
1000 Impôts sur revenu, bénéfices et gains en capital	58.2	97.9	104.5	143.8	153.6	4.5	4.6	4.1	4.7	4.9
2000 Cotisations de sécurité sociale	0.0	0.0	0.0	0.0	0.0	0.0	0.0	0.0	0.0	0.0
3000 Sur salaires ou main d'oeuvre	0.0	0.0	0.0	0.0	0.0	0.0	0.0	0.0	0.0	0.0
4000 Impôts sur le patrimoine	1.2	0.0	0.0	0.3	0.4	0.1	0.0	0.0	0.0	0.0
5000 Impôts sur les biens et services	84.6	136.9	178.5	199.4	197.2	6.5	6.5	6.9	6.5	6.2
6000 Autres impôts	0.0	0.0	0.0	0.0	0.0	0.0	0.0	0.0	0.0	0.0
Administrations d'un État/Régions										
Recettes fiscales totales	**97.8**	**172.1**	**190.6**	**259.5**	**279.7**	**7.5**	**8.1**	**7.4**	**8.5**	**8.9**
1000 Impôts sur revenu, bénéfices et gains en capital	58.2	88.9	97.6	134.0	143.2	4.5	4.2	3.8	4.4	4.5
2000 Cotisations de sécurité sociale	0.0	0.0	0.0	0.0	0.0	0.0	0.0	0.0	0.0	0.0
3000 Sur salaires ou main d'oeuvre	0.0	0.0	0.0	0.0	0.0	0.0	0.0	0.0	0.0	0.0
4000 Impôts sur le patrimoine	7.0	8.5	9.7	17.5	19.4	0.5	0.4	0.4	0.6	0.6
5000 Impôts sur les biens et services	32.6	74.6	83.4	107.9	117.1	2.5	3.5	3.2	3.5	3.7
6000 Autres impôts	0.0	0.0	0.0	0.0	0.0	0.0	0.0	0.0	0.0	0.0
Administrations locales										
Recettes fiscales totales	**38.4**	**57.0**	**71.4**	**93.4**	**100.2**	**2.9**	**2.7**	**2.8**	**3.1**	**3.2**
1000 Impôts sur revenu, bénéfices et gains en capital	30.9	44.4	55.7	74.0	80.0	2.4	2.1	2.2	2.4	2.5
2000 Cotisations de sécurité sociale	0.0	0.0	0.0	0.0	0.0	0.0	0.0	0.0	0.0	0.0
3000 Sur salaires ou main d'oeuvre	0.0	0.0	0.0	0.0	0.0	0.0	0.0	0.0	0.0	0.0
4000 Impôts sur le patrimoine	7.2	9.0	11.3	13.2	13.7	0.5	0.4	0.4	0.4	0.4
5000 Impôts sur les biens et services	0.3	3.4	4.3	5.9	6.3	0.0	0.2	0.2	0.2	0.2
6000 Autres impôts	0.2	0.1	0.1	0.2	0.2	0.0	0.0	0.0	0.0	0.0
Administrations de sécurité sociale										
Recettes fiscales totales	**170.4**	**299.4**	**354.0**	**424.6**	**444.9**	**13.0**	**14.1**	**13.7**	**13.9**	**14.1**
1000 Impôts sur revenu, bénéfices et gains en capital	0.0	0.0	0.0	0.0	0.0	0.0	0.0	0.0	0.0	0.0
2000 Cotisations de sécurité sociale	170.4	299.4	354.0	424.6	444.9	13.0	14.1	13.7	13.9	14.1
3000 Sur salaires ou main d'oeuvre	0.0	0.0	0.0	0.0	0.0	0.0	0.0	0.0	0.0	0.0
4000 Impôts sur le patrimoine	0.0	0.0	0.0	0.0	0.0	0.0	0.0	0.0	0.0	0.0
5000 Impôts sur les biens et services	0.0	0.0	0.0	0.0	0.0	0.0	0.0	0.0	0.0	0.0
6000 Autres impôts	0.0	0.0	0.0	0.0	0.0	0.0	0.0	0.0	0.0	0.0

Note : Des données et des notes plus détaillées par pays sont disponibles dans le chapitre 6 "Recettes fiscales des sous-secteurs de l'administration" accessible en ligne : http://dx.doi.org/10.1787/rev_stats-2018-fr. Les séries temporelles complètes sont accessibles sur le site web http://oe.cd/series-temporelles-completes.

Source : Finanzbericht, Bonn; Tax Statistics. Unpublished estimates by the Ministry of Finance.

StatLink http://dx.doi.org/10.1787/888933863978

Tableau 4.23. Grèce, recettes fiscales et % du PIB (sélection de catégories d'impôts)

	Milliard EUR					% du PIB				
	1990	2000	2010	2015	2016	1990	2000	2010	2015	2016
Recettes fiscales totales	**11.5**	**47.1**	**72.4**	**64.5**	**67.7**	**25.2**	**33.4**	**32.0**	**36.6**	**38.8**
1000 Impôts sur le revenu, les bénéfices et les gains en capital	**2.3**	**12.7**	**15.9**	**14.9**	**15.9**	**5.0**	**9.0**	**7.0**	**8.5**	**9.1**
1100 Des personnes physiques	1.6	6.8	9.0	10.2	10.3	3.6	4.8	4.0	5.8	5.9
1200 Des sociétés	0.6	5.6	5.7	3.8	4.4	1.4	4.0	2.5	2.2	2.5
1300 Non-ventilables entre 1100 et 1200	0.0	0.2	1.2	0.9	1.2	0.1	0.1	0.5	0.5	0.7
2000 Cotisations de sécurité sociale	**3.5**	**14.2**	**24.7**	**18.8**	**19.3**	**7.6**	**10.1**	**10.9**	**10.7**	**11.1**
2100 À la charge des salariés	1.7	5.6	13.3	11.1	11.6	3.8	4.0	5.9	6.3	6.7
2200 À la charge des employeurs	1.7	6.6	11.5	7.7	7.7	3.8	4.7	5.1	4.4	4.4
2300 À la charge des indép. ou sans emploi	0.0	2.0	0.0	0.0	0.0	0.0	1.4	0.0	0.0	0.0
2400 Non-ventilables entre 2100, 2200 et 2300	0.0	0.0	0.0	0.0	0.0	0.0	0.0	0.0	0.0	0.0
3000 Sur les salaires ou main d'oeuvre	**0.1**	**0.0**	**0.0**	**0.0**	**0.0**	**0.2**	**0.0**	**0.0**	**0.0**	**0.0**
4000 Impôts sur le patrimoine	**0.5**	**2.9**	**3.7**	**5.4**	**5.5**	**1.2**	**2.0**	**1.7**	**3.1**	**3.2**
4100 Impôts périodiques sur la propriété immobilière	0.0	0.2	0.6	3.6	3.7	0.0	0.2	0.2	2.0	2.1
4200 Impôts périodiques sur l'actif net	0.0	0.1	1.3	1.1	1.1	0.0	0.0	0.6	0.6	0.7
4300 Impôts sur mut. par décès, succ. et donations	0.1	0.4	0.2	0.1	0.1	0.3	0.3	0.1	0.1	0.1
4400 Impôts sur transact. mobilières et immob.	0.4	2.0	1.1	0.5	0.5	0.8	1.5	0.5	0.3	0.3
4500 Impôts non périodiques sur	0.0	0.0	0.0	0.0	0.0	0.0	0.0	0.0	0.0	0.0
4600 Autres impôts périodiques sur patrimoine	0.0	0.2	0.6	0.1	0.0	0.0	0.1	0.3	0.0	0.0
5000 Impôts sur les biens et services	**5.1**	**17.1**	**27.7**	**25.2**	**26.8**	**11.2**	**12.1**	**12.3**	**14.3**	**15.4**
5100 Impôts sur production, vente, transfert, etc.	4.9	15.6	25.2	21.3	23.1	10.7	11.0	11.2	12.1	13.3
5110 Impôts généraux	3.0	10.1	16.5	13.2	14.6	6.7	7.2	7.3	7.5	8.4
5111 Taxes sur la valeur ajoutée	2.8	9.8	16.0	12.9	14.3	6.2	7.0	7.1	7.3	8.2
5120 Impôts sur biens et services déterminés	1.8	5.4	8.6	8.0	8.4	3.9	3.8	3.8	4.6	4.8
5121 Accises	1.4	4.2	7.6	6.9	7.1	3.0	3.0	3.3	3.9	4.1
5200 Impôts sur utilisation des biens et exerc. activités	0.2	1.3	1.7	3.2	3.2	0.5	0.9	0.7	1.8	1.8
5300 Non-ventilables entre 5100 et 5200	0.0	0.3	0.8	0.7	0.5	0.0	0.2	0.3	0.4	0.3
6000 Autres impôts	**0.0**	**0.0**	**0.0**	**0.0**	**0.0**	**0.0**	**0.0**	**0.0**	**0.0**	**0.0**
Crédits d'impôts récupérables										
Crédits d'impôts récupérables contre 1000	..	..	..	..	..	..	..	..	..	..
Composante transfert	..	..	..	..	..	..	..	..	..	..
Composante fiscale	..	..	..	..	..	..	..	..	..	..

.. Non disponible

Note : Des données et des notes plus détaillées par pays sont disponibles dans le chapitre 5 "Tableaux par pays, 1965-2016" accessible en ligne : http://dx.doi.org/10.1787/rev_stats-2018-fr. Les séries temporelles complètes sont accessibles sur le site web http://oe.cd/series-temporelles-completes.

Le total des recettes fiscales a été diminué du montant de tout transfert en capital représentant les impôts non perçus. Le transfert en capital a été réparti entre les différentes rubriques en proportion des recettes fiscales. Par conséquent, les montants des recettes fiscales sont différents de ceux présentés dans le chapitre 5 "Tableaux par pays, 1965-2016" accessible en ligne.

Source : Ministry of Finance, General accounting Office, 20th Directorate of Budget except the heading 2000 provided by the National Statistics Bureau.

StatLink http://dx.doi.org/10.1787/888933863997

Tableau 4.24. Grèce, recettes fiscales et % du PIB par niveaux d'administration (principaux impôts)

	Milliard EUR					% du PIB				
	1990	2000	2010	2015	2016	1990	2000	2010	2015	2016
Administrations fédérale ou centrale										
Recettes fiscales totales	**7.8**	**32.4**	**46.5**	**44.4**	**47.1**	**17.1**	**23.0**	**20.6**	**25.2**	**27.0**
1000 Impôts sur revenu, bénéfices et gains en capital	2.3	12.7	15.9	14.9	15.9	5.0	9.0	7.0	8.4	9.1
2000 Cotisations de sécurité sociale	0.0	0.7	1.3	0.7	0.7	0.1	0.5	0.6	0.4	0.4
3000 Sur salaires ou main d'oeuvre	0.0	0.0	0.0	0.0	0.0	0.0	0.0	0.0	0.0	0.0
4000 Impôts sur le patrimoine	0.5	2.4	2.1	3.9	3.9	1.2	1.7	0.9	2.2	2.3
5000 Impôts sur les biens et services	4.9	16.7	27.1	24.9	26.5	10.9	11.8	12.0	14.1	15.2
6000 Autres impôts	0.0	0.0	0.0	0.0	0.0	0.0	0.0	0.0	0.0	0.0
Administrations d'un État/Régions										
Recettes fiscales totales	..	..	..	..	..	..	..	..	..	..
1000 Impôts sur revenu, bénéfices et gains en capital	..	..	..	..	..	..	..	..	..	..
2000 Cotisations de sécurité sociale	..	..	..	..	..	..	..	..	..	..
3000 Sur salaires ou main d'oeuvre	..	..	..	..	..	..	..	..	..	..
4000 Impôts sur le patrimoine	..	..	..	..	..	..	..	..	..	..
5000 Impôts sur les biens et services	..	..	..	..	..	..	..	..	..	..
6000 Autres impôts	..	..	..	..	..	..	..	..	..	..
Administrations locales										
Recettes fiscales totales	**0.1**	**0.4**	**1.7**	**1.5**	**1.6**	**0.3**	**0.3**	**0.8**	**0.9**	**0.9**
1000 Impôts sur revenu, bénéfices et gains en capital	0.0	0.0	0.0	0.0	0.0	0.0	0.0	0.0	0.0	0.0
2000 Cotisations de sécurité sociale	0.0	0.0	0.0	0.0	0.0	0.0	0.0	0.0	0.0	0.0
3000 Sur salaires ou main d'oeuvre	0.1	0.0	0.0	0.0	0.0	0.2	0.0	0.0	0.0	0.0
4000 Impôts sur le patrimoine	0.0	0.3	1.5	1.4	1.5	0.0	0.2	0.7	0.8	0.9
5000 Impôts sur les biens et services	0.1	0.1	0.2	0.1	0.1	0.1	0.1	0.1	0.1	0.1
6000 Autres impôts	0.0	0.0	0.0	0.0	0.0	0.0	0.0	0.0	0.0	0.0
Administrations de sécurité sociale										
Recettes fiscales totales	**3.4**	**14.1**	**24.0**	**18.3**	**18.7**	**7.5**	**10.0**	**10.6**	**10.4**	**10.8**
1000 Impôts sur revenu, bénéfices et gains en capital	0.0	0.0	0.0	0.0	0.0	0.0	0.0	0.0	0.0	0.0
2000 Cotisations de sécurité sociale	3.4	13.6	23.4	18.1	18.6	7.5	9.6	10.4	10.2	10.7
3000 Sur salaires ou main d'oeuvre	0.0	0.0	0.0	0.0	0.0	0.0	0.0	0.0	0.0	0.0
4000 Impôts sur le patrimoine	0.0	0.2	0.1	0.0	0.0	0.0	0.1	0.1	0.0	0.0
5000 Impôts sur les biens et services	0.0	0.3	0.4	0.2	0.1	0.0	0.2	0.2	0.1	0.1
6000 Autres impôts	0.0	0.0	0.0	0.0	0.0	0.0	0.0	0.0	0.0	0.0

.. Non disponible

Note : Des données et des notes plus détaillées par pays sont disponibles dans le chapitre 6 "Recettes fiscales des sous-secteurs de l'administration" accessible en ligne : http://dx.doi.org/10.1787/rev_stats-2018-fr. Les séries temporelles complètes sont accessibles sur le site web http://oe.cd/series-temporelles-completes.

Le total des recettes fiscales a été diminué du montant de tout transfert en capital représentant les impôts non perçus. Le transfert en capital a été réparti entre les différentes rubriques en proportion des recettes fiscales. Par conséquent, les montants des recettes fiscales sont différents de ceux présentés dans le chapitre 6 "Recettes fiscales des sous-secteurs de l'administration" accessible en ligne.

Source : Ministry of Finance, General accounting Office, 20th Directorate of Budget except the heading 2000 provided by the National Statistics Bureau.

StatLink http://dx.doi.org/10.1787/888933864016

Tableau 4.25. Hongrie, recettes fiscales et % du PIB (sélection de catégories d'impôts)

	Milliard HUF					% du PIB				
	1990	2000	2010	2015	2016	1990	2000	2010	2015	2016
Recettes fiscales totales	..	**5 140.6**	**10 145.5**	**13 286.7**	**13 887.8**	..	**38.5**	**37.3**	**38.7**	**39.2**
1000 Impôts sur le revenu, les bénéfices et les gains en capital	..	**1 247.4**	**2 098.6**	**2 428.4**	**2 684.6**	..	**9.3**	**7.7**	**7.1**	**7.6**
1100 Des personnes physiques	..	954.7	1 768.8	1 814.9	1 853.4	..	7.2	6.5	5.3	5.2
1200 Des sociétés	..	292.7	329.7	613.5	831.1	..	2.2	1.2	1.8	2.3
1300 Non-ventilables entre 1100 et 1200	..	0.0	0.0	0.0	0.0	..	0.0	0.0	0.0	0.0
2000 Cotisations de sécurité sociale	..	**1 506.8**	**3 184.2**	**4 293.7**	**4 613.9**	..	**11.3**	**11.7**	**12.5**	**13.0**
2100 À la charge des salariés	..	275.3	1 069.1	1 784.5	1 989.8	..	2.1	3.9	5.2	5.6
2200 À la charge des employeurs	..	1 213.2	2 047.6	2 480.1	2 594.2	..	9.1	7.5	7.2	7.3
2300 À la charge des indép. ou sans emploi	..	0.9	21.2	0.0	0.0	..	0.0	0.1	0.0	0.0
2400 Non-ventilables entre 2100, 2200 et 2300	..	17.4	46.3	29.1	30.0	..	0.1	0.2	0.1	0.1
3000 Sur les salaires ou main d'oeuvre	..	**183.4**	**116.0**	**199.3**	**220.8**	..	**1.4**	**0.4**	**0.6**	**0.6**
4000 Impôts sur le patrimoine	..	**89.0**	**312.1**	**438.0**	**391.9**	..	**0.7**	**1.1**	**1.3**	**1.1**
4100 Impôts périodiques sur la propriété immobilière	..	30.8	92.5	200.9	210.3	..	0.2	0.3	0.6	0.6
4200 Impôts périodiques sur l'actif net	..	0.0	135.7	136.3	59.8	..	0.0	0.5	0.4	0.2
4300 Impôts sur mut. par décès, succ. et donations	..	5.5	6.3	7.4	8.3	..	0.0	0.0	0.0	0.0
4400 Impôts sur transact. mobilières et immob.	..	52.8	77.6	93.4	113.6	..	0.4	0.3	0.3	0.3
4500 Impôts non périodiques sur	..	0.0	0.0	0.0	0.0	..	0.0	0.0	0.0	0.0
4600 Autres impôts périodiques sur patrimoine	..	0.0	0.0	0.0	0.0	..	0.0	0.0	0.0	0.0
5000 Impôts sur les biens et services	..	**2 081.1**	**4 350.3**	**5 831.4**	**5 882.9**	..	**15.6**	**16.0**	**17.0**	**16.6**
5100 Impôts sur production, vente, transfert, etc.	..	2 052.4	4 238.8	5 695.6	5 735.5	..	15.4	15.6	16.6	16.2
5110 Impôts généraux	..	1 340.6	3 010.8	4 097.5	4 104.6	..	10.0	11.1	11.9	11.6
5111 Taxes sur la valeur ajoutée	..	1 153.7	2 325.6	3 307.3	3 297.2	..	8.6	8.5	9.6	9.3
5120 Impôts sur biens et services déterminés	..	711.8	1 228.0	1 598.1	1 630.9	..	5.3	4.5	4.7	4.6
5121 Accises	..	533.5	929.9	1 119.2	1 150.6	..	4.0	3.4	3.3	3.2
5200 Impôts sur utilisation des biens et exerc. activités	..	28.7	111.6	135.8	147.4	..	0.2	0.4	0.4	0.4
5300 Non-ventilables entre 5100 et 5200	..	0.0	0.0	0.0	0.0	..	0.0	0.0	0.0	0.0
6000 Autres impôts	..	**32.9**	**59.4**	**56.8**	**52.1**	..	**0.2**	**0.2**	**0.2**	**0.1**
Crédits d'impôts récupérables										
Crédits d'impôts récupérables contre 1000	..	..	..	..	..	..	..	..	..	..
Composante transfert	..	..	..	..	..	..	..	..	..	..
Composante fiscale	..	..	..	..	..	..	..	..	..	..

.. Non disponible

Note : Des données et des notes plus détaillées par pays sont disponibles dans le chapitre 5 "Tableaux par pays, 1965-2016" accessible en ligne : http://dx.doi.org/10.1787/rev_stats-2018-fr. Les séries temporelles complètes sont accessibles sur le site web http://oe.cd/series-temporelles-completes.

Source : Ministry of Finance, Economic Department.

StatLink http://dx.doi.org/10.1787/888933864035

Tableau 4.26. Hongrie, recettes fiscales et % du PIB par niveaux d'administration (principaux impôts)

	Milliard HUF					% du PIB				
	1990	2000	2010	2015	2016	1990	2000	2010	2015	2016
Administrations fédérale ou centrale										
Recettes fiscales totales	..	**3 316.0**	**6 391.5**	**8 086.8**	**8 409.9**	..	**24.8**	**23.5**	**23.6**	**23.7**
1000 Impôts sur revenu, bénéfices et gains en capital	..	1 230.8	2 064.3	2 311.9	2 551.8	..	9.2	7.6	6.7	7.2
2000 Cotisations de sécurité sociale	..	136.6	182.0	148.0	244.4	..	1.0	0.7	0.4	0.7
3000 Sur salaires ou main d'oeuvre	..	15.4	103.1	189.1	212.2	..	0.1	0.4	0.6	0.6
4000 Impôts sur le patrimoine	..	29.1	182.8	293.0	236.7	..	0.2	0.7	0.9	0.7
5000 Impôts sur les biens et services	..	1 878.3	3 799.9	5 102.0	5 126.2	..	14.1	14.0	14.9	14.5
6000 Autres impôts	..	25.8	59.4	42.8	38.6	..	0.2	0.2	0.1	0.1
Administrations d'un État/Régions										
Recettes fiscales totales	..	..	..	..	..	..	..	..	..	..
1000 Impôts sur revenu, bénéfices et gains en capital	..	..	..	..	..	..	..	..	..	..
2000 Cotisations de sécurité sociale	..	..	..	..	..	..	..	..	..	..
3000 Sur salaires ou main d'oeuvre	..	..	..	..	..	..	..	..	..	..
4000 Impôts sur le patrimoine	..	..	..	..	..	..	..	..	..	..
5000 Impôts sur les biens et services	..	..	..	..	..	..	..	..	..	..
6000 Autres impôts	..	..	..	..	..	..	..	..	..	..
Administrations locales										
Recettes fiscales totales	..	**266.0**	**652.2**	**770.6**	**805.7**	..	**2.0**	**2.4**	**2.2**	**2.3**
1000 Impôts sur revenu, bénéfices et gains en capital	..	2.2	0.1	0.0	0.0	..	0.0	0.0	0.0	0.0
2000 Cotisations de sécurité sociale	..	0.0	0.0	0.0	0.0	..	0.0	0.0	0.0	0.0
3000 Sur salaires ou main d'oeuvre	..	1.2	1.2	0.0	0.0	..	0.0	0.0	0.0	0.0
4000 Impôts sur le patrimoine	..	59.9	129.3	145.0	155.2	..	0.4	0.5	0.4	0.4
5000 Impôts sur les biens et services	..	202.8	521.6	625.6	650.4	..	1.5	1.9	1.8	1.8
6000 Autres impôts	..	0.0	0.0	0.0	0.0	..	0.0	0.0	0.0	0.0
Administrations de sécurité sociale										
Recettes fiscales totales	..	**1 558.6**	**3 076.2**	**4 389.5**	**4 629.7**	..	**11.7**	**11.3**	**12.8**	**13.1**
1000 Impôts sur revenu, bénéfices et gains en capital	..	14.5	34.2	116.5	132.7	..	0.1	0.1	0.3	0.4
2000 Cotisations de sécurité sociale	..	1 370.2	3 002.2	4 145.7	4 369.5	..	10.3	11.0	12.1	12.3
3000 Sur salaires ou main d'oeuvre	..	166.9	11.7	10.3	8.6	..	1.3	0.0	0.0	0.0
4000 Impôts sur le patrimoine	..	0.0	0.0	0.0	0.0	..	0.0	0.0	0.0	0.0
5000 Impôts sur les biens et services	..	0.0	28.1	103.1	105.4	..	0.0	0.1	0.3	0.3
6000 Autres impôts	..	7.0	0.0	14.0	13.4	..	0.1	0.0	0.0	0.0

.. Non disponible

Note : Des données et des notes plus détaillées par pays sont disponibles dans le chapitre 6 "Recettes fiscales des sous-secteurs de l'administration" accessible en ligne : http://dx.doi.org/10.1787/rev_stats-2018-fr. Les séries temporelles complètes sont accessibles sur le site web http://oe.cd/series-temporelles-completes.

Source : Ministry of Finance, Economic Department.

StatLink http://dx.doi.org/10.1787/888933864054

Tableau 4.27. Islande, recettes fiscales et % du PIB (sélection de catégories d'impôts)

	Milliard ISK					% du PIB				
	1990	2000	2010	2015	2016	1990	2000	2010	2015	2016
Recettes fiscales totales	**114.9**	**254.6**	**540.3**	**812.0**	**1 265.6**	**30.9**	**36.3**	**33.2**	**36.3**	**51.6**
1000 Impôts sur le revenu, les bénéfices et les gains en capital	**34.1**	**101.5**	**239.7**	**381.0**	**429.5**	**9.2**	**14.5**	**14.7**	**17.0**	**17.5**
1100 Des personnes physiques	30.9	88.5	197.3	298.0	337.5	8.3	12.6	12.1	13.3	13.8
1200 Des sociétés	3.2	8.4	14.6	52.5	62.2	0.9	1.2	0.9	2.4	2.5
1300 Non-ventilables entre 1100 et 1200	0.0	4.6	27.7	30.5	29.9	0.0	0.7	1.7	1.4	1.2
2000 Cotisations de sécurité sociale	**3.6**	**19.7**	**63.6**	**79.7**	**85.4**	**1.0**	**2.8**	**3.9**	**3.6**	**3.5**
2100 À la charge des salariés	0.3	..	..	..	..	0.1	..	..	..	..
2200 À la charge des employeurs	3.3	..	..	..	..	0.9	..	..	..	..
2300 À la charge des indép. ou sans emploi	0.0	..	..	..	..	0.0	..	..	..	..
2400 Non-ventilables entre 2100, 2200 et 2300	0.0	19.7	63.6	79.7	85.4	0.0	2.8	3.9	3.6	3.5
3000 Sur les salaires ou main d'oeuvre	**4.1**	**0.2**	**2.8**	**6.6**	**7.4**	**1.1**	**0.0**	**0.2**	**0.3**	**0.3**
4000 Impôts sur le patrimoine	**9.7**	**20.0**	**38.1**	**43.5**	**432.6**	**2.6**	**2.8**	**2.3**	**1.9**	**17.6**
4100 Impôts périodiques sur la propriété immobilière	4.1	10.1	28.5	34.9	38.7	1.1	1.4	1.8	1.6	1.6
4200 Impôts périodiques sur l'actif net	2.4	5.2	3.8	0.7	0.4	0.6	0.7	0.2	0.0	0.0
4300 Impôts sur mut. par décès, succ. et donations	0.2	0.8	2.6	2.9	3.7	0.1	0.1	0.2	0.1	0.2
4400 Impôts sur transact. mobilières et immob.	2.9	3.1	2.7	4.3	4.9	0.8	0.4	0.2	0.2	0.2
4500 Impôts non périodiques sur	0.0	0.1	0.1	0.4	384.6	0.0	0.0	0.0	0.0	15.7
4600 Autres impôts périodiques sur patrimoine	0.0	0.7	0.3	0.3	0.4	0.0	0.1	0.0	0.0	0.0
5000 Impôts sur les biens et services	**58.9**	**112.2**	**190.1**	**262.8**	**295.8**	**15.9**	**16.0**	**11.7**	**11.8**	**12.1**
5100 Impôts sur production, vente, transfert, etc.	56.6	100.7	179.0	250.1	277.1	15.2	14.3	11.0	11.2	11.3
5110 Impôts généraux	37.1	72.7	122.4	183.7	205.4	10.0	10.4	7.5	8.2	8.4
5111 Taxes sur la valeur ajoutée	32.7	72.7	122.4	183.7	205.4	8.8	10.4	7.5	8.2	8.4
5120 Impôts sur biens et services déterminés	19.5	28.0	56.6	66.4	71.7	5.2	4.0	3.5	3.0	2.9
5121 Accises	2.3	23.6	46.7	56.9	61.7	0.6	3.4	2.9	2.5	2.5
5200 Impôts sur utilisation des biens et exerc. activités	2.4	11.6	11.1	12.7	18.8	0.6	1.6	0.7	0.6	0.8
5300 Non-ventilables entre 5100 et 5200	0.0	0.0	0.0	0.0	0.0	0.0	0.0	0.0	0.0	0.0
6000 Autres impôts	**4.5**	**1.0**	**6.0**	**38.4**	**14.9**	**1.2**	**0.1**	**0.4**	**1.7**	**0.6**
Crédits d'impôts récupérables										
Crédits d'impôts récupérables contre 1000	..	..	..	1.2	1.4	..	..	..	0.1	0.1
Composante transfert	..	..	..	1.0	1.2	..	..	..	0.0	0.0
Composante fiscale	..	..	..	0.2	0.2	..	..	..	0.0	0.0

.. Non disponible

Note : Des données et des notes plus détaillées par pays sont disponibles dans le chapitre 5 "Tableaux par pays, 1965-2016" accessible en ligne : http://dx.doi.org/10.1787/rev_stats-2018-fr. Les séries temporelles complètes sont accessibles sur le site web http://oe.cd/series-temporelles-completes.

Source : Ministry of Finance, Economic Department.

StatLink http://dx.doi.org/10.1787/888933864073

Tableau 4.28. Islande, recettes fiscales et % du PIB par niveaux d'administration (principaux impôts)

	Milliard ISK					% du PIB				
	1990	2000	2010	2015	2016	1990	2000	2010	2015	2016
Administrations fédérale ou centrale										
Recettes fiscales totales	**91.6**	**195.1**	**402.3**	**604.0**	**1 030.2**	**24.7**	**27.8**	**24.7**	**27.0**	**42.0**
1000 Impôts sur revenu, bénéfices et gains en capital	19.9	55.5	132.9	210.5	240.8	5.4	7.9	8.2	9.4	9.8
2000 Cotisations de sécurité sociale	3.6	19.7	63.6	79.7	85.4	1.0	2.8	3.9	3.6	3.5
3000 Sur salaires ou main d'oeuvre	4.1	0.2	2.8	6.6	7.4	1.1	0.0	0.2	0.3	0.3
4000 Impôts sur le patrimoine	6.0	9.9	9.7	8.8	394.1	1.6	1.4	0.6	0.4	16.1
5000 Impôts sur les biens et services	57.7	108.9	187.4	260.0	287.6	15.5	15.5	11.5	11.6	11.7
6000 Autres impôts	0.4	1.0	6.0	38.4	14.9	0.1	0.1	0.4	1.7	0.6
Administrations d'un État/Régions										
Recettes fiscales totales	..	..	..	..	..	..	..	..	..	..
1000 Impôts sur revenu, bénéfices et gains en capital	..	..	..	..	..	..	..	..	..	..
2000 Cotisations de sécurité sociale	..	..	..	..	..	..	..	..	..	..
3000 Sur salaires ou main d'oeuvre	..	..	..	..	..	..	..	..	..	..
4000 Impôts sur le patrimoine	..	..	..	..	..	..	..	..	..	..
5000 Impôts sur les biens et services	..	..	..	..	..	..	..	..	..	..
6000 Autres impôts	..	..	..	..	..	..	..	..	..	..
Administrations locales										
Recettes fiscales totales	**23.3**	**59.4**	**138.0**	**208.0**	**235.4**	**6.3**	**8.5**	**8.5**	**9.3**	**9.6**
1000 Impôts sur revenu, bénéfices et gains en capital	14.2	46.0	106.8	170.4	188.7	3.8	6.5	6.6	7.6	7.7
2000 Cotisations de sécurité sociale	0.0	0.0	0.0	0.0	0.0	0.0	0.0	0.0	0.0	0.0
3000 Sur salaires ou main d'oeuvre	0.0	0.0	0.0	0.0	0.0	0.0	0.0	0.0	0.0	0.0
4000 Impôts sur le patrimoine	3.7	10.1	28.4	34.7	38.5	1.0	1.4	1.7	1.6	1.6
5000 Impôts sur les biens et services	1.2	3.3	2.8	2.8	8.2	0.3	0.5	0.2	0.1	0.3
6000 Autres impôts	4.1	0.0	0.0	0.0	0.0	1.1	0.0	0.0	0.0	0.0
Administrations de sécurité sociale										
Recettes fiscales totales	**0.0**	**0.0**	**0.0**	**0.0**	**0.0**	**0.0**	**0.0**	**0.0**	**0.0**	**0.0**
1000 Impôts sur revenu, bénéfices et gains en capital	0.0	0.0	0.0	0.0	0.0	0.0	0.0	0.0	0.0	0.0
2000 Cotisations de sécurité sociale	0.0	0.0	0.0	0.0	0.0	0.0	0.0	0.0	0.0	0.0
3000 Sur salaires ou main d'oeuvre	0.0	0.0	0.0	0.0	0.0	0.0	0.0	0.0	0.0	0.0
4000 Impôts sur le patrimoine	0.0	0.0	0.0	0.0	0.0	0.0	0.0	0.0	0.0	0.0
5000 Impôts sur les biens et services	0.0	0.0	0.0	0.0	0.0	0.0	0.0	0.0	0.0	0.0
6000 Autres impôts	0.0	0.0	0.0	0.0	0.0	0.0	0.0	0.0	0.0	0.0

.. Non disponible

Note : Des données et des notes plus détaillées par pays sont disponibles dans le chapitre 6 "Recettes fiscales des sous-secteurs de l'administration" accessible en ligne : http://dx.doi.org/10.1787/rev_stats-2018-fr. Les séries temporelles complètes sont accessibles sur le site web http://oe.cd/series-temporelles-completes.

Source : Ministry of Finance, Economic Department.

StatLink http://dx.doi.org/10.1787/888933864092

Tableau 4.29. Irlande, recettes fiscales et % du PIB (sélection de catégories d'impôts)

	Milliard EUR					% du PIB				
	1990	2000	2010	2015	2016	1990	2000	2010	2015	2016
Recettes fiscales totales	**12.3**	**33.3**	**45.3**	**60.6**	**63.7**	**32.4**	**30.8**	**27.0**	**23.1**	**23.3**
1000 Impôts sur le revenu, les bénéfices et les gains en capital	**4.7**	**14.6**	**17.5**	**26.0**	**27.5**	**12.3**	**13.4**	**10.5**	**9.9**	**10.1**
1100 Des personnes physiques	4.1	10.6	13.6	19.2	20.1	10.7	9.8	8.1	7.3	7.4
1200 Des sociétés	0.6	3.9	3.9	6.9	7.4	1.6	3.6	2.4	2.6	2.7
1300 Non-ventilables entre 1100 et 1200	0.0	0.0	0.0	0.0	0.0	0.0	0.0	0.0	0.0	0.0
2000 Cotisations de sécurité sociale	**1.7**	**3.9**	**8.4**	**10.2**	**10.7**	**4.6**	**3.6**	**5.0**	**3.9**	**3.9**
2100 À la charge des salariés	0.6	0.9	3.2	3.5	3.4	1.5	0.9	1.9	1.3	1.3
2200 À la charge des employeurs	1.1	2.8	4.9	6.2	6.7	2.9	2.6	2.9	2.4	2.4
2300 À la charge des indép. ou sans emploi	0.1	0.2	0.3	0.5	0.6	0.2	0.2	0.2	0.2	0.2
2400 Non-ventilables entre 2100, 2200 et 2300	0.0	0.0	0.0	0.0	0.0	0.0	0.0	0.0	0.0	0.0
3000 Sur les salaires ou main d'oeuvre	**0.2**	**0.0**	**0.3**	**0.4**	**0.4**	**0.4**	**0.0**	**0.2**	**0.1**	**0.1**
4000 Impôts sur le patrimoine	**0.6**	**1.9**	**2.4**	**3.9**	**3.8**	**1.5**	**1.8**	**1.4**	**1.5**	**1.4**
4100 Impôts périodiques sur la propriété immobilière	0.3	0.6	1.3	1.9	1.8	0.8	0.5	0.8	0.7	0.7
4200 Impôts périodiques sur l'actif net	0.0	0.0	0.0	0.2	0.0	0.0	0.0	0.0	0.1	0.0
4300 Impôts sur mut. par décès, succ. et donations	0.0	0.2	0.2	0.4	0.4	0.1	0.2	0.1	0.2	0.2
4400 Impôts sur transact. mobilières et immob.	0.2	1.1	0.8	1.5	1.6	0.6	1.0	0.5	0.6	0.6
4500 Impôts non périodiques sur	0.0	0.0	0.0	0.0	0.0	0.0	0.0	0.0	0.0	0.0
4600 Autres impôts périodiques sur patrimoine	0.0	0.0	0.0	0.0	0.0	0.0	0.0	0.0	0.0	0.0
5000 Impôts sur les biens et services	**5.1**	**12.7**	**16.4**	**19.8**	**20.8**	**13.6**	**11.7**	**9.8**	**7.5**	**7.6**
5100 Impôts sur production, vente, transfert, etc.	4.9	12.2	15.1	17.8	18.9	13.0	11.2	9.0	6.8	6.9
5110 Impôts généraux	2.5	7.6	10.1	12.0	12.8	6.6	7.1	6.0	4.6	4.7
5111 Taxes sur la valeur ajoutée	2.5	7.6	10.1	12.0	12.8	6.6	7.1	6.0	4.6	4.7
5120 Impôts sur biens et services déterminés	2.4	4.5	5.0	5.9	6.1	6.4	4.2	3.0	2.2	2.2
5121 Accises	2.1	4.4	4.9	5.5	5.8	5.5	4.1	2.9	2.1	2.1
5200 Impôts sur utilisation des biens et exerc. activités	0.2	0.6	1.3	1.9	1.9	0.5	0.5	0.8	0.7	0.7
5300 Non-ventilables entre 5100 et 5200	0.0	0.0	0.0	0.0	0.0	0.0	0.0	0.0	0.0	0.0
6000 Autres impôts	**0.0**	**0.0**	**0.0**	**0.0**	**0.0**	**0.0**	**0.0**	**0.0**	**0.0**	**0.0**
Crédits d'impôts récupérables										
Crédits d'impôts récupérables contre 1000	..	..	1.1	0.6	0.5	..	..	0.6	0.2	0.2
Composante transfert	..	..	0.0	0.0	..	..	..	0.0	0.0	0.0
Composante fiscale	..	..	1.1	0.6	0.5	..	..	0.6	0.2	0.2

.. Non disponible

Note : Des données et des notes plus détaillées par pays sont disponibles dans le chapitre 5 "Tableaux par pays, 1965-2016" accessible en ligne : http://dx.doi.org/10.1787/rev_stats-2018-fr. Les séries temporelles complètes sont accessibles sur le site web http://oe.cd/series-temporelles-completes.

Source : Annual Report of he Revenue Commissioners, Financial Accounts and National Income and Expenditure Accounts.

StatLink http://dx.doi.org/10.1787/888933864111

Tableau 4.30. Irlande, recettes fiscales et % du PIB par niveaux d'administration (principaux impôts)

	Milliard EUR					% du PIB				
	1990	2000	2010	2015	2016	1990	2000	2010	2015	2016
Administrations fédérale ou centrale										
Recettes fiscales totales	**10.1**	**28.7**	**36.9**	**50.3**	**52.4**	**26.7**	**26.5**	**22.0**	**19.2**	**19.2**
1000 Impôts sur revenu, bénéfices et gains en capital	4.7	14.6	17.5	26.0	27.5	12.3	13.4	10.5	9.9	10.1
2000 Cotisations de sécurité sociale	0.1	0.1	1.5	1.6	1.4	0.2	0.1	0.9	0.6	0.5
3000 Sur salaires ou main d'oeuvre	0.2	0.0	0.3	0.4	0.4	0.4	0.0	0.2	0.1	0.1
4000 Impôts sur le patrimoine	0.3	1.3	1.1	2.5	2.5	0.7	1.2	0.6	1.0	0.9
5000 Impôts sur les biens et services	5.0	12.7	16.4	19.8	20.7	13.1	11.7	9.8	7.5	7.6
6000 Autres impôts	0.0	0.0	0.0	0.0	0.0	0.0	0.0	0.0	0.0	0.0
Administrations d'un État/Régions										
Recettes fiscales totales	..	..	..	..	..	..	..	..	..	..
1000 Impôts sur revenu, bénéfices et gains en capital	..	..	..	..	..	..	..	..	..	..
2000 Cotisations de sécurité sociale	..	..	..	..	..	..	..	..	..	..
3000 Sur salaires ou main d'oeuvre	..	..	..	..	..	..	..	..	..	..
4000 Impôts sur le patrimoine	..	..	..	..	..	..	..	..	..	..
5000 Impôts sur les biens et services	..	..	..	..	..	..	..	..	..	..
6000 Autres impôts	..	..	..	..	..	..	..	..	..	..
Administrations locales										
Recettes fiscales totales	**0.3**	**0.7**	**1.5**	**1.5**	**1.4**	**0.9**	**0.6**	**0.9**	**0.6**	**0.5**
1000 Impôts sur revenu, bénéfices et gains en capital	0.0	0.0	0.0	0.0	0.0	0.0	0.0	0.0	0.0	0.0
2000 Cotisations de sécurité sociale	0.0	0.1	0.2	0.1	0.1	0.1	0.1	0.1	0.0	0.0
3000 Sur salaires ou main d'oeuvre	0.0	0.0	0.0	0.0	0.0	0.0	0.0	0.0	0.0	0.0
4000 Impôts sur le patrimoine	0.3	0.6	1.3	1.4	1.4	0.8	0.5	0.8	0.5	0.5
5000 Impôts sur les biens et services	0.0	0.0	0.0	0.0	0.0	0.0	0.0	0.0	0.0	0.0
6000 Autres impôts	0.0	0.0	0.0	0.0	0.0	0.0	0.0	0.0	0.0	0.0
Administrations de sécurité sociale										
Recettes fiscales totales	**1.6**	**3.7**	**6.7**	**8.5**	**9.2**	**4.3**	**3.5**	**4.0**	**3.2**	**3.4**
1000 Impôts sur revenu, bénéfices et gains en capital	0.0	0.0	0.0	0.0	0.0	0.0	0.0	0.0	0.0	0.0
2000 Cotisations de sécurité sociale	1.6	3.7	6.7	8.5	9.2	4.3	3.5	4.0	3.2	3.4
3000 Sur salaires ou main d'oeuvre	0.0	0.0	0.0	0.0	0.0	0.0	0.0	0.0	0.0	0.0
4000 Impôts sur le patrimoine	0.0	0.0	0.0	0.0	0.0	0.0	0.0	0.0	0.0	0.0
5000 Impôts sur les biens et services	0.0	0.0	0.0	0.0	0.0	0.0	0.0	0.0	0.0	0.0
6000 Autres impôts	0.0	0.0	0.0	0.0	0.0	0.0	0.0	0.0	0.0	0.0

.. Non disponible

Note : Des données et des notes plus détaillées par pays sont disponibles dans le chapitre 6 "Recettes fiscales des sous-secteurs de l'administration" accessible en ligne : http://dx.doi.org/10.1787/rev_stats-2018-fr. Les séries temporelles complètes sont accessibles sur le site web http://oe.cd/series-temporelles-completes.

Source : Annual Report of he Revenue Commissioners, Financial Accounts and National Income and Expenditure Accounts.

StatLink http://dx.doi.org/10.1787/888933864130

Tableau 4.31. Israël, recettes fiscales et % du PIB (sélection de catégories d'impôts)

	Milliard ILS					% du PIB				
	1990	2000	2010	2015	2016	1990	2000	2010	2015	2016
Recettes fiscales totales	..	**188.3**	**268.5**	**364.0**	**381.8**	..	**34.9**	**30.7**	**31.3**	**31.3**
1000 Impôts sur le revenu, les bénéfices et les gains en capital	..	**74.6**	**78.3**	**113.7**	**120.5**	..	**13.8**	**9.0**	**9.8**	**9.9**
1100 Des personnes physiques	..	54.8	48.2	70.6	75.6	..	10.1	5.5	6.1	6.2
1200 Des sociétés	..	18.0	23.1	34.7	37.8	..	3.3	2.6	3.0	3.1
1300 Non-ventilables entre 1100 et 1200	..	1.8	6.9	8.4	7.1	..	0.3	0.8	0.7	0.6
2000 Cotisations de sécurité sociale	..	**27.6**	**45.3**	**59.6**	**63.5**	..	**5.1**	**5.2**	**5.1**	**5.2**
2100 À la charge des salariés	..	15.8	27.8	34.7	35.9	..	2.9	3.2	3.0	2.9
2200 À la charge des employeurs	..	8.2	11.4	17.2	19.5	..	1.5	1.3	1.5	1.6
2300 À la charge des indép. ou sans emploi	..	3.6	6.1	7.6	8.1	..	0.7	0.7	0.7	0.7
2400 Non-ventilables entre 2100, 2200 et 2300	..	0.0	0.0	0.0	0.0	..	0.0	0.0	0.0	0.0
3000 Sur les salaires ou main d'oeuvre	..	**6.8**	**10.3**	**13.8**	**14.1**	..	**1.3**	**1.2**	**1.2**	**1.2**
4000 Impôts sur le patrimoine	..	**16.9**	**28.8**	**38.7**	**39.4**	..	**3.1**	**3.3**	**3.3**	**3.2**
4100 Impôts périodiques sur la propriété immobilière	..	11.3	18.8	23.6	24.6	..	2.1	2.1	2.0	2.0
4200 Impôts périodiques sur l'actif net	..	0.0	0.0	0.0	0.0	..	0.0	0.0	0.0	0.0
4300 Impôts sur mut. par décès, succ. et donations	..	0.0	0.0	0.0	0.0	..	0.0	0.0	0.0	0.0
4400 Impôts sur transact. mobilières et immob.	..	3.2	4.1	6.7	6.6	..	0.6	0.5	0.6	0.5
4500 Impôts non périodiques sur	..	2.4	6.0	8.3	8.3	..	0.5	0.7	0.7	0.7
4600 Autres impôts périodiques sur patrimoine	..	0.0	0.0	0.0	0.0	..	0.0	0.0	0.0	0.0
5000 Impôts sur les biens et services	..	**62.4**	**105.9**	**138.3**	**144.4**	..	**11.6**	**12.1**	**11.9**	**11.8**
5100 Impôts sur production, vente, transfert, etc.	..	57.9	98.1	128.3	134.4	..	10.7	11.2	11.0	11.0
5110 Impôts généraux	..	49.9	79.9	107.8	112.9	..	9.2	9.2	9.3	9.2
5111 Taxes sur la valeur ajoutée	..	39.8	65.5	90.8	92.0	..	7.4	7.5	7.8	7.5
5120 Impôts sur biens et services déterminés	..	8.0	18.1	20.5	21.6	..	1.5	2.1	1.8	1.8
5121 Accises	..	6.6	15.5	17.6	18.3	..	1.2	1.8	1.5	1.5
5200 Impôts sur utilisation des biens et exerc. activités	..	4.5	7.8	10.0	9.9	..	0.8	0.9	0.9	0.8
5300 Non-ventilables entre 5100 et 5200	..	0.0	0.0	0.0	0.0	..	0.0	0.0	0.0	0.0
6000 Autres impôts	..	**0.0**	**0.0**	**0.0**	**0.0**	..	**0.0**	**0.0**	**0.0**	**0.0**
Crédits d'impôts récupérables										
Crédits d'impôts récupérables contre 1000	..	..	0.1	1.4	1.3	..	..	0.0	0.1	0.1
Composante transfert	..	..	0.1	1.3	1.2	..	..	0.0	0.1	0.1
Composante fiscale	..	..	0.0	0.1	0.1	..	..	0.0	0.0	0.0

.. Non disponible

Note : Des données et des notes plus détaillées par pays sont disponibles dans le chapitre 5 "Tableaux par pays, 1965-2016" accessible en ligne : http://dx.doi.org/10.1787/rev_stats-2018-fr. Les séries temporelles complètes sont accessibles sur le site web http://oe.cd/series-temporelles-completes.

Les données statistiques concernant Israël sont fournies par et sous la responsabilité des autorités israéliennes compétentes. L'utilisation de ces données par l'OCDE est sans préjudice du statut des hauteurs du Golan, de Jérusalem Est et des colonies de peuplement israéliennes en Cisjordanie aux termes du droit international.

Source : Israel Central Bureau of Statistics and Israel Ministry of Finance.

StatLink http://dx.doi.org/10.1787/888933864149

Tableau 4.32. Israël, recettes fiscales et % du PIB par niveaux d'administration (principaux impôts)

	Milliard ILS					% du PIB				
	1990	2000	2010	2015	2016	1990	2000	2010	2015	2016
Administrations fédérale ou centrale										
Recettes fiscales totales	..	**148.0**	**199.8**	**274.9**	**288.1**	..	**27.4**	**22.9**	**23.7**	**23.6**
1000 Impôts sur revenu, bénéfices et gains en capital	..	74.6	78.3	113.7	120.5	..	13.8	9.0	9.8	9.9
2000 Cotisations de sécurité sociale	..	0.0	0.0	0.0	0.0	..	0.0	0.0	0.0	0.0
3000 Sur salaires ou main d'oeuvre	..	6.8	10.3	13.8	14.1	..	1.3	1.2	1.2	1.2
4000 Impôts sur le patrimoine	..	4.8	6.6	10.6	10.7	..	0.9	0.8	0.9	0.9
5000 Impôts sur les biens et services	..	61.8	104.7	136.8	142.9	..	11.5	12.0	11.8	11.7
6000 Autres impôts	..	0.0	0.0	0.0	0.0	..	0.0	0.0	0.0	0.0
Administrations d'un État/Régions										
Recettes fiscales totales	..	..	..	..	..	..	..	..	..	..
1000 Impôts sur revenu, bénéfices et gains en capital	..	..	..	..	..	..	..	..	..	..
2000 Cotisations de sécurité sociale	..	..	..	..	..	..	..	..	..	..
3000 Sur salaires ou main d'oeuvre	..	..	..	..	..	..	..	..	..	..
4000 Impôts sur le patrimoine	..	..	..	..	..	..	..	..	..	..
5000 Impôts sur les biens et services	..	..	..	..	..	..	..	..	..	..
6000 Autres impôts	..	..	..	..	..	..	..	..	..	..
Administrations locales										
Recettes fiscales totales	..	**12.7**	**23.4**	**29.5**	**30.2**	..	**2.4**	**2.7**	**2.5**	**2.5**
1000 Impôts sur revenu, bénéfices et gains en capital	..	0.0	0.0	0.0	0.0	..	0.0	0.0	0.0	0.0
2000 Cotisations de sécurité sociale	..	0.0	0.0	0.0	0.0	..	0.0	0.0	0.0	0.0
3000 Sur salaires ou main d'oeuvre	..	0.0	0.0	0.0	0.0	..	0.0	0.0	0.0	0.0
4000 Impôts sur le patrimoine	..	12.1	22.2	28.1	28.7	..	2.2	2.5	2.4	2.4
5000 Impôts sur les biens et services	..	0.6	1.1	1.4	1.5	..	0.1	0.1	0.1	0.1
6000 Autres impôts	..	0.0	0.0	0.0	0.0	..	0.0	0.0	0.0	0.0
Administrations de sécurité sociale										
Recettes fiscales totales	..	**27.6**	**45.3**	**59.6**	**63.5**	..	**5.1**	**5.2**	**5.1**	**5.2**
1000 Impôts sur revenu, bénéfices et gains en capital	..	0.0	0.0	0.0	0.0	..	0.0	0.0	0.0	0.0
2000 Cotisations de sécurité sociale	..	27.6	45.3	59.6	63.5	..	5.1	5.2	5.1	5.2
3000 Sur salaires ou main d'oeuvre	..	0.0	0.0	0.0	0.0	..	0.0	0.0	0.0	0.0
4000 Impôts sur le patrimoine	..	0.0	0.0	0.0	0.0	..	0.0	0.0	0.0	0.0
5000 Impôts sur les biens et services	..	0.0	0.0	0.0	0.0	..	0.0	0.0	0.0	0.0
6000 Autres impôts	..	0.0	0.0	0.0	0.0	..	0.0	0.0	0.0	0.0

.. Non disponible

Note : Des données et des notes plus détaillées par pays sont disponibles dans le chapitre 6 "Recettes fiscales des sous-secteurs de l'administration" accessible en ligne : http://dx.doi.org/10.1787/rev_stats-2018-fr. Les séries temporelles complètes sont accessibles sur le site web http://oe.cd/series-temporelles-completes.

Les données statistiques concernant Israël sont fournies par et sous la responsabilité des autorités israéliennes compétentes. L'utilisation de ces données par l'OCDE est sans préjudice du statut des hauteurs du Golan, de Jérusalem Est et des colonies de peuplement israéliennes en Cisjordanie aux termes du droit international.

Source : Israel Central Bureau of Statistics and Israel Ministry of Finance.

StatLink http://dx.doi.org/10.1787/888933864168

Tableau 4.33. Italie, recettes fiscales et % du PIB (sélection de catégories d'impôts)

	Milliard EUR					% du PIB				
	1990	2000	2010	2015	2016	1990	2000	2010	2015	2016
Recettes fiscales totales	**265.1**	**503.1**	**671.6**	**712.5**	**716.2**	**36.4**	**40.6**	**41.9**	**43.1**	**42.6**
1000 Impôts sur le revenu, les bénéfices et les gains en capital	**96.7**	**166.9**	**219.3**	**226.7**	**229.0**	**13.3**	**13.5**	**13.7**	**13.7**	**13.6**
1100 Des personnes physiques	69.7	124.9	180.2	185.1	184.5	9.6	10.1	11.2	11.2	11.0
1200 Des sociétés	26.6	34.7	36.7	33.8	36.1	3.7	2.8	2.3	2.0	2.1
1300 Non-ventilables entre 1100 et 1200	0.4	7.3	2.3	7.8	8.3	0.1	0.6	0.1	0.5	0.5
2000 Cotisations de sécurité sociale	**87.3**	**143.6**	**209.1**	**214.4**	**215.9**	**12.0**	**11.6**	**13.0**	**13.0**	**12.8**
2100 À la charge des salariés	16.8	27.3	37.6	39.8	40.0	2.3	2.2	2.3	2.4	2.4
2200 À la charge des employeurs	62.5	99.9	144.3	143.3	144.0	8.6	8.1	9.0	8.7	8.6
2300 À la charge des indép. ou sans emploi	8.0	16.4	27.2	31.3	31.9	1.1	1.3	1.7	1.9	1.9
2400 Non-ventilables entre 2100, 2200 et 2300	0.0	0.0	0.0	0.0	0.0	0.0	0.0	0.0	0.0	0.0
3000 Sur les salaires ou main d'oeuvre	**0.9**	**0.0**	**0.0**	**0.0**	**0.0**	**0.1**	**0.0**	**0.0**	**0.0**	**0.0**
4000 Impôts sur le patrimoine	**6.0**	**23.4**	**32.4**	**46.4**	**47.1**	**0.8**	**1.9**	**2.0**	**2.8**	**2.8**
4100 Impôts périodiques sur la propriété immobilière	0.0	9.4	9.7	25.6	21.7	0.0	0.8	0.6	1.5	1.3
4200 Impôts périodiques sur l'actif net	0.0	0.0	2.1	0.2	0.4	0.0	0.0	0.1	0.0	0.0
4300 Impôts sur mut. par décès, succ. et donations	0.4	1.0	0.5	0.7	0.7	0.1	0.1	0.0	0.0	0.0
4400 Impôts sur transact. mobilières et immob.	5.6	12.3	17.4	17.4	17.8	0.8	1.0	1.1	1.1	1.1
4500 Impôts non périodiques sur	0.0	0.1	0.9	0.3	4.2	0.0	0.0	0.1	0.0	0.3
4600 Autres impôts périodiques sur patrimoine	0.0	0.6	1.9	2.2	2.2	0.0	0.0	0.1	0.1	0.1
5000 Impôts sur les biens et services	**74.3**	**140.3**	**176.6**	**194.6**	**201.5**	**10.2**	**11.3**	**11.0**	**11.8**	**12.0**
5100 Impôts sur production, vente, transfert, etc.	67.1	125.7	158.5	172.4	177.0	9.2	10.1	9.9	10.4	10.5
5110 Impôts généraux	38.9	77.5	97.6	101.1	103.0	5.3	6.3	6.1	6.1	6.1
5111 Taxes sur la valeur ajoutée	38.9	77.5	97.6	101.1	103.0	5.3	6.3	6.1	6.1	6.1
5120 Impôts sur biens et services déterminés	28.0	48.3	61.0	71.4	74.0	3.9	3.9	3.8	4.3	4.4
5121 Accises	20.3	31.5	36.4	46.2	48.4	2.8	2.5	2.3	2.8	2.9
5200 Impôts sur utilisation des biens et exerc. activités	4.5	8.5	10.5	11.1	13.4	0.6	0.7	0.7	0.7	0.8
5300 Non-ventilables entre 5100 et 5200	2.7	6.1	7.6	11.0	11.1	0.4	0.5	0.5	0.7	0.7
6000 Autres impôts	**0.0**	**27.3**	**31.9**	**28.2**	**20.6**	**0.0**	**2.2**	**2.0**	**1.7**	**1.2**
Crédits d'impôts récupérables										
Crédits d'impôts récupérables contre 1000	..	..	0.3	14.7	12.6	..	..	0.0	0.9	0.7
Composante transfert	..	..	0.1	6.0	3.7	..	..	0.0	0.4	0.2
Composante fiscale	..	..	0.2	8.6	8.9	..	..	0.0	0.5	0.5

.. Non disponible

Note : Des données et des notes plus détaillées par pays sont disponibles dans le chapitre 5 "Tableaux par pays, 1965-2016" accessible en ligne : http://dx.doi.org/10.1787/rev_stats-2018-fr. Les séries temporelles complètes sont accessibles sur le site web http://oe.cd/series-temporelles-completes.

Source : Ministero dell'economia e delle finanze; Istituto nazionale di statistica.

StatLink http://dx.doi.org/10.1787/888933864187

Tableau 4.34. Italie, recettes fiscales et % du PIB par niveaux d'administration (principaux impôts)

	Milliard EUR					% du PIB				
	1990	2000	2010	2015	2016	1990	2000	2010	2015	2016
Administrations fédérale ou centrale										
Recettes fiscales totales	**168.9**	**280.8**	**357.0**	**378.6**	**389.7**	**23.2**	**22.7**	**22.3**	**22.9**	**23.2**
1000 Impôts sur revenu, bénéfices et gains en capital	92.7	154.2	193.6	196.2	198.2	12.7	12.4	12.1	11.9	11.8
2000 Cotisations de sécurité sociale	0.0	0.0	0.0	0.0	0.0	0.0	0.0	0.0	0.0	0.0
3000 Sur salaires ou main d'oeuvre	0.9	0.0	0.0	0.0	0.0	0.1	0.0	0.0	0.0	0.0
4000 Impôts sur le patrimoine	6.0	12.9	21.0	22.4	26.6	0.8	1.0	1.3	1.4	1.6
5000 Impôts sur les biens et services	69.3	113.6	142.5	160.0	164.9	9.5	9.2	8.9	9.7	9.8
6000 Autres impôts	0.0	0.0	0.0	0.0	0.0	0.0	0.0	0.0	0.0	0.0
Administrations d'un État/Régions										
Recettes fiscales totales	..	..	..	..	..	..	..	..	..	..
1000 Impôts sur revenu, bénéfices et gains en capital	..	..	..	..	..	..	..	..	..	..
2000 Cotisations de sécurité sociale	..	..	..	..	..	..	..	..	..	..
3000 Sur salaires ou main d'oeuvre	..	..	..	..	..	..	..	..	..	..
4000 Impôts sur le patrimoine	..	..	..	..	..	..	..	..	..	..
5000 Impôts sur les biens et services	..	..	..	..	..	..	..	..	..	..
6000 Autres impôts	..	..	..	..	..	..	..	..	..	..
Administrations locales										
Recettes fiscales totales	**7.7**	**77.2**	**103.2**	**117.2**	**107.7**	**1.1**	**6.2**	**6.4**	**7.1**	**6.4**
1000 Impôts sur revenu, bénéfices et gains en capital	4.0	12.7	25.6	30.5	30.8	0.6	1.0	1.6	1.8	1.8
2000 Cotisations de sécurité sociale	0.0	0.0	0.0	0.0	0.0	0.0	0.0	0.0	0.0	0.0
3000 Sur salaires ou main d'oeuvre	0.0	0.0	0.0	0.0	0.0	0.0	0.0	0.0	0.0	0.0
4000 Impôts sur le patrimoine	0.0	10.5	11.5	24.0	20.5	0.0	0.8	0.7	1.5	1.2
5000 Impôts sur les biens et services	3.7	26.7	34.2	34.6	35.8	0.5	2.2	2.1	2.1	2.1
6000 Autres impôts	0.0	27.3	31.9	28.2	20.6	0.0	2.2	2.0	1.7	1.2
Administrations de sécurité sociale										
Recettes fiscales totales	**87.3**	**143.6**	**209.1**	**214.4**	**215.9**	**12.0**	**11.6**	**13.0**	**13.0**	**12.8**
1000 Impôts sur revenu, bénéfices et gains en capital	0.0	0.0	0.0	0.0	0.0	0.0	0.0	0.0	0.0	0.0
2000 Cotisations de sécurité sociale	87.3	143.6	209.1	214.4	215.9	12.0	11.6	13.0	13.0	12.8
3000 Sur salaires ou main d'oeuvre	0.0	0.0	0.0	0.0	0.0	0.0	0.0	0.0	0.0	0.0
4000 Impôts sur le patrimoine	0.0	0.0	0.0	0.0	0.0	0.0	0.0	0.0	0.0	0.0
5000 Impôts sur les biens et services	0.0	0.0	0.0	0.0	0.0	0.0	0.0	0.0	0.0	0.0
6000 Autres impôts	0.0	0.0	0.0	0.0	0.0	0.0	0.0	0.0	0.0	0.0

.. Non disponible

Note : Des données et des notes plus détaillées par pays sont disponibles dans le chapitre 6 "Recettes fiscales des sous-secteurs de l'administration" accessible en ligne : http://dx.doi.org/10.1787/rev_stats-2018-fr. Les séries temporelles complètes sont accessibles sur le site web http://oe.cd/series-temporelles-completes.

Source : Ministero dell'economia e delle finanze; Istituto nazionale di statistica.

StatLink http://dx.doi.org/10.1787/888933864206

Tableau 4.35. Japon, recettes fiscales et % du PIB (sélection de catégories d'impôts)

	Milliard JPY					% du PIB				
	1990	2000	2010	2015	2016	1990	2000	2010	2015	2016
Recettes fiscales totales	**130 842.7**	**136 235.8**	**132 484.3**	**163 533.1**	**164 962.9**	**28.2**	**25.8**	**26.5**	**30.6**	**30.6**
1000 Impôts sur le revenu, les bénéfices et les gains en capital	**65 681.6**	**47 398.2**	**40 034.3**	**50 968.7**	**50 447.7**	**14.2**	**9.0**	**8.0**	**9.5**	**9.4**
1100 Des personnes physiques	36 393.6	28 677.3	24 662.7	30 847.1	30 669.6	7.8	5.4	4.9	5.8	5.7
1200 Des sociétés	29 288.0	18 720.9	15 371.6	20 121.7	19 778.1	6.3	3.5	3.1	3.8	3.7
1300 Non-ventilables entre 1100 et 1200	0.0	0.0	0.0	0.0	0.0	0.0	0.0	0.0	0.0	0.0
2000 Cotisations de sécurité sociale	**34 612.6**	**47 968.3**	**54 460.6**	**64 465.2**	**66 614.3**	**7.5**	**9.1**	**10.9**	**12.1**	**12.4**
2100 À la charge des salariés	13 895.0	19 829.9	23 592.6	28 223.5	29 311.4	3.0	3.8	4.7	5.3	5.4
2200 À la charge des employeurs	16 648.8	22 455.5	24 674.2	29 478.7	30 560.4	3.6	4.2	4.9	5.5	5.7
2300 À la charge des indép. ou sans emploi	4 068.8	5 682.9	6 193.8	6 763.0	6 742.5	0.9	1.1	1.2	1.3	1.3
2400 Non-ventilables entre 2100, 2200 et 2300	0.0	0.0	0.0	0.0	0.0	0.0	0.0	0.0	0.0	0.0
3000 Sur les salaires ou main d'oeuvre	**0.0**	**0.0**	**0.0**	**0.0**	**0.0**	**0.0**	**0.0**	**0.0**	**0.0**	**0.0**
4000 Impôts sur le patrimoine	**12 296.3**	**14 294.4**	**12 878.3**	**13 399.7**	**13 772.3**	**2.7**	**2.7**	**2.6**	**2.5**	**2.6**
4100 Impôts périodiques sur la propriété immobilière	7 098.5	10 413.7	10 225.0	10 005.0	10 165.1	1.5	2.0	2.0	1.9	1.9
4200 Impôts périodiques sur l'actif net	0.0	0.0	0.0	0.0	0.0	0.0	0.0	0.0	0.0	0.0
4300 Impôts sur mut. par décès, succ. et donations	1 918.0	1 782.2	1 250.4	1 968.4	2 131.4	0.4	0.3	0.3	0.4	0.4
4400 Impôts sur transact. mobilières et immob.	3 279.8	2 098.5	1 402.9	1 426.3	1 475.8	0.7	0.4	0.3	0.3	0.3
4500 Impôts non périodiques sur	0.0	0.0	0.0	0.0	0.0	0.0	0.0	0.0	0.0	0.0
4600 Autres impôts périodiques sur patrimoine	0.0	0.0	0.0	0.0	0.0	0.0	0.0	0.0	0.0	0.0
5000 Impôts sur les biens et services	**17 916.8**	**26 227.2**	**24 730.2**	**34 286.4**	**33 711.0**	**3.9**	**5.0**	**5.0**	**6.4**	**6.3**
5100 Impôts sur production, vente, transfert, etc.	15 646.5	23 180.2	22 160.4	31 870.7	31 254.2	3.4	4.4	4.4	6.0	5.8
5110 Impôts généraux	5 778.3	12 350.3	12 675.2	22 400.5	21 931.0	1.2	2.3	2.5	4.2	4.1
5111 Taxes sur la valeur ajoutée	5 778.3	12 350.3	12 675.2	22 400.5	21 931.0	1.2	2.3	2.5	4.2	4.1
5120 Impôts sur biens et services déterminés	9 868.2	10 829.9	9 485.2	9 470.2	9 323.2	2.1	2.0	1.9	1.8	1.7
5121 Accises	8 637.2	9 837.0	8 622.4	8 351.2	8 315.9	1.9	1.9	1.7	1.6	1.5
5200 Impôts sur utilisation des biens et exerc. activités	2 270.3	3 047.0	2 569.8	2 415.7	2 456.8	0.5	0.6	0.5	0.5	0.5
5300 Non-ventilables entre 5100 et 5200	0.0	0.0	0.0	0.0	0.0	0.0	0.0	0.0	0.0	0.0
6000 Autres impôts	**335.4**	**347.7**	**381.1**	**413.0**	**417.6**	**0.1**	**0.1**	**0.1**	**0.1**	**0.1**
Crédits d'impôts récupérables										
Crédits d'impôts récupérables contre 1000	..	..	..	..	..	..	..	..	..	..
Composante transfert	..	..	..	..	..	..	..	..	..	..
Composante fiscale	..	..	..	..	..	..	..	..	..	..

.. Non disponible

Note : Des données et des notes plus détaillées par pays sont disponibles dans le chapitre 5 "Tableaux par pays, 1965-2016" accessible en ligne : http://dx.doi.org/10.1787/rev_stats-2018-fr. Les séries temporelles complètes sont accessibles sur le site web http://oe.cd/series-temporelles-completes.

Source : Tax Bureau, Ministry of Finance.

StatLink http://dx.doi.org/10.1787/888933864225

Tableau 4.36. Japon, recettes fiscales et % du PIB par niveaux d'administration (principaux impôts)

	Milliard JPY					% du PIB				
	1990	2000	2010	2015	2016	1990	2000	2010	2015	2016
Administrations fédérale ou centrale										
Recettes fiscales totales	**62 779.7**	**52 720.8**	**43 707.4**	**59 969.4**	**58 956.3**	**13.5**	**10.0**	**8.8**	**11.2**	**10.9**
1000 Impôts sur revenu, bénéfices et gains en capital	44 379.1	30 536.2	23 372.1	31 606.8	30 721.4	9.6	5.8	4.7	5.9	5.7
2000 Cotisations de sécurité sociale	0.0	0.0	0.0	0.0	0.0	0.0	0.0	0.0	0.0	0.0
3000 Sur salaires ou main d'oeuvre	0.0	0.0	0.0	0.0	0.0	0.0	0.0	0.0	0.0	0.0
4000 Impôts sur le patrimoine	4 601.6	3 314.9	2 274.5	3 018.0	3 210.5	1.0	0.6	0.5	0.6	0.6
5000 Impôts sur les biens et services	13 799.0	18 869.7	18 060.9	25 344.5	25 024.4	3.0	3.6	3.6	4.7	4.6
6000 Autres impôts	0.0	0.0	0.0	0.0	0.0	0.0	0.0	0.0	0.0	0.0
Administrations d'un État/Régions										
Recettes fiscales totales	..	..	..	..	..	..	..	..	..	..
1000 Impôts sur revenu, bénéfices et gains en capital	..	..	..	..	..	..	..	..	..	..
2000 Cotisations de sécurité sociale	..	..	..	..	..	..	..	..	..	..
3000 Sur salaires ou main d'oeuvre	..	..	..	..	..	..	..	..	..	..
4000 Impôts sur le patrimoine	..	..	..	..	..	..	..	..	..	..
5000 Impôts sur les biens et services	..	..	..	..	..	..	..	..	..	..
6000 Autres impôts	..	..	..	..	..	..	..	..	..	..
Administrations locales										
Recettes fiscales totales	**33 450.4**	**35 546.7**	**34 316.3**	**39 098.5**	**39 392.3**	**7.2**	**6.7**	**6.9**	**7.3**	**7.3**
1000 Impôts sur revenu, bénéfices et gains en capital	21 302.5	16 862.0	16 662.3	19 361.9	19 726.3	4.6	3.2	3.3	3.6	3.7
2000 Cotisations de sécurité sociale	0.0	0.0	0.0	0.0	0.0	0.0	0.0	0.0	0.0	0.0
3000 Sur salaires ou main d'oeuvre	0.0	0.0	0.0	0.0	0.0	0.0	0.0	0.0	0.0	0.0
4000 Impôts sur le patrimoine	7 694.7	10 979.5	10 603.8	10 381.8	10 561.8	1.7	2.1	2.1	1.9	2.0
5000 Impôts sur les biens et services	4 117.8	7 357.5	6 669.2	8 941.9	8 686.6	0.9	1.4	1.3	1.7	1.6
6000 Autres impôts	335.4	347.7	381.1	413.0	417.6	0.1	0.1	0.1	0.1	0.1
Administrations de sécurité sociale										
Recettes fiscales totales	**34 612.6**	**47 968.3**	**54 460.6**	**64 465.2**	**66 614.3**	**7.5**	**9.1**	**10.9**	**12.1**	**12.4**
1000 Impôts sur revenu, bénéfices et gains en capital	0.0	0.0	0.0	0.0	0.0	0.0	0.0	0.0	0.0	0.0
2000 Cotisations de sécurité sociale	34 612.6	47 968.3	54 460.6	64 465.2	66 614.3	7.5	9.1	10.9	12.1	12.4
3000 Sur salaires ou main d'oeuvre	0.0	0.0	0.0	0.0	0.0	0.0	0.0	0.0	0.0	0.0
4000 Impôts sur le patrimoine	0.0	0.0	0.0	0.0	0.0	0.0	0.0	0.0	0.0	0.0
5000 Impôts sur les biens et services	0.0	0.0	0.0	0.0	0.0	0.0	0.0	0.0	0.0	0.0
6000 Autres impôts	0.0	0.0	0.0	0.0	0.0	0.0	0.0	0.0	0.0	0.0

.. Non disponible

Note : Des données et des notes plus détaillées par pays sont disponibles dans le chapitre 6 "Recettes fiscales des sous-secteurs de l'administration" accessible en ligne : http://dx.doi.org/10.1787/rev_stats-2018-fr. Les séries temporelles complètes sont accessibles sur le site web http://oe.cd/series-temporelles-completes.

Source : Tax Bureau, Ministry of Finance.

StatLink http://dx.doi.org/10.1787/888933864244

Tableau 4.37. Corée, recettes fiscales et % du PIB (sélection de catégories d'impôts)

	Milliard KRW					% du PIB				
	1990	2000	2010	2015	2016	1990	2000	2010	2015	2016
Recettes fiscales totales	**37 261.7**	**136 295.0**	**295 968.0**	**393 559.0**	**430 752.0**	**18.8**	**21.5**	**23.4**	**25.2**	**26.2**
1000 Impôts sur le revenu, les bénéfices et les gains en capital	**12 203.5**	**39 254.0**	**82 905.0**	**119 151.0**	**134 503.0**	**6.2**	**6.2**	**6.6**	**7.6**	**8.2**
1100 Des personnes physiques	7 440.4	19 950.0	42 098.0	67 600.0	75 711.0	3.8	3.1	3.3	4.3	4.6
1200 Des sociétés	4 756.6	19 271.0	40 807.0	51 551.0	58 792.0	2.4	3.0	3.2	3.3	3.6
1300 Non-ventilables entre 1100 et 1200	6.5	33.0	0.0	0.0	0.0	0.0	0.0	0.0	0.0	0.0
2000 Cotisations de sécurité sociale	**3 760.0**	**22 759.0**	**69 090.0**	**104 693.0**	**112 658.0**	**1.9**	**3.6**	**5.5**	**6.7**	**6.9**
2100 À la charge des salariés	1 464.0	8 578.0	28 213.0	44 281.0	48 077.0	0.7	1.4	2.2	2.8	2.9
2200 À la charge des employeurs	1 694.0	9 409.0	30 856.0	47 846.0	51 190.0	0.9	1.5	2.4	3.1	3.1
2300 À la charge des indép. ou sans emploi	602.0	4 772.0	10 021.0	12 566.0	13 391.0	0.3	0.8	0.8	0.8	0.8
2400 Non-ventilables entre 2100, 2200 et 2300	0.0	0.0	0.0	0.0	0.0	0.0	0.0	0.0	0.0	0.0
3000 Sur les salaires ou main d'oeuvre	**152.8**	**258.0**	**714.0**	**1 122.0**	**1 293.0**	**0.1**	**0.0**	**0.1**	**0.1**	**0.1**
4000 Impôts sur le patrimoine	**4 388.9**	**16 846.0**	**33 516.0**	**48 625.0**	**49 820.0**	**2.2**	**2.7**	**2.6**	**3.1**	**3.0**
4100 Impôts périodiques sur la propriété immobilière	980.0	3 385.0	9 270.0	12 486.0	13 095.0	0.5	0.5	0.7	0.8	0.8
4200 Impôts périodiques sur l'actif net	0.0	0.0	0.0	0.0	0.0	0.0	0.0	0.0	0.0	0.0
4300 Impôts sur mut. par décès, succ. et donations	353.9	989.0	3 076.0	5 044.0	5 350.0	0.2	0.2	0.2	0.3	0.3
4400 Impôts sur transact. mobilières et immob.	2 959.7	11 935.0	21 170.0	31 095.0	31 375.0	1.5	1.9	1.7	2.0	1.9
4500 Impôts non périodiques sur	95.3	537.0	0.0	0.0	0.0	0.0	0.1	0.0	0.0	0.0
4600 Autres impôts périodiques sur patrimoine	0.0	0.0	0.0	0.0	0.0	0.0	0.0	0.0	0.0	0.0
5000 Impôts sur les biens et services	**16 497.5**	**52 271.0**	**99 769.0**	**110 326.0**	**121 197.0**	**8.3**	**8.2**	**7.9**	**7.1**	**7.4**
5100 Impôts sur production, vente, transfert, etc.	16 023.5	50 023.0	96 573.0	103 254.0	113 644.0	8.1	7.9	7.6	6.6	6.9
5110 Impôts généraux	6 964.4	23 212.0	51 800.0	60 162.0	68 229.0	3.5	3.7	4.1	3.8	4.2
5111 Taxes sur la valeur ajoutée	6 964.4	23 212.0	51 800.0	60 162.0	68 229.0	3.5	3.7	4.1	3.8	4.2
5120 Impôts sur biens et services déterminés	9 059.1	26 811.0	44 773.0	43 092.0	45 415.0	4.6	4.2	3.5	2.8	2.8
5121 Accises	4 923.7	18 155.0	31 340.0	31 857.0	34 762.0	2.5	2.9	2.5	2.0	2.1
5200 Impôts sur utilisation des biens et exerc. activités	473.9	2 248.0	3 196.0	7 072.0	7 553.0	0.2	0.4	0.3	0.5	0.5
5300 Non-ventilables entre 5100 et 5200	0.0	0.0	0.0	0.0	0.0	0.0	0.0	0.0	0.0	0.0
6000 Autres impôts	**259.1**	**4 907.0**	**9 974.0**	**9 642.0**	**11 281.0**	**0.1**	**0.8**	**0.8**	**0.6**	**0.7**
Crédits d'impôts récupérables										
Crédits d'impôts récupérables contre 1000	..	..	..	..	..	..	..	..	..	..
Composante transfert	..	..	..	..	..	..	..	..	..	..
Composante fiscale	..	..	..	..	..	..	..	..	..	..

.. Non disponible

Note : Des données et des notes plus détaillées par pays sont disponibles dans le chapitre 5 "Tableaux par pays, 1965-2016" accessible en ligne : http://dx.doi.org/10.1787/rev_stats-2018-fr. Les séries temporelles complètes sont accessibles sur le site web http://oe.cd/series-temporelles-completes.

Source : Ministry of Finance and Economy, Ministry of Home Affairs.

StatLink http://dx.doi.org/10.1787/888933864263

Tableau 4.38. Corée, recettes fiscales et % du PIB par niveaux d'administration (principaux impôts)

	Milliard KRW					% du PIB				
	1990	2000	2010	2015	2016	1990	2000	2010	2015	2016
Administrations fédérale ou centrale										
Recettes fiscales totales	**27 140.8**	**92 935.0**	**177 718.0**	**217 888.0**	**242 562.0**	**13.7**	**14.6**	**14.0**	**13.9**	**14.8**
1000 Impôts sur revenu, bénéfices et gains en capital	11 655.2	35 824.0	75 352.0	106 162.0	121 127.0	5.9	5.6	6.0	6.8	7.4
2000 Cotisations de sécurité sociale	0.0	0.0	0.0	0.0	0.0	0.0	0.0	0.0	0.0	0.0
3000 Sur salaires ou main d'oeuvre	29.3	0.0	0.0	0.0	0.0	0.0	0.0	0.0	0.0	0.0
4000 Impôts sur le patrimoine	866.3	5 866.0	11 288.0	15 164.0	14 849.0	0.4	0.9	0.9	1.0	0.9
5000 Impôts sur les biens et services	14 377.5	46 812.0	86 629.0	93 127.0	102 439.0	7.3	7.4	6.8	6.0	6.2
6000 Autres impôts	212.5	4 433.0	4 449.0	3 435.0	4 147.0	0.1	0.7	0.4	0.2	0.3
Administrations d'un État/Régions										
Recettes fiscales totales	..	..	..	..	..	..	..	..	..	..
1000 Impôts sur revenu, bénéfices et gains en capital	..	..	..	..	..	..	..	..	..	..
2000 Cotisations de sécurité sociale	..	..	..	..	..	..	..	..	..	..
3000 Sur salaires ou main d'oeuvre	..	..	..	..	..	..	..	..	..	..
4000 Impôts sur le patrimoine	..	..	..	..	..	..	..	..	..	..
5000 Impôts sur les biens et services	..	..	..	..	..	..	..	..	..	..
6000 Autres impôts	..	..	..	..	..	..	..	..	..	..
Administrations locales										
Recettes fiscales totales	**6 360.9**	**20 601.0**	**49 160.0**	**70 978.0**	**75 532.0**	**3.2**	**3.2**	**3.9**	**4.5**	**4.6**
1000 Impôts sur revenu, bénéfices et gains en capital	548.3	3 430.0	7 553.0	12 989.0	13 376.0	0.3	0.5	0.6	0.8	0.8
2000 Cotisations de sécurité sociale	0.0	0.0	0.0	0.0	0.0	0.0	0.0	0.0	0.0	0.0
3000 Sur salaires ou main d'oeuvre	123.5	258.0	714.0	1 122.0	1 293.0	0.1	0.0	0.1	0.1	0.1
4000 Impôts sur le patrimoine	3 522.6	10 980.0	22 228.0	33 461.0	34 971.0	1.8	1.7	1.8	2.1	2.1
5000 Impôts sur les biens et services	2 120.0	5 459.0	13 140.0	17 199.0	18 758.0	1.1	0.9	1.0	1.1	1.1
6000 Autres impôts	46.6	474.0	5 525.0	6 207.0	7 134.0	0.0	0.1	0.4	0.4	0.4
Administrations de sécurité sociale										
Recettes fiscales totales	**3 760.0**	**22 759.0**	**69 090.0**	**104 693.0**	**112 658.0**	**1.9**	**3.6**	**5.5**	**6.7**	**6.9**
1000 Impôts sur revenu, bénéfices et gains en capital	0.0	0.0	0.0	0.0	0.0	0.0	0.0	0.0	0.0	0.0
2000 Cotisations de sécurité sociale	3 760.0	22 759.0	69 090.0	104 693.0	112 658.0	1.9	3.6	5.5	6.7	6.9
3000 Sur salaires ou main d'oeuvre	0.0	0.0	0.0	0.0	0.0	0.0	0.0	0.0	0.0	0.0
4000 Impôts sur le patrimoine	0.0	0.0	0.0	0.0	0.0	0.0	0.0	0.0	0.0	0.0
5000 Impôts sur les biens et services	0.0	0.0	0.0	0.0	0.0	0.0	0.0	0.0	0.0	0.0
6000 Autres impôts	0.0	0.0	0.0	0.0	0.0	0.0	0.0	0.0	0.0	0.0

.. Non disponible

Note : Des données et des notes plus détaillées par pays sont disponibles dans le chapitre 6 "Recettes fiscales des sous-secteurs de l'administration" accessible en ligne : http://dx.doi.org/10.1787/rev_stats-2018-fr. Les séries temporelles complètes sont accessibles sur le site web http://oe.cd/series-temporelles-completes.

Source : Ministry of Finance and Economy, Ministry of Home Affairs.

StatLink http://dx.doi.org/10.1787/888933864282

Tableau 4.39. Lettonie, recettes fiscales et % du PIB (sélection de catégories d'impôts)

	Milliard EUR					% du PIB				
	1990	2000	2010	2015	2016	1990	2000	2010	2015	2016
Recettes fiscales totales	..	**2.0**	**5.1**	**7.1**	**7.6**	..	**29.1**	**28.2**	**29.2**	**30.4**
1000 Impôts sur le revenu, les bénéfices et les gains en capital	..	**0.5**	**1.3**	**1.8**	**2.0**	..	**7.0**	**7.2**	**7.5**	**8.1**
1100 Des personnes physiques	..	0.4	1.1	1.4	1.6	..	5.5	6.2	5.9	6.4
1200 Des sociétés	..	0.1	0.2	0.4	0.4	..	1.5	1.0	1.6	1.7
1300 Non-ventilables entre 1100 et 1200	..	0.0	0.0	0.0	0.0	..	0.0	0.0	0.0	0.0
2000 Cotisations de sécurité sociale	..	**0.7**	**1.6**	**2.0**	**2.1**	..	**9.8**	**8.7**	**8.3**	**8.3**
2100 À la charge des salariés	..	0.2	0.4	0.6	0.5	..	2.4	2.2	2.4	2.1
2200 À la charge des employeurs	..	0.5	1.2	1.4	1.5	..	7.3	6.4	5.9	6.1
2300 À la charge des indép. ou sans emploi	..	0.0	0.0	0.0	0.0	..	0.0	0.1	0.1	0.1
2400 Non-ventilables entre 2100, 2200 et 2300	..	0.0	0.0	0.0	0.0	..	0.0	0.0	0.0	0.0
3000 Sur les salaires ou main d'oeuvre	..	**0.0**	**0.0**	**0.0**	**0.0**	..	**0.0**	**0.0**	**0.0**	**0.0**
4000 Impôts sur le patrimoine	..	**0.1**	**0.2**	**0.2**	**0.3**	..	**1.1**	**0.9**	**1.0**	**1.1**
4100 Impôts périodiques sur la propriété immobilière	..	0.1	0.1	0.2	0.2	..	0.9	0.7	0.8	0.9
4200 Impôts périodiques sur l'actif net	..	0.0	0.0	0.0	0.0	..	0.0	0.0	0.0	0.0
4300 Impôts sur mut. par décès, succ. et donations	..	0.0	0.0	0.0	0.0	..	0.0	0.0	0.0	0.0
4400 Impôts sur transact. mobilières et immob.	..	0.0	0.0	0.0	0.0	..	0.2	0.1	0.2	0.2
4500 Impôts non périodiques sur	..	0.0	0.0	0.0	0.0	..	0.0	0.0	0.0	0.0
4600 Autres impôts périodiques sur patrimoine	..	0.0	0.0	0.0	0.0	..	0.0	0.0	0.0	0.0
5000 Impôts sur les biens et services	..	**0.8**	**2.0**	**3.0**	**3.2**	..	**11.2**	**11.3**	**12.2**	**12.8**
5100 Impôts sur production, vente, transfert, etc.	..	0.7	1.9	2.8	3.0	..	10.8	10.6	11.5	12.1
5110 Impôts généraux	..	0.5	1.2	1.9	2.1	..	7.0	6.7	7.8	8.3
5111 Taxes sur la valeur ajoutée	..	0.5	1.2	1.9	2.0	..	7.0	6.7	7.7	8.2
5120 Impôts sur biens et services déterminés	..	0.3	0.7	0.9	0.9	..	3.8	3.9	3.6	3.8
5121 Accises	..	0.2	0.6	0.8	0.9	..	3.4	3.6	3.3	3.5
5200 Impôts sur utilisation des biens et exerc. activités	..	0.0	0.1	0.2	0.2	..	0.5	0.7	0.7	0.7
5300 Non-ventilables entre 5100 et 5200	..	0.0	0.0	0.0	0.0	..	0.0	0.0	0.0	0.0
6000 Autres impôts	..	**0.0**	**0.0**	**0.0**	**0.0**	..	**0.0**	**0.0**	**0.0**	**0.0**
Crédits d'impôts récupérables										
Crédits d'impôts récupérables contre 1000	..	..	..	..	..	..	..	..	..	..
Composante transfert	..	..	..	..	..	..	..	..	..	..
Composante fiscale	..	..	..	..	..	..	..	..	..	..

.. Non disponible

Note : Des données et des notes plus détaillées par pays sont disponibles dans le chapitre 5 "Tableaux par pays, 1965-2016" accessible en ligne : http://dx.doi.org/10.1787/rev_stats-2018-fr. Les séries temporelles complètes sont accessibles sur le site web http://oe.cd/series-temporelles-completes.

Source : Ministry of Finance.

StatLink http://dx.doi.org/10.1787/888933864301

Tableau 4.40. Lettonie, recettes fiscales et % du PIB par niveaux d'administration (principaux impôts)

	Milliard EUR					% du PIB				
	1990	2000	2010	2015	2016	1990	2000	2010	2015	2016
Administrations fédérale ou centrale										
Recettes fiscales totales	..	**1.0**	**2.5**	**3.7**	**4.0**	..	**14.4**	**13.7**	**15.0**	**16.0**
1000 Impôts sur revenu, bénéfices et gains en capital	..	0.2	0.4	0.7	0.8	..	3.1	2.2	2.8	3.1
2000 Cotisations de sécurité sociale	..	0.0	0.0	0.0	0.0	..	0.0	0.0	0.0	0.0
3000 Sur salaires ou main d'oeuvre	..	0.0	0.0	0.0	0.0	..	0.0	0.0	0.0	0.0
4000 Impôts sur le patrimoine	..	0.0	0.0	0.0	0.0	..	0.2	0.2	0.2	0.2
5000 Impôts sur les biens et services	..	0.8	2.0	2.9	3.2	..	11.2	11.3	12.1	12.7
6000 Autres impôts	..	0.0	0.0	0.0	0.0	..	0.0	0.0	0.0	0.0
Administrations d'un État/Régions										
Recettes fiscales totales	..	..	..	..	..	..	..	..	..	..
1000 Impôts sur revenu, bénéfices et gains en capital	..	..	..	..	..	..	..	..	..	..
2000 Cotisations de sécurité sociale	..	..	..	..	..	..	..	..	..	..
3000 Sur salaires ou main d'oeuvre	..	..	..	..	..	..	..	..	..	..
4000 Impôts sur le patrimoine	..	..	..	..	..	..	..	..	..	..
5000 Impôts sur les biens et services	..	..	..	..	..	..	..	..	..	..
6000 Autres impôts	..	..	..	..	..	..	..	..	..	..
Administrations locales										
Recettes fiscales totales	..	**0.3**	**1.0**	**1.4**	**1.5**	..	**4.9**	**5.8**	**5.6**	**5.9**
1000 Impôts sur revenu, bénéfices et gains en capital	..	0.3	0.9	1.2	1.2	..	3.9	5.0	4.8	5.0
2000 Cotisations de sécurité sociale	..	0.0	0.0	0.0	0.0	..	0.0	0.0	0.0	0.0
3000 Sur salaires ou main d'oeuvre	..	0.0	0.0	0.0	0.0	..	0.0	0.0	0.0	0.0
4000 Impôts sur le patrimoine	..	0.1	0.1	0.2	0.2	..	0.9	0.7	0.8	0.9
5000 Impôts sur les biens et services	..	0.0	0.0	0.0	0.0	..	0.1	0.1	0.1	0.1
6000 Autres impôts	..	0.0	0.0	0.0	0.0	..	0.0	0.0	0.0	0.0
Administrations de sécurité sociale										
Recettes fiscales totales	..	**0.7**	**1.6**	**2.0**	**2.1**	..	**9.8**	**8.7**	**8.3**	**8.3**
1000 Impôts sur revenu, bénéfices et gains en capital	..	0.0	0.0	0.0	0.0	..	0.0	0.0	0.0	0.0
2000 Cotisations de sécurité sociale	..	0.7	1.6	2.0	2.1	..	9.8	8.7	8.3	8.3
3000 Sur salaires ou main d'oeuvre	..	0.0	0.0	0.0	0.0	..	0.0	0.0	0.0	0.0
4000 Impôts sur le patrimoine	..	0.0	0.0	0.0	0.0	..	0.0	0.0	0.0	0.0
5000 Impôts sur les biens et services	..	0.0	0.0	0.0	0.0	..	0.0	0.0	0.0	0.0
6000 Autres impôts	..	0.0	0.0	0.0	0.0	..	0.0	0.0	0.0	0.0

.. Non disponible

Note : Des données et des notes plus détaillées par pays sont disponibles dans le chapitre 6 "Recettes fiscales des sous-secteurs de l'administration" accessible en ligne : http://dx.doi.org/10.1787/rev_stats-2018-fr. Les séries temporelles complètes sont accessibles sur le site web http://oe.cd/series-temporelles-completes.

Source : Ministry of Finance.

StatLink http://dx.doi.org/10.1787/888933864320

Tableau 4.41. Lituanie, recettes fiscales et % du PIB (sélection de catégories d'impôts)

	Milliard EUR					% du PIB				
	1990	2000	2010	2015	2016	1990	2000	2010	2015	2016
Recettes fiscales totales	..	**4.1**	**7.9**	**10.8**	**11.5**	..	**30.8**	**28.3**	**28.9**	**29.8**
1000 Impôts sur le revenu, les bénéfices et les gains en capital	..	**1.1**	**1.3**	**2.0**	**2.2**	..	**8.3**	**4.6**	**5.4**	**5.6**
1100 Des personnes physiques	..	1.0	1.0	1.4	1.5	..	7.6	3.6	3.8	4.0
1200 Des sociétés	..	0.1	0.3	0.6	0.6	..	0.7	1.0	1.5	1.6
1300 Non-ventilables entre 1100 et 1200	..	0.0	0.0	0.0	0.0	..	0.0	0.0	0.0	0.0
2000 Cotisations de sécurité sociale	..	**1.3**	**3.3**	**4.3**	**4.7**	..	**9.9**	**11.6**	**11.5**	**12.2**
2100 À la charge des salariés	..	0.1	0.6	0.9	1.0	..	0.8	2.3	2.3	2.5
2200 À la charge des employeurs	..	1.1	2.1	2.9	3.2	..	8.1	7.5	7.8	8.2
2300 À la charge des indép. ou sans emploi	..	0.1	0.5	0.5	0.5	..	1.0	1.9	1.5	1.4
2400 Non-ventilables entre 2100, 2200 et 2300	..	0.0	0.0	0.0	0.0	..	0.0	0.0	0.0	0.0
3000 Sur les salaires ou main d'oeuvre	..	**0.0**	**0.0**	**0.0**	**0.0**	..	**0.0**	**0.0**	**0.0**	**0.0**
4000 Impôts sur le patrimoine	..	**0.1**	**0.1**	**0.1**	**0.1**	..	**0.5**	**0.4**	**0.3**	**0.3**
4100 Impôts périodiques sur la propriété immobilière	..	0.1	0.1	0.1	0.1	..	0.5	0.4	0.3	0.3
4200 Impôts périodiques sur l'actif net	..	0.0	0.0	0.0	0.0	..	0.0	0.0	0.0	0.0
4300 Impôts sur mut. par décès, succ. et donations	..	0.0	0.0	0.0	0.0	..	0.0	0.0	0.0	0.0
4400 Impôts sur transact. mobilières et immob.	..	0.0	0.0	0.0	0.0	..	0.0	0.0	0.0	0.0
4500 Impôts non périodiques sur	..	0.0	0.0	0.0	0.0	..	0.0	0.0	0.0	0.0
4600 Autres impôts périodiques sur patrimoine	..	0.0	0.0	0.0	0.0	..	0.0	0.0	0.0	0.0
5000 Impôts sur les biens et services	..	**1.6**	**3.2**	**4.2**	**4.4**	..	**12.1**	**11.5**	**11.4**	**11.5**
5100 Impôts sur production, vente, transfert, etc.	..	1.6	3.1	4.2	4.4	..	11.6	11.2	11.2	11.3
5110 Impôts généraux	..	1.1	2.2	2.9	3.1	..	8.1	7.8	7.8	7.9
5111 Taxes sur la valeur ajoutée	..	1.0	2.2	2.9	3.0	..	7.5	7.8	7.7	7.8
5120 Impôts sur biens et services déterminés	..	0.5	1.0	1.3	1.3	..	3.5	3.4	3.4	3.4
5121 Accises	..	0.4	0.9	1.2	1.2	..	3.2	3.2	3.1	3.2
5200 Impôts sur utilisation des biens et exerc. activités	..	0.1	0.1	0.1	0.1	..	0.5	0.3	0.2	0.2
5300 Non-ventilables entre 5100 et 5200	..	0.0	0.0	0.0	0.0	..	0.0	0.0	0.0	0.0
6000 Autres impôts	..	**0.0**	**0.0**	**0.0**	**0.0**	..	**0.0**	**0.0**	**0.0**	**0.0**
Crédits d'impôts récupérables										
Crédits d'impôts récupérables contre 1000	..	..	..	..	..	..	..	..	..	..
Composante transfert	..	..	..	..	..	..	..	..	..	..
Composante fiscale	..	..	..	..	..	..	..	..	..	..

.. Non disponible

Note : Des données et des notes plus détaillées par pays sont disponibles dans le chapitre 5 "Tableaux par pays, 1965-2016" accessible en ligne : http://dx.doi.org/10.1787/rev_stats-2018-fr. Les séries temporelles complètes sont accessibles sur le site web http://oe.cd/series-temporelles-completes.

Le total des recettes fiscales a été diminué du montant de tout transfert en capital représentant les impôts non perçus. Le transfert en capital a été réparti entre les différentes rubriques en proportion des recettes fiscales. Par conséquent, les montants des recettes fiscales sont différents de ceux présentés dans le chapitre 5 "Tableaux par pays, 1965-2016" accessible en ligne.

Source : Ministry of Finance.

StatLink http://dx.doi.org/10.1787/888933864339

Tableau 4.42. Lituanie, recettes fiscales et % du PIB par niveaux d'administration (principaux impôts)

	Milliard EUR					% du PIB				
	1990	2000	2010	2015	2016	1990	2000	2010	2015	2016
Administrations fédérale ou centrale										
Recettes fiscales totales	..	**2.7**	**4.5**	**6.2**	**6.6**	..	**20.3**	**16.0**	**16.7**	**17.0**
1000 Impôts sur revenu, bénéfices et gains en capital	..	1.1	1.3	2.0	2.2	..	8.3	4.6	5.4	5.6
2000 Cotisations de sécurité sociale	..	0.0	0.0	0.0	0.0	..	0.0	0.0	0.0	0.0
3000 Sur salaires ou main d'oeuvre	..	0.0	0.0	0.0	0.0	..	0.0	0.0	0.0	0.0
4000 Impôts sur le patrimoine	..	0.0	0.0	0.0	0.0	..	0.0	0.0	0.0	0.0
5000 Impôts sur les biens et services	..	1.6	3.2	4.2	4.4	..	12.0	11.4	11.3	11.4
6000 Autres impôts	..	0.0	0.0	0.0	0.0	..	0.0	0.0	0.0	0.0
Administrations d'un État/Régions										
Recettes fiscales totales	..	..	..	..	..	..	..	..	..	..
1000 Impôts sur revenu, bénéfices et gains en capital	..	..	..	..	..	..	..	..	..	..
2000 Cotisations de sécurité sociale	..	..	..	..	..	..	..	..	..	..
3000 Sur salaires ou main d'oeuvre	..	..	..	..	..	..	..	..	..	..
4000 Impôts sur le patrimoine	..	..	..	..	..	..	..	..	..	..
5000 Impôts sur les biens et services	..	..	..	..	..	..	..	..	..	..
6000 Autres impôts	..	..	..	..	..	..	..	..	..	..
Administrations locales										
Recettes fiscales totales	..	**0.1**	**0.1**	**0.1**	**0.1**	..	**0.6**	**0.5**	**0.4**	**0.4**
1000 Impôts sur revenu, bénéfices et gains en capital	..	0.0	0.0	0.0	0.0	..	0.0	0.0	0.0	0.0
2000 Cotisations de sécurité sociale	..	0.0	0.0	0.0	0.0	..	0.0	0.0	0.0	0.0
3000 Sur salaires ou main d'oeuvre	..	0.0	0.0	0.0	0.0	..	0.0	0.0	0.0	0.0
4000 Impôts sur le patrimoine	..	0.1	0.1	0.1	0.1	..	0.5	0.4	0.3	0.3
5000 Impôts sur les biens et services	..	0.0	0.0	0.0	0.0	..	0.1	0.1	0.0	0.0
6000 Autres impôts	..	0.0	0.0	0.0	0.0	..	0.0	0.0	0.0	0.0
Administrations de sécurité sociale										
Recettes fiscales totales	..	**1.3**	**3.3**	**4.3**	**4.7**	..	**9.9**	**11.6**	**11.5**	**12.2**
1000 Impôts sur revenu, bénéfices et gains en capital	..	0.0	0.0	0.0	0.0	..	0.0	0.0	0.0	0.0
2000 Cotisations de sécurité sociale	..	1.3	3.3	4.3	4.7	..	9.9	11.6	11.5	12.2
3000 Sur salaires ou main d'oeuvre	..	0.0	0.0	0.0	0.0	..	0.0	0.0	0.0	0.0
4000 Impôts sur le patrimoine	..	0.0	0.0	0.0	0.0	..	0.0	0.0	0.0	0.0
5000 Impôts sur les biens et services	..	0.0	0.0	0.0	0.0	..	0.0	0.0	0.0	0.0
6000 Autres impôts	..	0.0	0.0	0.0	0.0	..	0.0	0.0	0.0	0.0

.. Non disponible

Note : Des données et des notes plus détaillées par pays sont disponibles dans le chapitre 6 "Recettes fiscales des sous-secteurs de l'administration" accessible en ligne : http://dx.doi.org/10.1787/rev_stats-2018-fr. Les séries temporelles complètes sont accessibles sur le site web http://oe.cd/series-temporelles-completes.

Le total des recettes fiscales a été diminué du montant de tout transfert en capital représentant les impôts non perçus. Le transfert en capital a été réparti entre les différentes rubriques en proportion des recettes fiscales. Par conséquent, les montants des recettes fiscales sont différents de ceux présentés dans le chapitre 6 "Recettes fiscales des sous-secteurs de l'administration" accessible en ligne.

Source : Ministry of Finance.

StatLink http://dx.doi.org/10.1787/888933864358

Tableau 4.43. Luxembourg, recettes fiscales et % du PIB (sélection de catégories d'impôts)

	Milliard EUR					% du PIB				
	1990	2000	2010	2015	2016	1990	2000	2010	2015	2016
Recettes fiscales totales	**3.7**	**8.5**	**15.0**	**19.3**	**20.2**	**33.5**	**36.9**	**37.4**	**37.1**	**38.1**
1000 Impôts sur le revenu, les bénéfices et les gains en capital	**1.5**	**3.1**	**5.5**	**7.0**	**7.4**	**13.5**	**13.5**	**13.6**	**13.5**	**14.0**
1100 Des personnes physiques	0.9	1.6	3.2	4.7	5.0	8.1	6.8	7.9	9.1	9.4
1200 Des sociétés	0.6	1.5	2.3	2.3	2.5	5.4	6.6	5.8	4.4	4.6
1300 Non-ventilables entre 1100 et 1200	0.0	0.0	0.0	0.0	0.0	0.0	0.0	0.0	0.0	0.0
2000 Cotisations de sécurité sociale	**1.0**	**2.2**	**4.4**	**5.6**	**5.8**	**9.2**	**9.6**	**10.8**	**10.7**	**10.9**
2100 À la charge des salariés	0.4	1.0	2.0	2.5	2.6	3.5	4.3	5.0	4.9	4.9
2200 À la charge des employeurs	0.5	1.0	1.9	2.3	2.4	4.5	4.2	4.7	4.5	4.5
2300 À la charge des indép. ou sans emploi	0.1	0.3	0.5	0.7	0.7	1.2	1.2	1.2	1.4	1.4
2400 Non-ventilables entre 2100, 2200 et 2300	0.0	0.0	0.0	0.0	0.0	0.0	0.0	0.0	0.0	0.0
3000 Sur les salaires ou main d'oeuvre	**0.0**	**0.0**	**0.0**	**0.0**	**0.0**	**0.0**	**0.0**	**0.0**	**0.0**	**0.0**
4000 Impôts sur le patrimoine	**0.3**	**0.9**	**1.1**	**1.7**	**1.9**	**2.8**	**3.9**	**2.6**	**3.3**	**3.5**
4100 Impôts périodiques sur la propriété immobilière	0.0	0.0	0.0	0.0	0.0	0.1	0.1	0.1	0.1	0.1
4200 Impôts périodiques sur l'actif net	0.2	0.6	0.8	1.3	1.4	1.6	2.7	2.1	2.5	2.7
4300 Impôts sur mut. par décès, succ. et donations	0.0	0.0	0.1	0.1	0.1	0.1	0.1	0.1	0.1	0.2
4400 Impôts sur transact. mobilières et immob.	0.1	0.2	0.2	0.3	0.3	1.0	1.0	0.4	0.6	0.6
4500 Impôts non périodiques sur	0.0	0.0	0.0	0.0	0.0	0.0	0.0	0.0	0.0	0.0
4600 Autres impôts périodiques sur patrimoine	0.0	0.0	0.0	0.0	0.0	0.0	0.0	0.0	0.0	0.0
5000 Impôts sur les biens et services	**0.9**	**2.2**	**4.1**	**5.0**	**5.1**	**7.9**	**9.7**	**10.2**	**9.5**	**9.6**
5100 Impôts sur production, vente, transfert, etc.	0.8	2.2	4.0	4.9	5.0	7.7	9.6	10.0	9.3	9.4
5110 Impôts généraux	0.4	1.1	2.6	3.4	3.4	4.0	4.9	6.4	6.5	6.4
5111 Taxes sur la valeur ajoutée	0.4	1.1	2.6	3.4	3.4	4.0	4.9	6.4	6.5	6.4
5120 Impôts sur biens et services déterminés	0.4	1.1	1.5	1.5	1.6	3.7	4.7	3.7	2.8	3.1
5121 Accises	0.4	1.0	1.4	1.4	1.4	3.3	4.5	3.5	2.6	2.7
5200 Impôts sur utilisation des biens et exerc. activités	0.0	0.0	0.1	0.1	0.1	0.2	0.1	0.2	0.2	0.1
5300 Non-ventilables entre 5100 et 5200	0.0	0.0	0.0	0.0	0.0	0.0	0.0	0.0	0.0	0.0
6000 Autres impôts	**0.0**	**0.0**	**0.0**	**0.0**	**0.0**	**0.1**	**0.1**	**0.1**	**0.1**	**0.1**
Crédits d'impôts récupérables										
Crédits d'impôts récupérables contre 1000	..	..	..	0.2	0.2	..	..	..	0.4	0.4
Composante transfert	..	..	..	..	..	..	..	..	..	..
Composante fiscale	..	..	..	..	..	..	..	..	..	..

.. Non disponible

Note : Des données et des notes plus détaillées par pays sont disponibles dans le chapitre 5 "Tableaux par pays, 1965-2016" accessible en ligne : http://dx.doi.org/10.1787/rev_stats-2018-fr. Les séries temporelles complètes sont accessibles sur le site web http://oe.cd/series-temporelles-completes.

Source : Compte Général de l'État.

StatLink http://dx.doi.org/10.1787/888933864377

Tableau 4.44. Luxembourg, recettes fiscales et % du PIB par niveaux d'administration (principaux impôts)

	Milliard EUR					% du PIB				
	1990	2000	2010	2015	2016	1990	2000	2010	2015	2016
Administrations fédérale ou centrale										
Recettes fiscales totales	**2.4**	**5.8**	**10.1**	**13.2**	**13.7**	**22.1**	**25.3**	**25.2**	**25.3**	**25.9**
1000 Impôts sur revenu, bénéfices et gains en capital	1.3	2.6	4.9	6.4	6.7	11.6	11.5	12.1	12.3	12.7
2000 Cotisations de sécurité sociale	0.0	0.1	0.1	0.2	0.2	0.1	0.3	0.3	0.3	0.3
3000 Sur salaires ou main d'oeuvre	0.0	0.0	0.0	0.0	0.0	0.0	0.0	0.0	0.0	0.0
4000 Impôts sur le patrimoine	0.3	0.9	1.0	1.7	1.8	2.6	3.8	2.5	3.2	3.4
5000 Impôts sur les biens et services	0.8	2.2	4.1	4.9	5.0	7.7	9.7	10.2	9.4	9.4
6000 Autres impôts	0.0	0.0	0.0	0.0	0.0	0.1	0.0	0.0	0.1	0.1
Administrations d'un État/Régions										
Recettes fiscales totales	..	..	..	..	..	..	..	..	..	..
1000 Impôts sur revenu, bénéfices et gains en capital	..	..	..	..	..	..	..	..	..	..
2000 Cotisations de sécurité sociale	..	..	..	..	..	..	..	..	..	..
3000 Sur salaires ou main d'oeuvre	..	..	..	..	..	..	..	..	..	..
4000 Impôts sur le patrimoine	..	..	..	..	..	..	..	..	..	..
5000 Impôts sur les biens et services	..	..	..	..	..	..	..	..	..	..
6000 Autres impôts	..	..	..	..	..	..	..	..	..	..
Administrations locales										
Recettes fiscales totales	**0.2**	**0.5**	**0.7**	**0.7**	**0.8**	**2.1**	**2.1**	**1.6**	**1.3**	**1.5**
1000 Impôts sur revenu, bénéfices et gains en capital	0.2	0.5	0.6	0.6	0.7	1.9	2.0	1.5	1.2	1.4
2000 Cotisations de sécurité sociale	0.0	0.0	0.0	0.0	0.0	0.0	0.0	0.0	0.0	0.0
3000 Sur salaires ou main d'oeuvre	0.0	0.0	0.0	0.0	0.0	0.0	0.0	0.0	0.0	0.0
4000 Impôts sur le patrimoine	0.0	0.0	0.0	0.1	0.1	0.2	0.1	0.1	0.1	0.1
5000 Impôts sur les biens et services	0.0	0.0	0.0	0.0	0.0	0.0	0.0	0.0	0.0	0.0
6000 Autres impôts	0.0	0.0	0.0	0.0	0.0	0.0	0.0	0.0	0.0	0.0
Administrations de sécurité sociale										
Recettes fiscales totales	**1.0**	**2.2**	**4.2**	**5.4**	**5.6**	**9.1**	**9.3**	**10.5**	**10.4**	**10.5**
1000 Impôts sur revenu, bénéfices et gains en capital	0.0	0.0	0.0	0.0	0.0	0.0	0.0	0.0	0.0	0.0
2000 Cotisations de sécurité sociale	1.0	2.2	4.2	5.4	5.6	9.1	9.3	10.5	10.4	10.5
3000 Sur salaires ou main d'oeuvre	0.0	0.0	0.0	0.0	0.0	0.0	0.0	0.0	0.0	0.0
4000 Impôts sur le patrimoine	0.0	0.0	0.0	0.0	0.0	0.0	0.0	0.0	0.0	0.0
5000 Impôts sur les biens et services	0.0	0.0	0.0	0.0	0.0	0.0	0.0	0.0	0.0	0.0
6000 Autres impôts	0.0	0.0	0.0	0.0	0.0	0.0	0.0	0.0	0.0	0.0

.. Non disponible

Note : Des données et des notes plus détaillées par pays sont disponibles dans le chapitre 6 "Recettes fiscales des sous-secteurs de l'administration" accessible en ligne : http://dx.doi.org/10.1787/rev_stats-2018-fr. Les séries temporelles complètes sont accessibles sur le site web http://oe.cd/series-temporelles-completes.

Source : Compte Général de l'État.

StatLink http://dx.doi.org/10.1787/888933864396

Tableau 4.45. Mexique, recettes fiscales et % du PIB (sélection de catégories d'impôts)

	Milliard MXN					% du PIB				
	1990	2000	2010	2015	2016	1990	2000	2010	2015	2016
Recettes fiscales totales	**102.0**	**767.2**	**1 716.2**	**2 953.5**	**3 343.3**	**12.1**	**11.5**	**12.8**	**15.9**	**16.6**
1000 Impôts sur le revenu, les bénéfices et les gains en capital	**34.7**	**276.5**	**683.6**	**1 230.6**	**1 427.1**	**4.1**	**4.1**	**5.1**	**6.6**	**7.1**
1100 Des personnes physiques	..	..	313.5	609.4	681.8	..	..	2.3	3.3	3.4
1200 Des sociétés	..	..	246.7	592.4	700.9	..	..	1.8	3.2	3.5
1300 Non-ventilables entre 1100 et 1200	34.7	276.5	123.4	28.7	44.4	4.1	4.1	0.9	0.2	0.2
2000 Cotisations de sécurité sociale	**17.2**	**138.2**	**277.5**	**409.2**	**435.0**	**2.0**	**2.1**	**2.1**	**2.2**	**2.2**
2100 À la charge des salariés	..	..	..	..	..	..	..	..	..	..
2200 À la charge des employeurs	..	..	..	..	..	..	..	..	..	..
2300 À la charge des indép. ou sans emploi	..	..	..	..	..	..	..	..	..	..
2400 Non-ventilables entre 2100, 2200 et 2300	17.2	138.2	277.5	409.2	435.0	2.0	2.1	2.1	2.2	2.2
3000 Sur les salaires ou main d'oeuvre	**1.8**	**11.2**	**36.9**	**70.2**	**76.8**	**0.2**	**0.2**	**0.3**	**0.4**	**0.4**
4000 Impôts sur le patrimoine	**1.9**	**14.0**	**39.0**	**57.7**	**63.3**	**0.2**	**0.2**	**0.3**	**0.3**	**0.3**
4100 Impôts périodiques sur la propriété immobilière	1.0	9.9	25.7	38.0	40.4	0.1	0.1	0.2	0.2	0.2
4200 Impôts périodiques sur l'actif net	0.0	0.0	0.0	0.0	0.0	0.0	0.0	0.0	0.0	0.0
4300 Impôts sur mut. par décès, succ. et donations	0.0	0.0	0.0	0.0	0.0	0.0	0.0	0.0	0.0	0.0
4400 Impôts sur transact. mobilières et immob.	0.9	4.0	13.2	19.7	22.9	0.1	0.1	0.1	0.1	0.1
4500 Impôts non périodiques sur	0.0	0.0	0.0	0.0	0.0	0.0	0.0	0.0	0.0	0.0
4600 Autres impôts périodiques sur patrimoine	0.0	0.0	0.0	0.0	0.0	0.0	0.0	0.0	0.0	0.0
5000 Impôts sur les biens et services	**44.8**	**319.6**	**651.9**	**1 141.2**	**1 295.7**	**5.3**	**4.8**	**4.9**	**6.2**	**6.4**
5100 Impôts sur production, vente, transfert, etc.	44.2	310.3	630.1	1 120.6	1 274.7	5.2	4.6	4.7	6.0	6.3
5110 Impôts généraux	26.6	189.6	504.5	707.2	791.7	3.2	2.8	3.8	3.8	3.9
5111 Taxes sur la valeur ajoutée	26.6	189.6	504.5	707.2	791.7	3.2	2.8	3.8	3.8	3.9
5120 Impôts sur biens et services déterminés	17.5	120.7	125.6	413.4	483.0	2.1	1.8	0.9	2.2	2.4
5121 Accises	10.1	86.2	86.1	361.5	420.4	1.2	1.3	0.6	2.0	2.1
5200 Impôts sur utilisation des biens et exerc. activités	0.7	9.3	21.8	20.6	20.9	0.1	0.1	0.2	0.1	0.1
5300 Non-ventilables entre 5100 et 5200	0.0	0.0	0.0	0.0	0.0	0.0	0.0	0.0	0.0	0.0
6000 Autres impôts	**1.6**	**7.7**	**27.4**	**44.6**	**45.5**	**0.2**	**0.1**	**0.2**	**0.2**	**0.2**
Crédits d'impôts récupérables										
Crédits d'impôts récupérables contre 1000	..	..	40.3	43.8	44.9	..	..	0.3	0.2	0.2
Composante transfert	..	..	9.7	1.0	1.1	..	..	0.1	0.0	0.0
Composante fiscale	..	..	30.6	42.8	43.7	..	..	0.2	0.2	0.2

.. Non disponible

Note : Des données et des notes plus détaillées par pays sont disponibles dans le chapitre 5 "Tableaux par pays, 1965-2016" accessible en ligne : http://dx.doi.org/10.1787/rev_stats-2018-fr. Les séries temporelles complètes sont accessibles sur le site web http://oe.cd/series-temporelles-completes.

Source : Ministry of Finance, Economic Department.

StatLink http://dx.doi.org/10.1787/888933864415

Tableau 4.46. Mexique, recettes fiscales et % du PIB par niveaux d'administration (principaux impôts)

	Milliard MXN					% du PIB				
	1990	2000	2010	2015	2016	1990	2000	2010	2015	2016
Administrations fédérale ou centrale										
Recettes fiscales totales	**81.4**	**600.5**	**1 351.5**	**2 374.0**	**2 724.3**	**9.7**	**9.0**	**10.1**	**12.8**	**13.6**
1000 Impôts sur revenu, bénéfices et gains en capital	34.7	276.5	683.6	1 230.6	1 427.1	4.1	4.1	5.1	6.6	7.1
2000 Cotisations de sécurité sociale	0.0	0.0	0.0	0.0	0.0	0.0	0.0	0.0	0.0	0.0
3000 Sur salaires ou main d'oeuvre	0.8	0.0	0.0	0.0	0.0	0.1	0.0	0.0	0.0	0.0
4000 Impôts sur le patrimoine	0.0	0.0	0.0	0.0	0.0	0.0	0.0	0.0	0.0	0.0
5000 Impôts sur les biens et services	44.6	318.1	645.6	1 116.0	1 268.4	5.3	4.8	4.8	6.0	6.3
6000 Autres impôts	1.3	5.9	22.2	27.4	28.8	0.2	0.1	0.2	0.1	0.1
Administrations d'un État/Régions										
Recettes fiscales totales	**2.2**	**20.5**	**58.3**	**123.5**	**133.0**	**0.3**	**0.3**	**0.4**	**0.7**	**0.7**
1000 Impôts sur revenu, bénéfices et gains en capital	0.0	0.0	0.0	0.0	0.0	0.0	0.0	0.0	0.0	0.0
2000 Cotisations de sécurité sociale	0.0	0.0	0.0	0.0	0.0	0.0	0.0	0.0	0.0	0.0
3000 Sur salaires ou main d'oeuvre	1.0	11.2	36.8	70.2	76.8	0.1	0.2	0.3	0.4	0.4
4000 Impôts sur le patrimoine	0.9	7.0	13.1	22.5	23.6	0.1	0.1	0.1	0.1	0.1
5000 Impôts sur les biens et services	0.1	1.3	5.8	24.4	25.9	0.0	0.0	0.0	0.1	0.1
6000 Autres impôts	0.2	0.9	2.5	6.5	6.7	0.0	0.0	0.0	0.0	0.0
Administrations locales										
Recettes fiscales totales	**1.3**	**8.0**	**29.0**	**46.7**	**50.9**	**0.1**	**0.1**	**0.2**	**0.3**	**0.3**
1000 Impôts sur revenu, bénéfices et gains en capital	0.0	0.0	0.0	0.0	0.0	0.0	0.0	0.0	0.0	0.0
2000 Cotisations de sécurité sociale	0.0	0.0	0.0	0.0	0.0	0.0	0.0	0.0	0.0	0.0
3000 Sur salaires ou main d'oeuvre	0.0	0.0	0.1	0.0	0.0	0.0	0.0	0.0	0.0	0.0
4000 Impôts sur le patrimoine	1.0	6.9	25.8	35.2	39.6	0.1	0.1	0.2	0.2	0.2
5000 Impôts sur les biens et services	0.1	0.2	0.5	0.8	1.3	0.0	0.0	0.0	0.0	0.0
6000 Autres impôts	0.1	0.9	2.6	10.7	10.0	0.0	0.0	0.0	0.1	0.1
Administrations de sécurité sociale										
Recettes fiscales totales	**17.2**	**138.2**	**277.5**	**409.2**	**435.0**	**2.0**	**2.1**	**2.1**	**2.2**	**2.2**
1000 Impôts sur revenu, bénéfices et gains en capital	0.0	0.0	0.0	0.0	0.0	0.0	0.0	0.0	0.0	0.0
2000 Cotisations de sécurité sociale	17.2	138.2	277.5	409.2	435.0	2.0	2.1	2.1	2.2	2.2
3000 Sur salaires ou main d'oeuvre	0.0	0.0	0.0	0.0	0.0	0.0	0.0	0.0	0.0	0.0
4000 Impôts sur le patrimoine	0.0	0.0	0.0	0.0	0.0	0.0	0.0	0.0	0.0	0.0
5000 Impôts sur les biens et services	0.0	0.0	0.0	0.0	0.0	0.0	0.0	0.0	0.0	0.0
6000 Autres impôts	0.0	0.0	0.0	0.0	0.0	0.0	0.0	0.0	0.0	0.0

Note : Des données et des notes plus détaillées par pays sont disponibles dans le chapitre 6 "Recettes fiscales des sous-secteurs de l'administration" accessible en ligne : http://dx.doi.org/10.1787/rev_stats-2018-fr. Les séries temporelles complètes sont accessibles sur le site web http://oe.cd/series-temporelles-completes.

Source : Ministry of Finance, Economic Department.

StatLink http://dx.doi.org/10.1787/888933864434

Tableau 4.47. Pays-Bas, recettes fiscales et % du PIB (sélection de catégories d'impôts)

	Milliard EUR					% du PIB				
	1990	2000	2010	2015	2016	1990	2000	2010	2015	2016
Recettes fiscales totales	**104.4**	**166.8**	**227.9**	**255.3**	**272.0**	**39.7**	**36.9**	**35.7**	**37.0**	**38.4**
1000 Impôts sur le revenu, les bénéfices et les gains en capital	**33.7**	**43.3**	**63.6**	**70.8**	**74.0**	**12.8**	**9.6**	**9.9**	**10.3**	**10.4**
1100 Des personnes physiques	25.8	25.1	49.0	52.4	50.3	9.8	5.6	7.7	7.6	7.1
1200 Des sociétés	7.9	18.1	14.6	18.4	23.7	3.0	4.0	2.3	2.7	3.3
1300 Non-ventilables entre 1100 et 1200	0.0	0.0	0.0	0.0	0.0	0.0	0.0	0.0	0.0	0.0
2000 Cotisations de sécurité sociale	**39.1**	**64.5**	**82.7**	**96.4**	**103.9**	**14.9**	**14.3**	**12.9**	**14.0**	**14.7**
2100 À la charge des salariés	24.1	35.3	41.6	48.2	42.0	9.2	7.8	6.5	7.0	5.9
2200 À la charge des employeurs	7.8	18.7	29.4	34.6	36.6	3.0	4.1	4.6	5.0	5.2
2300 À la charge des indép. ou sans emploi	7.1	10.5	11.7	13.6	25.3	2.7	2.3	1.8	2.0	3.6
2400 Non-ventilables entre 2100, 2200 et 2300	0.0	0.0	0.0	0.0	0.0	0.0	0.0	0.0	0.0	0.0
3000 Sur les salaires ou main d'oeuvre	**0.0**	**0.0**	**0.0**	**0.0**	**0.0**	**0.0**	**0.0**	**0.0**	**0.0**	**0.0**
4000 Impôts sur le patrimoine	**3.8**	**8.8**	**8.8**	**9.8**	**10.8**	**1.5**	**1.9**	**1.4**	**1.4**	**1.5**
4100 Impôts périodiques sur la propriété immobilière	1.7	3.1	4.2	6.4	6.6	0.7	0.7	0.7	0.9	0.9
4200 Impôts périodiques sur l'actif net	0.6	0.8	0.0	0.0	0.0	0.2	0.2	0.0	0.0	0.0
4300 Impôts sur mut. par décès, succ. et donations	0.5	1.5	1.7	1.6	1.8	0.2	0.3	0.3	0.2	0.3
4400 Impôts sur transact. mobilières et immob.	1.0	3.4	2.8	1.8	2.3	0.4	0.8	0.4	0.3	0.3
4500 Impôts non périodiques sur	0.0	0.0	0.0	0.0	0.0	0.0	0.0	0.0	0.0	0.0
4600 Autres impôts périodiques sur patrimoine	0.0	0.0	0.0	0.0	0.0	0.0	0.0	0.0	0.0	0.0
5000 Impôts sur les biens et services	**27.6**	**48.2**	**70.1**	**75.6**	**80.3**	**10.5**	**10.7**	**11.0**	**11.0**	**11.3**
5100 Impôts sur production, vente, transfert, etc.	25.1	43.6	62.5	67.0	71.6	9.5	9.6	9.8	9.7	10.1
5110 Impôts généraux	17.2	28.9	42.7	44.9	47.9	6.5	6.4	6.7	6.5	6.8
5111 Taxes sur la valeur ajoutée	17.2	28.8	42.7	44.9	47.8	6.5	6.4	6.7	6.5	6.8
5120 Impôts sur biens et services déterminés	7.9	14.7	19.8	22.1	23.7	3.0	3.3	3.1	3.2	3.3
5121 Accises	6.0	13.8	18.4	18.0	19.0	2.3	3.0	2.9	2.6	2.7
5200 Impôts sur utilisation des biens et exerc. activités	2.5	4.6	7.6	8.6	8.7	1.0	1.0	1.2	1.2	1.2
5300 Non-ventilables entre 5100 et 5200	0.0	0.0	0.0	0.0	0.0	0.0	0.0	0.0	0.0	0.0
6000 Autres impôts	**0.3**	**0.8**	**1.0**	**0.4**	**0.7**	**0.1**	**0.2**	**0.2**	**0.1**	**0.1**
Crédits d'impôts récupérables										
Crédits d'impôts récupérables contre 1000	..	..	..	..	..	..	..	..	..	..
Composante transfert	..	..	..	..	..	..	..	..	..	..
Composante fiscale	..	..	..	..	..	..	..	..	..	..

.. Non disponible

Note : Des données et des notes plus détaillées par pays sont disponibles dans le chapitre 5 "Tableaux par pays, 1965-2016" accessible en ligne : http://dx.doi.org/10.1787/rev_stats-2018-fr. Les séries temporelles complètes sont accessibles sur le site web http://oe.cd/series-temporelles-completes.

Source : Social security contributions and local taxes: Central Bureau of Statistics. Other taxes: Ministry of Finance.

StatLink http://dx.doi.org/10.1787/888933864453

Tableau 4.48. Pays-Bas, recettes fiscales et % du PIB par niveaux d'administration (principaux impôts)

	Milliard EUR					% du PIB				
	1990	2000	2010	2015	2016	1990	2000	2010	2015	2016
Administrations fédérale ou centrale										
Recettes fiscales totales	**61.4**	**95.1**	**135.1**	**146.2**	**156.7**	**23.3**	**21.0**	**21.1**	**21.2**	**22.1**
1000 Impôts sur revenu, bénéfices et gains en capital	33.7	43.3	63.6	70.8	74.0	12.8	9.6	9.9	10.3	10.4
2000 Cotisations de sécurité sociale	0.0	0.0	0.0	0.0	0.0	0.0	0.0	0.0	0.0	0.0
3000 Sur salaires ou main d'oeuvre	0.0	0.0	0.0	0.0	0.0	0.0	0.0	0.0	0.0	0.0
4000 Impôts sur le patrimoine	2.1	5.7	4.6	4.7	5.6	0.8	1.3	0.7	0.7	0.8
5000 Impôts sur les biens et services	25.3	45.4	66.2	70.2	76.4	9.6	10.0	10.4	10.2	10.8
6000 Autres impôts	0.3	0.8	0.8	0.4	0.7	0.1	0.2	0.1	0.1	0.1
Administrations d'un État/Régions										
Recettes fiscales totales	..	..	..	..	..	..	..	..	..	..
1000 Impôts sur revenu, bénéfices et gains en capital	..	..	..	..	..	..	..	..	..	..
2000 Cotisations de sécurité sociale	..	..	..	..	..	..	..	..	..	..
3000 Sur salaires ou main d'oeuvre	..	..	..	..	..	..	..	..	..	..
4000 Impôts sur le patrimoine	..	..	..	..	..	..	..	..	..	..
5000 Impôts sur les biens et services	..	..	..	..	..	..	..	..	..	..
6000 Autres impôts	..	..	..	..	..	..	..	..	..	..
Administrations locales										
Recettes fiscales totales	**2.5**	**5.6**	**8.1**	**9.7**	**8.3**	**0.9**	**1.2**	**1.3**	**1.4**	**1.2**
1000 Impôts sur revenu, bénéfices et gains en capital	0.0	0.0	0.0	0.0	0.0	0.0	0.0	0.0	0.0	0.0
2000 Cotisations de sécurité sociale	0.0	0.0	0.0	0.0	0.0	0.0	0.0	0.0	0.0	0.0
3000 Sur salaires ou main d'oeuvre	0.0	0.0	0.0	0.0	0.0	0.0	0.0	0.0	0.0	0.0
4000 Impôts sur le patrimoine	1.7	3.1	4.2	5.0	5.2	0.7	0.7	0.7	0.7	0.7
5000 Impôts sur les biens et services	0.8	2.5	3.7	4.7	3.2	0.3	0.6	0.6	0.7	0.4
6000 Autres impôts	0.0	0.0	0.2	0.0	0.0	0.0	0.0	0.0	0.0	0.0
Administrations de sécurité sociale										
Recettes fiscales totales	**39.1**	**64.5**	**82.7**	**96.4**	**103.9**	**14.9**	**14.3**	**12.9**	**14.0**	**14.7**
1000 Impôts sur revenu, bénéfices et gains en capital	0.0	0.0	0.0	0.0	0.0	0.0	0.0	0.0	0.0	0.0
2000 Cotisations de sécurité sociale	39.1	64.5	82.7	96.4	103.9	14.9	14.3	12.9	14.0	14.7
3000 Sur salaires ou main d'oeuvre	0.0	0.0	0.0	0.0	0.0	0.0	0.0	0.0	0.0	0.0
4000 Impôts sur le patrimoine	0.0	0.0	0.0	0.0	0.0	0.0	0.0	0.0	0.0	0.0
5000 Impôts sur les biens et services	0.0	0.0	0.0	0.0	0.0	0.0	0.0	0.0	0.0	0.0
6000 Autres impôts	0.0	0.0	0.0	0.0	0.0	0.0	0.0	0.0	0.0	0.0

.. Non disponible

Note : Des données et des notes plus détaillées par pays sont disponibles dans le chapitre 6 "Recettes fiscales des sous-secteurs de l'administration" accessible en ligne : http://dx.doi.org/10.1787/rev_stats-2018-fr. Les séries temporelles complètes sont accessibles sur le site web http://oe.cd/series-temporelles-completes.

Source : Social security contributions and local taxes: Central Bureau of Statistics. Other taxes: Ministry of Finance.

StatLink http://dx.doi.org/10.1787/888933864472

Tableau 4.49. Nouvelle-Zélande, recettes fiscales et % du PIB (sélection de catégories d'impôts)

	Milliard NZD					% du PIB				
	1990	2000	2010	2015	2016	1990	2000	2010	2015	2016
Recettes fiscales totales	**27.5**	**39.8**	**62.3**	**81.5**	**86.6**	**36.2**	**32.5**	**30.3**	**31.6**	**31.6**
1000 Impôts sur le revenu, les bénéfices et les gains en capital	**16.4**	**23.9**	**33.5**	**44.7**	**48.1**	**21.6**	**19.5**	**16.3**	**17.3**	**17.6**
1100 Des personnes physiques	13.2	17.1	23.5	30.3	31.9	17.4	14.0	11.4	11.7	11.6
1200 Des sociétés	1.8	4.9	7.6	11.4	13.5	2.3	4.0	3.7	4.4	4.9
1300 Non-ventilables entre 1100 et 1200	1.4	1.8	2.4	3.0	2.8	1.9	1.5	1.1	1.2	1.0
2000 Cotisations de sécurité sociale	**0.0**	**0.0**	**0.0**	**0.0**	**0.0**	**0.0**	**0.0**	**0.0**	**0.0**	**0.0**
2100 À la charge des salariés	0.0	0.0	0.0	0.0	0.0	0.0	0.0	0.0	0.0	0.0
2200 À la charge des employeurs	0.0	0.0	0.0	0.0	0.0	0.0	0.0	0.0	0.0	0.0
2300 À la charge des indép. ou sans emploi	0.0	0.0	0.0	0.0	0.0	0.0	0.0	0.0	0.0	0.0
2400 Non-ventilables entre 2100, 2200 et 2300	0.0	0.0	0.0	0.0	0.0	0.0	0.0	0.0	0.0	0.0
3000 Sur les salaires ou main d'oeuvre	**0.0**	**0.0**	**0.0**	**0.0**	**0.0**	**0.0**	**0.0**	**0.0**	**0.0**	**0.0**
4000 Impôts sur le patrimoine	**1.9**	**2.1**	**4.1**	**5.1**	**5.3**	**2.5**	**1.7**	**2.0**	**2.0**	**1.9**
4100 Impôts périodiques sur la propriété immobilière	1.7	2.0	4.0	5.0	5.2	2.3	1.7	2.0	1.9	1.9
4200 Impôts périodiques sur l'actif net	0.0	0.0	0.0	0.0	0.0	0.0	0.0	0.0	0.0	0.0
4300 Impôts sur mut. par décès, succ. et donations	0.1	0.0	0.0	0.0	0.0	0.1	0.0	0.0	0.0	0.0
4400 Impôts sur transact. mobilières et immob.	0.1	0.1	0.1	0.1	0.1	0.1	0.1	0.0	0.0	0.0
4500 Impôts non périodiques sur	0.0	0.0	0.0	0.0	0.0	0.0	0.0	0.0	0.0	0.0
4600 Autres impôts périodiques sur patrimoine	0.0	0.0	0.0	0.0	0.0	0.0	0.0	0.0	0.0	0.0
5000 Impôts sur les biens et services	**9.2**	**13.8**	**24.7**	**31.7**	**33.2**	**12.1**	**11.3**	**12.0**	**12.3**	**12.1**
5100 Impôts sur production, vente, transfert, etc.	8.7	12.9	23.1	29.6	30.9	11.4	10.5	11.2	11.5	11.3
5110 Impôts généraux	6.2	9.9	19.1	24.6	25.8	8.1	8.1	9.3	9.5	9.4
5111 Taxes sur la valeur ajoutée	6.2	9.9	19.1	24.6	25.8	8.1	8.1	9.3	9.5	9.4
5120 Impôts sur biens et services déterminés	2.5	3.0	4.0	5.0	5.1	3.3	2.5	1.9	1.9	1.9
5121 Accises	1.9	2.1	1.8	2.3	2.2	2.5	1.8	0.9	0.9	0.8
5200 Impôts sur utilisation des biens et exerc. activités	0.5	0.9	1.6	2.1	2.3	0.7	0.7	0.8	0.8	0.8
5300 Non-ventilables entre 5100 et 5200	0.0	0.0	0.0	0.0	0.0	0.0	0.0	0.0	0.0	0.0
6000 Autres impôts	**0.0**	**0.0**	**0.0**	**0.0**	**0.0**	**0.0**	**0.0**	**0.0**	**0.0**	**0.0**
Crédits d'impôts récupérables										
Crédits d'impôts récupérables contre 1000	..	1.1	2.8	2.4	2.3	..	0.9	1.4	0.9	0.8
Composante transfert	..	0.7	1.8	1.1	1.1	..	0.6	0.9	0.4	0.4
Composante fiscale	..	0.3	1.0	1.3	1.2	..	0.3	0.5	0.5	0.4

.. Non disponible

Note : Des données et des notes plus détaillées par pays sont disponibles dans le chapitre 5 "Tableaux par pays, 1965-2016" accessible en ligne : http://dx.doi.org/10.1787/rev_stats-2018-fr. Les séries temporelles complètes sont accessibles sur le site web http://oe.cd/series-temporelles-completes.

Source : Local Authorities Statistics, Department of Statistics, Wellington.

StatLink http://dx.doi.org/10.1787/888933864491

Tableau 4.50. Nouvelle-Zélande, recettes fiscales et % du PIB par niveaux d'administration (principaux impôts)

	Milliard NZD					% du PIB				
	1990	2000	2010	2015	2016	1990	2000	2010	2015	2016
Administrations fédérale ou centrale										
Recettes fiscales totales	**25.8**	**37.5**	**57.9**	**76.0**	**80.8**	**34.0**	**30.7**	**28.1**	**29.4**	**29.5**
1000 Impôts sur revenu, bénéfices et gains en capital	16.4	23.9	33.5	44.7	48.1	21.6	19.5	16.3	17.3	17.6
2000 Cotisations de sécurité sociale	0.0	0.0	0.0	0.0	0.0	0.0	0.0	0.0	0.0	0.0
3000 Sur salaires ou main d'oeuvre	0.0	0.0	0.0	0.0	0.0	0.0	0.0	0.0	0.0	0.0
4000 Impôts sur le patrimoine	0.3	0.1	0.1	0.1	0.1	0.4	0.1	0.0	0.0	0.0
5000 Impôts sur les biens et services	9.1	13.6	24.3	31.1	32.6	12.0	11.1	11.8	12.1	11.9
6000 Autres impôts	0.0	0.0	0.0	0.0	0.0	0.0	0.0	0.0	0.0	0.0
Administrations d'un État/Régions										
Recettes fiscales totales	..	..	..	..	..	..	..	..	..	..
1000 Impôts sur revenu, bénéfices et gains en capital	..	..	..	..	..	..	..	..	..	..
2000 Cotisations de sécurité sociale	..	..	..	..	..	..	..	..	..	..
3000 Sur salaires ou main d'oeuvre	..	..	..	..	..	..	..	..	..	..
4000 Impôts sur le patrimoine	..	..	..	..	..	..	..	..	..	..
5000 Impôts sur les biens et services	..	..	..	..	..	..	..	..	..	..
6000 Autres impôts	..	..	..	..	..	..	..	..	..	..
Administrations locales										
Recettes fiscales totales	**1.7**	**2.3**	**4.5**	**5.6**	**5.8**	**2.2**	**1.9**	**2.2**	**2.2**	**2.1**
1000 Impôts sur revenu, bénéfices et gains en capital	0.0	0.0	0.0	0.0	0.0	0.0	0.0	0.0	0.0	0.0
2000 Cotisations de sécurité sociale	0.0	0.0	0.0	0.0	0.0	0.0	0.0	0.0	0.0	0.0
3000 Sur salaires ou main d'oeuvre	0.0	0.0	0.0	0.0	0.0	0.0	0.0	0.0	0.0	0.0
4000 Impôts sur le patrimoine	1.6	2.0	4.0	5.0	5.2	2.0	1.7	2.0	1.9	1.9
5000 Impôts sur les biens et services	0.1	0.2	0.4	0.6	0.6	0.2	0.2	0.2	0.2	0.2
6000 Autres impôts	0.0	0.0	0.0	0.0	0.0	0.0	0.0	0.0	0.0	0.0
Administrations de sécurité sociale										
Recettes fiscales totales	**0.0**	**0.0**	**0.0**	**0.0**	**0.0**	**0.0**	**0.0**	**0.0**	**0.0**	**0.0**
1000 Impôts sur revenu, bénéfices et gains en capital	0.0	0.0	0.0	0.0	0.0	0.0	0.0	0.0	0.0	0.0
2000 Cotisations de sécurité sociale	0.0	0.0	0.0	0.0	0.0	0.0	0.0	0.0	0.0	0.0
3000 Sur salaires ou main d'oeuvre	0.0	0.0	0.0	0.0	0.0	0.0	0.0	0.0	0.0	0.0
4000 Impôts sur le patrimoine	0.0	0.0	0.0	0.0	0.0	0.0	0.0	0.0	0.0	0.0
5000 Impôts sur les biens et services	0.0	0.0	0.0	0.0	0.0	0.0	0.0	0.0	0.0	0.0
6000 Autres impôts	0.0	0.0	0.0	0.0	0.0	0.0	0.0	0.0	0.0	0.0

.. Non disponible

Note : Des données et des notes plus détaillées par pays sont disponibles dans le chapitre 6 "Recettes fiscales des sous-secteurs de l'administration" accessible en ligne : http://dx.doi.org/10.1787/rev_stats-2018-fr. Les séries temporelles complètes sont accessibles sur le site web http://oe.cd/series-temporelles-completes.

Source : Local Authorities Statistics, Department of Statistics, Wellington.

StatLink http://dx.doi.org/10.1787/888933864510

Tableau 4.51. Norvège, recettes fiscales et % du PIB (sélection de catégories d'impôts)

	Milliard NOK					% du PIB				
	1990	2000	2010	2015	2016	1990	2000	2010	2015	2016
Recettes fiscales totales	**301.8**	**631.6**	**1 086.7**	**1 198.2**	**1 207.1**	**40.2**	**41.9**	**41.9**	**38.4**	**38.7**
1000 Impôts sur le revenu, les bénéfices et les gains en capital	**106.3**	**284.2**	**512.0**	**475.4**	**458.2**	**14.2**	**18.8**	**19.7**	**15.2**	**14.7**
1100 Des personnes physiques	79.1	152.0	256.5	335.2	332.8	10.5	10.1	9.9	10.8	10.7
1200 Des sociétés	27.2	132.2	255.5	140.2	125.4	3.6	8.8	9.9	4.5	4.0
1300 Non-ventilables entre 1100 et 1200	0.0	0.0	0.0	0.0	0.0	0.0	0.0	0.0	0.0	0.0
2000 Cotisations de sécurité sociale	**79.4**	**132.2**	**243.0**	**325.6**	**330.9**	**10.6**	**8.8**	**9.4**	**10.4**	**10.6**
2100 À la charge des salariés	25.3	45.2	81.0	112.7	115.4	3.4	3.0	3.1	3.6	3.7
2200 À la charge des employeurs	50.1	79.2	148.1	191.4	193.3	6.7	5.3	5.7	6.1	6.2
2300 À la charge des indép. ou sans emploi	3.9	7.8	13.9	21.5	22.3	0.5	0.5	0.5	0.7	0.7
2400 Non-ventilables entre 2100, 2200 et 2300	0.0	0.0	0.0	0.0	0.0	0.0	0.0	0.0	0.0	0.0
3000 Sur les salaires ou main d'oeuvre	**0.0**	**0.0**	**0.0**	**0.0**	**0.0**	**0.0**	**0.0**	**0.0**	**0.0**	**0.0**
4000 Impôts sur le patrimoine	**8.9**	**14.5**	**30.9**	**35.6**	**39.2**	**1.2**	**1.0**	**1.2**	**1.1**	**1.3**
4100 Impôts périodiques sur la propriété immobilière	2.2	2.8	8.5	12.7	13.7	0.3	0.2	0.3	0.4	0.4
4200 Impôts périodiques sur l'actif net	5.1	7.7	14.1	14.1	16.7	0.7	0.5	0.5	0.5	0.5
4300 Impôts sur mut. par décès, succ. et donations	0.4	1.3	2.4	0.3	0.2	0.1	0.1	0.1	0.0	0.0
4400 Impôts sur transact. mobilières et immob.	1.1	2.7	5.9	8.4	8.6	0.1	0.2	0.2	0.3	0.3
4500 Impôts non périodiques sur	0.0	0.0	0.0	0.0	0.0	0.0	0.0	0.0	0.0	0.0
4600 Autres impôts périodiques sur patrimoine	0.0	0.0	0.0	0.0	0.0	0.0	0.0	0.0	0.0	0.0
5000 Impôts sur les biens et services	**107.3**	**200.7**	**300.7**	**361.7**	**378.8**	**14.3**	**13.3**	**11.6**	**11.6**	**12.1**
5100 Impôts sur production, vente, transfert, etc.	102.9	185.9	284.9	342.4	358.8	13.7	12.3	11.0	11.0	11.5
5110 Impôts généraux	56.7	125.0	201.8	256.0	270.1	7.6	8.3	7.8	8.2	8.7
5111 Taxes sur la valeur ajoutée	56.7	124.2	201.2	255.2	269.2	7.6	8.2	7.8	8.2	8.6
5120 Impôts sur biens et services déterminés	46.2	60.9	83.1	86.4	88.8	6.2	4.0	3.2	2.8	2.8
5121 Accises	37.5	54.9	76.3	78.8	79.5	5.0	3.6	2.9	2.5	2.5
5200 Impôts sur utilisation des biens et exerc. activités	4.4	14.8	15.8	19.3	20.0	0.6	1.0	0.6	0.6	0.6
5300 Non-ventilables entre 5100 et 5200	0.0	0.0	0.0	0.0	0.0	0.0	0.0	0.0	0.0	0.0
6000 Autres impôts	**0.0**	**0.0**	**0.0**	**0.0**	**0.0**	**0.0**	**0.0**	**0.0**	**0.0**	**0.0**
Crédits d'impôts récupérables										
Crédits d'impôts récupérables contre 1000	..	..	1.2	3.0	3.6	..	..	0.0	0.1	0.1
Composante transfert	..	..	1.0	2.5	3.0	..	..	0.0	0.1	0.1
Composante fiscale	..	..	0.3	0.5	0.6	..	..	0.0	0.0	0.0

.. Non disponible

Note : Des données et des notes plus détaillées par pays sont disponibles dans le chapitre 5 "Tableaux par pays, 1965-2016" accessible en ligne : http://dx.doi.org/10.1787/rev_stats-2018-fr. Les séries temporelles complètes sont accessibles sur le site web http://oe.cd/series-temporelles-completes.

Source : Statistics Norway; National Accounts.

StatLink http://dx.doi.org/10.1787/888933864529

Tableau 4.52. Norvège, recettes fiscales et % du PIB par niveaux d'administration (principaux impôts)

	Milliard NOK					% du PIB				
	1990	2000	2010	2015	2016	1990	2000	2010	2015	2016
Administrations fédérale ou centrale										
Recettes fiscales totales	**165.4**	**536.1**	**938.4**	**1 013.9**	**1 011.7**	**22.1**	**35.6**	**36.2**	**32.5**	**32.4**
1000 Impôts sur revenu, bénéfices et gains en capital	50.6	198.4	380.8	314.8	288.9	6.8	13.2	14.7	10.1	9.3
2000 Cotisations de sécurité sociale	4.7	132.2	243.0	325.6	330.9	0.6	8.8	9.4	10.4	10.6
3000 Sur salaires ou main d'oeuvre	0.0	0.0	0.0	0.0	0.0	0.0	0.0	0.0	0.0	0.0
4000 Impôts sur le patrimoine	3.4	7.0	16.0	13.8	15.4	0.5	0.5	0.6	0.4	0.5
5000 Impôts sur les biens et services	106.7	198.6	298.6	359.7	376.5	14.2	13.2	11.5	11.5	12.1
6000 Autres impôts	0.0	0.0	0.0	0.0	0.0	0.0	0.0	0.0	0.0	0.0
Administrations d'un État/Régions										
Recettes fiscales totales	..	..	..	..	..	..	..	..	..	..
1000 Impôts sur revenu, bénéfices et gains en capital	..	..	..	..	..	..	..	..	..	..
2000 Cotisations de sécurité sociale	..	..	..	..	..	..	..	..	..	..
3000 Sur salaires ou main d'oeuvre	..	..	..	..	..	..	..	..	..	..
4000 Impôts sur le patrimoine	..	..	..	..	..	..	..	..	..	..
5000 Impôts sur les biens et services	..	..	..	..	..	..	..	..	..	..
6000 Autres impôts	..	..	..	..	..	..	..	..	..	..
Administrations locales										
Recettes fiscales totales	**61.6**	**95.5**	**148.2**	**184.4**	**195.4**	**8.2**	**6.3**	**5.7**	**5.9**	**6.3**
1000 Impôts sur revenu, bénéfices et gains en capital	55.7	85.8	131.2	160.6	169.3	7.4	5.7	5.1	5.2	5.4
2000 Cotisations de sécurité sociale	0.0	0.0	0.0	0.0	0.0	0.0	0.0	0.0	0.0	0.0
3000 Sur salaires ou main d'oeuvre	0.0	0.0	0.0	0.0	0.0	0.0	0.0	0.0	0.0	0.0
4000 Impôts sur le patrimoine	5.5	7.6	14.9	21.8	23.9	0.7	0.5	0.6	0.7	0.8
5000 Impôts sur les biens et services	0.4	2.1	2.2	2.0	2.3	0.1	0.1	0.1	0.1	0.1
6000 Autres impôts	0.0	0.0	0.0	0.0	0.0	0.0	0.0	0.0	0.0	0.0
Administrations de sécurité sociale										
Recettes fiscales totales	**74.8**	**0.0**	**0.0**	**0.0**	**0.0**	**10.0**	**0.0**	**0.0**	**0.0**	**0.0**
1000 Impôts sur revenu, bénéfices et gains en capital	0.0	0.0	0.0	0.0	0.0	0.0	0.0	0.0	0.0	0.0
2000 Cotisations de sécurité sociale	74.6	0.0	0.0	0.0	0.0	10.0	0.0	0.0	0.0	0.0
3000 Sur salaires ou main d'oeuvre	0.0	0.0	0.0	0.0	0.0	0.0	0.0	0.0	0.0	0.0
4000 Impôts sur le patrimoine	0.0	0.0	0.0	0.0	0.0	0.0	0.0	0.0	0.0	0.0
5000 Impôts sur les biens et services	0.2	0.0	0.0	0.0	0.0	0.0	0.0	0.0	0.0	0.0
6000 Autres impôts	0.0	0.0	0.0	0.0	0.0	0.0	0.0	0.0	0.0	0.0

.. Non disponible

Note : Des données et des notes plus détaillées par pays sont disponibles dans le chapitre 6 "Recettes fiscales des sous-secteurs de l'administration" accessible en ligne : http://dx.doi.org/10.1787/rev_stats-2018-fr. Les séries temporelles complètes sont accessibles sur le site web http://oe.cd/series-temporelles-completes.

Source : Statistics Norway; National Accounts.

StatLink http://dx.doi.org/10.1787/888933864548

Tableau 4.53. Pologne, recettes fiscales et % du PIB (sélection de catégories d'impôts)

	Milliard PLN					% du PIB				
	1990	2000	2010	2015	2016	1990	2000	2010	2015	2016
Recettes fiscales totales	..	**246.0**	**454.0**	**582.4**	**620.6**	..	**32.9**	**31.4**	**32.4**	**33.4**
1000 Impôts sur le revenu, les bénéfices et les gains en capital	..	**50.3**	**91.0**	**117.1**	**124.3**	..	**6.7**	**6.3**	**6.5**	**6.7**
1100 Des personnes physiques	..	32.4	62.9	84.0	90.1	..	4.3	4.4	4.7	4.8
1200 Des sociétés	..	17.9	28.1	33.1	34.2	..	2.4	1.9	1.8	1.8
1300 Non-ventilables entre 1100 et 1200	..	0.0	0.0	0.0	0.0	..	0.0	0.0	0.0	0.0
2000 Cotisations de sécurité sociale	..	**96.4**	**156.0**	**223.5**	**236.3**	..	**12.9**	**10.8**	**12.4**	**12.7**
2100 À la charge des salariés	..	42.4	60.2	88.6	92.7	..	5.7	4.2	4.9	5.0
2200 À la charge des employeurs	..	41.4	65.4	87.6	91.8	..	5.5	4.5	4.9	4.9
2300 À la charge des indép. ou sans emploi	..	12.6	30.4	47.4	51.8	..	1.7	2.1	2.6	2.8
2400 Non-ventilables entre 2100, 2200 et 2300	..	0.0	0.0	0.0	0.0	..	0.0	0.0	0.0	0.0
3000 Sur les salaires ou main d'oeuvre	..	**1.6**	**3.7**	**4.0**	**4.2**	..	**0.2**	**0.3**	**0.2**	**0.2**
4000 Impôts sur le patrimoine	..	**10.6**	**19.1**	**24.6**	**25.6**	..	**1.4**	**1.3**	**1.4**	**1.4**
4100 Impôts périodiques sur la propriété immobilière	..	8.4	16.4	22.2	22.7	..	1.1	1.1	1.2	1.2
4200 Impôts périodiques sur l'actif net	..	0.0	0.0	0.0	0.0	..	0.0	0.0	0.0	0.0
4300 Impôts sur mut. par décès, succ. et donations	..	0.2	0.3	0.2	0.3	..	0.0	0.0	0.0	0.0
4400 Impôts sur transact. mobilières et immob.	..	2.0	2.4	2.2	2.6	..	0.3	0.2	0.1	0.1
4500 Impôts non périodiques sur	..	0.0	0.0	0.0	0.0	..	0.0	0.0	0.0	0.0
4600 Autres impôts périodiques sur patrimoine	..	0.0	0.0	0.0	0.0	..	0.0	0.0	0.0	0.0
5000 Impôts sur les biens et services	..	**86.9**	**182.0**	**209.7**	**226.1**	..	**11.6**	**12.6**	**11.7**	**12.2**
5100 Impôts sur production, vente, transfert, etc.	..	84.9	175.2	201.7	218.0	..	11.4	12.1	11.2	11.7
5110 Impôts généraux	..	51.6	109.7	125.8	131.0	..	6.9	7.6	7.0	7.0
5111 Taxes sur la valeur ajoutée	..	51.6	109.7	125.8	131.0	..	6.9	7.6	7.0	7.0
5120 Impôts sur biens et services déterminés	..	33.3	65.5	75.9	87.0	..	4.5	4.5	4.2	4.7
5121 Accises	..	27.2	62.0	70.6	75.6	..	3.6	4.3	3.9	4.1
5200 Impôts sur utilisation des biens et exerc. activités	..	2.0	6.8	8.0	8.1	..	0.3	0.5	0.4	0.4
5300 Non-ventilables entre 5100 et 5200	..	0.0	0.0	0.0	0.0	..	0.0	0.0	0.0	0.0
6000 Autres impôts	..	**0.3**	**0.6**	**0.6**	**0.9**	..	**0.0**	**0.0**	**0.0**	**0.1**
Crédits d'impôts récupérables										
Crédits d'impôts récupérables contre 1000	..	..	..	..	..	..	..	..	..	..
Composante transfert	..	..	..	..	..	..	..	..	..	..
Composante fiscale	..	..	..	..	..	..	..	..	..	..

.. Non disponible

Note : Des données et des notes plus détaillées par pays sont disponibles dans le chapitre 5 "Tableaux par pays, 1965-2016" accessible en ligne : http://dx.doi.org/10.1787/rev_stats-2018-fr. Les séries temporelles complètes sont accessibles sur le site web http://oe.cd/series-temporelles-completes.

Source : Ministry of Finance, Economic Department.

StatLink http://dx.doi.org/10.1787/888933864567

Tableau 4.54. Pologne, recettes fiscales et % du PIB par niveaux d'administration (principaux impôts)

	Milliard PLN					% du PIB				
	1990	2000	2010	2015	2016	1990	2000	2010	2015	2016
Administrations fédérale ou centrale										
Recettes fiscales totales	..	**126.9**	**239.2**	**280.9**	**301.2**	..	**17.0**	**16.6**	**15.6**	**16.2**
1000 Impôts sur revenu, bénéfices et gains en capital	..	40.0	57.7	71.4	75.2	..	5.3	4.0	4.0	4.0
2000 Cotisations de sécurité sociale	..	0.0	0.0	0.0	0.0	..	0.0	0.0	0.0	0.0
3000 Sur salaires ou main d'oeuvre	..	1.6	3.7	4.0	4.2	..	0.2	0.3	0.2	0.2
4000 Impôts sur le patrimoine	..	0.0	0.0	0.0	0.0	..	0.0	0.0	0.0	0.0
5000 Impôts sur les biens et services	..	85.3	177.8	205.5	221.8	..	11.4	12.3	11.4	11.9
6000 Autres impôts	..	0.0	0.0	0.0	0.0	..	0.0	0.0	0.0	0.0
Administrations d'un État/Régions										
Recettes fiscales totales	..	..	..	..	..	..	..	..	..	..
1000 Impôts sur revenu, bénéfices et gains en capital	..	..	..	..	..	..	..	..	..	..
2000 Cotisations de sécurité sociale	..	..	..	..	..	..	..	..	..	..
3000 Sur salaires ou main d'oeuvre	..	..	..	..	..	..	..	..	..	..
4000 Impôts sur le patrimoine	..	..	..	..	..	..	..	..	..	..
5000 Impôts sur les biens et services	..	..	..	..	..	..	..	..	..	..
6000 Autres impôts	..	..	..	..	..	..	..	..	..	..
Administrations locales										
Recettes fiscales totales	..	**22.7**	**57.1**	**75.1**	**79.8**	..	**3.0**	**4.0**	**4.2**	**4.3**
1000 Impôts sur revenu, bénéfices et gains en capital	..	10.3	33.3	45.7	49.0	..	1.4	2.3	2.5	2.6
2000 Cotisations de sécurité sociale	..	0.0	0.0	0.0	0.0	..	0.0	0.0	0.0	0.0
3000 Sur salaires ou main d'oeuvre	..	0.0	0.0	0.0	0.0	..	0.0	0.0	0.0	0.0
4000 Impôts sur le patrimoine	..	10.6	19.1	24.6	25.6	..	1.4	1.3	1.4	1.4
5000 Impôts sur les biens et services	..	1.5	4.1	4.1	4.2	..	0.2	0.3	0.2	0.2
6000 Autres impôts	..	0.3	0.6	0.6	0.9	..	0.0	0.0	0.0	0.1
Administrations de sécurité sociale										
Recettes fiscales totales	..	**96.4**	**156.0**	**223.5**	**236.3**	..	**12.9**	**10.8**	**12.4**	**12.7**
1000 Impôts sur revenu, bénéfices et gains en capital	..	0.0	0.0	0.0	0.0	..	0.0	0.0	0.0	0.0
2000 Cotisations de sécurité sociale	..	96.4	156.0	223.5	236.3	..	12.9	10.8	12.4	12.7
3000 Sur salaires ou main d'oeuvre	..	0.0	0.0	0.0	0.0	..	0.0	0.0	0.0	0.0
4000 Impôts sur le patrimoine	..	0.0	0.0	0.0	0.0	..	0.0	0.0	0.0	0.0
5000 Impôts sur les biens et services	..	0.0	0.0	0.0	0.0	..	0.0	0.0	0.0	0.0
6000 Autres impôts	..	0.0	0.0	0.0	0.0	..	0.0	0.0	0.0	0.0

.. Non disponible

Note : Des données et des notes plus détaillées par pays sont disponibles dans le chapitre 6 "Recettes fiscales des sous-secteurs de l'administration" accessible en ligne : http://dx.doi.org/10.1787/rev_stats-2018-fr. Les séries temporelles complètes sont accessibles sur le site web http://oe.cd/series-temporelles-completes.

Source : Ministry of Finance, Economic Department.

StatLink http://dx.doi.org/10.1787/888933864586

Tableau 4.55. Portugal, recettes fiscales et % du PIB (sélection de catégories d'impôts)

	Milliard EUR					% du PIB				
	1990	2000	2010	2015	2016	1990	2000	2010	2015	2016
Recettes fiscales totales	**14.8**	**39.9**	**54.7**	**61.9**	**63.7**	**26.5**	**31.1**	**30.4**	**34.4**	**34.3**
1000 Impôts sur le revenu, les bénéfices et les gains en capital	**3.8**	**11.7**	**14.6**	**18.8**	**18.3**	**6.8**	**9.1**	**8.1**	**10.4**	**9.9**
1100 Des personnes physiques	2.4	6.9	9.6	13.1	12.6	4.2	5.4	5.4	7.3	6.8
1200 Des sociétés	1.2	4.7	4.9	5.6	5.7	2.1	3.7	2.7	3.1	3.1
1300 Non-ventilables entre 1100 et 1200	0.3	0.0	0.1	0.0	0.0	0.5	0.0	0.0	0.0	0.0
2000 Cotisations de sécurité sociale	**4.0**	**10.2**	**15.5**	**16.2**	**16.9**	**7.2**	**7.9**	**8.6**	**9.0**	**9.1**
2100 À la charge des salariés	1.5	4.3	6.7	7.0	7.2	2.6	3.3	3.7	3.9	3.9
2200 À la charge des employeurs	2.4	5.9	8.8	9.2	9.7	4.3	4.6	4.9	5.1	5.2
2300 À la charge des indép. ou sans emploi	0.1	0.0	0.0	0.0	0.0	0.3	0.0	0.0	0.0	0.0
2400 Non-ventilables entre 2100, 2200 et 2300	0.0	0.0	0.0	0.0	0.0	0.0	0.0	0.0	0.0	0.0
3000 Sur les salaires ou main d'oeuvre	**0.0**	**0.0**	**0.0**	**0.0**	**0.0**	**0.0**	**0.0**	**0.0**	**0.0**	**0.0**
4000 Impôts sur le patrimoine	**0.4**	**1.5**	**1.9**	**2.3**	**2.4**	**0.7**	**1.1**	**1.1**	**1.3**	**1.3**
4100 Impôts périodiques sur la propriété immobilière	0.1	0.5	1.1	1.5	1.5	0.2	0.4	0.6	0.9	0.8
4200 Impôts périodiques sur l'actif net	0.0	0.0	0.0	0.0	0.0	0.0	0.0	0.0	0.0	0.0
4300 Impôts sur mut. par décès, succ. et donations	0.1	0.1	0.0	0.0	0.0	0.1	0.1	0.0	0.0	0.0
4400 Impôts sur transact. mobilières et immob.	0.2	0.9	0.8	0.8	0.9	0.3	0.7	0.5	0.4	0.5
4500 Impôts non périodiques sur	0.0	0.0	0.0	0.0	0.0	0.0	0.0	0.0	0.0	0.0
4600 Autres impôts périodiques sur patrimoine	0.0	0.0	0.0	0.0	0.0	0.0	0.0	0.0	0.0	0.0
5000 Impôts sur les biens et services	**6.6**	**16.1**	**22.0**	**23.8**	**25.2**	**11.7**	**12.5**	**12.2**	**13.3**	**13.6**
5100 Impôts sur production, vente, transfert, etc.	6.4	15.6	21.2	22.8	24.0	11.5	12.2	11.8	12.7	12.9
5110 Impôts généraux	2.9	9.7	13.5	15.4	15.8	5.2	7.6	7.5	8.5	8.5
5111 Taxes sur la valeur ajoutée	2.9	9.7	13.5	15.4	15.8	5.2	7.6	7.5	8.5	8.5
5120 Impôts sur biens et services déterminés	3.5	5.9	7.7	7.5	8.2	6.3	4.6	4.3	4.2	4.4
5121 Accises	2.1	4.5	5.7	5.2	5.8	3.7	3.5	3.1	2.9	3.1
5200 Impôts sur utilisation des biens et exerc. activités	0.1	0.4	0.7	1.0	1.1	0.2	0.3	0.4	0.6	0.6
5300 Non-ventilables entre 5100 et 5200	0.0	0.1	0.0	0.0	0.1	0.0	0.0	0.0	0.0	0.1
6000 Autres impôts	**0.0**	**0.3**	**0.5**	**0.7**	**0.7**	**0.1**	**0.2**	**0.3**	**0.4**	**0.4**
Crédits d'impôts récupérables										
Crédits d'impôts récupérables contre 1000	..	..	..	..	..	..	..	..	..	..
Composante transfert	..	..	..	..	..	..	..	..	..	..
Composante fiscale	..	..	..	..	..	..	..	..	..	..

.. Non disponible

Note : Des données et des notes plus détaillées par pays sont disponibles dans le chapitre 5 "Tableaux par pays, 1965-2016" accessible en ligne : http://dx.doi.org/10.1787/rev_stats-2018-fr. Les séries temporelles complètes sont accessibles sur le site web http://oe.cd/series-temporelles-completes.

Source : Instituto Nacionale de Estatistica; Conta do Estado, Contas de Gerência dos Fundos e Serviços Autonomos da Administraçao Central; Estatisticas das Financas publicas; Relatorio do Instituto de Gestao Financeira da Seguranta Social, Contas de Gerência das Regioes Autonomas da Madeira e dos Atores.

StatLink http://dx.doi.org/10.1787/888933864605

Tableau 4.56. Portugal, recettes fiscales et % du PIB par niveaux d'administration (principaux impôts)

	Milliard EUR					% du PIB				
	1990	2000	2010	2015	2016	1990	2000	2010	2015	2016
Administrations fédérale ou centrale										
Recettes fiscales totales	**9.8**	**27.8**	**36.5**	**45.2**	**46.3**	**17.6**	**21.6**	**20.3**	**25.1**	**25.0**
1000 Impôts sur revenu, bénéfices et gains en capital	3.6	11.1	13.6	17.5	17.0	6.4	8.7	7.5	9.7	9.2
2000 Cotisations de sécurité sociale	0.0	1.3	1.9	5.3	5.6	0.0	1.0	1.1	3.0	3.0
3000 Sur salaires ou main d'oeuvre	0.0	0.0	0.0	0.0	0.0	0.0	0.0	0.0	0.0	0.0
4000 Impôts sur le patrimoine	0.1	0.3	0.2	0.2	0.2	0.1	0.2	0.1	0.1	0.1
5000 Impôts sur les biens et services	6.1	14.8	20.3	21.5	22.9	10.9	11.5	11.3	12.0	12.3
6000 Autres impôts	0.0	0.3	0.5	0.7	0.7	0.1	0.2	0.3	0.4	0.4
Administrations d'un État/Régions										
Recettes fiscales totales	..	..	..	..	..	..	..	..	..	..
1000 Impôts sur revenu, bénéfices et gains en capital	..	..	..	..	..	..	..	..	..	..
2000 Cotisations de sécurité sociale	..	..	..	..	..	..	..	..	..	..
3000 Sur salaires ou main d'oeuvre	..	..	..	..	..	..	..	..	..	..
4000 Impôts sur le patrimoine	..	..	..	..	..	..	..	..	..	..
5000 Impôts sur les biens et services	..	..	..	..	..	..	..	..	..	..
6000 Autres impôts	..	..	..	..	..	..	..	..	..	..
Administrations locales										
Recettes fiscales totales	**0.8**	**2.5**	**3.6**	**4.5**	**4.6**	**1.5**	**2.0**	**2.0**	**2.5**	**2.5**
1000 Impôts sur revenu, bénéfices et gains en capital	0.2	0.6	1.1	1.2	1.3	0.4	0.4	0.6	0.7	0.7
2000 Cotisations de sécurité sociale	0.0	0.0	0.0	0.0	0.0	0.0	0.0	0.0	0.0	0.0
3000 Sur salaires ou main d'oeuvre	0.0	0.0	0.0	0.0	0.0	0.0	0.0	0.0	0.0	0.0
4000 Impôts sur le patrimoine	0.3	1.2	1.7	2.1	2.1	0.6	0.9	0.9	1.2	1.2
5000 Impôts sur les biens et services	0.3	0.7	0.8	1.1	1.2	0.5	0.6	0.5	0.6	0.6
6000 Autres impôts	0.0	0.0	0.0	0.0	0.0	0.0	0.0	0.0	0.0	0.0
Administrations de sécurité sociale										
Recettes fiscales totales	**4.0**	**9.4**	**14.4**	**12.1**	**12.4**	**7.2**	**7.3**	**8.0**	**6.7**	**6.7**
1000 Impôts sur revenu, bénéfices et gains en capital	0.0	0.0	0.0	0.0	0.0	0.0	0.0	0.0	0.0	0.0
2000 Cotisations de sécurité sociale	4.0	8.8	13.5	10.9	11.4	7.2	6.9	7.5	6.0	6.1
3000 Sur salaires ou main d'oeuvre	0.0	0.0	0.0	0.0	0.0	0.0	0.0	0.0	0.0	0.0
4000 Impôts sur le patrimoine	0.0	0.0	0.0	0.0	0.0	0.0	0.0	0.0	0.0	0.0
5000 Impôts sur les biens et services	0.0	0.5	0.8	1.2	1.0	0.0	0.4	0.5	0.7	0.5
6000 Autres impôts	0.0	0.0	0.0	0.0	0.0	0.0	0.0	0.0	0.0	0.0

.. Non disponible

Note : Des données et des notes plus détaillées par pays sont disponibles dans le chapitre 6 "Recettes fiscales des sous-secteurs de l'administration" accessible en ligne : http://dx.doi.org/10.1787/rev_stats-2018-fr. Les séries temporelles complètes sont accessibles sur le site web http://oe.cd/series-temporelles-completes.

Source : Instituto Nacionale de Estatistica; Conta do Estado, Contas de Gerência dos Fundos e Serviços Autonomos da Administraçao Central; Estatisticas das Financas publicas; Relatorio do Instituto de Gestao Financeira da Seguranta Social, Contas de Gerência das Regioes Autonomas da Madeira e dos Atores.

StatLink http://dx.doi.org/10.1787/888933864624

Tableau 4.57. République slovaque, recettes fiscales et % du PIB (sélection de catégories d'impôts)

	Milliard EUR					% du PIB				
	1990	2000	2010	2015	2016	1990	2000	2010	2015	2016
Recettes fiscales totales	..	**10.6**	**19.0**	**25.4**	**26.3**	..	**33.6**	**28.1**	**32.2**	**32.4**
1000 Impôts sur le revenu, les bénéfices et les gains en capital	..	**2.2**	**3.6**	**5.5**	**5.7**	..	**6.9**	**5.3**	**7.0**	**7.0**
1100 Des personnes physiques	..	1.1	1.8	2.5	2.7	..	3.3	2.6	3.1	3.3
1200 Des sociétés	..	0.8	1.7	2.9	2.8	..	2.6	2.5	3.7	3.5
1300 Non-ventilables entre 1100 et 1200	..	0.3	0.2	0.2	0.2	..	1.0	0.2	0.2	0.2
2000 Cotisations de sécurité sociale	..	**4.4**	**8.2**	**10.9**	**11.4**	..	**14.0**	**12.1**	**13.8**	**14.1**
2100 À la charge des salariés	..	0.9	2.1	2.4	2.6	..	2.9	3.1	3.1	3.3
2200 À la charge des employeurs	..	2.9	4.6	6.3	6.5	..	9.0	6.8	8.0	8.0
2300 À la charge des indép. ou sans emploi	..	0.7	1.5	2.2	2.3	..	2.1	2.2	2.7	2.9
2400 Non-ventilables entre 2100, 2200 et 2300	..	0.0	0.0	0.0	0.0	..	0.0	0.0	0.0	0.0
3000 Sur les salaires ou main d'oeuvre	..	**0.0**	**0.0**	**0.0**	**0.0**	..	**0.0**	**0.0**	**0.0**	**0.0**
4000 Impôts sur le patrimoine	..	**0.2**	**0.3**	**0.3**	**0.3**	..	**0.6**	**0.4**	**0.4**	**0.4**
4100 Impôts périodiques sur la propriété immobilière	..	0.1	0.3	0.3	0.3	..	0.5	0.4	0.4	0.4
4200 Impôts périodiques sur l'actif net	..	0.0	0.0	0.0	0.0	..	0.0	0.0	0.0	0.0
4300 Impôts sur mut. par décès, succ. et donations	..	0.0	0.0	0.0	0.0	..	0.0	0.0	0.0	0.0
4400 Impôts sur transact. mobilières et immob.	..	0.0	0.0	0.0	0.0	..	0.1	0.0	0.0	0.0
4500 Impôts non périodiques sur	..	0.0	0.0	0.0	0.0	..	0.0	0.0	0.0	0.0
4600 Autres impôts périodiques sur patrimoine	..	0.0	0.0	0.0	0.0	..	0.0	0.0	0.0	0.0
5000 Impôts sur les biens et services	..	**3.8**	**6.8**	**8.5**	**8.7**	..	**12.2**	**10.1**	**10.8**	**10.7**
5100 Impôts sur production, vente, transfert, etc.	..	3.6	6.3	7.8	8.0	..	11.5	9.3	9.9	9.8
5110 Impôts généraux	..	2.2	4.2	5.4	5.4	..	6.9	6.2	6.9	6.7
5111 Taxes sur la valeur ajoutée	..	2.2	4.2	5.4	5.4	..	6.9	6.2	6.9	6.7
5120 Impôts sur biens et services déterminés	..	1.5	2.1	2.4	2.5	..	4.6	3.1	3.1	3.1
5121 Accises	..	1.0	1.9	2.1	2.2	..	3.1	2.9	2.7	2.7
5200 Impôts sur utilisation des biens et exerc. activités	..	0.2	0.4	0.5	0.6	..	0.7	0.6	0.7	0.7
5300 Non-ventilables entre 5100 et 5200	..	0.0	0.1	0.2	0.2	..	0.0	0.2	0.2	0.2
6000 Autres impôts	..	**0.0**	**0.0**	**0.0**	**0.0**	..	**0.0**	**0.0**	**0.0**	**0.0**
Crédits d'impôts récupérables										
Crédits d'impôts récupérables contre 1000	..	..	0.3	0.3	0.3	..	..	0.4	0.3	0.3
Composante transfert	..	..	..	..	..	..	..	..	..	..
Composante fiscale	..	..	..	..	..	..	..	..	..	..

.. Non disponible

Note : Des données et des notes plus détaillées par pays sont disponibles dans le chapitre 5 "Tableaux par pays, 1965-2016" accessible en ligne : http://dx.doi.org/10.1787/rev_stats-2018-fr. Les séries temporelles complètes sont accessibles sur le site web http://oe.cd/series-temporelles-completes.

Source : Ministry of Finance.

StatLink http://dx.doi.org/10.1787/888933864643

Tableau 4.58. République slovaque, recettes fiscales et % du PIB par niveaux d'administration (principaux impôts)

	Milliard EUR					% du PIB				
	1990	2000	2010	2015	2016	1990	2000	2010	2015	2016
Administrations fédérale ou centrale										
Recettes fiscales totales	..	**6.2**	**10.3**	**14.1**	**14.5**	..	**19.5**	**15.3**	**17.9**	**17.8**
1000 Impôts sur revenu, bénéfices et gains en capital	..	2.2	3.6	5.5	5.7	..	6.9	5.3	7.0	7.0
2000 Cotisations de sécurité sociale	..	0.1	0.2	0.3	0.3	..	0.3	0.3	0.3	0.3
3000 Sur salaires ou main d'oeuvre	..	0.0	0.0	0.0	0.0	..	0.0	0.0	0.0	0.0
4000 Impôts sur le patrimoine	..	0.1	0.0	0.0	0.0	..	0.2	0.0	0.0	0.0
5000 Impôts sur les biens et services	..	3.8	6.5	8.3	8.5	..	12.1	9.7	10.6	10.5
6000 Autres impôts	..	0.0	0.0	0.0	0.0	..	0.0	0.0	0.0	0.0
Administrations d'un État/Régions										
Recettes fiscales totales	..	..	..	..	..	..	..	..	..	..
1000 Impôts sur revenu, bénéfices et gains en capital	..	..	..	..	..	..	..	..	..	..
2000 Cotisations de sécurité sociale	..	..	..	..	..	..	..	..	..	..
3000 Sur salaires ou main d'oeuvre	..	..	..	..	..	..	..	..	..	..
4000 Impôts sur le patrimoine	..	..	..	..	..	..	..	..	..	..
5000 Impôts sur les biens et services	..	..	..	..	..	..	..	..	..	..
6000 Autres impôts	..	..	..	..	..	..	..	..	..	..
Administrations locales										
Recettes fiscales totales	..	**0.1**	**0.5**	**0.5**	**0.5**	..	**0.5**	**0.8**	**0.7**	**0.6**
1000 Impôts sur revenu, bénéfices et gains en capital	..	0.0	0.0	0.0	0.0	..	0.0	0.0	0.0	0.0
2000 Cotisations de sécurité sociale	..	0.0	0.0	0.0	0.0	..	0.0	0.0	0.0	0.0
3000 Sur salaires ou main d'oeuvre	..	0.0	0.0	0.0	0.0	..	0.0	0.0	0.0	0.0
4000 Impôts sur le patrimoine	..	0.1	0.3	0.3	0.3	..	0.4	0.4	0.4	0.4
5000 Impôts sur les biens et services	..	0.0	0.3	0.2	0.2	..	0.0	0.4	0.2	0.2
6000 Autres impôts	..	0.0	0.0	0.0	0.0	..	0.0	0.0	0.0	0.0
Administrations de sécurité sociale										
Recettes fiscales totales	..	**4.3**	**7.9**	**10.6**	**11.2**	..	**13.7**	**11.7**	**13.4**	**13.8**
1000 Impôts sur revenu, bénéfices et gains en capital	..	0.0	0.0	0.0	0.0	..	0.0	0.0	0.0	0.0
2000 Cotisations de sécurité sociale	..	4.3	7.9	10.6	11.2	..	13.7	11.7	13.4	13.8
3000 Sur salaires ou main d'oeuvre	..	0.0	0.0	0.0	0.0	..	0.0	0.0	0.0	0.0
4000 Impôts sur le patrimoine	..	0.0	0.0	0.0	0.0	..	0.0	0.0	0.0	0.0
5000 Impôts sur les biens et services	..	0.0	0.0	0.0	0.0	..	0.0	0.0	0.0	0.0
6000 Autres impôts	..	0.0	0.0	0.0	0.0	..	0.0	0.0	0.0	0.0

.. Non disponible

Note : Des données et des notes plus détaillées par pays sont disponibles dans le chapitre 6 "Recettes fiscales des sous-secteurs de l'administration" accessible en ligne : http://dx.doi.org/10.1787/rev_stats-2018-fr. Les séries temporelles complètes sont accessibles sur le site web http://oe.cd/series-temporelles-completes.

Source : Ministry of Finance.

StatLink http://dx.doi.org/10.1787/888933864662

Tableau 4.59. Slovénie, recettes fiscales et % du PIB (sélection de catégories d'impôts)

	Milliard EUR					% du PIB				
	1990	2000	2010	2015	2016	1990	2000	2010	2015	2016
Recettes fiscales totales	..	**6.9**	**13.4**	**14.1**	**14.7**	..	**36.6**	**36.9**	**36.4**	**36.5**
1000 Impôts sur le revenu, les bénéfices et les gains en capital	..	**1.3**	**2.7**	**2.5**	**2.8**	..	**6.8**	**7.4**	**6.6**	**6.8**
1100 Des personnes physiques	..	1.0	2.0	2.0	2.1	..	5.5	5.6	5.1	5.2
1200 Des sociétés	..	0.2	0.7	0.6	0.6	..	1.1	1.8	1.5	1.6
1300 Non-ventilables entre 1100 et 1200	..	0.0	0.0	0.0	0.0	..	0.1	0.0	0.0	0.0
2000 Cotisations de sécurité sociale	..	**2.6**	**5.4**	**5.6**	**5.8**	..	**13.9**	**14.8**	**14.4**	**14.5**
2100 À la charge des salariés	..	1.4	2.8	2.9	3.0	..	7.7	7.7	7.5	7.5
2200 À la charge des employeurs	..	1.0	2.1	2.1	2.2	..	5.3	5.7	5.5	5.5
2300 À la charge des indép. ou sans emploi	..	0.2	0.5	0.6	0.6	..	0.9	1.5	1.4	1.4
2400 Non-ventilables entre 2100, 2200 et 2300	..	0.0	0.0	0.0	0.0	..	0.0	0.0	0.0	0.0
3000 Sur les salaires ou main d'oeuvre	..	**0.3**	**0.0**	**0.0**	**0.0**	..	**1.5**	**0.1**	**0.1**	**0.0**
4000 Impôts sur le patrimoine	..	**0.1**	**0.2**	**0.2**	**0.3**	..	**0.6**	**0.6**	**0.6**	**0.6**
4100 Impôts périodiques sur la propriété immobilière	..	0.1	0.2	0.2	0.2	..	0.4	0.5	0.5	0.5
4200 Impôts périodiques sur l'actif net	..	0.0	0.0	0.0	0.0	..	0.0	0.0	0.0	0.0
4300 Impôts sur mut. par décès, succ. et donations	..	0.0	0.0	0.0	0.0	..	0.0	0.0	0.0	0.0
4400 Impôts sur transact. mobilières et immob.	..	0.0	0.0	0.0	0.0	..	0.1	0.1	0.1	0.1
4500 Impôts non périodiques sur	..	0.0	0.0	0.0	0.0	..	0.1	0.0	0.0	0.0
4600 Autres impôts périodiques sur patrimoine	..	0.0	0.0	0.0	0.0	..	0.0	0.0	0.0	0.0
5000 Impôts sur les biens et services	..	**2.6**	**5.0**	**5.7**	**5.8**	..	**13.8**	**13.8**	**14.6**	**14.3**
5100 Impôts sur production, vente, transfert, etc.	..	2.5	4.8	5.3	5.4	..	13.1	13.2	13.6	13.4
5110 Impôts généraux	..	1.6	2.9	3.2	3.3	..	8.7	8.1	8.3	8.2
5111 Taxes sur la valeur ajoutée	..	1.6	2.9	3.2	3.3	..	8.5	8.1	8.3	8.2
5120 Impôts sur biens et services déterminés	..	0.8	1.9	2.1	2.1	..	4.4	5.1	5.3	5.2
5121 Accises	..	0.6	1.6	1.6	1.7	..	3.1	4.3	4.2	4.1
5200 Impôts sur utilisation des biens et exerc. activités	..	0.1	0.2	0.4	0.4	..	0.6	0.6	1.0	0.9
5300 Non-ventilables entre 5100 et 5200	..	0.0	0.0	0.0	0.0	..	0.0	0.0	0.0	0.0
6000 Autres impôts	..	**0.0**	**0.0**	**0.0**	**0.0**	..	**0.0**	**0.0**	**0.0**	**0.0**
Crédits d'impôts récupérables										
Crédits d'impôts récupérables contre 1000	..	..	..	..	..	..	..	..	..	..
Composante transfert	..	..	..	..	..	..	..	..	..	..
Composante fiscale	..	..	..	..	..	..	..	..	..	..

.. Non disponible

Note : Des données et des notes plus détaillées par pays sont disponibles dans le chapitre 5 "Tableaux par pays, 1965-2016" accessible en ligne : http://dx.doi.org/10.1787/rev_stats-2018-fr. Les séries temporelles complètes sont accessibles sur le site web http://oe.cd/series-temporelles-completes.

Source : Statistical Office of the Republic of Slovenia.

StatLink http://dx.doi.org/10.1787/888933864681

Tableau 4.60. Slovénie, recettes fiscales et % du PIB par niveaux d'administration (principaux impôts)

	Milliard EUR					% du PIB				
	1990	2000	2010	2015	2016	1990	2000	2010	2015	2016
Administrations fédérale ou centrale										
Recettes fiscales totales	..	**3.8**	**6.5**	**7.2**	**7.5**	..	**20.2**	**18.0**	**18.4**	**18.5**
1000 Impôts sur revenu, bénéfices et gains en capital	..	0.9	1.6	1.5	1.7	..	4.8	4.3	3.9	4.2
2000 Cotisations de sécurité sociale	..	0.0	0.1	0.1	0.1	..	0.1	0.2	0.2	0.2
3000 Sur salaires ou main d'oeuvre	..	0.3	0.0	0.0	0.0	..	1.5	0.1	0.1	0.0
4000 Impôts sur le patrimoine	..	0.0	0.0	0.0	0.0	..	0.1	0.0	0.0	0.0
5000 Impôts sur les biens et services	..	2.6	4.9	5.5	5.7	..	13.7	13.5	14.3	14.1
6000 Autres impôts	..	0.0	0.0	0.0	0.0	..	0.0	0.0	0.0	0.0
Administrations d'un État/Régions										
Recettes fiscales totales	..	..	..	..	..	..	..	..	..	..
1000 Impôts sur revenu, bénéfices et gains en capital	..	..	..	..	..	..	..	..	..	..
2000 Cotisations de sécurité sociale	..	..	..	..	..	..	..	..	..	..
3000 Sur salaires ou main d'oeuvre	..	..	..	..	..	..	..	..	..	..
4000 Impôts sur le patrimoine	..	..	..	..	..	..	..	..	..	..
5000 Impôts sur les biens et services	..	..	..	..	..	..	..	..	..	..
6000 Autres impôts	..	..	..	..	..	..	..	..	..	..
Administrations locales										
Recettes fiscales totales	..	**0.5**	**1.5**	**1.4**	**1.4**	..	**2.7**	**4.0**	**3.5**	**3.5**
1000 Impôts sur revenu, bénéfices et gains en capital	..	0.4	1.1	1.0	1.1	..	2.0	3.1	2.6	2.6
2000 Cotisations de sécurité sociale	..	0.0	0.0	0.0	0.0	..	0.0	0.0	0.0	0.0
3000 Sur salaires ou main d'oeuvre	..	0.0	0.0	0.0	0.0	..	0.0	0.0	0.0	0.0
4000 Impôts sur le patrimoine	..	0.1	0.2	0.2	0.3	..	0.6	0.6	0.6	0.6
5000 Impôts sur les biens et services	..	0.0	0.1	0.1	0.1	..	0.1	0.3	0.2	0.2
6000 Autres impôts	..	0.0	0.0	0.0	0.0	..	0.0	0.0	0.0	0.0
Administrations de sécurité sociale										
Recettes fiscales totales	..	**2.6**	**5.3**	**5.5**	**5.8**	..	**13.8**	**14.7**	**14.3**	**14.3**
1000 Impôts sur revenu, bénéfices et gains en capital	..	0.0	0.0	0.0	0.0	..	0.0	0.0	0.0	0.0
2000 Cotisations de sécurité sociale	..	2.6	5.3	5.5	5.8	..	13.8	14.7	14.3	14.3
3000 Sur salaires ou main d'oeuvre	..	0.0	0.0	0.0	0.0	..	0.0	0.0	0.0	0.0
4000 Impôts sur le patrimoine	..	0.0	0.0	0.0	0.0	..	0.0	0.0	0.0	0.0
5000 Impôts sur les biens et services	..	0.0	0.0	0.0	0.0	..	0.0	0.0	0.0	0.0
6000 Autres impôts	..	0.0	0.0	0.0	0.0	..	0.0	0.0	0.0	0.0

.. Non disponible

Note : Des données et des notes plus détaillées par pays sont disponibles dans le chapitre 6 "Recettes fiscales des sous-secteurs de l'administration" accessible en ligne : http://dx.doi.org/10.1787/rev_stats-2018-fr. Les séries temporelles complètes sont accessibles sur le site web http://oe.cd/series-temporelles-completes.

Source : Statistical Office of the Republic of Slovenia.

StatLink http://dx.doi.org/10.1787/888933864700

Tableau 4.61. Espagne, recettes fiscales et % du PIB (sélection de catégories d'impôts)

	Milliard EUR					% du PIB				
	1990	2000	2010	2015	2016	1990	2000	2010	2015	2016
Recettes fiscales totales	**103.7**	**214.7**	**337.4**	**362.8**	**371.2**	**31.6**	**33.2**	**31.2**	**33.6**	**33.2**
1000 Impôts sur le revenu, les bénéfices et les gains en capital	**31.8**	**60.7**	**93.8**	**102.9**	**104.5**	**9.7**	**9.4**	**8.7**	**9.5**	**9.3**
1100 Des personnes physiques	22.5	41.1	73.2	77.5	79.4	6.9	6.4	6.8	7.2	7.1
1200 Des sociétés	9.1	19.6	20.6	25.4	25.1	2.8	3.0	1.9	2.4	2.2
1300 Non-ventilables entre 1100 et 1200	0.1	0.0	0.0	0.0	0.0	0.0	0.0	0.0	0.0	0.0
2000 Cotisations de sécurité sociale	**36.7**	**74.9**	**128.4**	**122.6**	**126.8**	**11.2**	**11.6**	**11.9**	**11.4**	**11.3**
2100 À la charge des salariés	6.0	12.1	20.3	18.7	19.5	1.8	1.9	1.9	1.7	1.7
2200 À la charge des employeurs	26.4	53.9	89.8	87.8	91.4	8.0	8.3	8.3	8.1	8.2
2300 À la charge des indép. ou sans emploi	4.4	8.8	18.3	16.1	15.9	1.3	1.4	1.7	1.5	1.4
2400 Non-ventilables entre 2100, 2200 et 2300	0.0	0.0	0.0	0.0	0.0	0.0	0.0	0.0	0.0	0.0
3000 Sur les salaires ou main d'oeuvre	**0.0**	**0.0**	**0.0**	**0.0**	**0.0**	**0.0**	**0.0**	**0.0**	**0.0**	**0.0**
4000 Impôts sur le patrimoine	**5.7**	**13.9**	**22.6**	**28.1**	**28.6**	**1.7**	**2.2**	**2.1**	**2.6**	**2.6**
4100 Impôts périodiques sur la propriété immobilière	1.5	4.0	9.7	12.6	12.7	0.5	0.6	0.9	1.2	1.1
4200 Impôts périodiques sur l'actif net	0.6	1.4	0.7	1.9	2.0	0.2	0.2	0.1	0.2	0.2
4300 Impôts sur mut. par décès, succ. et donations	0.4	1.4	2.4	2.8	2.7	0.1	0.2	0.2	0.3	0.2
4400 Impôts sur transact. mobilières et immob.	2.5	6.0	8.1	7.2	7.5	0.8	0.9	0.7	0.7	0.7
4500 Impôts non périodiques sur	0.6	1.1	1.8	3.5	3.7	0.2	0.2	0.2	0.3	0.3
4600 Autres impôts périodiques sur patrimoine	0.0	0.0	0.0	0.0	0.0	0.0	0.0	0.0	0.0	0.0
5000 Impôts sur les biens et services	**29.4**	**64.3**	**90.5**	**107.3**	**109.2**	**9.0**	**10.0**	**8.4**	**9.9**	**9.8**
5100 Impôts sur production, vente, transfert, etc.	26.7	58.2	83.2	99.1	100.9	8.2	9.0	7.7	9.2	9.0
5110 Impôts généraux	16.6	37.9	56.3	68.7	71.1	5.1	5.9	5.2	6.4	6.4
5111 Taxes sur la valeur ajoutée	16.3	37.9	56.0	68.5	70.9	5.0	5.9	5.2	6.3	6.3
5120 Impôts sur biens et services déterminés	10.1	20.4	26.9	30.4	29.8	3.1	3.2	2.5	2.8	2.7
5121 Accises	6.0	17.7	23.5	25.4	25.3	1.8	2.7	2.2	2.4	2.3
5200 Impôts sur utilisation des biens et exerc. activités	2.6	6.1	7.3	8.2	8.3	0.8	0.9	0.7	0.8	0.7
5300 Non-ventilables entre 5100 et 5200	0.1	0.0	0.0	0.0	0.0	0.0	0.0	0.0	0.0	0.0
6000 Autres impôts	**0.0**	**0.0**	**0.5**	**0.2**	**0.2**	**0.0**	**0.0**	**0.0**	**0.0**	**0.0**
Crédits d'impôts récupérables										
Crédits d'impôts récupérables contre 1000	..	0.0	1.9	1.1	1.8	..	0.0	0.2	0.1	0.2
Composante transfert	..	..	1.2	0.6	0.9	..	..	0.1	0.1	0.1
Composante fiscale	..	..	0.7	0.6	0.9	..	..	0.1	0.1	0.1

.. Non disponible

Note : Des données et des notes plus détaillées par pays sont disponibles dans le chapitre 5 "Tableaux par pays, 1965-2016" accessible en ligne : http://dx.doi.org/10.1787/rev_stats-2018-fr. Les séries temporelles complètes sont accessibles sur le site web http://oe.cd/series-temporelles-completes.
Le total des recettes fiscales a été diminué du montant de tout transfert en capital représentant les impôts non perçus. Le transfert en capital a été réparti entre les différentes rubriques en proportion des recettes fiscales. Par conséquent, les montants des recettes fiscales sont différents de ceux présentés dans le chapitre 5 "Tableaux par pays, 1965-2016" accessible en ligne.

Source : Informacion Estatistica del Ministerio de Hacienda (for national taxes). Cuentas de las Administraciones Publicas (for local taxes and social security) both published by Secretaria General Tecnica del Ministerio de Hacienda.

StatLink http://dx.doi.org/10.1787/888933864719

Tableau 4.62. Espagne, recettes fiscales et % du PIB par niveaux d'administration (principaux impôts)

	Milliard EUR					% du PIB				
	1990	2000	2010	2015	2016	1990	2000	2010	2015	2016
Administrations fédérale ou centrale										
Recettes fiscales totales	**53.7**	**105.2**	**136.4**	**155.0**	**154.6**	**16.4**	**16.3**	**12.6**	**14.4**	**13.8**
1000 Impôts sur revenu, bénéfices et gains en capital	29.5	51.6	61.0	62.7	61.0	9.0	8.0	5.6	5.8	5.5
2000 Cotisations de sécurité sociale	0.4	2.2	3.4	3.4	3.4	0.1	0.3	0.3	0.3	0.3
3000 Sur salaires ou main d'oeuvre	0.0	0.0	0.0	0.0	0.0	0.0	0.0	0.0	0.0	0.0
4000 Impôts sur le patrimoine	0.4	0.3	0.1	1.2	1.1	0.1	0.1	0.0	0.1	0.1
5000 Impôts sur les biens et services	23.4	51.0	71.4	87.7	88.9	7.2	7.9	6.6	8.1	7.9
6000 Autres impôts	0.0	0.0	0.5	0.1	0.1	0.0	0.0	0.0	0.0	0.0
Administrations d'un État/Régions										
Recettes fiscales totales	**5.0**	**16.5**	**43.6**	**50.9**	**54.5**	**1.5**	**2.5**	**4.0**	**4.7**	**4.9**
1000 Impôts sur revenu, bénéfices et gains en capital	0.4	5.5	27.6	34.6	37.6	0.1	0.9	2.5	3.2	3.4
2000 Cotisations de sécurité sociale	0.0	0.0	0.0	0.0	0.0	0.0	0.0	0.0	0.0	0.0
3000 Sur salaires ou main d'oeuvre	0.0	0.0	0.0	0.0	0.0	0.0	0.0	0.0	0.0	0.0
4000 Impôts sur le patrimoine	3.0	7.8	10.1	10.5	10.8	0.9	1.2	0.9	1.0	1.0
5000 Impôts sur les biens et services	1.6	3.2	5.9	5.7	6.1	0.5	0.5	0.5	0.5	0.5
6000 Autres impôts	0.0	0.0	0.0	0.0	0.0	0.0	0.0	0.0	0.0	0.0
Administrations locales										
Recettes fiscales totales	**8.1**	**19.5**	**30.8**	**36.0**	**36.8**	**2.5**	**3.0**	**2.9**	**3.3**	**3.3**
1000 Impôts sur revenu, bénéfices et gains en capital	1.9	3.5	5.2	5.6	5.8	0.6	0.5	0.5	0.5	0.5
2000 Cotisations de sécurité sociale	0.0	0.0	0.0	0.0	0.0	0.0	0.0	0.0	0.0	0.0
3000 Sur salaires ou main d'oeuvre	0.0	0.0	0.0	0.0	0.0	0.0	0.0	0.0	0.0	0.0
4000 Impôts sur le patrimoine	2.3	5.8	12.4	16.4	16.7	0.7	0.9	1.1	1.5	1.5
5000 Impôts sur les biens et services	3.9	10.1	13.3	13.9	14.3	1.2	1.6	1.2	1.3	1.3
6000 Autres impôts	0.0	0.0	0.0	0.1	0.0	0.0	0.0	0.0	0.0	0.0
Administrations de sécurité sociale										
Recettes fiscales totales	**36.4**	**72.6**	**125.1**	**119.2**	**123.4**	**11.1**	**11.2**	**11.6**	**11.0**	**11.0**
1000 Impôts sur revenu, bénéfices et gains en capital	0.0	0.0	0.0	0.0	0.0	0.0	0.0	0.0	0.0	0.0
2000 Cotisations de sécurité sociale	36.4	72.6	125.1	119.2	123.4	11.1	11.2	11.6	11.0	11.0
3000 Sur salaires ou main d'oeuvre	0.0	0.0	0.0	0.0	0.0	0.0	0.0	0.0	0.0	0.0
4000 Impôts sur le patrimoine	0.0	0.0	0.0	0.0	0.0	0.0	0.0	0.0	0.0	0.0
5000 Impôts sur les biens et services	0.0	0.0	0.0	0.0	0.0	0.0	0.0	0.0	0.0	0.0
6000 Autres impôts	0.0	0.0	0.0	0.0	0.0	0.0	0.0	0.0	0.0	0.0

Note : Des données et des notes plus détaillées par pays sont disponibles dans le chapitre 6 "Recettes fiscales des sous-secteurs de l'administration" accessible en ligne : http://dx.doi.org/10.1787/rev_stats-2018-fr. Les séries temporelles complètes sont accessibles sur le site web http://oe.cd/series-temporelles-completes.

Le total des recettes fiscales a été diminué du montant de tout transfert en capital représentant les impôts non perçus. Le transfert en capital a été réparti entre les différentes rubriques en proportion des recettes fiscales. Par conséquent, les montants des recettes fiscales sont différents de ceux présentés dans le chapitre 6 "Recettes fiscales des sous-secteurs de l'administration" accessible en ligne.

Source : Informacion Estatistica del Ministerio de Hacienda (for national taxes). Cuentas de las Administraciones Publicas (for local taxes and social security) both published by Secretaria General Tecnica del Ministerio de Hacienda.

StatLink http://dx.doi.org/10.1787/888933864738

Tableau 4.63. Suède, recettes fiscales et % du PIB (sélection de catégories d'impôts)

	Milliard SEK					% du PIB				
	1990	2000	2010	2015	2016	1990	2000	2010	2015	2016
Recettes fiscales totales	**756.0**	**1 166.0**	**1 521.3**	**1 809.4**	**1 940.0**	**49.5**	**49.0**	**43.2**	**43.1**	**44.0**
1000 Impôts sur le revenu, les bénéfices et les gains en capital	**314.8**	**475.3**	**539.7**	**649.8**	**698.9**	**20.6**	**20.0**	**15.3**	**15.5**	**15.9**
1100 Des personnes physiques	291.1	387.5	423.9	525.9	578.4	19.1	16.3	12.0	12.5	13.1
1200 Des sociétés	23.7	87.8	115.8	123.9	120.5	1.5	3.7	3.3	3.0	2.7
1300 Non-ventilables entre 1100 et 1200	0.0	0.0	0.0	0.0	0.0	0.0	0.0	0.0	0.0	0.0
2000 Cotisations de sécurité sociale	**205.9**	**307.0**	**384.7**	**404.9**	**438.9**	**13.5**	**12.9**	**10.9**	**9.6**	**10.0**
2100 À la charge des salariés	0.8	63.1	89.2	108.4	113.3	0.1	2.7	2.5	2.6	2.6
2200 À la charge des employeurs	196.9	237.5	288.4	291.6	321.4	12.9	10.0	8.2	6.9	7.3
2300 À la charge des indép. ou sans emploi	8.1	5.6	7.5	5.1	5.1	0.5	0.2	0.2	0.1	0.1
2400 Non-ventilables entre 2100, 2200 et 2300	0.0	0.8	-0.4	-0.2	-1.0	0.0	0.0	0.0	0.0	0.0
3000 Sur les salaires ou main d'oeuvre	**18.7**	**50.1**	**107.5**	**194.1**	**203.4**	**1.2**	**2.1**	**3.1**	**4.6**	**4.6**
4000 Impôts sur le patrimoine	**26.6**	**39.9**	**36.5**	**43.9**	**46.3**	**1.7**	**1.7**	**1.0**	**1.0**	**1.1**
4100 Impôts périodiques sur la propriété immobilière	8.9	23.3	26.4	32.4	33.4	0.6	1.0	0.8	0.8	0.8
4200 Impôts périodiques sur l'actif net	3.2	8.2	0.0	0.0	0.0	0.2	0.3	0.0	0.0	0.0
4300 Impôts sur mut. par décès, succ. et donations	1.4	2.5	0.0	0.0	0.0	0.1	0.1	0.0	0.0	0.0
4400 Impôts sur transact. mobilières et immob.	13.1	5.8	10.1	11.4	12.8	0.9	0.2	0.3	0.3	0.3
4500 Impôts non périodiques sur	0.0	0.0	0.0	0.0	0.0	0.0	0.0	0.0	0.0	0.0
4600 Autres impôts périodiques sur patrimoine	0.0	0.0	0.0	0.0	0.0	0.0	0.0	0.0	0.0	0.0
5000 Impôts sur les biens et services	**188.7**	**288.8**	**446.1**	**509.2**	**544.4**	**12.4**	**12.1**	**12.7**	**12.1**	**12.4**
5100 Impôts sur production, vente, transfert, etc.	181.6	281.4	429.7	490.4	524.7	11.9	11.8	12.2	11.7	11.9
5110 Impôts généraux	112.4	199.6	326.7	382.7	409.4	7.4	8.4	9.3	9.1	9.3
5111 Taxes sur la valeur ajoutée	112.4	197.5	322.6	378.8	405.0	7.4	8.3	9.2	9.0	9.2
5120 Impôts sur biens et services déterminés	69.2	81.8	103.0	107.7	115.3	4.5	3.4	2.9	2.6	2.6
5121 Accises	55.3	70.3	91.5	91.6	95.5	3.6	3.0	2.6	2.2	2.2
5200 Impôts sur utilisation des biens et exerc. activités	7.1	7.4	16.4	18.8	19.7	0.5	0.3	0.5	0.4	0.4
5300 Non-ventilables entre 5100 et 5200	0.0	0.0	0.0	0.0	0.0	0.0	0.0	0.0	0.0	0.0
6000 Autres impôts	**1.3**	**1.5**	**1.4**	**1.4**	**2.2**	**0.1**	**0.1**	**0.0**	**0.0**	**0.0**
Crédits d'impôts récupérables										
Crédits d'impôts récupérables contre 1000	..	..	..	..	..	..	..	..	..	..
Composante transfert	..	..	..	..	..	..	..	..	..	..
Composante fiscale	..	..	..	..	..	..	..	..	..	..

.. Non disponible

Note : Des données et des notes plus détaillées par pays sont disponibles dans le chapitre 5 "Tableaux par pays, 1965-2016" accessible en ligne : http://dx.doi.org/10.1787/rev_stats-2018-fr. Les séries temporelles complètes sont accessibles sur le site web http://oe.cd/series-temporelles-completes.

Source : Monthly reports of central Government Revenues (unpublished) National Audit Bureau, Stockholm. Local Government Finance (SOS), Tax assessment statistics (SOS) , National Central Bureau of Statistics, Stockholm.National Accounts (Statistical Reports), National Bureau of Statistics, Stockholm.

StatLink http://dx.doi.org/10.1787/888933864757

Tableau 4.64. Suède, recettes fiscales et % du PIB par niveaux d'administration (principaux impôts)

	Milliard SEK					% du PIB				
	1990	2000	2010	2015	2016	1990	2000	2010	2015	2016
Administrations fédérale ou centrale										
Recettes fiscales totales	**383.9**	**699.1**	**795.2**	**927.3**	**1 014.1**	**25.1**	**29.4**	**22.6**	**22.1**	**23.0**
1000 Impôts sur revenu, bénéfices et gains en capital	94.7	139.0	16.9	14.1	29.3	6.2	5.8	0.5	0.3	0.7
2000 Cotisations de sécurité sociale	54.8	180.2	201.2	180.7	205.0	3.6	7.6	5.7	4.3	4.7
3000 Sur salaires ou main d'oeuvre	18.7	50.1	107.5	194.1	203.4	1.2	2.1	3.1	4.6	4.6
4000 Impôts sur le patrimoine	26.6	39.9	22.4	27.9	29.9	1.7	1.7	0.6	0.7	0.7
5000 Impôts sur les biens et services	187.8	288.5	445.8	509.1	544.3	12.3	12.1	12.7	12.1	12.4
6000 Autres impôts	1.3	1.5	1.4	1.4	2.2	0.1	0.1	0.0	0.0	0.0
Administrations d'un État/Régions										
Recettes fiscales totales	..	..	..	..	..	..	..	..	..	..
1000 Impôts sur revenu, bénéfices et gains en capital	..	..	..	..	..	..	..	..	..	..
2000 Cotisations de sécurité sociale	..	..	..	..	..	..	..	..	..	..
3000 Sur salaires ou main d'oeuvre	..	..	..	..	..	..	..	..	..	..
4000 Impôts sur le patrimoine	..	..	..	..	..	..	..	..	..	..
5000 Impôts sur les biens et services	..	..	..	..	..	..	..	..	..	..
6000 Autres impôts	..	..	..	..	..	..	..	..	..	..
Administrations locales										
Recettes fiscales totales	**221.0**	**336.3**	**537.0**	**651.7**	**685.9**	**14.5**	**14.1**	**15.3**	**15.5**	**15.6**
1000 Impôts sur revenu, bénéfices et gains en capital	220.1	336.3	522.9	635.7	669.6	14.4	14.1	14.9	15.1	15.2
2000 Cotisations de sécurité sociale	0.0	0.0	0.0	0.0	0.0	0.0	0.0	0.0	0.0	0.0
3000 Sur salaires ou main d'oeuvre	0.0	0.0	0.0	0.0	0.0	0.0	0.0	0.0	0.0	0.0
4000 Impôts sur le patrimoine	0.0	0.0	14.1	15.9	16.3	0.0	0.0	0.4	0.4	0.4
5000 Impôts sur les biens et services	0.9	0.0	0.0	0.0	0.0	0.1	0.0	0.0	0.0	0.0
6000 Autres impôts	0.0	0.0	0.0	0.0	0.0	0.0	0.0	0.0	0.0	0.0
Administrations de sécurité sociale										
Recettes fiscales totales	**151.1**	**126.8**	**183.5**	**224.1**	**233.9**	**9.9**	**5.3**	**5.2**	**5.3**	**5.3**
1000 Impôts sur revenu, bénéfices et gains en capital	0.0	0.0	0.0	0.0	0.0	0.0	0.0	0.0	0.0	0.0
2000 Cotisations de sécurité sociale	151.1	126.8	183.5	224.1	233.9	9.9	5.3	5.2	5.3	5.3
3000 Sur salaires ou main d'oeuvre	0.0	0.0	0.0	0.0	0.0	0.0	0.0	0.0	0.0	0.0
4000 Impôts sur le patrimoine	0.0	0.0	0.0	0.0	0.0	0.0	0.0	0.0	0.0	0.0
5000 Impôts sur les biens et services	0.0	0.0	0.0	0.0	0.0	0.0	0.0	0.0	0.0	0.0
6000 Autres impôts	0.0	0.0	0.0	0.0	0.0	0.0	0.0	0.0	0.0	0.0

.. Non disponible

Note : Des données et des notes plus détaillées par pays sont disponibles dans le chapitre 6 "Recettes fiscales des sous-secteurs de l'administration" accessible en ligne : http://dx.doi.org/10.1787/rev_stats-2018-fr. Les séries temporelles complètes sont accessibles sur le site web http://oe.cd/series-temporelles-completes.

Source : Monthly reports of central Government Revenues (unpublished) National Audit Bureau, Stockholm. Local Government Finance (SOS), Tax assessment statistics (SOS) , National Central Bureau of Statistics, Stockholm.National Accounts (Statistical Reports), National Bureau of Statistics, Stockholm.

StatLink http://dx.doi.org/10.1787/888933864776

Tableau 4.65. Suisse, recettes fiscales et % du PIB (sélection de catégories d'impôts)

	Milliard CHF					% du PIB				
	1990	2000	2010	2015	2016	1990	2000	2010	2015	2016
Recettes fiscales totales	**85.1**	**126.8**	**161.9**	**180.4**	**183.0**	**23.7**	**27.6**	**26.6**	**27.6**	**27.8**
1000 Impôts sur le revenu, les bénéfices et les gains en capital	**40.0**	**55.9**	**73.7**	**83.7**	**85.2**	**11.2**	**12.2**	**12.1**	**12.8**	**12.9**
1100 Des personnes physiques	27.7	37.6	51.3	55.9	56.8	7.7	8.2	8.4	8.5	8.6
1200 Des sociétés	6.3	11.2	16.2	19.3	20.7	1.8	2.4	2.7	3.0	3.1
1300 Non-ventilables entre 1100 et 1200	6.1	7.1	6.2	8.5	7.7	1.7	1.6	1.0	1.3	1.2
2000 Cotisations de sécurité sociale	**19.9**	**30.6**	**38.3**	**43.9**	**44.4**	**5.5**	**6.7**	**6.3**	**6.7**	**6.7**
2100 À la charge des salariés	9.3	14.3	17.5	20.4	20.6	2.6	3.1	2.9	3.1	3.1
2200 À la charge des employeurs	9.3	14.3	17.6	20.4	20.6	2.6	3.1	2.9	3.1	3.1
2300 À la charge des indép. ou sans emploi	1.3	2.0	3.2	3.2	3.2	0.4	0.4	0.5	0.5	0.5
2400 Non-ventilables entre 2100, 2200 et 2300	0.0	0.0	0.0	0.0	0.0	0.0	0.0	0.0	0.0	0.0
3000 Sur les salaires ou main d'oeuvre	**0.0**	**0.0**	**0.0**	**0.0**	**0.0**	**0.0**	**0.0**	**0.0**	**0.0**	**0.0**
4000 Impôts sur le patrimoine	**7.6**	**12.2**	**12.3**	**13.0**	**13.3**	**2.1**	**2.7**	**2.0**	**2.0**	**2.0**
4100 Impôts périodiques sur la propriété immobilière	0.4	0.7	1.0	1.1	1.2	0.1	0.2	0.2	0.2	0.2
4200 Impôts périodiques sur l'actif net	3.4	5.2	7.0	8.0	8.4	0.9	1.1	1.2	1.2	1.3
4300 Impôts sur mut. par décès, succ. et donations	0.9	1.2	1.0	1.1	1.1	0.2	0.3	0.2	0.2	0.2
4400 Impôts sur transact. mobilières et immob.	2.2	4.3	2.4	1.9	1.5	0.6	0.9	0.4	0.3	0.2
4500 Impôts non périodiques sur	0.0	0.0	0.0	0.0	0.0	0.0	0.0	0.0	0.0	0.0
4600 Autres impôts périodiques sur patrimoine	0.6	0.8	0.9	0.9	0.9	0.2	0.2	0.2	0.1	0.1
5000 Impôts sur les biens et services	**17.5**	**27.8**	**37.1**	**39.0**	**39.2**	**4.9**	**6.1**	**6.1**	**6.0**	**5.9**
5100 Impôts sur production, vente, transfert, etc.	16.0	25.3	32.2	33.7	33.7	4.5	5.5	5.3	5.1	5.1
5110 Impôts généraux	9.9	16.9	21.0	22.7	22.7	2.8	3.7	3.4	3.5	3.4
5111 Taxes sur la valeur ajoutée	9.9	16.6	20.6	22.3	22.3	2.8	3.6	3.4	3.4	3.4
5120 Impôts sur biens et services déterminés	6.1	8.3	11.1	10.9	10.9	1.7	1.8	1.8	1.7	1.7
5121 Accises	4.6	6.8	8.3	8.0	8.1	1.3	1.5	1.4	1.2	1.2
5200 Impôts sur utilisation des biens et exerc. activités	1.6	2.5	4.9	5.3	5.5	0.4	0.6	0.8	0.8	0.8
5300 Non-ventilables entre 5100 et 5200	0.0	0.0	0.0	0.0	0.0	0.0	0.0	0.0	0.0	0.0
6000 Autres impôts	**0.1**	**0.2**	**0.6**	**0.8**	**0.9**	**0.0**	**0.0**	**0.1**	**0.1**	**0.1**
Crédits d'impôts récupérables										
Crédits d'impôts récupérables contre 1000	..	..	..	..	..	..	..	..	..	..
Composante transfert	..	..	..	..	..	..	..	..	..	..
Composante fiscale	..	..	..	..	..	..	..	..	..	..

.. Non disponible

Note : Des données et des notes plus détaillées par pays sont disponibles dans le chapitre 5 "Tableaux par pays, 1965-2016" accessible en ligne : http://dx.doi.org/10.1787/rev_stats-2018-fr. Les séries temporelles complètes sont accessibles sur le site web http://oe.cd/series-temporelles-completes.

Source : Statistique financière, Administration fédérale des finances.

StatLink http://dx.doi.org/10.1787/888933864795

Tableau 4.66. Suisse, recettes fiscales et % du PIB par niveaux d'administration (principaux impôts)

	Milliard CHF					% du PIB				
	1990	2000	2010	2015	2016	1990	2000	2010	2015	2016
Administrations fédérale ou centrale										
Recettes fiscales totales	**29.0**	**46.9**	**59.2**	**64.4**	**64.4**	**8.1**	**10.2**	**9.7**	**9.8**	**9.8**
1000 Impôts sur revenu, bénéfices et gains en capital	10.9	17.0	22.7	26.8	26.8	3.0	3.7	3.7	4.1	4.1
2000 Cotisations de sécurité sociale	0.0	0.0	0.0	0.0	0.0	0.0	0.0	0.0	0.0	0.0
3000 Sur salaires ou main d'oeuvre	0.0	0.0	0.0	0.0	0.0	0.0	0.0	0.0	0.0	0.0
4000 Impôts sur le patrimoine	2.1	4.1	2.2	1.7	1.3	0.6	0.9	0.4	0.3	0.2
5000 Impôts sur les biens et services	16.0	25.7	34.3	36.0	36.2	4.5	5.6	5.6	5.5	5.5
6000 Autres impôts	0.0	0.0	0.0	0.0	0.1	0.0	0.0	0.0	0.0	0.0
Administrations d'un État/Régions										
Recettes fiscales totales	**21.3**	**28.9**	**39.9**	**44.5**	**45.7**	**6.0**	**6.3**	**6.5**	**6.8**	**6.9**
1000 Impôts sur revenu, bénéfices et gains en capital	16.4	21.8	30.9	34.3	35.1	4.6	4.7	5.1	5.3	5.3
2000 Cotisations de sécurité sociale	0.0	0.0	0.0	0.0	0.0	0.0	0.0	0.0	0.0	0.0
3000 Sur salaires ou main d'oeuvre	0.0	0.0	0.0	0.0	0.0	0.0	0.0	0.0	0.0	0.0
4000 Impôts sur le patrimoine	3.5	5.0	6.3	7.1	7.6	1.0	1.1	1.0	1.1	1.1
5000 Impôts sur les biens et services	1.4	2.1	2.7	2.9	2.8	0.4	0.4	0.4	0.4	0.4
6000 Autres impôts	0.0	0.0	0.0	0.2	0.2	0.0	0.0	0.0	0.0	0.0
Administrations locales										
Recettes fiscales totales	**14.9**	**20.5**	**24.6**	**27.5**	**28.5**	**4.2**	**4.5**	**4.0**	**4.2**	**4.3**
1000 Impôts sur revenu, bénéfices et gains en capital	12.7	17.1	20.2	22.6	23.3	3.5	3.7	3.3	3.5	3.5
2000 Cotisations de sécurité sociale	0.0	0.0	0.0	0.0	0.0	0.0	0.0	0.0	0.0	0.0
3000 Sur salaires ou main d'oeuvre	0.0	0.0	0.0	0.0	0.0	0.0	0.0	0.0	0.0	0.0
4000 Impôts sur le patrimoine	2.0	3.1	3.8	4.2	4.4	0.6	0.7	0.6	0.6	0.7
5000 Impôts sur les biens et services	0.1	0.1	0.1	0.1	0.1	0.0	0.0	0.0	0.0	0.0
6000 Autres impôts	0.1	0.2	0.6	0.6	0.6	0.0	0.0	0.1	0.1	0.1
Administrations de sécurité sociale										
Recettes fiscales totales	**19.9**	**30.6**	**38.3**	**43.9**	**44.4**	**5.5**	**6.7**	**6.3**	**6.7**	**6.7**
1000 Impôts sur revenu, bénéfices et gains en capital	0.0	0.0	0.0	0.0	0.0	0.0	0.0	0.0	0.0	0.0
2000 Cotisations de sécurité sociale	19.9	30.6	38.3	43.9	44.4	5.5	6.7	6.3	6.7	6.7
3000 Sur salaires ou main d'oeuvre	0.0	0.0	0.0	0.0	0.0	0.0	0.0	0.0	0.0	0.0
4000 Impôts sur le patrimoine	0.0	0.0	0.0	0.0	0.0	0.0	0.0	0.0	0.0	0.0
5000 Impôts sur les biens et services	0.0	0.0	0.0	0.0	0.0	0.0	0.0	0.0	0.0	0.0
6000 Autres impôts	0.0	0.0	0.0	0.0	0.0	0.0	0.0	0.0	0.0	0.0

Note : Des données et des notes plus détaillées par pays sont disponibles dans le chapitre 6 "Recettes fiscales des sous-secteurs de l'administration" accessible en ligne : http://dx.doi.org/10.1787/rev_stats-2018-fr. Les séries temporelles complètes sont accessibles sur le site web http://oe.cd/series-temporelles-completes.

Source : Statistique financière, Administration fédérale des finances.

StatLink http://dx.doi.org/10.1787/888933864814

Tableau 4.67. Turquie, recettes fiscales et % du PIB (sélection de catégories d'impôts)

	Milliard TRY					% du PIB				
	1990	2000	2010	2015	2016	1990	2000	2010	2015	2016
Recettes fiscales totales	**0.1**	**40.3**	**287.9**	**586.7**	**660.0**	**14.5**	**23.6**	**24.8**	**25.1**	**25.3**
1000 Impôts sur le revenu, les bénéfices et les gains en capital	**0.0**	**11.9**	**61.3**	**119.1**	**139.6**	**4.9**	**7.0**	**5.3**	**5.1**	**5.4**
1100 Des personnes physiques	0.0	9.0	40.4	85.8	96.6	3.9	5.2	3.5	3.7	3.7
1200 Des sociétés	0.0	2.9	20.9	33.4	43.0	1.0	1.7	1.8	1.4	1.6
1300 Non-ventilables entre 1100 et 1200	0.0	0.0	0.0	0.0	0.0	0.0	0.0	0.0	0.0	0.0
2000 Cotisations de sécurité sociale	**0.0**	**7.5**	**71.7**	**170.3**	**190.2**	**2.9**	**4.4**	**6.2**	**7.3**	**7.3**
2100 À la charge des salariés	0.0	2.7	26.9	64.2	72.8	1.1	1.6	2.3	2.7	2.8
2200 À la charge des employeurs	0.0	3.6	39.4	95.1	107.9	1.6	2.1	3.4	4.1	4.1
2300 À la charge des indép. ou sans emploi	0.0	1.2	5.4	11.0	9.5	0.2	0.7	0.5	0.5	0.4
2400 Non-ventilables entre 2100, 2200 et 2300	0.0	0.0	0.0	0.0	0.0	0.0	0.0	0.0	0.0	0.0
3000 Sur les salaires ou main d'oeuvre	**0.0**	**0.0**	**0.0**	**0.0**	**0.0**	**0.0**	**0.0**	**0.0**	**0.0**	**0.0**
4000 Impôts sur le patrimoine	**0.0**	**1.3**	**11.7**	**28.6**	**31.9**	**0.3**	**0.7**	**1.0**	**1.2**	**1.2**
4100 Impôts périodiques sur la propriété immobilière	0.0	0.2	2.7	5.9	6.7	0.0	0.1	0.2	0.3	0.3
4200 Impôts périodiques sur l'actif net	0.0	0.0	0.0	0.0	0.0	0.0	0.0	0.0	0.0	0.0
4300 Impôts sur mut. par décès, succ. et donations	0.0	0.0	0.2	0.4	0.6	0.0	0.0	0.0	0.0	0.0
4400 Impôts sur transact. mobilières et immob.	0.0	1.1	8.8	22.3	24.5	0.3	0.6	0.8	1.0	0.9
4500 Impôts non périodiques sur	0.0	0.0	0.0	0.0	0.0	0.0	0.0	0.0	0.0	0.0
4600 Autres impôts périodiques sur patrimoine	0.0	0.0	0.0	0.0	0.0	0.0	0.0	0.0	0.0	0.0
5000 Impôts sur les biens et services	**0.0**	**16.9**	**137.3**	**260.0**	**287.9**	**4.1**	**9.9**	**11.8**	**11.1**	**11.0**
5100 Impôts sur production, vente, transfert, etc.	0.0	16.3	131.9	250.3	277.6	4.0	9.6	11.4	10.7	10.6
5110 Impôts généraux	0.0	9.7	62.5	121.1	130.8	2.9	5.7	5.4	5.2	5.0
5111 Taxes sur la valeur ajoutée	0.0	9.7	62.5	121.1	130.8	2.7	5.7	5.4	5.2	5.0
5120 Impôts sur biens et services déterminés	0.0	6.6	69.3	129.2	146.8	1.1	3.9	6.0	5.5	5.6
5121 Accises	0.0	4.7	57.3	105.9	120.4	0.1	2.8	4.9	4.5	4.6
5200 Impôts sur utilisation des biens et exerc. activités	0.0	0.6	5.4	9.7	10.4	0.1	0.3	0.5	0.4	0.4
5300 Non-ventilables entre 5100 et 5200	0.0	0.0	0.0	0.0	0.0	0.0	0.0	0.0	0.0	0.0
6000 Autres impôts	**0.0**	**2.7**	**5.9**	**8.7**	**10.4**	**2.4**	**1.6**	**0.5**	**0.4**	**0.4**
Crédits d'impôts récupérables										
Crédits d'impôts récupérables contre 1000	..	..	..	..	..	..	..	..	..	..
Composante transfert	..	..	..	..	..	..	..	..	..	..
Composante fiscale	..	..	..	..	..	..	..	..	..	..

.. Non disponible

Note : Des données et des notes plus détaillées par pays sont disponibles dans le chapitre 5 "Tableaux par pays, 1965-2016" accessible en ligne : http://dx.doi.org/10.1787/rev_stats-2018-fr. Les séries temporelles complètes sont accessibles sur le site web http://oe.cd/series-temporelles-completes.

Source : Bulletin of national accounts and the Budget revenue Bulletin.

StatLink http://dx.doi.org/10.1787/888933864833

Tableau 4.68. Turquie, recettes fiscales et % du PIB par niveaux d'administration (principaux impôts)

	Milliard TRY					% du PIB				
	1990	2000	2010	2015	2016	1990	2000	2010	2015	2016
Administrations fédérale ou centrale										
Recettes fiscales totales	**0.1**	**29.1**	**189.4**	**359.9**	**405.8**	**10.4**	**17.1**	**16.3**	**15.4**	**15.6**
1000 Impôts sur revenu, bénéfices et gains en capital	0.0	10.5	54.6	104.7	122.5	4.3	6.2	4.7	4.5	4.7
2000 Cotisations de sécurité sociale	0.0	0.0	0.0	0.0	0.0	0.0	0.0	0.0	0.0	0.0
3000 Sur salaires ou main d'oeuvre	0.0	0.0	0.0	0.0	0.0	0.0	0.0	0.0	0.0	0.0
4000 Impôts sur le patrimoine	0.0	0.9	8.1	20.2	22.2	0.3	0.5	0.7	0.9	0.9
5000 Impôts sur les biens et services	0.0	15.2	124.0	231.2	256.2	3.6	8.9	10.7	9.9	9.8
6000 Autres impôts	0.0	2.5	2.7	3.8	4.9	2.2	1.5	0.2	0.2	0.2
Administrations d'un État/Régions										
Recettes fiscales totales	..	..	..	..	..	..	..	..	..	..
1000 Impôts sur revenu, bénéfices et gains en capital	..	..	..	..	..	..	..	..	..	..
2000 Cotisations de sécurité sociale	..	..	..	..	..	..	..	..	..	..
3000 Sur salaires ou main d'oeuvre	..	..	..	..	..	..	..	..	..	..
4000 Impôts sur le patrimoine	..	..	..	..	..	..	..	..	..	..
5000 Impôts sur les biens et services	..	..	..	..	..	..	..	..	..	..
6000 Autres impôts	..	..	..	..	..	..	..	..	..	..
Administrations locales										
Recettes fiscales totales	**0.0**	**3.6**	**26.8**	**56.5**	**64.0**	**1.3**	**2.1**	**2.3**	**2.4**	**2.5**
1000 Impôts sur revenu, bénéfices et gains en capital	0.0	1.4	6.7	14.4	17.0	0.6	0.8	0.6	0.6	0.7
2000 Cotisations de sécurité sociale	0.0	0.0	0.0	0.0	0.0	0.0	0.0	0.0	0.0	0.0
3000 Sur salaires ou main d'oeuvre	0.0	0.0	0.0	0.0	0.0	0.0	0.0	0.0	0.0	0.0
4000 Impôts sur le patrimoine	0.0	0.3	3.6	8.4	9.7	0.0	0.2	0.3	0.4	0.4
5000 Impôts sur les biens et services	0.0	1.7	13.3	28.7	31.8	0.5	1.0	1.1	1.2	1.2
6000 Autres impôts	0.0	0.2	3.2	5.0	5.5	0.2	0.1	0.3	0.2	0.2
Administrations de sécurité sociale										
Recettes fiscales totales	**0.0**	**7.5**	**71.7**	**170.3**	**190.2**	**2.9**	**4.4**	**6.2**	**7.3**	**7.3**
1000 Impôts sur revenu, bénéfices et gains en capital	0.0	0.0	0.0	0.0	0.0	0.0	0.0	0.0	0.0	0.0
2000 Cotisations de sécurité sociale	0.0	7.5	71.7	170.3	190.2	2.9	4.4	6.2	7.3	7.3
3000 Sur salaires ou main d'oeuvre	0.0	0.0	0.0	0.0	0.0	0.0	0.0	0.0	0.0	0.0
4000 Impôts sur le patrimoine	0.0	0.0	0.0	0.0	0.0	0.0	0.0	0.0	0.0	0.0
5000 Impôts sur les biens et services	0.0	0.0	0.0	0.0	0.0	0.0	0.0	0.0	0.0	0.0
6000 Autres impôts	0.0	0.0	0.0	0.0	0.0	0.0	0.0	0.0	0.0	0.0

.. Non disponible

Note : Des données et des notes plus détaillées par pays sont disponibles dans le chapitre 6 "Recettes fiscales des sous-secteurs de l'administration" accessible en ligne : http://dx.doi.org/10.1787/rev_stats-2018-fr. Les séries temporelles complètes sont accessibles sur le site web http://oe.cd/series-temporelles-completes.

Source : Bulletin of national accounts and the Budget revenue Bulletin.

StatLink http://dx.doi.org/10.1787/888933864852

Tableau 4.69. Royaume-Uni, recettes fiscales et % du PIB (sélection de catégories d'impôts)

	Milliard GBP					% du PIB				
	1990	2000	2010	2015	2016	1990	2000	2010	2015	2016
Recettes fiscales totales	**202.4**	**358.7**	**512.9**	**609.6**	**644.7**	**32.9**	**32.9**	**32.3**	**32.2**	**32.7**
1000 Impôts sur le revenu, les bénéfices et les gains en capital	**79.6**	**142.2**	**192.6**	**214.8**	**230.1**	**12.9**	**13.1**	**12.1**	**11.3**	**11.7**
1100 Des personnes physiques	59.5	104.1	147.0	168.9	176.6	9.7	9.6	9.3	8.9	9.0
1200 Des sociétés	20.1	38.1	45.6	46.0	53.4	3.3	3.5	2.9	2.4	2.7
1300 Non-ventilables entre 1100 et 1200	0.0	0.0	0.0	0.0	0.0	0.0	0.0	0.0	0.0	0.0
2000 Cotisations de sécurité sociale	**34.5**	**60.3**	**97.3**	**114.1**	**121.9**	**5.6**	**5.5**	**6.1**	**6.0**	**6.2**
2100 À la charge des salariés	13.3	24.2	38.7	44.5	47.3	2.2	2.2	2.4	2.3	2.4
2200 À la charge des employeurs	20.0	34.0	55.9	66.5	71.4	3.2	3.1	3.5	3.5	3.6
2300 À la charge des indép. ou sans emploi	1.2	2.0	2.8	3.1	3.2	0.2	0.2	0.2	0.2	0.2
2400 Non-ventilables entre 2100, 2200 et 2300	0.0	0.0	0.0	0.0	0.0	0.0	0.0	0.0	0.0	0.0
3000 Sur les salaires ou main d'oeuvre	**0.0**	**0.0**	**0.0**	**0.0**	**0.0**	**0.0**	**0.0**	**0.0**	**0.0**	**0.0**
4000 Impôts sur le patrimoine	**16.5**	**41.1**	**61.8**	**76.6**	**81.4**	**2.7**	**3.8**	**3.9**	**4.0**	**4.1**
4100 Impôts périodiques sur la propriété immobilière	13.5	30.6	50.0	58.2	60.3	2.2	2.8	3.2	3.1	3.1
4200 Impôts périodiques sur l'actif net	0.0	0.0	0.0	0.0	0.0	0.0	0.0	0.0	0.0	0.0
4300 Impôts sur mut. par décès, succ. et donations	1.3	2.2	2.6	4.4	4.8	0.2	0.2	0.2	0.2	0.2
4400 Impôts sur transact. mobilières et immob.	1.8	8.4	9.1	13.8	16.0	0.3	0.8	0.6	0.7	0.8
4500 Impôts non périodiques sur	0.0	0.0	0.0	0.1	0.3	0.0	0.0	0.0	0.0	0.0
4600 Autres impôts périodiques sur patrimoine	0.0	0.0	0.0	0.0	0.0	0.0	0.0	0.0	0.0	0.0
5000 Impôts sur les biens et services	**62.8**	**113.3**	**158.3**	**201.1**	**208.1**	**10.2**	**10.4**	**10.0**	**10.6**	**10.6**
5100 Impôts sur production, vente, transfert, etc.	59.4	108.3	150.8	193.6	200.5	9.7	9.9	9.5	10.2	10.2
5110 Impôts généraux	34.1	64.3	95.9	129.4	133.9	5.5	5.9	6.0	6.8	6.8
5111 Taxes sur la valeur ajoutée	34.1	64.3	95.9	129.4	133.9	5.5	5.9	6.0	6.8	6.8
5120 Impôts sur biens et services déterminés	25.3	44.0	54.9	64.2	66.6	4.1	4.0	3.5	3.4	3.4
5121 Accises	19.7	37.3	45.4	47.3	47.9	3.2	3.4	2.9	2.5	2.4
5200 Impôts sur utilisation des biens et exerc. activités	3.4	5.0	7.4	7.4	7.6	0.6	0.5	0.5	0.4	0.4
5300 Non-ventilables entre 5100 et 5200	0.0	0.0	0.0	0.0	0.0	0.0	0.0	0.0	0.0	0.0
6000 Autres impôts	**9.0**	**0.0**	**0.0**	**0.0**	**0.0**	**1.5**	**0.0**	**0.0**	**0.0**	**0.0**
Crédits d'impôts récupérables										
Crédits d'impôts récupérables contre 1000	7.5	4.7	30.1	30.8	30.1	1.2	0.4	1.9	1.6	1.5
Composante transfert	0.5	3.4	23.7	27.4	26.7	0.1	0.3	1.5	1.4	1.4
Composante fiscale	7.0	1.2	6.5	3.4	3.4	1.1	0.1	0.4	0.2	0.2

Note : Des données et des notes plus détaillées par pays sont disponibles dans le chapitre 5 "Tableaux par pays, 1965-2016" accessible en ligne : http://dx.doi.org/10.1787/rev_stats-2018-fr. Les séries temporelles complètes sont accessibles sur le site web http://oe.cd/series-temporelles-completes.
Source : National Income and Expenditure; Central Statistical Office; Annual reports of Her Majesty's Revenue and Customs.

StatLink http://dx.doi.org/10.1787/888933864871

Tableau 4.70. Royaume-Uni, recettes fiscales et % du PIB par niveaux d'administration (principaux impôts)

	Milliard GBP					% du PIB				
	1990	2000	2010	2015	2016	1990	2000	2010	2015	2016
Administrations fédérale ou centrale										
Recettes fiscales totales	**151.9**	**282.1**	**386.4**	**462.5**	**488.1**	**24.7**	**25.9**	**24.3**	**24.4**	**24.8**
1000 Impôts sur revenu, bénéfices et gains en capital	79.6	142.2	192.6	214.8	230.1	12.9	13.1	12.1	11.3	11.7
2000 Cotisations de sécurité sociale	0.0	0.0	0.0	0.0	0.0	0.0	0.0	0.0	0.0	0.0
3000 Sur salaires ou main d'oeuvre	0.0	0.0	0.0	0.0	0.0	0.0	0.0	0.0	0.0	0.0
4000 Impôts sur le patrimoine	11.4	26.9	35.5	46.6	50.0	1.9	2.5	2.2	2.5	2.5
5000 Impôts sur les biens et services	60.9	112.9	158.3	201.1	208.0	9.9	10.4	10.0	10.6	10.6
6000 Autres impôts	0.0	0.0	0.0	0.0	0.0	0.0	0.0	0.0	0.0	0.0
Administrations d'un État/Régions										
Recettes fiscales totales	..	..	..	..	..	..	..	..	..	..
1000 Impôts sur revenu, bénéfices et gains en capital	..	..	..	..	..	..	..	..	..	..
2000 Cotisations de sécurité sociale	..	..	..	..	..	..	..	..	..	..
3000 Sur salaires ou main d'oeuvre	..	..	..	..	..	..	..	..	..	..
4000 Impôts sur le patrimoine	..	..	..	..	..	..	..	..	..	..
5000 Impôts sur les biens et services	..	..	..	..	..	..	..	..	..	..
6000 Autres impôts	..	..	..	..	..	..	..	..	..	..
Administrations locales										
Recettes fiscales totales	**14.1**	**14.2**	**26.2**	**29.9**	**31.4**	**2.3**	**1.3**	**1.7**	**1.6**	**1.6**
1000 Impôts sur revenu, bénéfices et gains en capital	0.0	0.0	0.0	0.0	0.0	0.0	0.0	0.0	0.0	0.0
2000 Cotisations de sécurité sociale	0.0	0.0	0.0	0.0	0.0	0.0	0.0	0.0	0.0	0.0
3000 Sur salaires ou main d'oeuvre	0.0	0.0	0.0	0.0	0.0	0.0	0.0	0.0	0.0	0.0
4000 Impôts sur le patrimoine	5.1	14.2	26.2	29.9	31.4	0.8	1.3	1.7	1.6	1.6
5000 Impôts sur les biens et services	0.0	0.0	0.0	0.0	0.0	0.0	0.0	0.0	0.0	0.0
6000 Autres impôts	9.0	0.0	0.0	0.0	0.0	1.5	0.0	0.0	0.0	0.0
Administrations de sécurité sociale										
Recettes fiscales totales	**34.5**	**60.3**	**97.3**	**114.1**	**121.9**	**5.6**	**5.5**	**6.1**	**6.0**	**6.2**
1000 Impôts sur revenu, bénéfices et gains en capital	0.0	0.0	0.0	0.0	0.0	0.0	0.0	0.0	0.0	0.0
2000 Cotisations de sécurité sociale	34.5	60.3	97.3	114.1	121.9	5.6	5.5	6.1	6.0	6.2
3000 Sur salaires ou main d'oeuvre	0.0	0.0	0.0	0.0	0.0	0.0	0.0	0.0	0.0	0.0
4000 Impôts sur le patrimoine	0.0	0.0	0.0	0.0	0.0	0.0	0.0	0.0	0.0	0.0
5000 Impôts sur les biens et services	0.0	0.0	0.0	0.0	0.0	0.0	0.0	0.0	0.0	0.0
6000 Autres impôts	0.0	0.0	0.0	0.0	0.0	0.0	0.0	0.0	0.0	0.0

.. Non disponible

Note : Des données et des notes plus détaillées par pays sont disponibles dans le chapitre 6 "Recettes fiscales des sous-secteurs de l'administration" accessible en ligne : http://dx.doi.org/10.1787/rev_stats-2018-fr. Les séries temporelles complètes sont accessibles sur le site web http://oe.cd/series-temporelles-completes.

Source : National Income and Expenditure; Central Statistical Office; Annual reports of Her Majesty's Revenue and Customs.

StatLink http://dx.doi.org/10.1787/888933864890

Tableau 4.71. États-Unis, recettes fiscales et % du PIB (sélection de catégories d'impôts)

	Milliard USD					% du PIB				
	1990	2000	2010	2015	2016	1990	2000	2010	2015	2016
Recettes fiscales totales	**1 552.4**	**2 900.5**	**3 515.8**	**4 754.0**	**4 821.5**	**26.0**	**28.2**	**23.5**	**26.2**	**25.9**
1000 Impôts sur le revenu, les bénéfices et les gains en capital	**701.7**	**1 453.9**	**1 491.5**	**2 309.5**	**2 313.1**	**11.7**	**14.1**	**10.0**	**12.7**	**12.4**
1100 Des personnes physiques	584.7	1 224.5	1 224.5	1 923.6	1 945.2	9.8	11.9	8.2	10.6	10.4
1200 Des sociétés	117.0	229.3	267.0	385.8	367.9	2.0	2.2	1.8	2.1	2.0
1300 Non-ventilables entre 1100 et 1200	0.0	0.0	0.0	0.0	0.0	0.0	0.0	0.0	0.0	0.0
2000 Cotisations de sécurité sociale	**397.0**	**683.1**	**917.8**	**1 128.7**	**1 159.2**	**6.6**	**6.6**	**6.1**	**6.2**	**6.2**
2100 À la charge des salariés	173.9	305.6	406.4	503.5	519.6	2.9	3.0	2.7	2.8	2.8
2200 À la charge des employeurs	204.1	343.2	462.1	564.0	576.7	3.4	3.3	3.1	3.1	3.1
2300 À la charge des indép. ou sans emploi	19.0	34.4	49.3	61.3	62.8	0.3	0.3	0.3	0.3	0.3
2400 Non-ventilables entre 2100, 2200 et 2300	0.0	0.0	0.0	0.0	0.0	0.0	0.0	0.0	0.0	0.0
3000 Sur les salaires ou main d'oeuvre	**0.0**	**0.0**	**0.0**	**0.0**	**0.0**	**0.0**	**0.0**	**0.0**	**0.0**	**0.0**
4000 Impôts sur le patrimoine	**180.3**	**295.2**	**462.1**	**513.0**	**533.9**	**3.0**	**2.9**	**3.1**	**2.8**	**2.9**
4100 Impôts périodiques sur la propriété immobilière	161.5	254.7	435.0	479.4	499.8	2.7	2.5	2.9	2.6	2.7
4200 Impôts périodiques sur l'actif net	0.0	0.0	0.0	0.0	0.0	0.0	0.0	0.0	0.0	0.0
4300 Impôts sur mut. par décès, succ. et donations	15.8	35.6	19.5	25.4	25.5	0.3	0.3	0.1	0.1	0.1
4400 Impôts sur transact. mobilières et immob.	0.0	0.0	0.0	0.0	0.0	0.0	0.0	0.0	0.0	0.0
4500 Impôts non périodiques sur	0.0	0.0	0.0	0.0	0.0	0.0	0.0	0.0	0.0	0.0
4600 Autres impôts périodiques sur patrimoine	3.0	4.8	7.5	8.3	8.5	0.1	0.0	0.1	0.0	0.0
5000 Impôts sur les biens et services	**273.5**	**468.4**	**644.4**	**802.8**	**815.3**	**4.6**	**4.6**	**4.3**	**4.4**	**4.4**
5100 Impôts sur production, vente, transfert, etc.	235.2	404.1	542.1	682.5	693.1	3.9	3.9	3.6	3.8	3.7
5110 Impôts généraux	125.6	221.4	294.4	364.6	373.5	2.1	2.2	2.0	2.0	2.0
5111 Taxes sur la valeur ajoutée	0.0	0.0	0.0	0.0	0.0	0.0	0.0	0.0	0.0	0.0
5120 Impôts sur biens et services déterminés	109.6	182.7	247.6	317.9	319.7	1.8	1.8	1.7	1.8	1.7
5121 Accises	65.0	108.6	145.3	156.3	157.6	1.1	1.1	1.0	0.9	0.8
5200 Impôts sur utilisation des biens et exerc. activités	38.2	64.3	102.3	120.4	122.2	0.6	0.6	0.7	0.7	0.7
5300 Non-ventilables entre 5100 et 5200	0.0	0.0	0.0	0.0	0.0	0.0	0.0	0.0	0.0	0.0
6000 Autres impôts	**0.0**	**0.0**	**0.0**	**0.0**	**0.0**	**0.0**	**0.0**	**0.0**	**0.0**	**0.0**
Crédits d'impôts récupérables										
Crédits d'impôts récupérables contre 1000	6.2	36.5	171.9	157.2	165.6	0.1	0.4	1.1	0.9	0.9
Composante transfert	4.4	26.9	101.8	113.9	121.1	0.1	0.3	0.7	0.6	0.7
Composante fiscale	1.8	9.6	70.1	43.4	44.6	0.0	0.1	0.5	0.2	0.2

Note : Des données et des notes plus détaillées par pays sont disponibles dans le chapitre 5 "Tableaux par pays, 1965-2016" accessible en ligne : http://dx.doi.org/10.1787/rev_stats-2018-fr. Les séries temporelles complètes sont accessibles sur le site web http://oe.cd/series-temporelles-completes.

Source : Federal estimates are derived from the US Budget, the Final Monthly Treasury Statement and the Annual Report of the US Treasury Department. The State and Local estimates are derived from Government Finances, published by the Bureau of the Census.

StatLink http://dx.doi.org/10.1787/888933864909

Tableau 4.72. États-Unis, recettes fiscales et % du PIB par niveaux d'administration (principaux impôts)

	Milliard USD					% du PIB				
	1990	2000	2010	2015	2016	1990	2000	2010	2015	2016
Administrations fédérale ou centrale										
Recettes fiscales totales	**632.2**	**1 316.6**	**1 288.6**	**2 036.7**	**2 028.8**	**10.6**	**12.8**	**8.6**	**11.2**	**10.9**
1000 Impôts sur revenu, bénéfices et gains en capital	569.7	1 201.3	1 176.7	1 876.3	1 871.7	9.5	11.7	7.9	10.4	10.1
2000 Cotisations de sécurité sociale	0.0	0.0	0.0	0.0	0.0	0.0	0.0	0.0	0.0	0.0
3000 Sur salaires ou main d'oeuvre	0.0	0.0	0.0	0.0	0.0	0.0	0.0	0.0	0.0	0.0
4000 Impôts sur le patrimoine	11.6	28.1	15.1	20.2	20.0	0.2	0.3	0.1	0.1	0.1
5000 Impôts sur les biens et services	50.9	87.3	96.8	140.2	137.0	0.9	0.8	0.6	0.8	0.7
6000 Autres impôts	0.0	0.0	0.0	0.0	0.0	0.0	0.0	0.0	0.0	0.0
Administrations d'un État/Régions										
Recettes fiscales totales	**309.7**	**547.6**	**724.1**	**919.4**	**934.8**	**5.2**	**5.3**	**4.8**	**5.1**	**5.0**
1000 Impôts sur revenu, bénéfices et gains en capital	120.2	231.0	282.0	392.7	399.1	2.0	2.2	1.9	2.2	2.1
2000 Cotisations de sécurité sociale	0.0	0.0	0.0	0.0	0.0	0.0	0.0	0.0	0.0	0.0
3000 Sur salaires ou main d'oeuvre	0.0	0.0	0.0	0.0	0.0	0.0	0.0	0.0	0.0	0.0
4000 Impôts sur le patrimoine	10.1	17.6	18.1	20.0	20.5	0.2	0.2	0.1	0.1	0.1
5000 Impôts sur les biens et services	179.4	299.0	424.0	506.6	515.2	3.0	2.9	2.8	2.8	2.8
6000 Autres impôts	0.0	0.0	0.0	0.0	0.0	0.0	0.0	0.0	0.0	0.0
Administrations locales										
Recettes fiscales totales	**213.6**	**353.2**	**585.3**	**669.3**	**698.7**	**3.6**	**3.4**	**3.9**	**3.7**	**3.8**
1000 Impôts sur revenu, bénéfices et gains en capital	11.9	21.6	32.8	40.5	42.3	0.2	0.2	0.2	0.2	0.2
2000 Cotisations de sécurité sociale	0.0	0.0	0.0	0.0	0.0	0.0	0.0	0.0	0.0	0.0
3000 Sur salaires ou main d'oeuvre	0.0	0.0	0.0	0.0	0.0	0.0	0.0	0.0	0.0	0.0
4000 Impôts sur le patrimoine	158.6	249.4	428.9	472.8	493.3	2.7	2.4	2.9	2.6	2.6
5000 Impôts sur les biens et services	43.1	82.1	123.6	156.0	163.1	0.7	0.8	0.8	0.9	0.9
6000 Autres impôts	0.0	0.0	0.0	0.0	0.0	0.0	0.0	0.0	0.0	0.0
Administrations de sécurité sociale										
Recettes fiscales totales	**397.0**	**683.1**	**917.8**	**1 128.7**	**1 159.2**	**6.6**	**6.6**	**6.1**	**6.2**	**6.2**
1000 Impôts sur revenu, bénéfices et gains en capital	0.0	0.0	0.0	0.0	0.0	0.0	0.0	0.0	0.0	0.0
2000 Cotisations de sécurité sociale	397.0	683.1	917.8	1 128.7	1 159.2	6.6	6.6	6.1	6.2	6.2
3000 Sur salaires ou main d'oeuvre	0.0	0.0	0.0	0.0	0.0	0.0	0.0	0.0	0.0	0.0
4000 Impôts sur le patrimoine	0.0	0.0	0.0	0.0	0.0	0.0	0.0	0.0	0.0	0.0
5000 Impôts sur les biens et services	0.0	0.0	0.0	0.0	0.0	0.0	0.0	0.0	0.0	0.0
6000 Autres impôts	0.0	0.0	0.0	0.0	0.0	0.0	0.0	0.0	0.0	0.0

Note : Des données et des notes plus détaillées par pays sont disponibles dans le chapitre 6 "Recettes fiscales des sous-secteurs de l'administration" accessible en ligne : http://dx.doi.org/10.1787/rev_stats-2018-fr. Les séries temporelles complètes sont accessibles sur le site web http://oe.cd/series-temporelles-completes.

Source : Federal estimates are derived from the US Budget, the Final Monthly Treasury Statement and the Annual Report of the US Treasury Department. The State and Local estimates are derived from Government Finances, published by the Bureau of the Census.

StatLink http://dx.doi.org/10.1787/888933864928

4.2. Tableaux pour mémoire

Le Tableau 4.73 présente les différentes sources de financement des prestations sociales, au-delà des cotisations obligatoires de sécurité sociale reportées dans la section 4.1. Cette table montre également les données concernant les autres impôts, les cotisations volontaires aux administrations et les cotisations obligatoires au secteur privé.

Le Tableau 4.74 contient les cotisations de sécurité sociale et les impôts sur les salaires acquittés par les administrations. Lors de la révision du Guide d'interprétation en 1984, la question s'est posée de savoir comment il convenait de traiter les impôts acquittés par les administrations. Les deux exemples les plus marquants d'impôts de ce type sont les cotisations de sécurité sociale et les impôts sur les salaires acquittés par les administrations au titre de leurs agents. Après un échange de vues approfondi, il a été décidé que les données présentées dans cette publication continueraient d'inclure les impôts acquittés par les administrations (voir le §5 du Guide d'interprétation dans l'Annexe A).

Alors qu'il a été admis qu'à certaines fins (par exemple, pour mesurer le flux de paiements allant du secteur privé au secteur des administrations), il conviendrait d'exclure les impôts payés par un secteur de l'administration à un autre ou les impôts acquittés entre les différentes unités d'un même secteur de l'administration, il a été décidé que les impôts acquittés par les administrations devaient être inclus dans les données lorsque l'on comptabilise tous les flux d'impôts de l'ensemble de l'économie. Cette prise en compte permet d'être sûr que les différents flux de ressources d'une économie, y compris la valeur de la production des administrations, sont bien mesurés de façon cohérente nette d'impôt.

Il a été toutefois décidé que les données sur les impôts acquittés par les administrations et que l'on pouvait identifier isolément seraient présentées séparément dans un poste pour mémoire et c'est l'objet des tableaux par pays qui suivent.

Les données reproduites dans les tableaux suivants ont trait aux montants effectifs versés par les administrations publiques au titre de leurs agents. Les cotisations fictives, volontaires et imputées sont exclues de ces données. Les définitions des cotisations de sécurité sociale, des impôts sur les salaires et des administrations publiques correspondent aux définitions données aux §35 á § 41, §42 et §3 á § 4 du Guide d'interprétation. Les informations sur les autres impôts payés par les administrations (à savoir impôts sur la propriété et impôts sur la consommation) ne sont pas disponibles pour la plupart des pays, même s'il semble bien que, dans tous les pays, les impôts assis sur les salaires sont les impôts les plus importants qu'acquittent les administrations. Dans beaucoup de cas, les données sont estimées et ne sont pas toujours établies sur une base compatible avec celle utilisée dans les tableaux principaux.

Tableau 4.73. Le financement des prestations sociales

Monnaie nationale

	Devise	Total 1990	Total 2000	Total 2010	Total 2015	Total 2016	2016 Cotisations de sécurité sociale	2016 Autres impôts	2016 Contributions volontaires au gouvernement	2016 Contributions obligatoires au secteur privé	2016 Total
Allemagne	Millions EUR	184.9	328.9	369.8	444.1	464.7	444.9	0.0	8.8	11.0	**464.7**
Australie	Millions AUD	0.0	0.0	0.0	0.0	0.0	..	..	..	..	**0.0**
Autriche	Millions EUR	17.9	30.7	41.8	50.2	52.0	51.7	0.0	0.3	0.0	**52.0**
Belgique	Millions EUR	24.1	40.1	67.3	71.0	71.0	57.9	13.0	0.1	0.0	**71.0**
Canada	Millions CAD	29.7	53.1	76.8	96.4	98.9	98.9	0.0	0.0	0.0	**98.9**
Chili	Millions CLP	487.7	2 598.4	6 902.7	11 166.9	12 090.2	2 441.4	0.0	0.0	9 648.8	**12 090.2**
Corée	Milliards KRW	3.8	22.8	69.1	104.7	112.7	112.7	0.0	0.0	0.0	**112.7**
Danemark	Millions DKK	9.5	26.5	22.9	19.1	19.0	1.2	0.0	14.8	3.0	**19.0**
Espagne	Millions EUR	36.7	76.0	129.7	124.6	128.7	127.5	0.0	1.1	0.0	**128.7**
Estonie	Millions EUR	..	0.7	1.9	2.7	2.8	2.4	0.0	0.0	0.4	**2.8**
États-Unis	Millions USD	408.7	705.7	979.6	1 203.6	1 241.4	1 159.2	0.0	82.2	0.0	**1 241.4**
Finlande	Millions EUR	11.1	16.9	23.5	27.6	28.6	27.6	0.0	0.3	0.6	**28.6**
France	Millions EUR	194.1	312.9	461.2	540.6	546.8	375.2	171.6	0.0	0.0	**546.8**
Grèce	Millions EUR	3.5	14.3	24.7	18.8	19.3	19.3	0.0	0.0	0.0	**19.3**
Hongrie	Millions HUF	..	1 759.3	3 539.6	4 588.7	4 932.2	4 613.9	317.1	1.2	0.0	**4 932.2**
Irlande	Millions EUR	1.7	3.9	8.4	10.2	10.7	10.7	0.0	0.0	0.0	**10.7**
Islande	Millions ISK	37.6	95.3	236.5	317.5	471.8	85.4	108.6	0.0	277.9	**471.8**
Israël	Millions ILS	..	27.6	54.4	94.8	102.5	63.5	0.0	0.0	39.0	**102.5**
Italie	Millions EUR	87.3	144.1	209.7	215.1	216.7	215.9	0.0	0.8	0.0	**216.7**
Japon	Milliards JPY	34.6	48.0	54.5	64.5	66.6	66.6	0.0	0.0	0.0	**66.6**
Lettonie	Millions EUR	..	0.7	1.6	2.1	2.2	2.1	0.1	0.0	0.0	**2.2**
Lituanie	Millions EUR	..	1.4	3.4	4.5	4.9	4.7	0.0	0.0	0.2	**4.9**
Luxembourg	Millions EUR	1.0	2.2	4.4	5.6	5.8	5.8	0.0	0.0	0.0	**5.8**
Mexique	Millions MXN	21.0	205.6	423.6	616.1	659.8	435.0	0.0	0.0	224.8	**659.8**
Norvège	Millions NOK	79.7	132.2	243.0	325.6	330.9	330.9	0.0	0.0	0.0	**330.9**
Nouvelle-Zélande	Millions NZD	0.0	0.0	0.0	0.0	0.0	..	..	..	..	**0.0**
Pays-Bas	Millions EUR	45.0	101.6	..	..	..	103.9	0.0	0.0	..	**..**
Pologne	Millions PLN	..	96.4	156.0	223.5	236.3	236.3	0.0	0.0	0.0	**236.3**
Portugal	Millions EUR	4.1	10.6	16.2	17.2	17.7	16.9	0.8	0.0	0.0	**17.7**
République slovaque	Millions EUR	..	4.4	8.9	11.3	11.9	11.4	0.0	0.0	0.4	**11.9**
République tchèque	Millions CZK	..	345.5	582.8	666.9	707.1	699.6	0.0	0.4	7.1	**707.1**
Royaume-Uni	Millions GBP	45.7	76.7	128.2	144.6	149.9	121.9	0.0	25.9	2.1	**149.9**
Slovénie	Millions EUR	..	2.6	5.4	5.6	5.8	5.8	0.0	0.0	0.0	**5.8**
Suède	Millions SEK	205.9	315.1	399.6	421.5	456.9	438.9	0.0	18.0	0.0	**456.9**
Suisse	Millions CHF	41.9	64.8	90.5	104.9	106.9	44.5	7.6	0.0	54.8	**106.9**
Turquie	Millions TRY	0.0	7.5	71.7	170.3	190.2	190.2	0.0	0.0	0.0	**190.2**

.. Non disponible

StatLink http://dx.doi.org/10.1787/888933864947

Tableau 4.74. Les cotisations de sécurité sociale et impôts sur les salaires payés par les administrations publiques

Monnaie nationale

	Devise	Total					2016				
		1990	2000	2010	2015	2016	Administrations fédérale ou centrale	Administrations d'un État/ Régions	Administrations locales	Administrations de sécurité sociale	**Total**
Allemagne	Millions EUR	13.6	16.5	20.8	23.7	24.8	2.2	7.9	11.7	3.0	**24.8**
Australie[1]	Millions AUD	0.1	0.3	0.6	0.8	0.8	0.0	0.0	0.0	0.0	**0.8**
Autriche	Millions EUR	1.3	2.9	5.6	6.6	6.9	2.6	2.0	2.0	0.3	**6.9**
Belgique	Millions EUR	1.8	3.1	5.3	7.4	7.5	0.7	2.4	4.0	0.4	**7.5**
Canada	Millions CAD	..	6.4	10.2	12.4	12.5	1.5	6.8	4.2	0.0	**12.5**
Chili	Millions CLP	..	54.6	190.0	269.3	299.0	221.4	..	76.8	0.7	**299.0**
Corée	Milliards KRW	..	..	..	..	..	..	..	..	..	**..**
Danemark	Millions DKK	0.0	0.0	0.0	0.0	0.0	..	..	..	..	**0.0**
Espagne	Millions EUR	4.0	9.6	18.5	18.8	19.2	2.2	11.8	4.6	0.5	**19.2**
Estonie	Millions EUR	..	0.2	0.5	0.7	0.8	0.5	..	0.3	0.0	**0.8**
États-Unis	Millions USD	28.9	44.1	71.6	75.2	76.8	26.8	50.3	0.0	0.0	**76.8**
Finlande	Millions EUR	1.9	3.8	5.6	6.2	6.1	1.1	..	4.9	0.1	**6.1**
France	Millions EUR	23.4	36.3	53.7	60.1	60.8	15.0	..	22.7	23.0	**60.8**
Grèce	Millions EUR	0.1	1.7	3.6	2.6	2.7	2.3	..	0.0	0.3	**2.7**
Hongrie	Millions HUF	..	367.0	544.9	697.4	739.5	572.0	..	164.6	2.9	**739.5**
Irlande	Millions EUR	0.1	0.4	1.2	1.4	1.5	0.5	..	1.0	0.0	**1.5**
Islande	Millions ISK	..	..	..	..	..	..	..	..	..	**..**
Israël	Millions ILS	..	4.1	6.7	9.3	9.9	7.9	..	2.0	0.0	**9.9**
Italie	Millions EUR	..	36.7	50.6	49.3	49.9	0.0	..	0.0	49.9	**49.9**
Japon	Milliards JPY	2.0	2.9	3.0	3.4	3.5	0.9	..	2.6	0.0	**3.5**
Lettonie	Millions EUR	..	0.0	0.2	0.3	0.2	..	..	..	..	**0.2**
Lituanie	Millions EUR	..	0.4	0.7	0.8	0.9	0.5	..	0.4	0.0	**0.9**
Luxembourg	Millions EUR	0.3	0.3	0.5	0.6	0.7	0.6	..	0.0	0.0	**0.7**
Mexique	Millions MXN	3.0	44.9	103.4	145.3	150.4	150.4	0.0	0.0	0.0	**150.4**
Norvège	Millions NOK	17.9	36.7	77.6	112.4	113.0	51.8	..	61.2	0.0	**113.0**
Nouvelle-Zélande	Millions NZD	0.0	0.0	0.0	0.0	0.0	..	..	..	..	**0.0**
Pays-Bas	Millions EUR	0.3	2.0	0.0	0.0	0.0	..	..	..	..	**0.0**
Pologne	Millions PLN	..	11.6	18.6	24.7	25.3	10.2	..	14.6	0.5	**25.3**
Portugal	Millions EUR	0.0	0.2	0.0	0.0	0.0	..	..	..	..	**0.0**
République slovaque	Millions EUR	..	0.6	1.3	1.7	1.8	1.1	..	0.7	0.0	**1.8**
République tchèque	Millions CZK	..	34.2	55.8	80.5	85.1	39.8	..	44.3	1.0	**85.1**
Royaume-Uni	Millions GBP	4.1	6.0	11.7	12.4	13.2	8.4	..	4.8	0.0	**13.2**
Slovénie	Millions EUR	..	0.3	0.6	0.6	0.6	0.4	..	0.2	0.0	**0.6**
Suède	Millions SEK	69.3	101.6	136.7	164.3	177.6	40.4	..	137.2	0.0	**177.6**
Suisse	Millions CHF	1.5	1.9	2.8	3.2	3.3	0.5	1.8	0.9	0.0	**3.3**
Turquie	Millions TRY	0.0	3.6	39.4	95.1	107.9	107.9	..	0.0	0.0	**107.9**

.. Non disponible

1. Pour l'Australie, le total diffère de la somme des quatre niveaux d'administration publique. La différence résulte de l'existence d'un secteur multi-juridictionnel (université) spécifique à ce pays. Ce secteur contient des unités où la juridiction est partagée entre deux administrations publiques au moins, ou contient des unités dont le classement dans une juridiction n'est pas clair. Les universités publiques sont le principal type d'unités appartenant actuellement à cette catégorie.

StatLink http://dx.doi.org/10.1787/888933864966

Annexe A. Classification des impôts de l'OCDE et Guide d'interprétation

Table des matières

A1. Classification des impôts de l'OCDE

1. 1000 Impôts sur le revenu, les bénéfices et les gains en capital

    1100 Impôts sur le revenu, les bénéfices et les gains en capital des personnes physiques

        1110 Sur le revenu et les bénéfices

        1120 Sur les gains en capital

    1200 Impôts sur le revenu, les bénéfices et les gains en capital des sociétés

        1210 Sur le revenu et les bénéfices

        1220 Sur les gains en capital

    1300 Non ventilables entres les rubriques 110 et 1200

2. 2000 Cotisations de sécurité sociale

    2100 A la charge des salariés

        2110 Sur la base du salaire

        2120 Sur la base de l'impôt sur le revenu

    2200 A la charge des employeurs

        2210 Sur la base du salaire

        2220 Sur la base de l'impôt sur le revenu

    2300 A la charge des travailleurs indépendants ou des personnes n'occupant pas d'emploi

        2310 Sur la base du salaire

        2320 Sur la base de l'impôt sur le revenu

    2400 Non ventilables entre les rubriques 2100, 2200 et 2300

        2410 Sur la base du salaire

        2420 Sur la base de l'impôt sur le revenu

3. 3000 Impôts sur les salaires et la main-d'œuvre

4. 4000 Impôts sur le patrimoine

    4100 Impôts périodiques sur la propriété immobilière

        4110 Ménages

4120 Autres agents

4200 Impôts périodiques sur l'actif net

4210 Personnes physiques

4220 Sociétés

4300 Impôts sur les mutations par décès, les successions et les donations

4310 Impôts sur les mutations par décès et les successions

4320 Impôts sur les donations

4400 Impôts sur les transactions mobilières et immobilières

4500 Autres impôts non périodiques sur le patrimoine

4510 Impôts sur l'actif net

4520 Autres impôts non périodiques

4600 Autres impôts périodiques sur le patrimoine

5. 5000 Impôts sur les biens et services

5100 Impôts sur la production, la vente, le transfert, la location et la livraison des biens et la prestation de services

5110 Impôts généraux

5111 Taxes sur la valeur ajoutée

5112 Impôts sur les ventes

5113 Impôts sur le chiffre d'affaires et autres impôts généraux sur les biens et services

5120 Impôts sur des biens et des services déterminés

5121 Accises

5122 Bénéfices des monopoles fiscaux

5123 Droits de douane et autres droits à l'importation

5124 Taxes à l'exportation

5125 Impôts sur les biens d'équipement

5126 Impôts sur des services déterminés

5127 Autres impôts sur les transactions et les échanges internationaux

5128 Autres impôts sur des biens et services déterminés

5130 Non ventilables entre les rubriques 5110 et 5120

5200 Impôts sur l'utilisation des biens ou l'autorisation d'utiliser des biens ou d'exercer des activités

5210 Impôts périodiques

5211 A la charge des ménages au titre de véhicules à moteur

5212 A la charge d'autres agents au titre de véhicules à moteur

5213 Autres impôts périodiques

5220 Impôts non périodiques

5300 Non ventilables entre les rubriques 5100 et 5200

6. 6000 Autres impôts

6100 A la charge exclusive des entreprises

6200 A la charge d'autre agents que les entreprises ou non identifiables

A2. Champ couvert

Principes généraux

1. Dans la classification de l'OCDE, le terme « impôts » désigne uniquement les versements obligatoires effectués sans contrepartie au profit des administrations publiques. Les impôts n'ont pas de contrepartie en ce sens que, normalement, les prestations fournies par les administrations au contribuable ne sont pas proportionnelles à ses versements.

2. Le terme « impôts » ne couvre pas les amendes, les pénalités, ni les prêts obligatoires aux administrations. Les cas dans lesquels la délimitation entre recettes fiscales et non fiscales est délicate à tracer, pour certains droits et taxes d'utilisation, sont examinés dans les § 11 à 14.

3. Les administrations publiques comprennent l'administration centrale et les organismes dont les opérations sont sous son contrôle effectif, les administrations régionales et locales et leurs services, les organismes de sécurité sociale et les entités publiques autonomes, à l'exception des entreprises publiques. Cette définition des administrations est calquée sur celle du Système de comptabilité nationale 2008 (SCN)[1]. Dans cette publication, les administrations publiques et leurs sous-secteurs sont décrits dans le chapitre 4, paragraphes 4.117 à 4.165.

4. Les unités extrabudgétaires sont des composantes du système des administrations publiques. Il s'agit d'entités d'administration publique dotées de budgets distincts, qui ne sont pas intégralement financés par le budget central ou général. Ces organismes fonctionnent sous l'autorité ou le contrôle d'une administration centrale, d'un État fédéré ou d'une collectivité locale. Les entités extrabudgétaires peuvent disposer de leurs propres sources de recettes, qui peuvent être complétées par des dotations (transferts) provenant du budget général ou d'autres sources. Même si leurs budgets peuvent être soumis à l'approbation du corps législatif, comme les comptes budgétaires, elles disposent d'une certaine latitude quant au volume et à la composition de leurs dépenses. Ces entités peuvent être mises en place pour exercer des fonctions spécifiques des administrations publiques, telles que la construction de routes ou la production non marchande de services de santé ou d'éducation. Les dispositions budgétaires peuvent varier grandement suivant les pays, et différents termes sont utilisés pour décrire ces entités, mais elles sont souvent qualifiées de « fonds extrabudgétaires » ou d'« organismes autonomes ».

5. Les paiements obligatoires à des organismes supranationaux et aux organismes qui en dépendent ne sont plus compris depuis 1998 parmi les impôts sauf quelques exceptions. En effet, les droits de douane collectés par les États membres de l'Union européenne pour le compte de celle-ci sont toujours présentés à titre de rubrique « Pour mémoire » et compris dans le total des recettes fiscales, au chapitre 4, tableaux par pays (voir § 99). Dans les pays où les églises font partie des administrations publiques, les impôts sur les cultes sont inclus dans ces paiements, à condition qu'ils répondent aux critères énoncés au § 1 ci-dessus. Comme les données se réfèrent aux montants encaissés par les administrations publiques, les contributions versées à des organismes privés, aux organismes sociaux ou régimes de sécurité sociale extérieurs aux administrations publiques, aux syndicats ou aux associations professionnelles sont exclues, même si elles sont obligatoires. Sont toutefois inclus les versements obligatoires aux administrations publiques dont le montant est affecté à ces organismes, à condition que l'administration ne fasse pas simplement office d'agent collecteur[2]. On a distingué les bénéfices des monopoles fiscaux de ceux d'autres entreprises publiques et on les a considérés comme des impôts parce qu'ils reflètent l'exercice du pouvoir d'imposition de l'État par l'intermédiaire du monopole (voir § 65 à 67), comme le sont les bénéfices de l'État provenant de l'achat et de la vente de monnaies étrangères à des taux différents (voir § 74).

6. Les impôts payés par les administrations elles-mêmes (tels que les cotisations de sécurité sociale et les impôts sur les salaires payés par les administrations en tant qu'employeurs (2200 et 3000), les impôts sur la consommation qu'elles acquittent à l'occasion de leurs achats ou les impôts sur leur patrimoine) sont inclus dans les données présentées. Toutefois, lorsqu'il est possible de les isoler, les montants provenant de ces impôts[3] sont indiqués dans le chapitre 4.2 de cette publication.

7. Les rapports entre cette classification et celle du Système de comptabilité nationale (SCN) sont indiqués dans les sections A.9 et A.11. À cause des différences qui existent entre les deux classifications, les statistiques de la comptabilité nationale ne sont pas toujours établies ou classées suivant la pratique adoptée dans le présent guide. Ces différences et d'autres encore sont mentionnées dans les cas appropriés (voir par exemple § 30), mais il est impossible de toutes les signaler. Il peut y avoir aussi certaines différences entre cette classification et celle utilisée par certaines administrations nationales (voir par exemple § 12), aussi les statistiques nationales et celles de l'OCDE ne peuvent pas toujours être compatibles ; ces différences, cependant, sont vraisemblablement très insignifiantes dans les montants des recettes en cause.

Cotisations de sécurité sociale

8. Les cotisations obligatoires de sécurité sociale, définies au § 39, qui sont versées aux administrations publiques, font partie des recettes fiscales. Elles sont évidemment assimilables à des impôts puisqu'il s'agit de versements obligatoires à des administrations publiques. Mais elles peuvent différer toutefois des autres impôts du fait que le paiement des prestations de sécurité sociale dépend dans la plupart des pays du versement des cotisations appropriées, encore qu'il n'y ait pas forcément un lien entre l'importance des prestations et le montant des cotisations. La comparabilité entre les pays sera meilleure si on considère les cotisations de sécurité sociale comme des impôts ; elles figurent cependant sous une rubrique distincte de façon à permettre un traitement séparé pour n'importe quelle analyse.

9. La distinction stricte entre les recettes fiscales (qui sont des paiements obligatoires sans contrepartie aux administrations publiques) et les prélèvements obligatoires non fiscaux (PONF) (qui sont soit des paiements avec contrepartie aux administrations publiques, soit des paiements destinés à d'autres organismes) est clairement définie. Néanmoins, dans la palette des divers prélèvements obligatoires destinés aux administrations publiques qui existent dans les différents pays, il n'est pas toujours évident de déterminer en pratique si tel ou tel prélèvement est un impôt ou un PONF. Ainsi, l'épargne-retraite obligatoire qui est placée sous le contrôle des administrations publiques et qui s'accumule sur un compte individuel rémunéré à un taux correspondant au rendement du marché ou destiné à compenser l'inflation semble, à première vue, constituer une forme de PONF, et non d'impôt. Toutefois, ces paiements peuvent encore être considérés comme « sans contrepartie » et, par conséquent, être classés dans les impôts et non dans les PONF (par exemple si cette épargne-retraite n'est pas remboursée au cas où le contribuable décède avant d'atteindre l'âge de la retraite, et si les fonds en question sont utilisés ensuite pour verser une pension minimale à tous les contribuables qui sont assurés). En conséquence, les chiffres relatifs aux recettes de sécurité sociale indiqués pour la plupart des pays reposent sur l'hypothèse que l'on considère que tous les types de prélèvements obligatoires destinés aux administrations publiques comportent, dans une certaine mesure, un élément redistributif. Il convient de noter que cette conclusion découle d'une interprétation généralement large du terme « sans contrepartie » dans la définition de l'impôt.

10. Les cotisations de sécurité sociale qui sont facultatives ou qui ne sont pas versées à des administrations publiques (voir § 1) ne sont pas considérées comme des impôts, bien que dans certains pays (comme il est indiqué dans les notes correspondantes), il soit difficile d'éliminer complètement les cotisations facultatives et certains versements obligatoires au secteur privé des statistiques relatives aux recettes publiques. Les cotisations de sécurité sociale imputées ne sont pas considérées comme des impôts.

Droits, taxes d'utilisation et droits de licence

11. Si l'on excepte les droits perçus sur les permis de circulation des véhicules à moteur, qui sont universellement considérés comme des impôts, il n'est pas facile de distinguer les droits et taxes d'utilisation qui doivent être traitées comme des impôts de celles qui ne doivent pas l'être. Si, en effet, un droit ou une taxe est perçu au titre d'un service ou d'une activité déterminée, le lien entre ce prélèvement et la prestation fournie peut être plus ou moins important, de même que la relation entre le montant du prélèvement et le coût de la prestation. Lorsque le bénéficiaire d'une prestation acquitte un droit dont le montant est clairement lié au coût de la prestation fournie, on peut

considérer que le prélèvement comporte une contrepartie, et d'après la définition donnée au § 1, il ne sera pas traité comme un impôt. Toutefois, dans les cas suivants, les prélèvements seraient 'sans contrepartie':

a) lorsque le prélèvement est très supérieur au coût de la prestation fournie ;

b) lorsque le redevable de la contribution n'est pas le bénéficiaire de la prestation correspondante (par exemple, un droit perçu sur l'abattage du bétail pour financer un service qui est fourni aux agriculteurs) ;

c) lorsque l'État ne fournit pas un service déterminé en contrepartie du droit qu'il perçoit, même si un permis est délivré à celui qui acquitte le droit (par exemple, lorsque l'État délivre des permis de chasse, de pêche ou de port d'armes qui ne sont pas assortis du droit d'utiliser une parcelle déterminée de terres appartenant à l'État) ;

d) lorsque les bénéficiaires de la prestation sont les personnes qui ont acquitté le droit, mais que la prestation dont chacun bénéficie n'est pas nécessairement en rapport avec le montant de ses propres versements (par exemple, le droit de commercialisation du lait acquitté par les fermiers qui sert à promouvoir la consommation de lait.

12. Dans des cas limites, cependant, l'application des critères énoncés au § 1 peut être particulièrement difficile. La solution adoptée, dans un souci d'uniformité entre les pays et eu égard aux montants relativement faibles des recettes en cause, consiste à s'en tenir à la pratique prépondérante des administrations fiscales plutôt que de laisser chaque pays décider si ces prélèvements sont des impôts ou des recettes non fiscales[4].

13. On trouvera ci-après la liste des principaux droits et taxes en question et leur traitement normal[5] dans la présente publication :

Recettes non fiscales :	frais de justice ; droits de délivrance de permis de conduire ; droits portuaires ; redevances de passeport ; redevances de radio et de télévision lorsque le service est assuré par les pouvoirs publics.
Impôts du sous-groupe 5200:	autorisation d'exercer certaines activités telles que : distribution de films ; chasse, pêche et utilisation d'armes à feu ; organisation de spectacles ou de jeux et paris ; vente de boissons alcoolisées ou de tabacs ; autorisation de posséder des chiens et d'utiliser ou posséder des véhicules à moteur ou des armes à feu ; taxes d'extraction.

14. Dans la pratique, il se peut qu'il ne soit pas toujours possible d'isoler les recettes fiscales des recettes non fiscales quand elles sont enregistrées ensemble. Si l'on estime qu'il s'agit surtout de recettes non fiscales, l'ensemble sera traité comme tel ; dans le cas contraire, les recettes seront comptabilisées et classées conformément aux règles énoncées au § 32.

Redevances

15. La propriété des gisements prenant la forme de minéraux ou de combustibles fossiles (charbon, pétrole ou gaz naturel) dépend de la façon dont les droits de propriété sont définis par la loi, et aussi par les conventions internationales quand les gisements sont situés sous les eaux internationales. Dans certains cas, soit le terrain sous lequel les gisements sont situés, soit les gisements eux-mêmes, soit les deux peuvent appartenir à une administration publique centrale ou locale.

16. Ces unités des administrations publiques peuvent alors consentir un bail à d'autres unités institutionnelles en les autorisant à exploiter ces gisements pendant une période déterminée, en contrepartie d'un paiement ou d'une série de paiements. Ces paiements sont souvent qualifiés de redevances (« royalties »), mais ils n'en constituent pas moins essentiellement des loyers, qui reviennent aux propriétaires des ressources naturelles considérées parce qu'ils mettent ces actifs à la disposition d'autres unités institutionnelles pour des durées déterminées. Ces loyers peuvent prendre la forme de versements périodiques d'un montant fixe, indépendant du rythme d'extraction ; plus vraisemblablement, ils peuvent être fonction de la quantité, du volume ou de la valeur des actifs extraits. Les entreprises engagées dans des activités de prospection sur des terrains publics peuvent effectuer des paiements aux unités de l'administration publique concernées, en contrepartie de l'autorisation de procéder à des forages d'essai ou de réaliser par d'autres moyens des recherches concernant l'existence et la localisation de gisements. Ces paiements sont également considérés comme des loyers, même en l'absence d'extraction. Ils sont donc classés dans les recettes non fiscales.

17. Les mêmes principes s'appliquent lorsque d'autres unités institutionnelles se voient consentir un bail leur permettant de couper du bois dans des forêts naturelles sur des terrains appartenant à des unités des administrations publiques. Ces paiements sont également classés dans les recettes non fiscales.

18. Ces loyers ou redevances versés aux administrations publiques ne doivent pas être confondus avec les impôts sur le revenu et les bénéfices, les taxes d'extraction, les taxes professionnelles ou d'autres impôts. Si ces paiements sont prélevés sur les bénéfices tirés des activités d'extraction, ils doivent être classés dans les impôts sur le revenu, les bénéfices et les gains en capital (1000). En outre, toute taxe d'extraction relative à des minéraux ou des combustibles fossiles extraits de réserves privées ou appartenant à d'autres administrations publiques doit être classée dans les impôts. Les paiements liés à la valeur brute de la production doivent être classés dans les autres impôts sur des biens et services déterminés (5128). Les paiements effectués en contrepartie d'une autorisation ou d'un permis d'extraction doivent être classés dans les impôts sur l'utilisation des biens ou l'autorisation d'utiliser des biens ou d'exercer des activités (5200).

Amendes et pénalités

19. En principe, les amendes et pénalités portant sur les impôts impayés ou les pénalités appliquées en cas de tentative d'évasion fiscale ne doivent pas être enregistrées comme des recettes fiscales. Cependant, il se peut qu'il ne soit pas possible de séparer le versement des amendes et pénalités des recettes correspondant aux impôts auxquels ces amendes et pénalités se rattachent. Dans ce cas, les amendes et pénalités associés à un impôt particulier sont enregistrées avec les recettes correspondant à cet impôt alors que les amendes et pénalités liées à des recettes correspondant à des impôts non-identifiés sont classées comme autres impôts dans la catégorie 6000. Les amendes qui ne concernent pas des infractions fiscales (comme les infractions au stationnement), ou qui ne sont pas identifiables en tant que telles, ne sont pas non plus considérées comme des recettes fiscales.

A3. Bases de comptabilisation

Droits constatés

20. Les données enregistrées dans cette publication pour les années récentes sont essentiellement indiquées en droits constatés, c'est-à-dire qu'elles sont enregistrées au

moment du fait générateur de l'impôt. D'autres informations sont fournies dans les notes des tableaux par pays au chapitre 4 de ce rapport.

21. Toutefois, les données des années antérieures sont encore principalement comptabilisées sur la base des décaissements, c'est-à-dire au moment où l'administration reçoit le versement. Ainsi, les impôts retenus à la source par les employeurs au cours d'un exercice, mais versés à l'administration au cours de l'exercice suivant, et les impôts dus au titre d'une année mais effectivement versés l'année suivante, figurent les uns et les autres dans les recettes du second exercice. Les restitutions, remboursements et retraits résultant d'opérations rectificatives sont déduits des recettes brutes de la période au cours de laquelle ces opérations sont effectuées.

22. Les données relatives aux recettes fiscales sont comptabilisées, sans déduction compensatoire des dépenses administratives liées au recouvrement de l'impôt. De même, lorsque le produit d'un impôt sert à subventionner certains membres de la collectivité, la subvention n'est pas déduite du rendement de l'impôt, encore que certains pays fassent figurer dans leurs données l'impôt après déduction des subventions.

23. Pour les monopoles fiscaux (sous-groupe 5122), seul le montant effectivement transféré à l'État est inclus dans les recettes publiques. Toutefois, les dépenses des monopoles fiscaux qui sont considérées comme des dépenses publiques (par exemple, des dépenses de caractère social engagées par les monopoles fiscaux à l'instigation de l'État) sont ajoutées après coup pour calculer le montant des recettes fiscales (voir § 65).

La distinction entre dispositions fiscales et dépenses directes[6]

24. Étant donné que la présente publication ne vise que les recettes publiques en faisant abstraction des dépenses, il convient de distinguer entre les dispositions fiscales et les dépenses directes. Normalement, cette distinction ne soulève aucune difficulté, car les dépenses directes sont effectuées en dehors du système fiscal et des comptes fiscaux et en vertu de dispositions législatives distinctes. Dans les cas limites, on recourt, pour établir la distinction, au principe de la comptabilisation sur la base des paiements. Dans la mesure où une disposition affecte le montant des paiements du contribuable à l'État, elle est considérée comme une disposition fiscale dont il est tenu compte dans les données figurant dans cette publication. Une disposition qui n'affecte pas ce montant est considérée comme une dépense directe dont il n'est pas tenu compte dans les données reproduites dans cette publication.

25. Il est clair que les abattements fiscaux, exonérations et déductions de l'assiette de l'impôt modifient le montant de l'impôt acquitté à l'État ; il s'agit donc de dispositions fiscales. Inversement, les formes d'aides qui ne sont pas imputables sur l'impôt et n'ont donc aucun lien avec le processus d'imposition, ne réduisent pas les recettes publiques qui sont consignées dans ce volume. Les crédits d'impôt sont des montants déductibles de l'impôt à acquitter (par opposition aux déductions, qui sont opérées sur l'assiette de l'impôt). On distingue deux catégories de crédits d'impôt : ceux (que l'on qualifiera ici de 'non récupérables') qui sont limités au montant de l'impôt à acquitter et ne peuvent donc donner lieu à un versement de l'administration au contribuable, et ceux (qualifiés ici de 'récupérables') qui n'ont pas cette limite, de sorte que l'excédent du crédit sur l'impôt peut être versé au contribuable7. Le crédit d'impôt non récupérable, comme un abattement fiscal, affecte évidemment le montant de l'impôt acquitté à l'État ; aussi est-il considéré comme une disposition fiscale. La solution adoptée pour les crédits d'impôts récupérables8 consiste à distinguer l'élément de « dépense fiscale »9, qui est la part du crédit utilisée pour réduire ou supprimer l'impôt dû par le contribuable, et l'« élément de

transfert », qui correspond à la part excédant l'impôt dû par le contribuable et qui lui est reversée. Les recettes fiscales rapportées doivent être diminuées du montant de l'élément de dépense, mais non de l'élément de transfert. En outre, les montants de l'élément de dépense fiscale et de l'élément de transfert doivent être indiqués pour mémoire dans les tableaux par pays. Les pays qui ne sont pas en mesure de faire la distinction entre l'élément de dépense fiscale et l'élément de transfert doivent indiquer si leurs recettes fiscales ont été ou non diminuées du montant total de ces éléments, et fournir toutes les estimations dont ils disposent concernant les montants de ces deux éléments. Des informations complémentaires figurent dans le chapitre 1 de ce Rapport, qui fait apparaître les effets des différents traitements possibles des crédits d'impôts récupérables sur les ratios impôt rapportant les impôts au PIB.

Année civile et année fiscale (exercice budgétaire)

26. Les autorités nationales dont l'exercice budgétaire ne correspond pas à l'année civile fournissent, autant que possible, leurs données sur la base de l'année civile afin de faciliter au maximum la comparaison avec les données des autres pays. Les données d'un petit nombre de pays se réfèrent à l'exercice budgétaire. Pour ceux-ci, les statistiques de PIB utilisées dans les tableaux comparatifs portent aussi sur les exercices budgétaires.

A4. Principes généraux de classification

Les fondements essentiels de la classification

27. Les recettes sont classées par groupes principaux (1000, 2000, 3000, 4000, 5000, 6000) suivant l'assiette de l'impôt : 1000 revenus, bénéfices et gains en capital ; 2000 et 3000 salaires et nombre d'employés ; 4000 patrimoine ; 5000 biens et services ; 6000 assiettes diverses, autres ou non identifiables. Lorsqu'un impôt est calculé en fonction de plusieurs assiettes, les recettes sont, chaque fois que c'est possible, réparties entre les divers groupes (voir § 32 et § 81). Les groupes 4000 et 5000 ne comprennent pas seulement les impôts ayant pour assiette le patrimoine, les biens ou les services eux-mêmes, mais aussi certains impôts connexes. Ainsi, les impôts sur les mutations du patrimoine sont classés dans le groupe 440010 et les impôts sur l'utilisation des biens, ou l'autorisation d'exercer une activité, dans le groupe 5200. Dans les groupes 4000 et 5000, une distinction est faite dans certains sous-groupes entre impôts périodiques et impôts non périodiques : on entend par impôts périodiques ceux qui sont perçus à intervalles réguliers (ordinairement tous les ans) et par impôts non périodiques ceux qui ne sont perçus qu'une seule fois (voir aussi les § 47 à 50, § 53, § 54, et § 79 pour une application particulière de cette distinction).

28. L'affectation spéciale de certaines recettes fiscales n'influe pas sur leur classification. Toutefois comme explicité au § 39 sur la classification des cotisations de sécurité sociale, l'octroi d'un droit aux prestations sociales est crucial dans la définition de la rubrique principale 2000.

29. La manière selon laquelle un impôt est perçu ou recouvré (par exemple, au moyen de timbres) n'affecte pas sa classification.

Classification des contribuables

30. Dans certains sous-groupes, des distinctions sont faites entre les différentes catégories de contribuables. Ces distinctions varient d'un impôt à l'autre :

a) Ventilation des impôts sur le revenu et sur l'actif net entre personnes physiques et sociétés

La distinction fondamentale entre les impôts sur le revenu des sociétés et les impôts sur le revenu des personnes physiques est que les premiers sont perçus sur la société en tant qu'entité et non sur les personnes physiques qui en sont propriétaires, donc sans tenir compte de la situation personnelle de celles-ci. La même distinction est applicable aux impôts sur l'actif net des sociétés et des personnes physiques. Les impôts perçus sur les bénéfices des sociétés de personnes et sur le revenu de certaines institutions comme les caisses d'assurance-vie ou de retraite, sont classés selon le même principe. Ils sont compris dans les impôts sur les sociétés (1200) lorsqu'ils sont perçus sur la société de personnes ou l'institution en tant qu'entité sans que la situation personnelle des propriétaires entre en ligne de compte ; dans les autres cas, ils sont considérés comme des impôts sur les personnes physiques (1100). Ordinairement, les impôts sur les sociétés et les impôts sur les personnes physiques sont régis par des dispositions législatives différentes[11]. La distinction qui est faite ici entre personnes physiques et sociétés ne reprend pas la classification par secteur (ménages, entreprises, etc.) adoptée dans les comptes de revenus et de dépenses du SCN. Cette dernière classification exclut du secteur des ménages certaines entreprises non constituées en sociétés[12] et les fait figurer parmi les entreprises non financières et les institutions financières. Toutefois, l'impôt sur les bénéfices de ces entreprises ne peut pas toujours être isolé de l'impôt sur les autres revenus des propriétaires de ces entreprises, ou ne peut l'être que d'une façon arbitraire. On n'a pas cherché ici à faire la distinction et l'impôt sur le revenu des personnes physiques figure globalement, quelle que soit la nature du revenu imposable.

b) Ventilation des impôts sur les biens immobiliers entre ménages et autres agents

En l'occurrence, la distinction est celle qui a été adoptée par le SCN dans les comptes de production et de consommation. On distingue, en effet, les ménages en tant que consommateurs d'une part (c'est-à-dire à l'exclusion des entreprises individuelles), et les producteurs d'autre part. Cependant, les impôts sur les logements occupés par les ménages, qu'ils soient à la charge des propriétaires qui les occupent, du locataire ou du propriétaire, sont classés comme étant à la charge des ménages. C'est la distinction faite habituellement entre les impôts sur les biens des personnes et les impôts sur les biens des entreprises. Toutefois, certains pays ne sont pas en mesure d'établir cette distinction.

c) Ventilation des permis de circuler des véhicules à moteur entre taxes à la charge des ménages et à la charge d'autres agents

On distingue ici les ménages en tant que consommateurs d'une part, et producteurs d'autre part, comme dans les comptes de production et de consommation du SCN.

d) Ventilation des autres impôts (6000) entre les entreprises et les autres agents

Il est fait la même distinction qu'au point *(c)* ci-dessus entre les producteurs, d'une part, et les ménages consommateurs d'autre part. Les impôts qui figurent dans le groupe 6000 parce qu'ils ne comportent pas une assiette unique ou parce que leur assiette ne relève d'aucune des catégories précédentes, mais qui ne sont manifestement perçus que sur les producteurs et non sur les ménages, sont classés comme étant 'à la charge des entreprises'. Les autres impôts du groupe 6000 figurent sous la rubrique 'à la charge d'autres agents' ou 'non identifiés'.

Surtaxes

31. Les recettes des surtaxes relatives à des impôts particuliers sont classées ordinairement avec les recettes de l'impôt correspondant, que la surtaxe ait ou non un caractère temporaire. Toutefois, si l'une des caractéristiques de la surtaxe permet de la classer sous une rubrique différente de la classification de l'OCDE, les recettes de cette surtaxe sont classées sous cette rubrique et non pas avec les recettes de l'impôt correspondant

Recettes fiscales non identifiables et sous-groupes résiduels

32. Il arrive parfois qu'on ne puisse déterminer si des impôts relèvent entièrement d'un groupe ou d'un sous-groupe de la classification de l'OCDE ; dans ces cas on applique les méthodes suivantes :

a) le groupe est connu, mais on ne sait pas comment répartir les recettes entre les sous-groupes ; les recettes sont alors classées dans le sous-groupe résiduel approprié (1300, 2400, 4520, 4600, 5130, 5300 ou 6200) ;

b) on sait que l'ensemble des recettes d'un groupe d'impôts (ordinairement des impôts locaux) provient d'impôts relevant d'un groupe ou sous-groupe particulier, mais certains impôts du groupe, dont le montant ne peut être déterminé avec précision, peuvent être classés dans d'autres groupes ou sous-groupes ; dans ce cas les recettes sont comptabilisées dans le groupe ou sous-groupe dont relève l'essentiel des recettes ;

c) il est impossible d'identifier le groupe ou le sous-groupe d'un impôt (ordinairement un impôt local) ; l'impôt est alors classé dans le groupe 6200, à moins qu'il ne s'agisse d'un impôt manifestement à la charge des entreprises, auquel cas il est classé dans le sous-groupe 6100.

A5. Commentaires sur les postes de la liste

1000 — Impôts sur le revenu, les bénéfices et les gains en capital

33. Ce groupe couvre les impôts prélevés sur le revenu ou le bénéfice net (c'est-à-dire le revenu brut déduction faite des abattements autorisés) des personnes physiques et des entreprises. Sont aussi couverts les impôts prélevés sur les gains en capital des personnes physiques et des entreprises et sur les gains provenant de jeux.

34. Ce groupe comprend :

a) les impôts perçus principalement sur les revenus ou les bénéfices, bien qu'ils puissent l'être partiellement sur d'autres bases. Les impôts qui ont une autre assiette principale que le revenu ou les bénéfices sont classés selon les principes énoncés aux § 32 et § 81 ;

b) les impôts sur la propriété immobilière, qui sont perçus sur la base d'un revenu présumé ou estimé faisant partie de l'assiette de l'impôt sur le revenu (voir aussi § 47 (a), (c) et (d)) ;

c) les versements obligatoires aux caisses de sécurité sociale qui sont prélevés sur les revenus mais ne donnent pas droit à des prestations sociales. Lorsque ces contributions donnent droit à des prestations sociales, elles figurent à la rubrique 2000 (voir § 39) ;

d) les recettes provenant d'impôts cédulaires sur le revenu intégrés dans le régime général qui sont globalement classés dans ce groupe, bien que certains de ces impôts soient sur le revenu brut et ne tiennent pas toujours compte de la situation personnelle du contribuable.

35. Les impôts figurant dans ce groupe sont subdivisés en deux grands sous-groupes, les impôts sur le revenu des personnes physiques (1100) et les impôts sur le revenu des sociétés (1200), une ventilation étant faite dans chacun d'eux entre les impôts sur le revenu et les bénéfices (1110 et 1210) et les impôts sur les gains en capital (1120 et 1220). Si certaines recettes ne peuvent être identifiées comme relevant soit du sous-groupe 1100, soit du sous-groupe 1200, ou si cette distinction ne peut être faite dans la pratique (parce qu'il n'y a pas de données fiables sur les bénéficiaires des paiements sur lesquels la retenue à la source est faite), elles sont classées dans le sous-groupe 1300 (non ventilables).

Traitement des crédits d'impôt dans les systèmes d'imputation

36. Dans les régimes d'imputation de l'impôt sur les bénéfices des sociétés, les actionnaires bénéficient d'une compensation totale ou partielle d'imposition sur les dividendes que la société leur a versés et pour lesquels elle a acquitté l'impôt sur le revenu des sociétés. Dans les pays qui appliquent un tel régime, une fraction de l'impôt sur les bénéfices des sociétés sert à alléger l'impôt dû par l'actionnaire. Cet allégement prend la forme d'un crédit d'impôt, dont le montant peut être inférieur, égal ou supérieur au montant total de l'impôt dont il est redevable. Si le crédit d'impôt dépasse ce montant, l'excédent peut être versé à l'actionnaire. Comme ce type de crédit d'impôt fait partie intégrante des systèmes d'imputation de l'impôt sur le revenu des sociétés, tout paiement à l'actionnaire est considéré comme un remboursement d'impôt et non comme une dépense (se référer au traitement des autres crédits d'impôt exposé au § 25).

37. Puisque, dans les systèmes d'imputation, le crédit d'impôt (même lorsqu'il dépasse l'impôt dû) est censé être une disposition fiscale, on peut se demander s'il doit être déduit des recettes de l'impôt sur le revenu des personnes physiques (1110) ou de celles de l'impôt sur les bénéfices de sociétés (1210). Dans ce Rapport le montant intégral de l'impôt acquitté sur les bénéfices des sociétés figure sous le poste 1210 et aucun impôt imputé n'est inclus dans le poste 1110. Le montant total du crédit d'impôt réduit donc le montant des recettes du poste 1110, que ce crédit se traduise par une réduction de l'impôt dû sur le revenu des personnes physiques ou par un remboursement réel du fait que le crédit dépasse le montant de l'impôt. (Cependant, lorsque ces crédits sont déduits de l'impôt sur les sociétés au titre de dividendes versés à des sociétés, le montant est déduit des recettes du poste 1210).

1120 et 1220 — Impôts sur les gains en capital

38. Ces postes comprennent les impôts perçus sur les gains en capital, le sous-groupe 1120 comptabilisant les impôts prélevés sur les gains des personnes physiques et le sous-groupe 1220 ceux qui sont perçus sur les gains des entreprises constituées sous forme de sociétés, lorsque ces recettes peuvent être ventilées. Ce n'est pas le cas dans de nombreux pays et les recettes de ces impôts sont alors classées avec celles de l'impôt sur le revenu. Les impôts sur les gains provenant de jeux sont aussi classés sous le poste 1120.

2000 — Cotisations de sécurité sociale

39. Figurent dans ce groupe tous les versements obligatoires qui donnent le droit de bénéficier d'une prestation sociale future (éventuelle). Ces versements sont généralement affectés au financement de prestations sociales et souvent effectués au profit d'institutions ou d'administrations publiques qui fournissent de telles prestations. Cependant, cette affectation n'entre pas dans la définition des cotisations de sécurité sociale et n'est pas nécessaire pour qu'un impôt soit classé dans cette rubrique. Cependant, il faut qu'un impôt confère un droit pour être classé dans cette rubrique. Par conséquent, les prélèvements sur les revenus ou la masse salariale qui sont affectés aux caisses de sécurité sociale mais ne donnent aucun droit à des prestations sont exclus de cette rubrique et figurent à celle des impôts sur le revenu des personnes physiques (1100) ou des impôts sur les salaires et la main-d'œuvre (3000). Les impôts assis sur d'autres bases, telles que les biens et services, qui sont affectés à des prestations de sécurité sociale, ne sont pas indiqués ici, mais sont classés en fonction de leurs bases respectives parce qu'en général ils ne donnent pas droit à des prestations de sécurité sociale.

40. Seraient entre autres incluses les cotisations au titre des catégories suivantes de prestations de sécurité sociale : les allocations d'assurance-chômage et les compléments, les allocations pour accidents, blessures et maladie, les pensions de retraite, d'invalidité et de survivant, les allocations familiales, les remboursements de dépenses médicales et d'hospitalisation ou la fourniture de services médicaux ou hospitaliers. Les cotisations peuvent être collectées à la fois auprès des employés et des employeurs.

41. Les cotisations peuvent être assises sur les gains ou la masse salariale (« sur la base du salaire ») ou sur le revenu net après déductions et exemptions en fonction de la situation personnelle (« sur la base de l'impôt sur le revenu ») et les recettes correspondant à ces deux bases doivent être identifiées séparément si possible. Cependant, lorsque les cotisations à un régime général de sécurité sociale sont assises sur la masse salariale, mais que les cotisations de groupes particuliers (tels que les travailleurs indépendants) ne peuvent être évaluées sur cette base et que le revenu net est utilisé comme valeur rapprochée des gains bruts, les recettes peuvent encore être considérées comme assises sur la masse salariale. En principe, cette rubrique exclut les cotisations facultatives à des régimes de sécurité sociale. Lorsqu'elles peuvent être identifiées séparément, elles figurent pour mémoire dans le tableau indiquant le financement des prestations de sécurité sociale. Toutefois, en pratique, elles ne peuvent pas toujours être distinguées des cotisations facultatives, et dans ce cas elles figurent à cette rubrique.

42. Les cotisations à des régimes d'assurance sociale qui ne relèvent pas des pouvoirs publics et à d'autres régimes d'assurance ou de prévoyance, aux caisses de retraite, sociétés de secours mutuel ou autres systèmes d'épargne, ne sont pas considérées comme des cotisations de sécurité sociale. Les caisses de prévoyance résultant d'arrangements aux termes desquels les cotisations de chaque salarié et celles que l'employeur verse en son nom sont comptabilisées séparément dans un compte productif d'intérêts d'où elles peuvent être retirées dans des conditions biens déterminées. Les caisses de retraite sont des régimes autonomes organisés par négociations entre salariés et employeurs, qui comportent diverses contributions et prestations, parfois liées plus directement au salaire et à la durée d'activité que dans les régimes de sécurité sociale. Lorsque les cotisations à ces régimes sont obligatoires ou quasi obligatoires (par exemple en vertu d'un accord entre organisations professionnelles et syndicales), elles sont comptabilisées dans le poste pour mémoire (voir le chapitre 4.2 du rapport).

43. Les cotisations versées par les agents des administrations et par les administrations au titre de leurs agents à des régimes de sécurité sociale relevant des pouvoirs publics sont incluses dans ce groupe. Sont aussi assimilées à des impôts les cotisations à des régimes particuliers réservés aux agents des administrations qui sont censés remplacer un régime général de la sécurité sociale[13]. Par contre, lorsqu'un régime distinct n'est pas censé remplacer un régime général et résulte de négociations entre l'administration, agissant en qualité d'employeur, et ses agents, il n'est pas considéré comme un régime de sécurité sociale et les cotisations à ce titre ne sont pas assimilées à des impôts, même si le régime a été institué par des dispositions législatives.

44. Cette rubrique ne comprend pas les cotisations 'imputées', qui correspondent aux prestations sociales versées directement par les employeurs à leurs salariés, ou anciens salariés, ou à leurs représentants (par exemple, lorsque des employeurs sont légalement tenus de verser des prestations maladies pendant une certaine période).

45. Le groupe comprend les cotisations à la charge des salariés (2100), à la charge des employeurs (2200), et à la charge des travailleurs indépendants ou des personnes n'occupant pas d'emploi (2300). À cet effet, on entend par salariés toutes les personnes qui exercent une activité dans des entreprises, des administrations, des institutions privées sans but lucratif, ou qui occupent d'autres emplois rémunérés, à l'exception des propriétaires et des membres de leur famille non rémunérés dans le cas d'entreprises individuelles. Sont également compris les membres des forces armées, quelle que soit la durée et la nature de leurs services, s'ils cotisent à un régime de sécurité sociale. Par cotisations à la charge des employeurs, on entend les versements qu'ils effectuent au régime de sécurité sociale pour le compte de leurs salariés. Si, en cas de chômage, les salariés ou employeurs sont tenus de continuer à effectuer ces versements, ces derniers doivent figurer respectivement dans les sous-groupes 2100 et 2200. En conséquence, le sous-groupe 2300 est réservé aux cotisations versées par les travailleurs indépendants et par ceux qui n'appartiennent pas à la population active (comme les handicapés ou les retraités).

3000 — Impôts sur les salaires et la main-d'œuvre

46. Il s'agit d'impôts que doivent acquitter les entreprises, déterminés en proportion des salaires et des traitements payés, ou d'après un montant fixe par personne employée. Ils ne comprennent pas les cotisations obligatoires de sécurité sociale payées par les employeurs, ni les impôts payés par les salariés sur leurs traitements et leurs salaires.

4000 — Impôts sur le patrimoine

47. Ce groupe couvre les impôts périodiques et non périodiques sur l'utilisation, la propriété ou la mutation des biens. Sont comptabilisés ici les impôts sur la propriété immobilière et sur l'actif net, les impôts sur les mutations par décès, les successions et les donations, et les impôts sur les transactions mobilières et immobilières. Sont exclus de ce groupe :

- *a)* les impôts sur les gains en capital provenant de la vente d'un bien (1120 ou 1220) ;
- *b)* les impôts sur l'utilisation des biens ou l'autorisation d'utiliser des biens ou d'exercer des activités (5200) [voir § 76] ;
- *c)* les impôts immobiliers perçus sur la base d'un revenu net présumé qui tiennent compte de la situation personnelle du contribuable. Ces impôts sont classés dans

le groupe 1100 en tant qu'impôts sur le revenu, avec les impôts sur le revenu et les gains en capital provenant des biens immobiliers ;

d) les impôts sur l'utilisation de biens immobiliers aux fins d'habitation qui sont à la charge du propriétaire ou du locataire et dont le montant est fonction de la situation personnelle de l'utilisateur (salaire, personnes à charge, etc.). Ils sont classés dans le groupe 1100 en tant qu'impôts sur le revenu ;

e) les impôts sur les constructions dépassant la densité autorisée, les impôts sur l'extension, la construction ou la modification de certains immeubles au-delà d'une valeur autorisée et les impôts sur la construction d'immeubles. Ces impôts sont classés dans le poste 5200 en tant qu'impôts sur l'autorisation d'exercer certaines activités ;

f) les impôts sur l'utilisation de biens immobiliers par le propriétaire à des fins commerciales particulières, comme la vente de boissons alcoolisées, de tabac, de viande, ou pour l'exploitation de sols ou terrains (par exemple aux États-Unis, les taxes d'extraction). Ils sont classés dans le poste 5200 en tant qu'impôts sur l'autorisation d'exercer certaines activités.

4100 — Impôts périodiques sur la propriété immobilière

48. Ce sous-groupe comprend les impôts prélevés régulièrement au titre de l'utilisation ou de la propriété de biens immobiliers.

- ces impôts sont prélevés sur les terrains et les bâtiments ;
- ces impôts sont calculés en pourcentage de la valeur du bien évalué d'après un revenu locatif fictif, le prix de vente ou le rendement capitalisé, ou en fonction d'autres caractéristiques du bien, comme sa dimension ou son emplacement, d'où l'on peut déduire une valeur locative présumée ou la valeur du capital.
- ces impôts sont à la charge du propriétaire, du locataire ou des deux. Ils peuvent également être payés par une administration à une autre administration au titre d'un bien relevant de la compétence de cette dernière.
- il n'est pas tenu compte des dettes pour la détermination de l'assiette de ces impôts, contrairement aux impôts sur l'actif net.

49. Les impôts sur la propriété immobilière sont en outre subdivisés en impôts acquittés par les ménages (4110) et impôts acquittés par d'autres agents (4120), suivant les critères exposés au § 30(*b*) ci-dessus.

4200 — Impôts périodiques sur l'actif net

50. Ce sous-groupe comprend les impôts prélevés régulièrement (dans la plupart des cas annuellement) sur l'actif net, c'est-à-dire les impôts perçus sur un large éventail de biens mobiliers et immobiliers, endettement déduit. Il est subdivisé en impôts acquittés par des personnes physiques (4210), et en impôts acquittés par des sociétés (4220) selon les critères exposés plus haut au § 30(a). Si les recettes provenant des institutions sont comptabilisées à part, 180res doivent être ajoutées aux impôts des entreprises.

4300 — Impôts sur les mutations par décès, les successions et les donations

51. Ce sous-groupe comprend les impôts sur les mutations par décès et les successions (4310) et les impôts sur les donations (4320). Les impôts sur les mutations

par décès sont calculés soit sur l'ensemble de la masse successorale, soit en fonction de la part de chacun des bénéficiaires (« part héréditaire ») ; en outre, ces derniers impôts peuvent tenir compte du degré de parenté entre chacun des bénéficiaires et le défunt.

4400 — Impôts sur les transactions mobilières et immobilières

52. Sont compris, entre autres, dans ce sous-groupe les impôts sur l'émission, le transfert, l'achat et la vente de valeurs mobilières, les impôts sur les chèques, ainsi que les droits perçus à l'occasion d'actes juridiques déterminés, comme la validation de contrats et la vente de biens immobiliers. Sont exclus :

a) les impôts sur l'utilisation de biens, mobiliers ou immobiliers, ou l'autorisation d'exercer certaines activités (5200) ;

b) les droits acquittés au titre de frais de justice, ou pour la délivrance de certificats de naissance, de mariage ou de décès, car ces droits sont considérés comme des recettes non fiscales (voir § 11) ;

c) les impôts sur les gains en capital (1000) ;

d) les impôts périodiques sur la propriété immobilière (4100) ;

e) les impôts périodiques sur l'actif net (4200) ;

f) les prélèvements sur le patrimoine ou sur l'actif net effectués une fois pour toutes (4500) ;

4500 — Autres impôts non périodiques sur le patrimoine[16]

53. Ce sous-groupe comprend les prélèvements sur le patrimoine effectués une fois pour toutes (par opposition aux prélèvements périodiques). Il est subdivisé en impôts sur l'actif net (4510) et en autres impôts non périodiques sur le patrimoine (4520). Le poste 4510 inclurait les impôts perçus pour couvrir des dépenses exceptionnelles ou à des fins de redistribution. Le poste 4520 comprendrait les impôts prélevés pour tenir compte d'une plus-value prise par les terrains du fait que les administrations publiques ont autorisé l'extension ou l'aménagement d'installations locales, ainsi que les impôts sur la réévaluation du capital ou les impôts perçus une seule fois sur certains biens déterminés.

4600 — Autres impôts périodiques sur le patrimoine

54. Ils sont rares dans des pays Membres de l'OCDE ; ce sous-groupe comprendrait les impôts sur des biens tels que le cheptel, les bijoux, les fenêtres et les signes extérieurs de richesse.

5000 — Impôts sur les biens et services

55. Ce poste couvre tous les impôts et droits perçus sur la production, l'extraction, la vente, le transfert, la location ou la livraison de biens et la prestation de services (5100), ou sur l'utilisation ou l'autorisation d'utiliser des biens ou d'exercer des activités (5200). Ce groupe comprend donc :

a) les taxes cumulatives en cascade ;

b) les taxes générales sur les ventes — perçues au stade de la production ou de la fabrication, du gros ou du détail ;

c) les taxes sur la valeur ajoutée ;

d) les accises ;

e) les taxes perçues à l'importation et à l'exportation de biens ;

f) les impôts perçus sur l'utilisation de biens et sur l'autorisation d'utiliser des biens ou d'exercer certaines activités ;

g) les impôts sur l'extraction, le traitement ou la production de minéraux et autres produits.

56. Les cas douteux de délimitation entre ce groupe et le groupe 4000 (impôts sur le patrimoine) et le sous-groupe 6100 (autres impôts à la charge des entreprises) sont examinés aux § 47, § 52 et § 78. Des postes résiduels (5300 et 5130) ont été prévus pour comptabiliser les recettes fiscales qui ne peuvent être ventilées respectivement entre les postes 5100 et 5200 et entre les postes 5110 et 5120 (voir § 32).

5100 — Impôts sur la production, la vente, le transfert, la location et la livraison de biens et la prestation de services

57. Ce sous-groupe comprend tous les impôts perçus sur les transactions afférentes à des biens ou services, en fonction de leurs caractéristiques propres (comme la valeur, le poids du tabac, le degré d'alcool, etc.), à la différence des impôts perçus au titre de l'utilisation ou de l'autorisation d'utiliser des biens ou d'exercer des activités, qui entrent dans le sous-groupe 5200.

5110 — Impôts généraux sur les biens et services

58. Ce sous-groupe comprend tous les impôts, autres que les droits à l'importation et à l'exportation (5123 et 5124), perçus sur la production, la location, le transfert, la livraison ou la vente d'une gamme de biens ou la prestation d'une gamme de services, qu'ils soient produits dans le pays ou importés, et quel que soit le stade de la production ou de la distribution aux quel ils sont perçus. Il couvre ainsi les taxes sur la valeur ajoutée, les taxes sur les ventes et les taxes de caractère cumulatif en cascade. On a ajouté aux recettes brutes de cette catégorie les recettes provenant de la compensation à la frontière de ces impôts lorsque les biens sont importés, et déduit les remboursements d'impôts effectués lorsque les marchandises sont exportées. Ces impôts sont ventilés en : taxes sur la valeur ajoutée (5111), impôts sur les ventes (5112), impôts sur le chiffre d'affaires et autres impôts généraux sur les biens et services (5113).

59. Certains cas se trouvent à la limite entre ce sous-groupe et celui des impôts sur des biens et services déterminés (5120) lorsque ces impôts sont perçus sur un grand nombre de biens, comme dans le cas de la « *purchase tax* » au Royaume-Uni (abrogée en 1973) et l'impôt japonais sur les biens marchands (abrogé en 1988). Conformément aux options nationales, la « *purchase tax* » britannique est classée impôt général (5112) et l'impôt japonais dans les accises (5121).

5111 — Taxes sur la valeur ajoutée

60. Sont classés dans ce sous-groupe tous les impôts généraux sur la consommation prélevée sur la valeur ajoutée, quels que soient le mode de déduction et les stades auxquels ils sont perçus. En pratique, tous les pays de l'OCDE où existe une taxe sur la valeur ajoutée autorisent normalement la déduction immédiate des taxes sur les achats par tous les redevables, à l'exception du consommateur final, et imposent la taxe à tous les stades. Dans certains pays, le poste peut inclure aussi certains impôts, comme les taxes sur les activités financières et les assurances, soit parce que les recettes correspondantes

ne peuvent être dissociées de celles de la taxe sur la valeur ajoutée, soit parce qu'elles sont considérées comme faisant partie intégrante de la taxe sur la valeur ajoutée, même si les taxes similaires qui existent dans d'autres pays peuvent être classées autrement (par exemple, sous le poste 5126 comme impôts sur les services ou sous le poste 4400 comme impôts sur les transactions mobilières et immobilières).

5112 — Impôts sur les ventes

61. Sont classés ici tous les impôts perçus à un stade unique, que ce soit celui de la fabrication, de la production, du gros ou du détail.

5113 — Impôts sur le chiffre d'affaires et autres impôts généraux sur les biens et services

62. Il s'agit des taxes cumulatives en cascade et des taxes qui combinent des éléments de taxe sur la consommation et des taxes en cascade. Ces impôts sont prélevés sur chaque transaction sans déduction des taxes acquittées en amont. Les taxes en cascade peuvent être combinées avec des éléments de taxe sur la valeur ajoutée ou d'impôts sur les ventes.

5120 — Impôts sur des biens et des services déterminés

63. Ce sous-groupe couvre les accises, les bénéfices engendrés et transférés par les monopoles fiscaux, et les droits de douane et à l'importation, ainsi que les taxes à l'exportation, les opérations de change, les biens d'équipement et les paris, et aussi les impôts spéciaux sur les services qui ne font pas partie d'un impôt général du sous-groupe 5110.

5121 — Accises

64. Les accises sont des impôts spécifiques perçus par unité produite sur une gamme limitée de biens prédéfinie. Les accises sont généralement prélevées à des taux différenciés sur des biens non essentiels ou de luxe, les boissons alcoolisées, les produits à base de tabac et l'énergie. Les accises peuvent être perçues à un stade quelconque de la production ou de la distribution et sont calculées généralement sur la base d'un prélèvement spécifique par unité correspondant aux caractéristiques du produit considéré, par référence à sa valeur, son poids, son degré ou son volume. Cette subdivision couvre ainsi les impôts spéciaux sur certains produits tels que le sucre, la betterave, les allumettes et le chocolat ; les impôts prélevés à des taux variables sur une gamme déterminée de produits ; ainsi que les impôts perçus sur les produits à base de tabac, les boissons alcoolisées, les combustibles et les hydrocarbures. Si un impôt frappant principalement des produits importés doit ou devrait également être perçu sur des produits nationaux comparables, suivant la même législation, les recettes de cet impôt doivent alors être classées dans la catégorie des accises et non dans celle des droits à l'importation. Ce principe vaut également même s'il n'existe pas, ou ne peut exister, de production nationale comparable. Les impôts prélevés sur la consommation de services d'utilité publique (eau, électricité, gaz et autres formes d'énergie) sont considérés comme des accises, et non comme des impôts sur des services déterminés (5126). Ne sont pas inclus dans les accises les prélèvements entrant dans les catégories des impôts généraux sur les biens et services (5110), des bénéfices des monopoles fiscaux (5122), des droits de douane et autres droits à l'importation (5123) ou des taxes à l'exportation (5124).

5122 — Bénéfices des monopoles fiscaux

65. Ce sous-groupe couvre la fraction des bénéfices des monopoles fiscaux qui est transférée aux administrations publiques ou qui sert à financer des dépenses considérées comme dépenses publiques (voir § 23). Les montants sont comptabilisés lorsqu'ils sont transférés aux administrations publiques ou utilisés pour effectuer des dépenses considérées comme des dépenses publiques.

66. Les monopoles fiscaux reflètent l'exercice du pouvoir d'imposition de l'État par l'intermédiaire du monopole. Les monopoles fiscaux sont des entreprises publiques non financières, qui exercent dans la plupart des cas un monopole sur la production ou la distribution du tabac, des boissons alcoolisées, du sel, des allumettes, des cartes à jouer et des produits pétroliers ou agricoles (c'est-à-dire, sur le genre de produits qui peuvent être soumis, principalement ou accessoirement, aux accises du poste 5121), pour procurer des recettes publiques qui, dans d'autres pays, sont obtenues par le biais d'impôts frappant les transactions sur ces produits d'entreprises privées. Le monopole d'État peut être exercé au stade de la production, ou au stade de la distribution comme dans le cas des magasins de vente de boissons alcoolisées qui appartiennent à l'État et sont contrôlés par lui.

67. Les monopoles fiscaux sont différents des services publics, comme les chemins de fer, l'électricité, les postes et autres moyens de communication, qui peuvent avoir une position de monopole ou de quasi-monopole, mais dont l'objet principal est, normalement, de fournir des services essentiels et non pas de procurer des recettes à l'État. Les transferts à l'administration de ces autres entreprises publiques sont considérés comme des recettes non fiscales. La notion traditionnelle de monopole fiscal n'a généralement pas été élargie pour inclure les loteries nationales, dont les bénéfices sont habituellement considérés comme des recettes non fiscales. Cependant, ces bénéfices peuvent être considérés comme des recettes fiscales quand la raison principale de la mise en œuvre de ces loteries est l'augmentation des recettes pour financer les dépenses publiques. On distingue les bénéfices des monopoles fiscaux des bénéfices des monopoles d'exportation et d'importation (5127), qui sont transférés des offices de commercialisation ou d'autres entreprises s'occupant du commerce international.

5123 — Droits de douane et autres droits à l'importation

68. Figurent ici les taxes, droits de timbre et surtaxes qui, selon la loi sont perçus exclusivement sur des produits importés. Sont aussi inclus dans ce poste les droits perçus sur l'importation de denrées agricoles dans les pays Membres de l'Union Européenne et les montants acquittés par certains de ces pays en vertu du Système de Montants Compensatoires[14]. À partir de 1998 les droits de douane collectés par les États membres de l'Union européenne pour le compte de l'Union européenne ne sont plus reportés sous cette rubrique dans les tableaux par pays (chapitre 4 de ce rapport). Sont exclues ici les taxes perçues sur les importations au titre d'un impôt général sur les biens et les services ou d'une accise applicable aussi bien aux produits importés qu'aux produits fabriqués dans le pays.

5124 — Taxes à l'exportation

69. Pendant les années 70, les droits à l'exportation étaient perçus normalement en Australie, au Canada et au Portugal, et ils étaient utilisés en Finlande à des fins conjoncturelles. Certains pays Membres de l'Union Européenne acquittent, dans le cadre du système des montants compensatoires, une taxe sur les exportations (voir la note 16 du § 68). Lorsque ces montants sont identifiables, ils sont inclus dans ce poste. Ce dernier ne

comprend pas les remboursements effectués au titre d'impôts généraux sur la consommation d'accises ou de droits de douane sur des biens exportés, qui doivent être déduits des recettes brutes comptabilisées, selon le cas, sous le poste 5110, 5121 ou 5123.

5125 — Impôts sur les biens d'équipement

70. Ce sous-groupe comprend les impôts perçus sur les biens d'équipement, comme les machines. Ils peuvent exister depuis un certain nombre d'années ou avoir un caractère temporaire et être prélevés à des fins conjoncturelles. Ne sont pas inclus les impôts sur les 'inputs' industriels qui frappent aussi les consommateurs (comme l'impôt suédois sur l'énergie qui est classé sous le poste 5121).

5126 — Impôts sur des services déterminés

71. Sous ce poste figurent tous les impôts calculés sur la rémunération de services spécifiques, comme les taxes sur les primes d'assurance, les taxes sur les services bancaires, sur les jeux et paris (par exemple : courses de chevaux, pronostics de football, billets de loterie nationale), les transports, les spectacles, les restaurants et la publicité. Les impôts prélevés sur le revenu brut des sociétés prestataires d'un service (exemple : primes d'assurance brutes, mises de jeux encaissées par les sociétés) sont classés sous ce poste. Les recettes fiscales provenant des prélèvements sur les banques et des contributions aux mécanismes de garantie des dépôts et de stabilité financière sont provisoirement classés ici pour l'édition 2012. La classification détaillée est présentée au § 108.

72. Ne figurent pas sous ce poste :

a) les impôts sur les services qui font partie d'un impôt général sur les biens et services et sont classés sous le poste 5110 ;

b) les taxes sur l'électricité, le gaz et l'énergie (classées sous le poste 5121 en tant qu'accises) ;

c) les taxes sur les gains personnels tirés de jeux et paris (qui sont classées sous le poste 1120, en tant qu'impôts sur les gains en capital des personnes physiques et entreprises individuelles) et les montants forfaitaires perçus sur le transfert de loteries privées ou sur l'autorisation de créer des loteries (5200)[15] ;

d) les impôts sur les chèques et sur l'émission, le transfert ou le remboursement de valeurs mobilières, (qui sont classés sous le poste 4400, en tant qu'impôts sur les transactions mobilières et immobilières).

5127 — Autres impôts sur les transactions et les échanges internationaux

73. Ce sous-groupe couvre les recettes perçues par l'État sur l'achat et la vente de monnaies étrangères à des taux différents. Lorsque l'État exerce le privilège exclusif dont il dispose pour s'assurer une marge entre le prix d'achat et le prix de vente de devises qui ne se réduit pas à la simple couverture des frais administratifs, ce bénéfice représente un prélèvement obligatoire imposé dans des proportions indéterminées à l'acheteur et au vendeur des monnaies étrangères. Il équivaut normalement au droit à l'importation et au droit à l'exportation perçus dans un système de taux de change unique, ou à une taxe sur la vente ou l'achat de monnaies étrangères. Comme les bénéfices des monopoles fiscaux et des monopoles d'importation ou d'exportation transférés à l'État, il représente l'exercice d'un monopole aux fins d'imposition et est inclus dans les recettes fiscales.

74. Ce sous-groupe comprend aussi les bénéfices des monopoles d'exportation ou d'importation, bien qu'il n'en existe pas dans les pays de l'OCDE, les impôts sur l'achat ou la vente de devises et tous les autres impôts perçus spécifiquement sur les opérations ou les échanges internationaux.

5128 — Autres impôts sur des biens et services déterminés

75. Cette rubrique comprend les impôts sur l'extraction de minéraux, combustibles fossiles et autres ressources non renouvelables provenant de gisements privés ou détenus par une autre administration, ainsi que toute autre recette non ventilable provenant des impôts sur des biens et services déterminés. Les impôts sur l'extraction de ressources non renouvelables correspondent généralement à un montant forfaitaire par unité de qualité ou de poids, mais peuvent être calculés ad valorem. Les impôts sont comptabilisés à la date d'extraction des ressources. Les versements tirés de l'extraction de ressources non renouvelables issues de gisements appartenant à l'administration publique qui perçoit ces versements sont classés en tant que loyers.

5200 — Impôts sur l'utilisation des biens ou l'autorisation d'utiliser des biens ou d'exercer des activités

76. Ce sous-groupe comprend les taxes prélevées en raison de l'utilisation de biens, indépendamment des impôts frappant les biens eux-mêmes. Contrairement à ceux-ci (5100), les impôts du sous-groupe 5200 ne sont pas calculés d'après la valeur des biens, mais ordinairement d'après un montant forfaitaire. Sont aussi couverts les impôts perçus au titre du droit d'utiliser des biens ou d'exercer des activités, comme les taxes sur la pollution qui ne reposent pas sur la valeur de biens déterminés. Il est parfois difficile de distinguer les taxes d'utilisation et droits de licence obligatoires, qui sont considérés comme des impôts, de ceux qui ne le sont pas parce qu'ils sont assimilés à des recettes non fiscales ; les critères appliqués sont ceux indiqués aux § 11 et 12.

77. Bien que le sous-groupe se réfère à l'utilisation des biens, le fait générateur de l'impôt peut être aussi bien l'enregistrement de la propriété, de sorte que les impôts relevant de ce sous-groupe peuvent viser la possession d'animaux ou de biens plutôt que leur utilisation (par exemple, les chevaux de course, les chiens, les véhicules à moteur) et même s'appliquer à des biens inutilisables (comme les véhicules à moteur ou les fusils inutilisables).

78. Les cas limites concernent :

a) les impôts sur l'autorisation d'exercer des activités commerciales, qui sont classés selon les règles exposées au § 81 lorsqu'ils ont une assiette mixte associant le revenu, les salaires versés ou le chiffre d'affaires ;

b) les impôts sur la propriété ou l'utilisation de la propriété de biens visés par les postes 4100, 4200 et 4600. Le poste 4100 ne vise que les impôts sur la propriété ou la location de biens immobiliers et, contrairement aux impôts du sous-groupe 5200, ils sont fonction de la valeur du bien. Les impôts sur l'actif net et les impôts sur les biens meubles des sous-groupes 4200 et 4600 visent la propriété et non pas l'utilisation des biens, couvrent un groupe d'actifs et non pas de biens particuliers et sont aussi fonction de la valeur du bien.

5210 — Impôts périodiques sur l'utilisation de biens ou sur l'autorisation d'utiliser des biens ou d'exercer certaines activités

79. Ces impôts ont pour principale caractéristique d'être perçus à intervalles réguliers et de représenter ordinairement des montants forfaitaires. Le poste le plus important, du point de vue du volume des recettes, est constitué par les permis de circulation des véhicules. Ce sous-groupe inclut aussi les taxes perçues lors de la délivrance de permis de chasse, de tir ou de pêche, ou l'autorisation de vendre certains produits, ainsi que les taxes sur la possession de chiens et sur la prestation de certains services à condition qu'elles répondent aux critères définis aux § 11 et 12. Les subdivisions du poste 5210 comprennent les taxes d'utilisation de véhicules à moteur à la charge des ménages (5211) et à la charge d'autres agents (5212). Le poste 5213 couvre les plaques de chiens et les taxes perçues pour l'autorisation d'exercer certaines activités, comme la vente de viande et d'alcool, lorsque les prélèvements ont un caractère périodique. Il couvre aussi les permis généraux de chasse, de port d'armes et de pêche, lorsque le droit d'exercer ces activités n'est pas accordé au titre d'une opération commerciale normale (par exemple, la délivrance du permis ne comporte pas le droit d'utiliser une parcelle déterminée de terrain appartenant à l'État).

5220 — Impôts non périodiques sur l'utilisation de biens ou sur l'autorisation d'utiliser des biens ou d'exercer certaines activités

80. Cette rubrique recouvre les taxes non périodiques perçues sur l'utilisation de biens ou sur l'autorisation d'utiliser des biens ou d'exercer certaines activités et celles qui sont prélevées chaque fois que des biens sont utilisés.

- Les impôts prélevés sur l'émission ou le rejet dans l'environnement de gaz toxiques, liquides nocifs ou autres substances dangereuses figurent ici. Les paiements au titre des permis d'émission négociables délivrés par les administrations publiques dans le cadre des dispositifs de plafonnement et d'échange doivent également être comptabilisés sous cette rubrique au moment où les émissions sont produites. Les permis délivrés gratuitement par les administrations ne donnent lieu à aucun enregistrement comptable de recettes.
- La comptabilisation en droits constatés implique un éventuel délai entre la date à laquelle l'administration perçoit le règlement des permis et la date à laquelle les émissions sont produites. Dans les comptes nationaux, ce délai se traduit pour l'administration par un engagement financier sur la période.
- Il convient d'exclure les paiements effectués au titre de la collecte et de l'élimination de déchets ou de substances nocives par les autorités publiques, étant donné qu'il s'agit là de vente de services aux entreprises.

81. D'autres impôts non périodiques qui relèvent du poste 5200 sont aussi classés dans cette rubrique. Ainsi figurent les paiements uniques effectués au titre de l'autorisation de vendre des boissons alcoolisées ou des tabacs ou d'ouvrir des guichets de « paris mutuels », à condition qu'ils répondent aux critères définis aux § 11 et 12.

6000 — Autres impôts

82. Ce groupe couvre les impôts prélevés sur une ou plusieurs assiettes différentes de celles qui sont indiquées pour les groupes 1000, 3000, 4000 et 5000, ou sur des assiettes qui ne peuvent être considérées comme liées à l'une de celles afférentes à ces groupes.

Lorsque des impôts sont perçus sur plusieurs assiettes différentes, et qu'il est possible d'évaluer les recettes liées à chaque assiette, les montants correspondants sont inclus dans le groupe approprié. S'il est impossible d'évaluer le montant correspondant à chaque assiette, et si l'on sait que l'essentiel des recettes provient des impôts perçus sur une assiette donnée, la totalité des recettes est classée en fonction de cette assiette. Sinon, les impôts sont classés dans le présent groupe. Sont également inclus dans ce groupe les impôts forfaitaires non inclus ailleurs dans le système de classification, les impôts prélevés sur les personnes physiques sous la forme de taxe civique ou d'impôt de capitation, les droits de timbre qui ne sont pas liés à des transactions mobilières ou immobilières et qui n'entrent pas exclusivement dans une catégorie de transactions, les impôts sur les dépenses dès lors qu'ils s'accompagnent d'abattements et d'exonérations individuels, ainsi que les recettes fiscales non identifiables. Ce poste est divisé en impôts exclusivement ou principalement à la charge des entreprises (6100) et en impôts à la charge d'autres contribuables (6200).

A6. Conciliation avec les comptes nationaux

83. Cette section des tableaux permet de concilier les calculs des recettes fiscales totales de l'OCDE et l'ensemble des impôts et cotisations sociales versés aux administrations publiques qui sont enregistrés dans les comptes nationaux par pays. Lorsque le pays en question est membre de l'Union européenne (UE) la comparaison est effectuée entre les calculs des recettes fiscales totales des pays de l'OCDE et la somme des recettes fiscales et cotisations de sécurité sociale perçues par les administrations publiques et les institutions des secteurs de l'Union européenne des comptes nationaux.

A7. Poste pour mémoire relatif au financement des prestations de sécurité sociale

84. Le rapport entre les impôts et les cotisations de sécurité sociale étant variable, et en raison des problèmes évoqués aux § 39 à 45, on a réuni dans un poste pour mémoire l'ensemble des versements affectés à des prestations du type sécurité sociale, en dehors des versements facultatifs au secteur privé. Les données sont présentées de la façon suivante (voir le chapitre 4.2)

a) impôts du groupe 2000 ;

b) impôts affectés aux prestations de sécurité sociale ;

c) cotisations facultatives à l'administration ;

d) cotisations obligatoires au secteur privé.

Les § 39 à 45 ci-dessus contiennent des directives pour la ventilation entre ces quatre catégories

A8. Poste pour mémoire relatif aux impôts identifiables payés par les administrations

85. Les impôts effectivement payés par les administrations elles-mêmes et que l'on peut identifier sont indiqués dans un poste pour mémoire et classés suivant les grandes rubriques de la classification des impôts de l'OCDE. Dans la très grande majorité des pays, seuls peuvent être identifiées en l'occurrence les cotisations de sécurité sociale et les impôts sur les salaires, mais il s'agit là en général des impôts les plus importants acquittés par les administrations (voir le chapitre 4.2 de cette publication).

A9. Rapport de la classification des impôts de l'OCDE avec les systèmes nationaux de comptabilité nationale

86. Un système de comptabilité nationale (SCN) tend à fournir un cadre cohérent pour enregistrer et présenter les principaux flux relatifs à la production, à la consommation, à l'accumulation et aux transactions extérieures d'une zone économique donnée, d'ordinaire un pays ou une grande région d'un pays. Les recettes publiques sont une partie importante des transactions enregistrées dans le SCN. La version finale du SCN 2008 a été diffusée conjointement par cinq organisations internationales : les Nations Unies, le Fonds Monétaire International, l'Union européenne, l'Organisation de Coopération et de Développement Économiques et la Banque Mondiale, en août 2009. Le Système est un ensemble complet, cohérent et souple de comptes macro-économiques. Il est élaboré pour être utilisé dans les pays à économie de marché quel que soit leur niveau de développement économique ainsi que dans les pays en transition vers l'économie de marché. De larges extraits du cadre théorique ainsi que les définitions des divers secteurs de l'économie du SCN figurent dans la classification des impôts de l'OCDE.

87. Il existe cependant un certain nombre de différences entre la classification des impôts de l'OCDE et les concepts du SCN qui sont indiqués ci-dessous. Ils proviennent du fait que l'objectif de cette classification est de permettre une ventilation aussi large que possible des données statistiques pour ce que les administrations fiscales conviennent de considérer de manière générale comme des impôts.

a) l'OCDE inclut les cotisations obligatoires de sécurité sociale payées aux administrations publiques dans les recettes fiscales totales. Les cotisations sociales facultatives et imputées ainsi que celles versées aux caisses privées ne sont pas considérées comme des impôts (§ 8 et 10 ci-dessus) ;

b) les avis diffèrent sur la question de savoir s'il y a lieu de classer certains prélèvements et redevances dans les impôts (§ 11 et 12 ci-dessus) ;

c) l'OCDE exclut les impôts imputés ou les subventions résultant d'opérations de taux de change officiels multiples et ceux résultant du fait que la banque centrale paye un taux d'intérêt sur les réserves obligatoires différent des autres taux du marché ;

d) il existe des différences dans le traitement des crédits d'impôt récupérables.

88. Comme on l'a noté aux § 1 et 2, les groupes 1000 à 6000 de la classification de l'OCDE comprennent tous les versements sans contrepartie aux administrations publiques, à l'exclusion des prêts obligatoires et des amendes. On peut obtenir le total de ces versements sans contrepartie, amendes incluses, mais prêts obligatoires exclus, en additionnant les postes suivants du SCN 2008 :

- impôts du type valeur ajoutée (D.211) ;
- droits et taxes sur les importations à l'exclusion de la TVA (D.212) ;
- droits sur les exportations (D.213) ;
- taxes sur les produits, à l'exclusion de la TVA, des droits sur les importations et les exportations (D.214) ;
- autres impôts sur la production (D.29) ;
- impôts sur le revenu (D.51) ;

- autres impôts périodiques (D.59) ;
- cotisations de sécurité sociale (D.61) à l'exclusion des cotisations facultatives ;
- impôts sur le capital (D.91).

A10. La classification des impôts de l'OCDE et le système du Fonds monétaire international (SFP)

89. Le périmètre et l'évaluation des recettes fiscales dans le système de statistiques de finances publiques (SFP) et dans le système de comptabilité nationale de 2008 (SCN 2008) sont très proches. Par conséquent, les différences entre la classification de l'OCDE et celle du SCN 2008 (voir § 87 ci-dessus) sont également valables pour les SFP. En outre, le Fonds monétaire international subdivise le groupe 5000 de la classification de l'OCDE en une section iv (Taxes intérieures sur les biens et services) et une section v (Taxes sur les transactions et les échanges internationaux). Cela tient à ce que le rendement de ces dernières taxes représente généralement des sommes infimes dans les pays de l'OCDE ce qui n'est pas le cas dans beaucoup de pays non membres.

A11. Comparaison de la classification des impôts de l'OCDE et des autres classifications internationales des recettes publiques

90. Le tableau ci-dessous décrit point par point la comparaison entre la classification des impôts de l'OCDE et les classifications suivantes :

a) Système des comptes nationaux (SCN 2008) ;

b) Système européen des comptes (SEC 2010) ;

c) Manuel de statistiques des finances publiques du Fonds monétaire international (MSFP 2014).

91. Ces comparaisons correspondent à celles qui devraient s'appliquer dans la majorité des cas. Toutefois, en pratique il faut faire preuve d'une certaine souplesse dans leur application. En effet, dans certains cas, les pays peuvent adopter des méthodes diverses de classification des recettes dans les comptes nationaux.

				Classification de l'OCDE	SCN 2008	SEC 2010	MSFP 2014
1000				Impôts sur le revenu, les bénéfices et les gains en capital			
	1100			Personnes physiques			
		1110		Sur le revenu et les bénéfices	D51-8.61a	D51A	1111
		1120		Sur les gains en capital	D51-8.61c, d	D51C, D	1111
	1200			Sociétés			
		1210		Sur le revenu et les bénéfices	D51-8.61b	D51B	1112
		1220		Sur les gains en capital	D51-8.61c	D51C	1112
	1300			Non ventilables entre les rubriques 1100 et 1200			1113
2000				Cotisations de sécurité sociale			
	2100			Salariés	D613-8.85	D613	1211
	2200			Employeurs	D611-8.83	D611	1212
	2300			A la charge des travailleurs indépendants ou des personnes sans occupation	D613-8.85	D613	1213
	2400			Non ventilables entre les rubriques 2100, 2200 et 2300			1214
3000				Impôts sur les salaires et la main-d'œuvre	D29-7.97a	D29C	112
4000				Impôts sur le patrimoine			
	4100			Impôts périodiques sur la propriété immobilière			
		4110		Ménages	D59-8.63a	D59A	1131
		4120		Autres agents	D29-7.97b	D29A	1131
	4200			Impôts périodiques sur l'actif net			
		4210		Personnes physiques	D59-8.63b	D59A	1132
		4220		Sociétés	D59-8.63b	D59A	1132
	4300			Impôts sur les mutations par décès, les successions et les donations			
		4310		Impôts sur les mutations par décès et les successions	D91-10.207b	D91A	1133
		4320		Impôts sur les donations	D91-10.207b	D91A	1133
	4400			Impôts sur les transactions mobilières et immobilières	D59-7.96d; D29-7.97e	D214B, C	114114; 1161
	4500			Autres impôts non périodiques sur le patrimoine	D91-10.207a	D91B	1135
	4600			Autres impôts périodiques sur le patrimoine	D59-8.63c	D59A	1136
5000				Impôts sur les biens et services			
	5100			Impôts sur les biens et services			
		5110		Impôts généraux sur les biens et services			
			5111	Taxes sur la valeur ajoutée	D211-7.89	D211; D29G	11411
			5112	Impôts sur les ventes	D2122-7.94a; D214-7.96a	D21224; D214I	11412
			5113	Autres impôts généraux sur les biens et services	D214-7.96a	D214I	11413
		5120		Impôts sur des biens et services déterminés			
			5121	Accises	D2122-7.94b; D214-7.96b	D21223; D214A, B, D	1142
			5122	Bénéfices des monopoles fiscaux	D214-7.96e	D214J	1143
			5123	Droits de douane et autres droits à l'importation	D2121-7.93	D2121; D21221, 2	1151
			5124	Taxes à l'exportation	D213-7.95a	D214K	1152-4
			5125	Impôts sur les biens d'équipements			
			5126	Impôts sur les services déterminés	D2122-7.94c; D214-7.96c	D21225; D214E, F, G, H; D29F	1144; 1156
			5127	Autres impôts sur les transactions et les échanges internationaux	D2122-7.94d D29-7.95b D29-7.97g D59-8.64d	D21226; D29D; D59E	1153; 1155-6
			5128	Autres impôts sur des et services déterminés			1146
		5130		Non ventilable entre les rubriques 5110 et 5120			
	5200			Impôts sur l'utilisation des biens ou l'autorisation d'utiliser des biens ou d'exercer des activités			

	5210		Impôts périodiques sur l'utilisation des biens ou l'autorisation d'utiliser des biens ou d'exercer des activités			
		5211	A la charge des ménages au titre de véhicules à moteurs	D59-8.64c	D59D	11451
		5212	A la charge d'autres agents au titre de véhicules à moteurs	D29-7.97d	D214D; D29B	11451
		5213	Autres impôts périodiques sur l'utilisation des biens u l'autorisation d'utiliser des biens ou d'exercer des activités	D29-7.97c, d, f D59-8.64c	D29B, E, F; D59D	11452
	5220		Impôts non périodiques			11452
5300			Non ventilable entre les rubriques 5100 et 5200			
6000			Autres impôts			
6100			A la charge exclusive des entreprises			1161
6200			A la charge d'autres agents que les entreprises ou non identifiables	D59-8.64a, b	D59B, C	1162

A12. Répartition des recettes fiscales par sous-secteurs d'administration publique

92. La classification de l'OCDE appelle une ventilation des recettes fiscales par sous-secteurs d'administration. On trouvera ci-après la définition de chaque sous-secteur et les critères à utiliser pour répartir entre eux les recettes fiscales. Ces définitions et critères suivent les orientations qui figurent dans le SCN 2008 et le MSFP 2014.

Sous-secteurs des administrations publiques à identifier

Administration centrale

93. Le sous-secteur des administrations centrales groupe tous les ministères, bureaux, établissements et autres organismes qui sont des services ou des moyens d'action du pouvoir central et dont la compétence s'étend à la totalité du territoire, à l'exception de l'administration des caisses de sécurité sociale. L'administration centrale a donc le pouvoir de prélever des impôts sur toutes les unités résidentes et non résidentes exerçant des activités économiques à l'intérieur du pays.

Administration d'un État fédéré, d'une province ou d'une région

94. Ce sous-secteur comprend les unités administratives intermédiaires et inclut toutes les unités administratives dont la compétence s'exerce indépendamment de l'Administration centrale sur une partie du territoire englobant un certain nombre de petites localités, à l'exception des caisses de sécurité sociale. Dans les pays unitaires, les administrations régionales peuvent être considérées comme dotées d'une existence distincte lorsqu'elles disposent d'une autonomie substantielle pour percevoir une part importante de leurs recettes de sources placées sous leur contrôle et lorsque leurs agents ne sont pas soumis à un contrôle administratif externe dans l'exercice des activités de l'unité.

95. Actuellement, les pays à structure fédérale représentent la majorité des cas dans lesquels les recettes attribuées aux unités administratives intermédiaires sont identifiées séparément. L'Espagne est le seul pays à structure unitaire qui se trouve dans cette situation. Dans les autres pays unitaires, les recettes des administrations régionales sont incluses dans celles des administrations locales.

Collectivités locales

96. Ce sous-secteur comprend toutes les autres unités administratives exerçant une compétence indépendante sur une partie du territoire d'un pays, à l'exception des

administrations des caisses de sécurité sociale. Il englobe les diverses circonscriptions urbaines et/ou rurales (par exemple les collectivités locales, les municipalités, les villes, les bourgs ou les districts).

Caisses de sécurité sociale

97. Les caisses de sécurité sociale constituent un sous-secteur distinct des administrations publiques. Le sous-secteur de la sécurité sociale est défini dans le SCN de 2008 par les extraits suivants des paragraphes 4.124 à 4.126 et 4.147 :

« Les systèmes de sécurité sociale sont des systèmes d'assurance sociale qui couvrent l'ensemble de la collectivité ou d'importants sous-ensembles de la collectivité : ces systèmes sont imposés et contrôlés par les administrations publiques. Ces systèmes couvrent une grande variété de programmes qui consistent à fournir des prestations, en espèces ou en nature, au titre des circonstances suivantes : vieillesse, invalidité ou décès, survie, maladie et maternité, accident du travail, chômage, allocations familiales, soins de santé etc. Il n'existe pas nécessairement de lien direct entre le montant de la cotisation versée par un particulier et les prestations qu'il est susceptible de recevoir » (paragraphe 4.124).

« Lorsque les systèmes de sécurité sociale ont une organisation distincte des autres activités des administrations publiques et détiennent des actifs et des engagements indépendamment de ces dernières et effectuent des opérations financières pour leur propre compte, ils peuvent être considérés comme des unités institutionnelles désignées sous le nom de caisses de sécurité sociale » (paragraphe 4.125).

« Il est possible de faire varier de façon discrétionnaire les montants prélevés et versés sous forme de cotisations de sécurité sociale et de prestations afin d'atteindre des objectifs de politique publique qui n'ont pas de lien direct avec la notion de sécurité sociale en tant que système visant à fournir des prestations à des membres de la collectivité. Ainsi, ces cotisations ou prestations peuvent être augmentées ou diminuées afin d'influer sur le niveau de la demande globale au sein de l'économie. Néanmoins, tant que ces caisses restent indépendantes, elles doivent être traitées comme des unités institutionnelles distinctes dans le SCN ». (paragraphe 4.126).

« Le sous-secteur des administrations de sécurité sociale comprend les administrations de sécurité sociale opérant à tous les niveaux des administrations publiques. Les administrations de sécurité sociale sont des systèmes couvrant l'ensemble de la collectivité ou d'importants sous-ensembles de la collectivité qui sont rendus obligatoires et contrôlés par des administrations publiques » (paragraphe 4.147).

98. Cette définition des administrations de sécurité sociale est suivie dans la classification de l'OCDE à l'exception des régimes suivants :

- Les régimes imposés par l'administration et exploités par des organismes extérieurs au secteur des administrations publiques, tel qu'il est défini au § 3 de ce manuel et
- Les régimes qui perçoivent des cotisations facultatives.

Autorités supranationales

99. Ce sous-secteur s'applique aux activités de collecte de recettes publiques des autorités supranationales sur le territoire d'un pays. En pratique, le seul cas d'autorité supranationale de la zone de l'OCDE est celui des institutions de l'Union européenne

(UE). Depuis 1998, les autorités supranationales ne figurent plus dans les Statistiques des recettes publiques dans un souci de cohérence avec la définition du SCN des administrations publiques qui les exclut. Par exemple, les impôts sur le revenu et des contributions de sécurité sociale rassemblées par des Institutions européennes et payé par les fonctionnaires européens qui sont résidents de pays membres de l'Union européenne ne devraient pas être inclus. Toutefois, les prélèvements spécifiques versés par les États membres à l'Union européenne continuent à être inclus dans les recettes fiscales totales et ils sont indiqués sous cette rubrique.

Critères à utiliser pour l'attribution des recettes fiscales

100. Lorsqu'une administration collecte l'impôt et le reverse, en totalité ou en partie, à d'autres administrations, il est nécessaire de déterminer si ces recettes doivent être considérées comme étant celles de l'administration qui les perçoit et les répartit entre d'autres administrations ou celles des administrations bénéficiaires auxquelles l'administration qui les a perçues les a transférées en simple qualité d'agent. Les critères à utiliser dans l'attribution des recettes sont indiqués aux § 101 à 104, qui reprennent les paragraphes 3.70 à 3.73 du SCN 2008.

101. En général, un impôt est attribué à l'Unité administrative qui :

a) exerce le pouvoir de percevoir l'impôt (soit en tant que détenteur de ce pouvoir soit par délégation de l'autorité qui le détient),

b) dispose du pouvoir discrétionnaire final de fixer et de faire varier le taux de l'impôt.

102. Lorsqu'une somme est collectée par une administration au profit d'une autre administration et en son nom, et que cette dernière a le pouvoir de percevoir l'impôt et de fixer et de faire varier son taux, la première intervient comme agent pour le compte de la dernière et l'impôt est réaffecté. Toute somme retenue par l'administration collectrice au titre des frais de recouvrement doit être considérée comme la rémunération d'un service rendu. Toute autre somme conservée par l'administration collectrice, notamment dans le cadre d'un accord de partage d'impôt, doit être considérée comme une subvention courante. Si l'administration collectrice s'est vu déléguer le pouvoir de fixer et de faire varier le taux, le montant recouvré doit être considéré comme une recette fiscale de cette administration.

103. Lorsque des administrations différentes fixent conjointement et sur un pied d'égalité la répartition du produit de cet impôt, aucune administration ne disposant d'un pouvoir prépondérant en dernier ressort, les recettes fiscales sont attribuées à chaque administration en fonction de sa part respective du produit de l'impôt. Si un accord permet à une unité administrative d'exercer un pouvoir prépondérant en dernier ressort, la totalité des recettes fiscales est attribuée à cette unité.

104. Dans certains cas aussi, un impôt est perçu dans le cadre des compétences d'une administration qui résulte de la constitution ou d'autres dispositions mais d'autres administrations fixent individuellement le taux d'imposition sur leurs territoires. Le produit de l'impôt généré sur les territoires respectifs de chaque administration est attribué à l'administration en question comme constituant ses recettes fiscales.

Versements effectués par les États membres de l'Union européenne

105. Les versements effectués par les États membres de l'Union européenne prennent la forme de prélèvements spécifiques qui comprennent :

a) les droits de douane et les prélèvements agricoles (5123),

b) les montants compensatoires monétaires bruts (5123 si relatifs aux importations et 5124 si relatifs aux exportations), et

c) les prélèvements de la CECA, les cotisations sucre et les taxes de coresponsabilité sur le lait (5128).

106. Les droits de douane collectés par les États membres pour le compte de l'Union européenne sont comptabilisés :

a) sur une base qui ne tient pas compte des droits d'encaissement,

b) en utilisant des chiffres corrigés de manière à exprimer les droits sur la base de la « destination finale » et non du « pays de première entrée » lorsque de telles corrections sont possibles. Ces corrections concernent en particulier les droits prélevés dans des ports (maritimes) importants. Bien que les droits de l'UE soient prélevés par les autorités du pays de première entrée, ces droits doivent être dans la mesure du possible déduits des recettes du pays qui les recouvre et inclus dans les recettes du pays de destination finale.

107. Ces droits de l'UE sont le plus clairement conformes au critère d'attribution décrit au § 99 ci-dessus. En conséquence, à partir de 1998, ces montants sont mentionnés dans une note de bas de page à titre de rubrique « Pour mémoire » dans les tableaux des États membres de l'UE (chapitre 4 du Rapport) et ne figurent plus sous la rubrique 5123. Toutefois, ces montants sont inclus dans les grands totaux des recettes fiscales à la ligne supérieure pour toutes les années indiquées dans les tableaux.

A13. Classification provisoire des recettes provenant des prélèvements sur les banques et des contributions aux mécanismes de garantie des dépôts et de stabilité financière

108. L'OCDE a provisoirement adopté, depuis l'édition 2012 de ses *Statistiques des recettes publiques*, le principe suivant concernant l'enregistrement comptable des recettes issues des prélèvements sur les banques ainsi que des redevances acquittées au titre de la garantie des dépôts et de la stabilité financière. Il est recommandé que les montants concernés soient comptabilisés à la rubrique 5126.

- Les redevances de stabilité, les prélèvements sur les banques et les contributions à la garantie des dépôts, qu'il est obligatoire d'acquitter, doivent généralement être traitées comme des recettes fiscales lorsque les versements sont effectués au profit de l'administration publique et affectés au budget consolidé ou général des administrations de sorte que les pouvoirs publics soient libres d'utiliser les fonds sans délai aux fins qu'ils jugent opportunes. Ce principe s'appliquerait indépendamment du fait que l'administration promette ou non d'effectuer des versements pour garantir les dépôts des clients des établissements bancaires si la situation l'exigeait à l'avenir.

- Si les paiements obligatoires sont effectués au profit de l'administration publique et imputés à des budgets dont les ressources doivent être entièrement réaffectées au secteur de l'économie qui englobe les entreprises assujetties à ces paiements, ceux-ci seront toujours traités, en règle générale, comme des recettes fiscales étant donné que les fonds seraient disponibles pour l'administration et réduiraient son déficit budgétaire, que la redevance est sans contrepartie pour les entités individuelles et que les montants collectés pourraient être dissociés de tout versement en faveur des déposants ou de toute dépense visant à soutenir plus largement le secteur financier.

- Les contributions aux mécanismes traditionnels de moindre envergure destinés à garantir les dépôts de détail, contributions dont le montant est aligné sur le coût de la garantie, doivent être classées en tant que redevances pour services rendus.
- Tout versement au titre de la réalisation par une administration des actifs d'un établissement en faillite ou du recouvrement par cette administration d'une créance prioritaire sur les actifs de l'établissement en cours de liquidation, effectué en vue de financer l'indemnisation des clients ayant perdu leurs dépôts, serait traité comme une redevance par opposition aux recettes fiscales.

Les contributions obligatoires aux fonds administrés en-dehors du secteur public et aux organismes non étatiques bénéficiant du soutien des institutions collectrices de dépôts ainsi que toutes les contributions aux mécanismes facultatifs ne doivent pas être traitées comme des recettes fiscales.

Notes

1. Toutes les références au SCN concernent l'édition de 2008.

2. Se reporter à la section A.12 de ce manuel pour l'examen de cette notion.

3. Il est en général possible d'identifier les montants des cotisations de sécurité sociale et les impôts sur les salaires, mais pas les autres impôts payés par les administrations.

4. En revanche, si un ou plusieurs pays considèrent comme un impôt un droit que la plupart des pays font entrer dans les recettes non fiscales ou qui procure des recettes substantielles, les montants ainsi perçus figureront dans une note de renvoi à la fin des tableaux par pays correspondants, même s'ils ne sont pas inclus dans le total des recettes fiscales.

5. Les appellations peuvent cependant être souvent trompeuses. Ainsi, une redevance de passeport sera normalement considérée comme une recette non fiscale, alors qu'un prélèvement additionnel sur les passeports (comme c'est le cas au Portugal), qui a pour but de procurer un montant substantiel de recettes eu égard au coût de délivrance du passeport, sera considéré comme un impôt du sous-groupe 5200.

6. On trouvera des précisions sur cette distinction dans l'étude spéciale intitulée « L'information sur les recettes fiscales : problèmes actuels », de l'édition de 2001 des *Statistiques des recettes publiques*.

7. On utilise parfois les expressions « non remboursable » et « remboursable » mais il peut paraître illogique de parler de « remboursement » lorsque rien n'a été versé.

8. Toutefois, dans les systèmes d'imputation de l'impôt sur les sociétés, les crédits d'impôts récupérables sont traités différemment (§ 36 à 38).

9. Il ne s'agit pas d'une véritable dépense fiscale au sens strict. De telles dépenses fiscales supposent que l'on identifie un système fiscal de référence pour chaque pays ou, de préférence, une norme internationale commune. En pratique, il n'a pas été possible de parvenir à un accord sur une norme internationale commune.

10. Sauf s'ils sont calculés sur le bénéfice résultant de la vente, auquel cas ils seraient classés parmi les impôts sur les gains en capital dans le sous-groupe 1120 ou 1220.

11. Dans certains pays, la même législation est applicable aux personnes physiques et aux entreprises dans le cas d'impôts sur le revenu particulier. Cependant, les recettes procurées par ces impôts peuvent, en général, être ventilées et figurent donc dans les deux sous-groupes appropriés.

12. Ainsi, « celles qui sont suffisamment autonomes et indépendantes pour que leur fonctionnement soit comparable à celui d'une société… (y compris) la tenue de comptes complets » (2008 SCN section 4.44).

13. Il peut en être ainsi lorsqu'un régime en faveur des administrations existait avant l'instauration d'un régime général de sécurité sociale.

14. Système selon lequel l'Union Européenne ajuste les effets des différences entre les taux de change utilisés pour fixer les prix des produits agricoles dans le cadre de la politique agricole commune, et le taux de change réel. Les paiements effectués selon ce système portent sur les importations ou les exportations; lorsqu'ils sont identifiables, ces montants figurent dans la rubrique appropriée (5123 ou 5124). Dans ce guide, sont inclus les montants bruts, c'est-à-dire sans déduction d'aucune prime payée dans le cadre du système des montants compensatoires.

15. Les transferts de bénéfices de loteries d'État sont considérés comme des recettes non fiscales (voir aussi § 67).

ORGANISATION DE COOPÉRATION ET DE DÉVELOPPEMENT ÉCONOMIQUES

L'OCDE est un forum unique en son genre où les gouvernements oeuvrent ensemble pour relever les défis économiques, sociaux et environnementaux que pose la mondialisation. L'OCDE est aussi à l'avant-garde des efforts entrepris pour comprendre les évolutions du monde actuel et les préoccupations qu'elles font naître. Elle aide les gouvernements à faire face à des situations nouvelles en examinant des thèmes tels que le gouvernement d'entreprise, l'économie de l'information et les défis posés par le vieillissement de la population. L'Organisation offre aux gouvernements un cadre leur permettant de comparer leurs expériences en matière de politiques, de chercher des réponses à des problèmes communs, d'identifier les bonnes pratiques et de travailler à la coordination des politiques nationales et internationales.

Les pays membres de l'OCDE sont : l'Allemagne, l'Australie, l'Autriche, la Belgique, le Canada, le Chili, la Corée, le Danemark, l'Espagne, l'Estonie, les États-Unis, la Finlande, la France, la Grèce, la Hongrie, l'Irlande, l'Islande, Israël, l'Italie, le Japon, la Lettonie, la Lituanie, le Luxembourg, le Mexique, la Norvège, la Nouvelle-Zélande, les Pays-Bas, la Pologne, le Portugal, la République slovaque, la République tchèque, le Royaume-Uni, la Slovénie, la Suède, la Suisse et la Turquie. La Commission européenne participe aux travaux de l'OCDE.

Les Éditions OCDE assurent une large diffusion aux travaux de l'Organisation. Ces derniers comprennent les résultats de l'activité de collecte de statistiques, les travaux de recherche menés sur des questions économiques, sociales et environnementales, ainsi que les conventions, les principes directeurs et les modèles développés par les pays membres.

ÉDITIONS OCDE, 2, rue André-Pascal, 75775 PARIS CEDEX 16
(23 2018 48 2 P) ISBN 978-92-64-30886-2 – 2018

www.ingramcontent.com/pod-product-compliance
Lightning Source LLC
LaVergne TN
LVHW080653011026
849160LV00014B/1414